독자의 1초를
아껴주는 정성을
만나보세요!

세상이 아무리 바쁘게 돌아가더라도 책까지 아무렇게나 빨리 만들 수는 없습니다.

인스턴트 식품 같은 책보다 오래 익힌 술이나 장맛이 밴 책을 만들고 싶습니다.

땀 흘리며 일하는 당신을 위해 한 권 한 권 마음을 다해 만들겠습니다.

마지막 페이지에서 만날 새로운 당신을 위해 더 나은 길을 준비하겠습니다.

길벗 IT 도서 열람 서비스

도서 일부 또는 전체 콘텐츠를 확인하고 읽어볼 수 있습니다.
길벗만의 차별화된 독자 서비스를 만나보세요.

더북(TheBook) ▶ https://thebook.io

더북은 (주)도서출판 길벗에서 제공하는 IT 도서 열람 서비스입니다.

객체에서 함수로

FROM OBJECTS TO FUNCTIONS:
BUILD YOUR SOFTWARE FASTER AND SAFER WITH FUNCTIONAL PROGRAMMING AND KOTLIN

초판 발행 · 2024년 12월 20일

지은이 · 우베르토 바르비니

옮긴이 · 오현석

발행인 · 이종원

발행처 · (주)도서출판 길벗

출판사 등록일 · 1990년 12월 24일

주소 · 서울시 마포구 월드컵로 10길 56(서교동)

대표 전화 · 02)332-0931 | **팩스** · 02)323-0586

홈페이지 · www.gilbut.co.kr | **이메일** · gilbut@gilbut.co.kr

기획 및 책임편집 · 이원휘(wh@gilbut.co.kr) | **디자인** · 송민우 | **제작** · 이준호, 손일순, 이진혁

영업마케팅 · 임태호, 전선하, 박민영, 박성용 | **유통혁신** · 한준희 | **영업관리** · 김명자 | **독자지원** · 윤정아

교정교열 · 강민철 | **전산편집** · 박진희 | **출력 및 인쇄** · 예림 | **제본** · 경문제책

▸ 잘못 만든 책은 구입한 서점에서 바꿔 드립니다.

▸ 이 책은 저작권법에 따라 보호받는 저작물이므로 무단전재와 무단복제를 금합니다.
  이 책의 전부 또는 일부를 이용하려면 반드시 사전에 저작권자와 ㈜도서출판 길벗의 서면 동의를 받아야 합니다.

ISBN 979-11-407-1205-2 93000

(길벗 도서번호 080405)

정가 38,000원

독자의 1초를 아껴주는 정성 길벗출판사

(주)도서출판 길벗 | IT교육서, IT단행본, IT교육서, IT단행본, 경제경영, 교양, 성인어학, 자녀교육, 취미실용 www.gilbut.co.kr

길벗스쿨 | 국어학습, 수학학습, 어린이교양, 주니어 어학학습, 학습단행본 www.gilbutschool.co.kr

페이스북 · www.facebook.com/gbitbook

예제소스 · https://github.com/gilbutITbook/080405

FROM OBJECTS
TO FUNCTIONS

객체에서
함수로

우베르토 바르비니 지음
오현석 옮김

길벗

순수 함수형 웹 애플리케이션을 작성하는 참고서라기보다는, 저자가 현장 경험에서 수집한 흥미로운 아이디어들을 경험 많은 중급 개발자가 분석하고 재사용할 수 있도록 해주는 책이다.

시모네 보르데(Simone Bordet)_이클립스 제티(Eclipse Jetty) 리드

우베르토는 실전 코틀린에 대한 방대한 지식을 약 500쪽의 명확하고 간결하며 흥미로운 내용으로 정리해냈다. 적당히 편한 길을 찾는 사람들을 위한 책은 아니다. 도전할 용기가 있다면 새로운 개념과 기존 개념을 아우르는 흥미로운 여정을 준비해야 할 것이다.

데이비드 덴튼(David Denton)_http4k 공동 창립자

함수형 패러다임에 내재된 좋은 프로그래밍 관행을 집약한 책이다. 함수형 패턴을 사용해 API 디자인을 대수학적으로 다시 생각하게 도와주며 참조 투명성, 불변성, 합성, 재사용성, 단순성 등 함수형 프로그래밍의 모든 이점을 강조한다. 또한 사용자 스토리에서 요구 사항을 잡아내는 것, 처음부터 소프트웨어 배포 방법에 대해 생각하는 것, 작동하는 골격을 만드는 것까지 좋은 관행에 대한 힌트와 참고자료를 제공하며, 코틀린이 객체 지향 코드뿐만 아니라 함수형 코드 작성에도 도움이 된다는 사실을 보여준다.

리카르도 팔리코(Riccardo Fallico)_아비바 이탈리아(Aviva Italia Servizi Scarl) 기술 서비스 전문가

함수형 프로그래밍을 실제로 응용할 때 좋은 접근 방식을 보여주는 책이다. 이 책은 함수형 프로그래밍이 대부분의 사람들이 생각하는 이론적이고 학문적인 말장난이 아니라는 것을 보여준다. 함수형 프로그래밍에 초점을 맞추고 있지만, 코틀린 언어에 대한 전문가가 아니더라도 코틀린에 대한 멋진 팁을 배울 수 있다.

카를로스 가르시아 이바녜즈(Carlos García Ibáñez)_텔레포니카 디지털(Telefonica Digital)
엔지니어링 매니저

이 책을 읽는 것은 우베르토와 함께 코딩하는 것과 같다. 함수형 프로그래밍에 대한 호기심으로 시작하지만, 책을 다 읽고 나면 앞으로 10년간 백엔드 서비스를 구축하는 데 사용할 청사진과 여러 기법을 얻게 될 것이다.

가브리엘레 라나(Gabriele Lana)_소프트웨어 장인, 클린코드

쉽지 않지만 중요한 책이다. 대부분의 관련 서적과 달리 객체를 배제하지 않고, 객체와 함수를 일관성 있게 결합하는 방법을 보여준다. 다시 읽을 때마다 새로운 통찰을 얻을 수 있으며, 이해가 깊어질수록 다시 찾아볼 수 있게 계속 곁에 두고 참고할 것이다.

덩컨 맥그레거(Duncan McGregor)_『자바에서 코틀린으로』 공동 저자

실제 비즈니스의 중요한 코틀린 프로젝트에서 함수형 프로그래밍을 적용하여 얻은 사례와 방법들로 가득하다. 자세히 공부할 만한 가치가 있으며, 깊이 있게 공부하면 큰 보상을 얻을 것이다.

냇 프라이스(Nat Pryce)_『자바에서 코틀린으로』 공동 저자

함수형 패러다임과 코딩 기술에 대한 놀라운 소개와 안내를 제공한다. 함수형 프로그래밍을 시작하고자 하는 모든 개발자에게 필독서이며, 전문가들이 복잡한 주제를 다시 정리하는 데도 유용하다.

제이시 샤브디아(Jayesh Shavdia)_바클레이즈(Barclays) 매니징 디렉터

함수형 프로그래밍에 대한 포괄적인 가이드를 제공하며, 이론과 실습을 매끄럽게 융합한다. 함수형 패러다임의 실제 적용을 탐구하고 http4k, PostgreSQL, Exposed를 사용해 실전 애플리케이션을 구축함으로써 함수형 프로그래밍의 힘과 잠재력을 깊이 이해할 수 있다.

시몬 페르하우언(Simon Vergauwen)_ Arrow-kt.io 메인테이너

함수형 프로그래밍은 매일 내 일을 더 즐겁게 만들어주지만, 때때로 나를 미치게 하기도 한다.

함수형 스타일에 대해 배우면서 애플리케이션을 디자인하는 방식이 크게 변했을 뿐만 아니라 프로그래밍의 재미도 다시 찾게 됐다. 그래서 함수형 프로그래밍을 처음 배울 때 읽었더라면 좋았겠다고 생각한 책을 쓰려 한다.

나는 우연히 개발자가 됐다. 베이직(BASIC)으로 비디오 게임을 작성하며 프로그래밍을 배웠고, 대학에서 철학을 공부할 때 파트타임으로 작은 프로그램들을 작성하기 시작했다. 당시 나는 많은 (끔찍한) 코드를 작성하며 재미있게 놀았다. 객체 지향 원칙이나 디자인 패턴 같은 것은 전혀 몰랐지만, 그래도 내 코드는 작동했고 그것만으로도 충분히 마법 같았다.

2000년 즈음, 더 큰 프로젝트에서 일하기 시작했고 자동화된 테스트를 발견했다. 이 발견에서 큰 깨달음을 얻었고, 나는 컴퓨터 과학을 더 진지하게 공부하기로 했다. 더 많은 것을 배우면서 내 프로그램의 유지보수성은 높아졌지만, 동시에 더 복잡해졌다. 코드를 작성하는 데 더 많은 어려움을 겪었고, 그래서 일의 재미가 좀 줄어들었다. 하지만 내가 더 '전문적인' 프로그래머가 되었다고 스스로를 위로했다.

그러다 어느 순간, 추상적인 원칙보다 단순성과 생산성을 추구하기로 결심했고, 다시 재미를 느끼기 시작했다. 이 책에서는 함수형 디자인 스타일을 사용하면서도 애플리케이션을 즐겁게 작성할 수 있는 방법을 보여주려 한다. 즉, 이 책은 매일 코드를 작성하는 개발자가 자신과 같은 다른 사람들을 위해 쓴 책이다.

업계를 통틀어 우리는 작성하는 소프트웨어의 품질을 향상시켜야 한다고 생각한다. 함수형 프로그래밍이 은탄환(만병통치약[1])은 아니지만, 비즈니스에 가치를 제공하는 데 필요한 작업량을 줄이는 데 도움이 될 수는 있다.

품질만으로는 목표에 맞게 제대로 일할 수는 없지만, 빠르게 일하는 데 도움이 된다. 품질을 높이면서도 제대로 나아가려면 올바른 방향도 필요하다. 방향이 없으면 완벽한 소프트웨어를 개발하더라도 비즈니스에 필요하지 않은 엉뚱한 결과물이 될 수도 있다.

---

1 https://en.wikipedia.org/wiki/No_Silver_Bullet

이 책에 대해

이 책의 핵심 목표는 독창적인 아이디어나 새로운 기술을 제시하는 것이 아니라, 일상 업무에서 함수형 사고를 쉽게 배우고 사용할 수 있는 방법을 보여주는 것이다. 이 책의 다이어그램과 설명이 함수형 프로그래밍 구조를 통해 가변 상태와 부수 효과를 효과적으로 제거하는 방법을 이해하는 데 도움이 되길 바란다.

그러나 함수형 프로그래밍 자체가 궁극적인 목표라고 생각하지는 않는다. 그보다 견고하고 적응 가능한 소프트웨어를 빠르게 구축하는 것이 목표이며, 이를 달성하는 가장 좋은 도구는 테스트 및 도메인 탐색, 함수형 프로그래밍이라고 믿는다. 그럼에도 나는 함수형 프로그래밍 자체만을 추구하지는 않는다. 부분적인 함수형 해법이 순수 함수형 해법보다 더 나은 성능을 발휘한다면, 나는 주저하지 않고 전자를 제안할 것이다.

즉, 이 책은 함수형 프로그래밍에만 국한되지 않는다. 한 리뷰어가 정확히 지적했듯이, 이 책은 더 나은 소프트웨어를 작성하는 방법에 대한 책이다. 이를 위해 함수형 프로그래밍과 나의 20년 넘는 코딩 경험에서 얻은 기타 모범 사례를 사용할 것이다. 여기서 제시된 코드에 대해 여러분이 다른 생각을 가질 수도 있는데, 전혀 문제가 되지 않는다. 나는 함수형 방식으로 소프트웨어를 디자인하는 아이디어를 전달하고자 할 뿐, 따라야 할 정확한 패턴을 규정하려는 것이 아니다.

이 책은 나에게 하나의 여정과 같으며, 다른 모험과 마찬가지로 주인공(바로 당신)이 주요 임무를 진행하기 전에 완료해야 하는 여러 부수적인 도전 과제가 있다.

따라서 이 책에서는 사용자 스토리를 고수준의 테스트로 변환해 이를 검증하는 방법도 다룰 것이다. 또 성공적인 프로젝트를 전달하기 위한 다른 좋은 사례와 방법도 살펴볼 것이다. 이런 것들이 처음에는 함수형 프로그래밍과 관련이 없어 보일 수도 있지만, 애플리케이션을 작성하는 전체 함수형 접근 방식에 속하며 코드 작성은 그 일부에 불과하다.

너무 많은 주제를 다루면서 각 주제에 충분히 깊이 들어가지 않으면 모두가 불만족스러울 수 있다는 점도 알고 있다. 그럼에도 불구하고 함수형 방식으로 소프트웨어를 구축하는 방법을 보여주기 위해 소프트웨어 개발의 모든 측면을 탐구하는 것이 중요하다고 믿는다. 모든 영역에서 성공하지 못할 수도 있지만, 내 노력이 부족해서 그런 것은 아닐 것이다.

이 책을 읽어야 하는 사람

이 책은 중급과 고급 프로그래머를 대상으로 한다. 새로운 개념을 모두 소개하려고 노력하겠지만, 이 책은 많은 지식을 전제로 한다. 하지만 코틀린을 몰라도 이 책을 읽을 수는 있을 것이다. 자바, C# 등의 유사한 언어를 알고 있다면 충분하다.

이 책을 쓸 때 나는 세 가지 독자 유형을 염두에 두었다.

- 객체 지향 프로그래밍에 대한 탄탄한 배경 지식을 가진 숙련된 개발자로, 함수형 프로그래밍과 그 이점에 대해 더 알고 싶은 개발자
- 고전적인 교과서 예제를 전체 애플리케이션으로 변환하는 데 어려움을 겪는 함수형 프로그래밍 초보자
- 스칼라나 F# 같은 다른 언어의 함수형 프로그래밍에 능숙하며 코틀린에 관심이 있는 프로그래머

주의 사항

하지만 한 가지 주의할 점이 있다. 이 책의 개념을 완전히 이해하려면 코드를 공부하고 적어도 일부 연습 문제를 수행해야 한다. 그렇게 하지 않고 이해할 수 있는 독자도 있겠지만, 나 자신은 그렇게 할 수 없을 것 같다.

이 책을 읽는 방법

이 책을 가볍고 간결하게 유지하면서도 명확성을 유지하기 위해 일부 자세한 설명과 흥미로운 주제를 생략해야 했다. 어떤 부분이 어떻게 작동하는지 확신이 서지 않는다면 포함된 코드를 참고하기 바란다.

피드백이나 명확한 설명이 필요하다면 언제든 소셜 미디어를 통해 나에게 연락할 수 있다.

- X: https://x.com/ramtop
- 미디엄: https://medium.com/@ramtop
- 링크드인: https://www.linkedin.com/in/uberto
- 마스토돈: https://mastodon.online/@ramtop

이 책을 최대한 활용하기 위해 다음 방법을 제안한다.

0장에서는 왜 함수형 프로그래밍을 사용하는 것이 좋은 생각인지에 대한 질문에 답한다. 그러나 함수형 프로그래밍에 익숙하지 않다면, 먼저 **부록 A 함수형 프로그래밍이란 무엇인가?**를 읽는 것이 좋다. 부록 A에서는 함수형 프로그래밍의 간략한 역사와 원칙을 실용적인 예제로 설명한다. 함수형 프로그래밍이 무엇인지에 대해 명확히 이해할 수 있을 것이다.

코틀린에 대해 잘 모른다면, 언제든지 **부록 B 함수형 코틀린에 대하여**를 참고해 코틀린 문법을 더 잘 이해할 수 있다. 이 부록은 코틀린의 함수형 관용구에 중점을 두며, 책의 나머지 부분에서 쓰이는 코틀린 기능들을 설명한다. 이 책이 코틀린이나 JVM에 대한 완전한 튜토리얼이 아니라는 점을 기억하자. 코틀린 언어에 대한 더 완전하고 재미있는 입문서를 원한다면 벤컷 수브라마니암의 『다재다능 코틀린 프로그래밍(Programming Kotlin)』을 추천한다.

1장에서 12장까지는 이 책의 핵심으로, 함수형 디자인을 따라 애플리케이션을 점진적으로 구축하는 방법을 보여준다. 이 장들은 점진적으로 시작하지만, 애플리케이션이 진행됨에 따라 모나드, 애플리커티브, 프로펑터와 같은 고급 개념을 다룬다.

각 장을 순서대로 읽으면 완전한 애플리케이션을 구축하는 과정을 이해할 수 있다. 이 때문에 책의 저장소는 각 장의 진행에 맞춰 애플리케이션의 코드를 여러 단계로 나누어 제공한다.

1~5단계는 2장에서 10장까지 매 두 장에 대한 애플리케이션 코드를 제공한다. 6단계는 11장, 7단계는 12장에 해당한다.

어떤 부분에 관심이 없다면 다음 장으로 건너뛸 수 있다. 각 장은 우리가 집중하여 다룰 내용에 대한 설명으로 시작해 논의한 내용을 요약하는 것으로 끝난다.

각 장의 마지막은 함수형 원칙을 이해하고 함수형 통찰력을 검증하는 데 도움이 되는 연습 문제로 마무리된다. 교사이자 학생이었던 나의 경험에 비추어 볼 때, 함수형 프로그래밍은 연습을 많이 해 봐야 숙달된다고 믿는다. 연습 문제는 특히 이해하기 어려운 부분을 이해하는 데 유익하다. 새로운 개념을 완전히 이해할 때까지 코드를 작성하고 실험하고 노는 것이 가장 좋은 방법이다. 책의 저장소에는 연습 문제의 해답도 모두 들어 있다. 내 접근 방식이 반드시 최선은 아니므로, 자신의 해답과 비교해보길 바란다.

마지막 장인 **13장 함수형 아키텍처 디자인하기**는 다수의 서비스를 아우르는 완전한 소프트웨어 아키텍처를 함수형 접근 방식을 사용해 디자인하고 구축하는 방법에 관한 것이다. 앞의 장들과 독립적으로 읽을 수 있으며, 더 높은 수준의 관점을 제공한다.

마지막으로 함수형 프로그래밍 이론에 대해 더 알고 싶다면, **부록 C 약간의 이론**에서 카테고리 이론에 대한 소개를 확인하자. **부록 D 추가 자료**는 이 흥미로운 분야를 더 깊이 공부하고 이해하는 데 도움이 되는 자료를 찾을 수 있는 장소를 몇 군데 소개했다.

친애하는 독자 여러분, 내가 이 책을 쓰면서 그랬던 것처럼 여러분도 이 책을 읽으면서 미소를 짓고 새로운 것을 배울 수 있다면 나에게는 그것이 성공이다.

감사의 글

세계적인 팬데믹 동안 책을 쓰고, 지구 반대편으로 이사하기란 결코 쉬운 일이 아니었다. 이 책을 집필한 것은 변함없는 인내와 지원, 그리고 사랑을 준 아내 아유미(Ayumi) 덕분이다.

딸 마리나에게도 깊은 감사의 마음을 전한다. 마리나는 그녀의 엄격한 감독 하에 인형의 집을 만드는 등의 책 쓰기보다 더 중요한 일들이 있다는 점을 상기시켜 주었다.

또한 친구들과 동료들에게 감사를 전하고 싶다. 각 장에 대해 인내심을 가지고 통찰력 있는 초기 리뷰를 해준 아사드 만지(Asad Manji), 유익한 토론에 참여해 주고 귀중한 지식을 공유해준 냇 프라이스(Nat Pryce), 덩컨 맥그레거(Duncan McGregor), 데이비드 덴튼(David Denton), 이반 산체스(Ivan Sanchez), 드미트리 칸달로프(Dmitry Kandalov), 루카 미누델(Luca Minudel), 마르코 하임쇼프(Marco

Heimeshoff), 커크 페퍼다인(Kirk Pepperdine)에게 감사드린다. 모든 연습 문제를 검증하고 코드와 텍스트 간의 불일치를 점검해준 베타 리더 요나탄 카프-루딘(Yonatan Karp-Rudin)에게 특별한 감사를 전한다.

이 책의 리뷰어들도 중요한 기여를 해주었으며 인정받을 자격이 있다. 그들의 피드백이 없었다면 이 책의 영향력은 훨씬 떨어졌을 것이다. 제이시 샤브디아(Jayesh Shavdia), 가브리엘레 라나(Gabriele Lana), 시모네 보르데(Simone Bordet), 조반니 아스프로니(Giovanni Asproni), 마니 사카르(Mani Sarkar), 리카르도 팔리코(Riccardo Fallico), 카를로스 가르시아 이바녜즈(Carlos García Ibáñez), 후안 파블로 산토스 로드리게스(Juan Pablo Santos Rodríguez), 아리알도 마르티니(Arialdo Martini), 마테오 바카리(Matteo Vaccari)에게 특별한 감사의 마음을 전한다. 이벤트 스토밍과 DDD 접근 방식에 대해 가르쳐준 알베르토 브란돌리니(Alberto Brandolini)에게도 감사드린다.

책 프로젝트의 초기 단계에서 귀중한 지원과 격려를 해준 테드 뉴어드(Ted Neward)와 J. B. 레인즈버거(Rainsberger)에게 특별한 감사를 전한다. 출판 산업에 대한 그들의 통찰력은 내 아이디어를 현실로 바꾸는 데 중요한 역할을 했다.

마지막으로 이 프로젝트에 도움과 열정을 보여준 프래그매틱 프로그래머스의 데이브 랭킨(Dave Rankin)과 에리카 사둔(Erica Sadun)에게 감사하며, 여기저기 끊긴 내 문장을 유창한 영어로 다듬어주고 출판 과정을 안내해준 아다오비 오비 툴턴(Adaobi Obi Tulton)에게 특별한 감사를 전한다.

2000년대 이후 점차 함수형 프로그래밍에 대한 관심이 커지면서 현재는 함수형 프로그래밍의 장점에 대해 많은 사람들이 동의하고 있다. 상태가 없는 순수 함수를 파라미터로 받는 여러 고차 함수를 사용해 컬렉션을 조작하는 스타일의 코딩은 이제 객체 지향 개발자들이 사용하는 컬렉션 라이브러리에도 깊이 침투해 있고, 리액트나 컴포즈 등의 UI 프레임워크는 함수 컴포넌트를 통해 상태 관리와 UI 구성을 분리함으로써 좀 더 깔끔한 관심사의 분리를 지원한다.

그럼에도 불구하고 실무에서 함수형 프로그래밍을 적용할 때는 컬렉션 처리나 함수 안에 한정된 로직 등의 작은 단위에 함수형 프로그래밍 방식을 적용하고, 커다란 단위에서는 객체 지향 프로그래밍 등을 사용해 프로젝트를 진행하는 경우가 많다. 하지만 에릭 노먼드가 『쏙쏙 들어오는 함수형 코딩』이라는 책에서 지적한 바와 같이, 상태를 사용하는 참조 투명하지 않은 코드인 액션은 전염성이 있기 때문에 프로그램에서 액션과 계산, 데이터를 잘 분리하지 않으면 액션이 전파되면서 전체 프로그램이 함수형 프로그래밍과는 거리가 먼, 상태 관리를 중심으로 하는 프로그램이 되기 쉽다. 하지만 복잡하고 커다란 프로젝트에서는 데이터베이스 등의 상태 관리가 필수적인데, 대부분의 개발자는 전통적인 객체 지향 방식에 익숙하고 큰 시스템에서 좀 더 함수적으로 액션과 계산을 분리해 프로그램을 깔끔하게 작성하는 방법을 잘 모르는 경우가 많다.

이 책은 큰 프로젝트를 진행할 때 함수형으로 HTTP 요청을 다루고, 도메인을 정의하고 테스트하며, 어댑터를 정의하고, 이벤트를 처리하며, 데이터 영속화를 처리하는 등의 방법을 실질적인 예제 코드를 통해 보여준다. 이 책을 따라가면서 프로젝트 전체를 완성해나가다 보면 액션과 계산을 어떻게 분리하고 그 과정에서 어떤 아키텍처를 선택해야 하는지를 배울 수 있다. 자바 개발자라면 코틀린을 배우면서 동시에 함수형 아키텍처를 배울 수 있을 것이고, 코틀린 개발자라면 더 깔끔한 시스템 디자인을 수행하는 방법을 익힐 수 있을 것이다. 또 더 나아가 도메인 주도 디자인(DDD)으로 시스템을 디자인하고 CQRS 등의 기법을 활용하는 방법을 간단한 프로젝트 코드를 통해 살펴보고 싶은 독자들에게도 좋은 개론서가 될 것이다. 이 책이 많은 개발자들이 프로젝트를 더 깔끔하게 설계하고 유지하는 데 도움이 되길 빈다.

오현석

예제 파일 내려받기

책에서 사용하는 예제 코드는 길벗출판사 웹사이트에서 도서명으로 검색하여 내려받거나 다음 저장소에서 내려받을 수 있습니다.

- **길벗출판사 웹 사이트**: https://www.gilbut.co.kr
- **길벗출판사 깃허브**: https://github.com/gilbutITbook/080405
- **역자 깃허브**: https://github.com/enshahar/FromObjectsToFunctionsKorean
- **저자 깃허브**: https://github.com/uberto
- **연습문제 힌트 깃허브**: https://github.com/uberto/pesticide

예제 파일 구조

각 장의 진행에 맞춰 애플리케이션의 코드를 여러 단계로 나누어 제공한다. 1~5단계는 2장에서 10장까지 매 두 장에 대한 애플리케이션 코드를 제공한다. 6단계는 11장, 7단계는 12장에 해당한다.

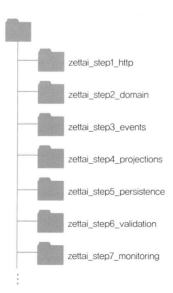

zettai_step1_http

zettai_step2_domain

zettai_step3_events

zettai_step4_projections

zettai_step5_persistence

zettai_step6_validation

zettai_step7_monitoring

읽기 전에 심호흡을 한 번 하세요. 가벼운 마음으로 달려들었다가 머리를 쥐어뜯을 수도 있습니다. 이 책을 함수형 프로그래밍에 대한 개론서쯤으로 생각하고 달려들면 곤란합니다. 이 책을 제대로 이해하려면 한 번만 읽어서는 안 됩니다. 한 번쯤 함수형 프로그래밍을 해보고 싶다는 생각을 했다면 진지한 자세로 책을 끝까지 읽어야 합니다. 그저 단순한 웹 서비스를 만드는 것임에도 TDD를 필두로, 코틀린의 온갖 문법적 기능과 함께 함수형 프로그래밍은 이렇게 하는 것이라고 친절하게 설명합니다. 함수형 프로그래밍을 배워보려고 책을 샀는데 뭔가 부록으로 딸려오는 게 많은 느낌입니다. 어느 정도는 코틀린 문법을 이해하고 보는 것이 좋겠습니다.

윤병조_소프트웨어 개발자, 동영상 서버 개발

단순한 이론서가 아니라, 실무에서 바로 활용할 수 있는 내용을 중심으로 구성되어 있습니다. 함수형 프로그래밍을 통해 견고하고 적응력 있는 소프트웨어를 빠르게 구축하는 방법을 명확하게 제시한 점이 특히 인상 깊었습니다. 또한 각 장의 끝에 연습 문제를 제공하고, 저장소에 해답을 포함시킨 점도 좋았습니다. 이 책은 함수형 프로그래밍을 실무에 적용하려는 개발자들에게 매우 유용하리라 생각합니다. 체계적인 구성과 실질적인 예제, 풍부한 부록을 통해 함수형 프로그래밍의 진가를 제대로 느낄 수 있었습니다.

이석곤_(주)아이알컴퍼니, 14년 차 AI/빅데이터 개발자

새로운 패러다임을 배우는 것은 두렵지만 신나는 일입니다. 기존에 내가 하고 있던 행동이나 생각과 반대되거나 상이한 경우를 마주하게 됩니다. 객체 지향이나 순차적/절차적 프로그래밍에 익숙한 경우, 함수의 순수성을 이용한 함수형 프로그래밍은 명시적인 파라미터 호출 등 기존의 상식과 다른 모습에 적응하기 쉽지 않습니다. 또 함수형 프로그래밍을 하기 위한 언어의 학습 곡선도 가파른 편입니다. 이 책은 객체 지향 프로그래밍의 명문가인 JVM 계열의 코틀린을 이용해 기존 객체 지향 언어로도 함수형 패러다임을 구현할 수 있다는 자신감을 심어줍니다. 구현체에 대해 정말 줄 단위로 설명을 해주며 역자도 용어에 대한 혼선을 최소화하기 위해서 주석을 통해 호흡을 맞추고 있습니다. 서문에서 이야기하듯 실습 없이는 보기 힘든 책입니다. 꼭 컴퓨터와 함께 읽으세요!

시한_고려대 보안 석사 과정, 백엔드 개발자

함수형 언어에 대해 설명하는 책이 많지만, 이 책은 함수형 프로그래밍을 위해 반드시 새로운 언어를 배워야 하는 건 아니라고 합니다. 이 점이 좋았습니다. 특히 코틀린에 대해서 초급부터 중급을 넘어 고급까지 성장할 수 있는 좋은 책입니다

이종우_페이민트, CTO

최근에 스프링을 접할 수 있는 계기가 있어, 스프링에 재미를 붙이게 되었습니다. 개발을 하다 보니 자바의 불편한 점을 느끼게 되었고, 기존 코틀린을 이용하여 안드로이드 개발을 하던 입장에서 애너테이션을 이용해서 작성하는 것이 아닌 코틀린에서 제공해주는 기능을 이용하면 편리하겠다고 느꼈습니다. 그런데 이 책에서 코틀린의 기능을 이용하고, 특히 코틀린의 객체가 아닌 함수를 이용해서 개발을 하니 더욱 간편하게 작업을 할 수 있다는 것을 알게 되어 너무 좋았습니다. 특히 목(mock)을 이용해 테스트를 하는 방법에서 기존에 테스트 코드의 유지보수성에 대해서 생각하고 있던 찰나에 이 글을 읽으니 해답을 얻은 듯했습니다. 실습을 충실히 따라 하며 이 책을 읽는다면 코틀린을 자바답게가 아닌 코틀린스럽게 이용하며 흔히 말하는 'kopring'을 쉽고 재미있게 배울 수 있을 것입니다!

최윤정_안드로이드 개발 취업 준비생

책의 제목이 〈객체에서 함수로〉인 만큼 대상 독자는 객체 지향 프로그래밍으로 개발하고 있는 개발자들일 것 같습니다. 그런 면에서 이 책은 기존에 객체 지향 프로그래밍을 통해 다년간 개발을 해오던 개발자에게 함수형 프로그래밍 관점에서 문제를 바라보고 어떤 식으로 해결할 수 있는지 구체적인 예시를 통해 알려주어 함수형에 입문하고, 실제 업무에 적용해보는 데 도움이 되리라 생각합니다. 사실 책이 다루는 내용들은 객체 지향에 익숙한 개발자라면 업무에서 많이 접하고, 익숙한 내용일 수 있습니다. 하지만 '같은 문제'를 두고 이 문제를 어떻게 푸는가에 대해서는 여러 관점이 존재할 수 있습니다. 특정 패러다임, 예를 들어 함수형이 더 적합한 경우도 있습니다. 이때 함수형을 도입하고자 한다면 이 책을 통해 같은 문제라도 함수형의 관점에선 어떤 식으로 풀 수 있을지 연습해보면 좋겠습니다.

김건_5년차 백엔드 개발자

실무 개발자에게 꼭 필요한 개념과 실질적인 예제를 통해 깊이 있는 학습을 제공하는 훌륭한 책입니다. 특히 코틀린으로 서비스를 개발하는 개발자에게 특히 도움이 될 책이라고 생각합니다. 이 책에서 가장 인상 깊었던 점은 예제를 여러 장에 걸쳐 만드는 것이었습니다. 단순히 코드만 나열하는 것이 아니라, 실제로 동작하는 프로그램을 단계적으로 완성해가는 과정이 좋았습니다. 특히 코틀린을 중심으로 내용을 풀어나간 점이 좋았습니다. 코틀린은 현업에서 많이 사용하는 만큼 실제 적용 사례를 중심으로 한 설명이 실무 개발자에게 매우 실용적이라고 느껴졌습니다.

또한 단위 테스트나 육각형 아키텍처 같은 다양한 개념을 다루며 독자의 이해를 돕는 부분도 매우 유익했습니다. 이런 개념들을 처음 접할 때 구체적인 문서를 찾아 헤매느라 시간을 소비하기 쉽지만, 이 책은 주요 개념을 적절히 설명해주어 책의 중심 내용에 몰입할 수 있었습니다. 마지막으로, 책이 다루고 있는 주제 자체가 현업에서 객체 지향에서 함수형으로 전환을 고민하는 개발자들에게 딱 맞는 내용을 담고 있다고 생각합니다. 현대 소프트웨어 개발에서 점점 중요해지는 함수형 패러다임을 다루면서도, 기존 객체 지향 방식을 이해하고 있는 독자가 읽고 유용하게 프로그래밍할 수 있게 도움을 줄 수 있다고 생각합니다.

곤_스타트업, 백엔드 개발자

5장 이벤트를 사용해 상태 수정하기 ····· 163

8장   펑터를 사용해 이벤트 투영하기   257

0^장

왜 함수형 프로그래밍인가?

"비밀 재료 같은 건 없어."

– 쿵푸팬더

객체 지향이나 절차 지향 스타일에 익숙한 프로그래머에게 함수형 프로그래밍을 배우는 일이란 뇌를 다시 배선하는 것과 같다. 매우 어려운 작업이지만 그 보상은 매우 크다. 더 적은 노력으로 더 나은 코드를 작성할 수 있기 때문이다.

하지만 겁먹지 않길 바란다! 내가 어렸을 때, 할머니께서 종이접기를 가르쳐주셨다. 그것은 마치 마법 같았다. 가위나 풀 없이 종이 한 장으로 그렇게 아름다운 학을 만들 수 있다는 것이 믿기지 않았다. 하지만 일단 배우고 나면, 종이접기는 그렇게 어렵지 않다.

함수형 프로그래밍은 종이접기와 같다. 처음에는 평범한 것부터 시작하고 변형을 거듭해서 원하는 모양을 만들어간다. 심지어 '접기(fold)'라는 연산도 있다!

시작하기 전에, 왜 함수형 프로그래밍을 배우고 싶은지 자신에게 물어봐야 한다. 단순히 일시적인 유행이나 호기심 때문인가? 호기심에는 아무런 잘못이 없다. 호기심 자체만으로도 새로운 것을 배우는 충분한 이유가 되지만, 나는 함수형 프로그래밍이 그 이상이라고 생각한다. 함수형 패러다임을 코딩 방식에 도입하면 생산성을 크게 향상시킬 수 있고, 거의 모든 측면에서 더 나은 프로그래머가 될 수 있다.

함수형 프로그래밍을 사용하면 코드의 논리를 단순한 계산 요소, 즉 곧 논의할 순수 함수로 나눌 수 있게 된다. 그런 다음 순수 함수들을 수학적 연산처럼 결합해서 목표를 달성할 수 있다. 절차적 코드를 작성하거나 객체 지향적으로 프로그래밍하는 방식과는 매우 다르다.

'푸딩의 맛은 먹어봐야 안다'는 속담처럼, 함수형 프로그래밍의 진가는 코딩을 해봐야 알 수 있다. 이 책은 더 나은 코드를 작성하면서 비즈니스 문제를 더 짧은 시간에 해결할 수 있는 접근 방식을 가르쳐준다. 더 나은 코드란 변경하기 쉽고 이해하기 쉬운 코드를 의미한다. 내 경험상, 함수형 코드 작성은 생산성을 크게 높여주면서도 더 재미있다.

한 번 함수형 방식으로 사고하기 시작하면, 이전과 같은 방식으로 코드를 보지 않게 된다. 엄격하게 함수형 프로그래밍을 사용하지 않더라도, 함수형 프로그래밍을 배우면 데이터를 함수처럼 조합할 수 있는 강력한 추상화 개념을 얻는다.

학교에서 대수학을 싫어했다 하더라도(나도 그랬다) 두려워할 필요는 없다. 고통스럽고 지루한 식을 푸는 것과는 전혀 다르다. 새로운 사고 방식을 발견하는 여정이며, 그 여정이 지금 여기서 시작된다.

우리는 함수형 개념을 점진적으로 도입하고, 이를 사용하면서 더 고급 개념으로 나아갈 것이다. 우리가 정말로 중요하게 생각하는 것은 비즈니스에 가치를 더할 수 있는 새롭고 효과적인 코딩 방법을 배우는 것이다. 수학 이론을 언급하겠지만, 일상 업무에 실제로 도움이 되는 것에 집중할 것이다.

FROM OBJECTS TO FUNCTIONS

0.1 왜 코틀린인가?

전문 소프트웨어 개발자이자 교육자이며 함수형 프로그래밍의 옹호자인 에릭 노먼드(Eric Normand)에 따르면, 함수형 프로그래밍에 있어 핵심은 함수형 프로그래밍이 어떤 특징들을 모아둔 것이 아니라 하나의 패러다임으로 인식하는 것이다[1].

> 사람들이 함수형 프로그래밍을 한다고 말할 때, 그들은 reduce와 map을 여기저기 뿌리고 몇 가지 순수 함수를 사용한다는 의미로 말한다. 여기에는 많은 가치가 있다. 그러나 그들의 코드는 절차적이다. 그들은 패러다임을 배우지 않고 특징만 배운 것이다.

이 책은 함수형 패러다임을 배우고 이를 일상 업무에 사용하는 방법에 대해 말한다. 이 책의 예제를 리습(Lisp)이나 하스켈(Haskell)로 작성했다면 책의 분량을 훨씬 줄일 수 있었겠지만, 두 가지 강력한 이유로 그렇게 하지 않았다.

- 함수형 프로그래밍을 처음 접하는 개발자들에게 소개할 때 순수 함수형 언어는 교육상의 이유로 적합하지 않다. 새로운 언어를 먼저 배우고 유창해져야만 자신의 주 언어에 동일한 원칙을 적용할 수 있기 때문이다. 나도 새로운 언어를 배우는 것을 좋아하지만, 절차적 코드를 함수형 버전으로 변환하는 것이 더 효과적인 방법이라고 생각한다. 더 많은 것을 배우고 싶다면 순수 함수형 언어를 공부하거나 더 나아가 여러 가지 언어를 공부하는 것을 강력히 추천한다.
- 항상 완전히 함수형 패러다임을 사용하도록 강제하는 언어가 모든 문제에 최적의 해결책이라고 확신하지 않는다. 대부분의 일상적인 프로그래밍 작업에서는 혼합 패러다임 언어를 사용하는 것이 더 나은 현실적 선택이라고 믿는다.

---

1 https://lispcast.com/fp-in-my-language

그렇다면 많은 혼합 패러다임 언어 중에서 왜 코틀린(Kotlin)을 선택했는가? 세상에 완벽한 것은 없지만, 코틀린은 함수형 프로그래밍과 객체 지향 프로그래밍의 장점을 대부분 누릴 수 있는 '골디락스[2] 언어'라고 할 수 있다. 코틀린은 스칼라(Scala)나 클로저(Clojure)보다 학습 곡선이 더 완만하고 자바(Java) 라이브러리와 통합하기 더 쉽다. 또한 코틀린 타입 시스템은 자바 타입 시스템보다 함수형 프로그래밍에 더 친화적이며, 몇 가지 멋진 기능 덕분에 생산성이 매우 높아진다.

한 가지 더 말하자면, 적어도 나에게 코틀린은 작업하기에 정말 재미있는 언어다. 새로운 기능이 필요할 때는 자연스럽게 도움을 제공하고, 그냥 코드를 작성하고 싶을 때는 (어떤 패러다임을 강요하거나 함으로써) 가만히 있으면서 방해하지 않는 언어다.

> **조에게 묻는다** 이 책을 읽기 전에 코틀린을 알아야 할까?
>
> 코틀린에 능숙할 필요는 없지만 이 책에는 많은 코드가 포함되어 있으므로, 아직 코틀린을 모른다면 책을 읽어나가면서 배우는 것이 좋다. 자바나 C# 같은 비슷한 언어를 이미 알고 있다면, 큰 어려움 없이 코틀린을 배울 수 있을 것이다.
>
> 코틀린 환경 설정 방법과 코틀린 코드와 자바 코드를 비교하는 방법은 **부록 B**에서 확인할 수 있다.

이 책에서는 코틀린의 기존 함수형 프로그래밍 라이브러리를 사용하지 않을 것이다. 대신, 책이 진행되는 동안 자체적으로 라이브러리를 구축할 것이다. 이를 통해 언어의 특성을 살리면서 점진적으로 코틀린 언어의 결에 맞는 함수형 프로그래밍 스타일을 배울 수 있을 것이다[3].

FROM OBJECTS TO FUNCTIONS

0.2 함수형 프로그래밍의 진정한 의미는 무엇인가?

함수형 프로그래밍이 주류 개념이 되면서 사람마다 함수형 프로그래밍을 다르게 정의한다. 함수형 프로그래밍이 무엇인지에 대한 정의는 많지만, 결국 중요한 것은 **참조 투명성**(referential transparency)이다.

---

2 역주 서양 동화책에 나오는 주인공이다. 골디락스(Goldilocks)가 어느날 우연히 곰이 세 마리 사는 집에 가서 자신의 몸 크기에 가장 적합한 의자, 음식, 침대 등을 찾아서 먹고 마시고 잔다는 이야기로, '가장 적합한 것'을 뜻하는 표현이다.

3 https://wiki.c2.com/?GrainOfTheLanguage

참조 투명성은 매우 간단하지만 강력한 개념이다. 코드 내에서 어떤 식을 그와 동등한 값으로 바꿔도 프로그램의 행동(behavior)이 변하지 않는다면 그 코드는 참조 투명하며, 따라서 함수형이다.

여러분이 이런 방식으로 코드를 작성할 수 있다면, 사용하는 언어나 라이브러리에 상관없이 함수형 프로그래머이다. 아직 '식(expression)'과 '프로그램의 행동'이 무엇인지 정의하지 않았는데, 나중에 설명하겠다. 여기서 중요한 것은 어떤 코드가 함수형인지 아닌지를 판단하는 매우 간단한 방법이 있다는 것이다. 코드 내의 모든 식을 그 값으로 바꿀 수 있다면 그 코드는 함수형이고, 그렇지 않다면 함수형이 아니다.

펑터(functor), 고차 함수(higher-order function), 모나드(monad), 애플리커티브(applicative) 등과 같은 개념들을 들어봤을 것이다. 이 모든 것은 단지 도구일 뿐이다. 유용한 도구이긴 하지만, 그 자체로 코드를 더 함수형으로 만들지는 않는다. 이 책에서도 이러한 도구들을 다루겠지만, 이를 사용하지 않고도 함수형 코드를 작성할 수 있다.

그렇다면 이러한 도구들이 왜 필요할까? 앞으로 살펴보겠지만 대부분의 코드를 함수형으로 유지하는 것은 어려울 수 있다. 그래서 이 주제를 다룬 수많은 책이 출판되기도 했다. 이런 도구는 아주 유용하다.

우리는 이 책을 통해 이러한 도구를 사용하는 방법을 배울 것이다.

재사용은 정말 과대평가된 것인가?

함수형 프로그래밍을 채택하면 의도가 명확하고 숨겨진 부수 효과가 없는 많은 작은 함수와 데이터 구조로 이뤄진 코드 기반을 만들 수 있다. 이렇게 하면 매번 새로운 코드를 작성하는 대신, 같은 함수를 다른 곳에서 재사용하고 결합해 새로운 행동을 생성할 수 있다.

코드 재사용은 어렵기로 악명이 높다. 어떤 사람들은 재사용이 과대평가되었다고 생각하기도 한다[4]. 하지만 나는 마테오 바카리(Matteo Vaccari)의 많은 의견에 동의하면서도, 코드 재사용이 제대로 이루어지면 더 효율적일 수 있다고 생각한다.

'모든 기능을 포함하는 거대한 프레임워크를 만들고 어디서나 사용하자.'는 식의 재사용을 말하는 것이 아니다. 사실 나는 그 반대를 주장한다. 즉, 단순하고 잘 정의된 함수들을 작성해 아무런 제약 없이 재사용할 수 있게 하자는 것이다. 함수형 프로그래밍은 순수 함수와 불변 타입에 중점을 둬서 이를 훨씬 쉽게 만들어준다.

---

4 http://matteo.vaccari.name/blog/archives/151

객체 지향 언어는 재사용성이 떨어지지만 함수형 언어에서는 그렇지 않다고 생각한다. 객체 지향 언어의 재사용성이 떨어지는 이유는 객체 지향 언어가 암시적 환경을 함께 가지고 다니기 때문이다. 이는 마치 바나나를 원했지만 바나나를 들고 있는 고릴라와 그 고릴라가 사는 정글 전체를 얻은 것과 같다.

— 조 암스트롱(얼랭(Erlang) 언어의 창시자)

작성하기 쉽고, 읽기 쉽고, 재사용하기 쉬운 코드라는 점은 아마도 함수형 프로그래밍으로 얻을 수 있는 주된 생산성 향상 요소일 것이다.

0.3 객체 지향 프로그래밍 지식을 일부러 잊어버리기

새로운 것을 배울 때 가장 어려운 부분 중 하나는 우리의 오래된 습관을 버리는 것이다. 객체 지향 프로그래밍 자체에는 문제가 없지만, 함수형 프로그래밍은 다른 관점을 요구하는 다른 패러다임이다.

목표는 객체 지향 프로그래밍을 잊는 것이 아니다. 하지만 새로운 패러다임을 배울 때는 기존의 패러다임을 잠시 제쳐둬야 한다. 그렇지 않으면 같은 방식으로 코드를 작성하는 함정에 빠지기 쉽다. 또 어떤 것들이 이상하거나 잘못된 것처럼 느껴질 수도 있다.

다음은 이러한 차이점의 몇 가지 예이다.

대상과 동작에 집중하기보다 데이터 변환에 집중하기

객체 지향 프로그램을 디자인할 때는 시스템을 설명하는 명사와 동사를 보는 것이 자연스럽다. 예를 들어 'X인 경우 A가 Y를 수행한다'는 식의 연속된 동작을 생각할 수 있다. 우리는 A가 무엇을 할 수 있는지와 어떻게 A를 호출할 수 있는지에 집중한다. 이런 경우, 클래스 A의 메서드 Y부터 시작해서 호출 경로를 따라 코드를 작성해나간다.

함수형 프로그래밍을 사용하려면 데이터, 즉 전체 시스템의 입력과 출력을 살펴보고 처리 과정 중 데이터가 어떻게 변하는지에 더 주목하는 것이 중요하다. 각각의 변환을 식별하면 필요한 함수와 데이터 구조에 대한 단초를 얻을 수 있다.

메서드 없는 객체 생성하기

코틀린과 같은 하이브리드 언어를 사용하여 함수형 프로그래밍 스타일로 코드를 작성할 때도 클래스 인스턴스의 의미로 객체를 작성하고 사용할 것이다. 코드 가독성을 높이기 위해 메서드를 작성하는 것도 자연스럽지만, 메서드가 없어도 문제는 없다.

반면 객체 지향 프로그래밍에서는 상태만 있고 행동이 없는 많은 클래스, 즉 모든 필드가 공개돼 있고 메서드가 없는 클래스를 흔히 나쁜 냄새로 간주하며, 이를 **빈약한 객체**(Anemic Object) 안티 패턴이라고 부른다. 함수형 프로그래밍에서 이는 매우 일반적이다. 객체가 불변이며 그 필드가 공개되어 있기 때문에, 행동이 필요하지 않다. 모든 함수는 필요한 것을 직접 읽을 수 있다.

우리가 피해야 할 것은 가변 상태를 가진 클래스, 즉 var 속성을 사용하거나 상속에 의해 변경될 수 있는 클래스를 사용하는 것이다. 이 책에서는 어떤 open 클래스(**부록 B 클래스** 참고)도 사용하지 않을 것이다.

불필요한 인터페이스 피하기

객체 지향 언어, 특히 정적 타입 언어에서는 객체가 구체적인 클래스 구현에 의존하지 않고 상호 작용할 수 있도록 인터페이스를 정의하는 것이 일반적이다. 인터페이스는 클래스 간의 상호작용을 관리하는 일종의 계약 역할을 한다. 클래스가 다른 클래스를 직접 아는 것보다 인터페이스를 통하는 쪽을 더 선호하지만, 여전히 의존관계 요소가 남게 된다.

함수형 프로그래밍에서는 인터페이스를 선언하지 않고, 클래스가 필요한 함수의 시그니처에만 의존하게 하는 것이 더 바람직하다. 이렇게 하면 동일한 시그니처를 가진 함수는 클래스 메서드이든 람다이든 상관없이 작동할 수 있으며, 인터페이스를 구현할 필요가 없다.

두 객체가 여러 호출로 구성된 프로토콜에 따라 협력해야 하는 경우에는 여전히 인터페이스를 사용할 것이다. 이 경우 인터페이스는 프로토콜 자체를 추상화하는 데 도움이 된다.

복잡한 제네릭 타입을 두려워하지 말자

제네릭 타입을 사용하는 언어(자바나 C# 같은)는 일반적으로 한두 개의 단순한 타입 파라미터만을 사용한다. 많은 제네릭 파라미터로 생성한 타입을 사용하는 함수형 프로그래밍의 관행은 종종 과도한 복잡성의 표시로 여겨진다.

그러나 **7장의 제네릭스는 타입 빌더다**에서 볼 수 있듯이, 우리는 제네릭스를 타입 빌더로 생각해야 한다. List<T>는 그 자체로 타입이 아니라, 우리가 필요한 모든 구체적 타입을 생성할 수 있게 해주는 빌더다. 이런 관점에서 볼 때, 제네릭 타입 정의에 네다섯 개의 서로 다른 제네릭 타입 변수가 있는 것은 네다섯 개의 파라미터를 가진 생성자를 가지는 클래스를 일반적으로 허용하는 것처럼 큰 문제가 아니다.

반면 스무 개 정도의 파라미터를 정의해야 한다면, 다른 방법을 고려해봐야 할 것이다.

0.4 / 요약

이 책의 주요 주제인 코틀린과 함수형 프로그래밍을 소개했다. 우리가 얻을 수 있는 이점을 다루고, 함수형 코드와 객체 지향 코드의 가장 큰 차이점을 살펴봤다. 함수형 프로그래밍이 무엇인지 더 잘 이해하기 위해, **부록 A**에서 프로그래밍의 역사에 대한 몇 가지 참고문헌과 함께 이 주제를 더 깊이 살펴볼 것이다.

이론을 읽기 전에 코드를 작성하는 것을 선호한다면 다음 장을 보자. 이 모든 원칙을 실제 예제에서 사용해 전체 애플리케이션을 구축하기 시작할 것이다. 이렇게 하면 원칙들이 어떻게 함께 작동하고 서로를 지원하는지 이해할 수 있다.

1장

애플리케이션 준비하기

"모든 것이 옳다는 사실이 드러날 것이다. 세계는 그 위에 이뤄져 있으니까."

– 미하일 불가코프(Mikhail Bulgakov), 『거장과 마르가리타』

이 책은 함수형 접근 방식이 코드 작성 방식에만 국한되지 않음을 보여줄 것이다. 더 넓은 관점에서 함수형 접근 방식이 어떻게 동작하는지 살펴보기 위해, 우리는 완전한 애플리케이션을 밑바닥부터 작성하면서 함수형 접근 방식이 요구 사항 수집 단계부터 최종 인도에 이르는 과정에서 우리를 어떻게 이끄는지 살펴볼 것이다.

왜 이렇게 해야 할까? 그냥 다른 부분은 제외하고 함수형 프로그래밍 자체에 대해서만 가르치면 안 될까? 하지만 그런 접근 방법을 택한 책이 이미 많고, 내가 할 수 있는 것보다 함수형 프로그래밍을 더 잘 가르쳐줄 책도 많다. 이 책의 목표는 함수형 프로그래밍 자체를 설명하는 것이 아니다. 나는 함수형 접근 방법을 사용해 완전한 애플리케이션을 작성하는 과정을 단계별로 보여주고 싶은데, 솔직히 말해 전체 애플리케이션을 작성하지 않고 함수형 접근 방법으로 애플리케이션을 개발하는 법을 설명하는 방법은 모르겠다.

이 장에서는 애플리케이션을 구축하기 시작한다. 먼저 애플리케이션 코딩을 시작하기 적당한 정도로 애플리케이션의 요구 사항을 수집한다. 애플리케이션의 행동을 입력과 출력으로 정의하면 나중에 애플리케이션이 우리 의도를 얼마나 달성했는지 확인하기가 쉬워진다.

또한 테스트가 디자인의 방향을 어떻게 이끌어줄 수 있는지 살펴보고, 자동화된 프로젝트 테스트의 기초를 놓기 시작할 것이다. 초반에는 테스트가 불필요해 보일지 몰라도, 처음부터 테스트를 시작하는 편이 좋다. 테스트를 일찍부터 추가하지 않으면 애플리케이션이 더 복잡해졌을 때 테스트 주도 스타일의 개발 방법을 채택하기가 어려워진다.

코틀린 코드에 대해서는 새로운 언어 특성을 도입할 때마다 **부록 B 함수형 코틀린에 대하여**의 어느 부분에서 구체적 문법과 사용법을 찾아볼 수 있는지도 알려주겠다.

1.1 / 예제 애플리케이션 정의하기

> 소프트웨어 중심의 시스템에서 실패의 가장 큰 원인은 기술적 실패가 아니라, 잘못된 대상을 구축했다는 점이다.
>
> – 『린 소프트웨어 개발』[PP06]

0장에서 함수형 프로그래밍의 기본 원칙을 소개하고 왜 그런 원칙이 중요한지 설명했다. 이제는 순수한 이론의 영역을 벗어나 직접 손을 더럽혀볼 때다. 우리는 완전한 애플리케이션을 만들고 싶다. 하지만 지금 즉시 코드 타이핑을 시작하지는 않겠다. 먼저 우리 애플리케이션이 할 일을 정의해야 한다.

어떤 종류의 애플리케이션을 만들어야 할까? 크기가 너무 커서는 안 되고, 현실적인 애플리케이션이어야 하며, 기업이 구축해달라고 요청할 만한 애플리케이션이어야 한다. 이 모두를 고려해볼 때 웹 애플리케이션이 아주 적합하다.

물론 모바일 애플리케이션이나 데스크탑 애플리케이션에도 함수형 접근 방법을 적용할 수 있다. 하지만 함수형이라는 새로운 패러다임을 배우기에는 웹 애플리케이션이 더 적합하다. 웹 애플리케이션은 아주 잘 알려져 있고, 요청을 응답으로 변환하는 것을 기반으로 하기 때문에 함수형 프로그래밍하고도 잘 들어맞는다.

하지만 걱정할 필요는 없다! 함수형 프로그래밍의 기본 원칙을 배우고 나면 이런 원칙을 모바일, 데스크톱, 비디오 게임 등 다른 유형의 애플리케이션에도 실제로 적용할 수 있다.

새 제품 상상해보기

나는 주의가 쉽게 산만해지는 편이라 생산성을 높이고 집중하기 위해 무언가를 시작하기 전에 자주 종이에 할 일 목록을 작성하곤 한다. 할 일을 적으면 다음 단계가 무엇인지 집중을 유지하기 쉬워진다.

나는 애플리케이션을 사용해 내 할 일 목록을 관리해보기도 했다. 보통은 다음 같이 진행된다.

1. 할 일 목록을 쓴다.

2. 목록의 할 일을 처리하는 동안, 다른 할 일 목록을 기록하기 시작한다.

3. 시간이 지나면서 할 일 목록이 너무 길어져서 어떤 일이 긴급하고 어떤 일은 아닌지 구분할 수 없어진다. 다시 종이에 긴급한 할 일 목록을 적기 시작한다…

모든 목록에서 마감일이 임박한 할 일을 모두 확인하는 것이 유용할 것이다.

또 다른 흔한 문제로, 다른 일이 끝나기를 기다리느라 어떤 일을 완료할 수 없는 경우가 있다(예를 들어 배관 수리 견적이 도착하기를 기다리는 경우). 일정 시간 이상 오랫동안 다른 일의 완료를 기다리느라 대기 중인 작업을 모두 알 수 있으면, 가끔 다른 일이 완료됐는지 검사해볼 수 있어서 좋을 것이다.

마지막으로 어떤 할 일 목록의 전체 이력을 보고 싶다. 내가 어떤 내용을 언제 고쳤고, 정확히 어떤 내용을 어떻게 변경했는지 알고 싶다.

나와 비슷한 사람들에게 도움이 될 수 있는 할 일 목록 애플리케이션을 만들어보겠다. 계속 집중하자!

1.2 제타이: 혁신적인 할 일 목록 애플리케이션

이제 애플리케이션의 이름을 정할 차례다. 애플리케이션을 제타이(Zettai)라고 부르겠다. 발음하기도 좋고, 일본말로 "난 반드시 그 일을 할거야"라고 할 때 '반드시'라는 뜻이기 때문이다.

린 접근 방법의 관점에서[1], 우리는 가능한 한 늦게 요구 사항을 정의하고, 피드백을 수집한 후, 다음 구현을 수행하기 전에 이전 구현으로부터 교훈을 얻고, 다음으로 진행할 것이다.

이 말의 의미를 생각해보자. 복잡한 요구 사항 목록을 미리 작성하기 전에, 우리에게 어떤 가치를 제공하는 최소한의 특성 집합에 초점을 맞추고, 제타이의 맥락에서 이 가치는 앞에서 나열한 문제점 중 적어도 하나를 해결해줄 수 있어야 한다는 뜻이다.

목표는 사용자에게 접근해서 우리 제품이 어떤 것이어야 하는지에 대해 배울 수 있는 최소한의 특성 집합을 정의하는 것이다. 사용자 스토리를 작성함으로써 이런 특성을 구체화할 수 있다.

사용자 스토리 정의하기

애자일 소프트웨어 개발에서 사용자 스토리는 아주 유용한 도구다. 사용자 스토리는 사용자 관점에서 소프트웨어 특성을 잡아낼 수 있는 방법이다. 레이첼 데이비스(Rachel Davies)의 이야기를 보자.

> 사용자 스토리는 알과 같은 한 가지 아이디어에서 시작한다. 아이디어가 껍질을 깨면 대화를 낳는데, 아이디어는 대화를 통해서 자라나면서 애벌레처럼 모양을 바꾼다. 대화는 번데기처럼 구체적인 테스트 케이스로 귀결된다. 테스트 케이스에는 소프트웨어가 해야 할 일이 들어 있으며, 소프트웨어는 스토리의 테스트들에 둘러싸여 모양을 갖춰나간다. 마지막으로 아름다운 나비처럼 작동하는 소프트웨어가 나타난다. 소프트웨어가 사용자 피드백과 새로운 아이디어를 만들어내면서, 이런 과정이 온전한 사이클을 이루게 된다.
>
> – 『애자일 코칭(Agile Coaching)』[DS09]

이 책의 예제는 우리가 고객인 동시에 개발자이므로, 두 가지 역할을 계속 분리하도록 노력할 것이다.

스토리에는 어떤 특성에 대해 누가, 무엇을, 왜 하는지가 포함되어야 한다. 스토리는 보통 같은 특성에 의해 발생할 수 있는 결과에 대한 여러 가지 가능성을 묘사하는, 하나 이상의 시나리오를 포함한다. 예를 들어 할 일 목록이 존재하지 않으면 어떤 일이 벌어질까, 사용자가 이미 '닫힌' 할 일 목록을 변경하고 싶어 하면 어떻게 해야 할까 등이 이런 시나리오다.

---

1 https://theleanstartup.com/principles

그리고 언제 스토리가 완료된 것으로 간주할지, 어떻게 스토리를 검증할지에 대해 명확히 정의해야 한다. 하지만 이런 정의가 인터페이스에 대한 세부 사항이나 기술적 세부 사항을 포함해서는 안 된다. 스토리는 사용자가 하고 싶어하는 일에 집중해야지, 기술에 집중해서는 안 된다.

모든 할 일 목록 소프트웨어는 사용자가 할 일 목록을 작성하고 변경할 수 있게 해야 한다. 최소한 사용자는 다음과 같은 일을 할 수 있어야 한다.

1. 하나의 할 일 목록을 본다.

2. 이름과 설명을 정해서 새로운 할 일 목록을 생성한다.

3. 모든 할 일 목록을 본다.

4. 할 일 목록에 할 일을 설명과 함께 추가할 수 있다. 이때 원하면 할 일에 마감일을 지정할 수 있다.

5. 할 일 목록의 이름이나 설명을 변경할 수 있다.

6. 어떤 할 일을 '완료'나 '진행 중'으로 표시하고, 할 일의 설명을 변경할 수 있다.

7. 할 일 목록이 완료되면 보관할 수 있다.

이런 기본적 특성 외에 고객에게 필요한 요구 사항을 해결함으로써 우리 앱을 더 특별하게 만들어 주는 구체적인 스토리가 더 필요하다. 우리는 고객이 다음과 같은 일을 할 수 있기를 바란다.

1. 완료되지 않은 할 일 목록 중 마감일이 얼마 남지 않은 일들을 모두 본다.

2. '대기 중' 상태인 할 일을 모두 본다.

3. 할 일 목록을 보류하면서 이유를 지정한다.

4. 어떤 할 일 목록의 전체 이력을 본다.

각 스토리에 대해 해당 특성이 잘 작동함을 어떻게 검증할 수 있는지 선언할 필요가 있다. 다른 말로 하면, 각 특성의 인수 조건(acceptance criteria)은 무엇일까? 사용자 스토리를 적을 때 우리가 모든 세부 사항을 잡아낼 필요가 없다는 점을 기억하자. 사용자 스토리의 목적은 비즈니스 쪽 사람들이나 이해 당사자들과 논의하기 위한 기준점이 되는 것이다.

마찬가지 이유로 지금 당장 중요하지 않은 특성에 대한 사용자 스토리를 작성하고 싶지는 않다. 예를 들어 어떤 종류든 인가(authentication)가 필요할 것이고, 어쩌면 보고서 기능이 필요할 수도 있겠지만, 이에 대해서는 나중에 다룰 것이기 때문에 지금 당장은 이런 스토리에 대해 논의할 필요가 없다.

사용자 스토리를 종이에 적어서 실제 보드에 붙여놓을 수도 있고, 그와 동등한 기능의 소프트웨어를 사용할 수도 있다. 종이를 사용한다면 각 시나리오에 대한 인수 조건을 뒷면에 적을 수 있다.

스토리를 정의한 뒤에는 이벤트 스토밍을 사용하여 애플리케이션의 전체 아이디어를 검증할 수 있다.

이벤트 스토밍을 통해 스토리 검증하기

이벤트 스토밍(event storming)은 구축하려는 새로운 프로젝트에 대한 아이디어를 수집하고 공유하는 아주 유용한 방법이다[2]. 이벤트 스토밍을 발명한 알베르토 브란돌리니(Alberto Brandolini)는 소프트웨어 작성이 무엇보다 배움의 과정이라고 즐겨 이야기한다. 이벤트 스토밍을 사용하면 애플리케이션을 작성하기도 전에 애플리케이션에 대해 배울 수 있다.

여러 팀 사이에 지식을 공유할 때 유용하다. 회사 내 여러 부서에 걸쳐 많은 이해 당사자들이 있는 큰 팀에 속해 있을 경우, 스티커 메모로 채울 수 있는 빈 벽 앞에 모든 사람을 모으면 프로젝트에 대한 공통의 비전을 공유하고 여러 다른 관점을 비교하기 좋다.

흥미롭게도 이벤트 스토밍은 팀원이 한 명뿐인 팀에 속해서 일하는 경우에도 유용하다. 스토리를 검증하고 스토리에 대한 이해에 (분명한) 차이가 없는지 확인해야 한다. 우리는 팀원이 한 명뿐이기 때문에 이벤트 스토밍을 통해 제품을 정의할 것이다.

이벤트 스토밍 워크숍을 어떻게 조직하는지에 대해 설명하는 것은 이 책의 범위를 벗어난다. 하지만 여러분이 혼자서 할 수 있는 속성 버전은 꽤 쉽게 시도해볼 수 있다.

먼저 스티커 메모에 여러분의 (미래의) 애플리케이션에 중요해 보이는 모든 '것들'을 적는다. 애플리케이션 외부에 존재하는 무엇이거나(**예** 방금 꼭 해야 하는 일을 끝마쳤다), 애플리케이션 내부의 어떤 일일 수 있다(**예** 다음으로 할 일을 체크했다). 모든 것이 이벤트가 된다. 모호함을 없애기 위해 과거형으로 표현하자. 예를 들면 다음과 같다.

1. 은행에서 주택담보대출을 받기 위해 필요한 문서 목록을 작성했다.

2. 애플리케이션에 새로운 할 일 목록을 만들었다.

3. 할 일 하나를 완료된 것으로 체크했다.

---

2 https://www.eventstorming.com

4. 애플리케이션에서 오늘 해야 하는 모든 일을 읽었다.

5. 어떤 일을 깜빡했기 때문에 그 일의 스케줄을 다시 잡아야 한다.

6. 해야 할 작업에 대해 몇 가지 메모를 추가했다.

그런 다음 모든 스티커 메모를 빈 평면(예를 들어 빈 벽)에 왼쪽에서 오른쪽으로 시간순으로 느슨하게 나열하라. 또, 연관된 메모들을 모아 그룹화해보라. 다음으로 다른 색의 스티커 메모를 사용해 각 이벤트의 원인이 되는 행동(그런 행동이 있다면)을 적는다. 벽은 이제 다음과 비슷한 모습이 될 것이다.

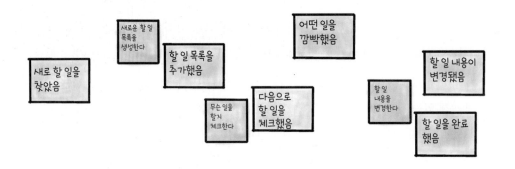

마지막으로 실제 이벤트를 촉발한 것이 무엇인지 식별해야 한다. 애플리케이션과 사용자의 상호 작용(예 버튼 클릭)이나 외부 이벤트(예 한 달의 끝)가 이벤트를 촉발할 수 있다. 이런 방식을 통해 우리는 애플리케이션이 원래의 문제를 해결할 때 실제로 도움이 되는지와 애플리케이션에 정말 필요한 기능이 무엇인지를 이중으로 체크할 수 있다.

이벤트 스토밍은 함수적인 업무 방식과 매우 잘 어울린다. 모든 것이 불변 이벤트의 연쇄로 표현되며, 서로 합성될 수 있는 흐름으로 표현된다. 앞으로 보게 되겠지만, 이벤트 기반 시스템은 함수형 프로그래밍에 아주 자연스럽게 들어맞는다.

목업 준비하기

마지막으로 준비해야 할 것은 애플리케이션 페이지가 어떻게 생겼는지 보여주는 목업(mock-up)이다. 목업에 너무 자세한 내용은 넣지 않겠다. 왜냐하면 우리에게 필요한 것이 무엇인지 계속 배워나가는 과정에서 목업의 내용이 변할 것이기 때문이다. 하지만 목업은 여전히 애플리케이션의 사용자 인터페이스를 개발할 때 도움이 되고, HTML을 작성할 때 가이드로 사용할 수 있다.

페이지들을 식별하기 위해, 앞 절에서 적어본 이벤트 스토밍의 결과를 사용할 수 있다. 이벤트 목록을 따라가 보면, 즉 스티커 메모를 왼쪽부터 오른쪽으로 따라가다 보면 이 여정을 계속하기 위해 어떤 정보가 필요할지 상상할 수 있다. 특히 각각의 발생 가능한 상태에서 사용자 인터페이스와 도메인 이벤트를 비교하면서 잠재적인 토끼굴(rabbit hole, 어려움이 예상되거나 복잡한 지점)을 명확히 하고 싶다.

첫 번째 이벤트를 읽으면, 지금 사용자가 만든 모든 할 일 목록이 들어 있는 페이지가 필요하다는 사실이 명확하다. 다음과 비슷한 화면을 상상할 수 있다.

그 후 이벤트를 계속 따라가 보면 구체적인 할 일 목록의 세부 사항을 보여주는 새로운 페이지가 필요해진다.

마지막으로 모든 할 일 목록 중에서 가장 긴급한 할 일을 보여주는 페이지가 필요하다.

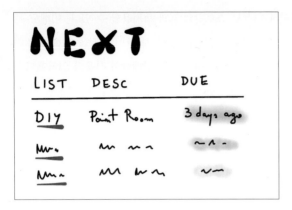

이 그림들은 내 스케치일 뿐이며, 여러분의 아이디어는 다를 수 있다. 또 아이디어를 구현할 때 각 페이지를 변경하거나, 두 뷰를 하나의 HTML 페이지로 합치는 것이 합리적일 수도 있다. 중요한 것은 사용자에게 표시해야 하는 모든 정보를 스케치 안에 담는 것이다.

가장 간단하고 생산적인 접근 방법은 사용자 스토리를 정의한 다음, 각 스토리에 대한 코드를 작성하기 전에 목업을 그리는 것이다. 이렇게 하면 기능을 개발하는 동안 정말 필요한 것에만 집중하고 장식적인 작업은 나중에 하도록 남겨둘 수 있다.

요구 사항을 코드로 작성하기

사용자 스토리나 이벤트 스토밍 같은 경량 기술을 사용하는 데 반대할 수도 있는데, 한 가지 이유는 이런 절차를 끝마쳐도 문서가 많이 남지 않는다는 점이다. 개발자로서 우리는 작업 중인 모든 코드가 완전하고 정확하게 문서화되어 있기를 바란다. 적어도 문서가 항상 최신 상태로 유지되길 바라고, 직접 작성하지 않아도 된다면 더욱 좋다.

그러나 불행히도 전통적인 문서화에는 몇 가지 잠재적인 문제가 있다. 전통적인 문서화는 제작 비용이 많이 들고, 아주 빠르게 쓸모 없어지며, 불완전하거나 불명확한 경우가 많다. 요구 사항을 애플리케이션에 맞춰 컴파일할 수 있는 어떤 형태로 변환하면, 요구 사항을 코드와 함께 작성하고 커밋을 할 때마다 요구 사항이 최신 상태로 갱신되도록 보장할 수 있다. 또 코드가 이런 요구 사항을 얼마나 많이 포함하는지 측정함으로써 소프트웨어와 요구 사항의 완성도에 대한 지표를 가질 수 있다.

따라서 우리는 개발자나 이해 당사자가 무시하거나 잊어버릴 수 없게 애플리케이션을 문서화해야 한다. 애플리케이션이 문서에 작성된 대로 동작하지 않을 때, 애플리케이션의 동작을 변경하거나 문서를 수정하게 할 수 있게 우리에게 알려줄 어떤 수단이 필요하다. 너무 많은 것을 요구하는 것 같아 보이는가? 다행히 이런 수단에 대한 답이 존재한다. 바로 테스트 주도 개발이 그 답이다.

1.3 테스트가 개발을 안내하게 하라

FROM OBJECTS TO FUNCTIONS

켄트 벡(Kent Beck)은 구현을 작성하기 전에 테스트를 작성하라는 아이디어를 처음 소개했다[3]. 그는 자신의 아이디어를 '테스트 우선'이라고 불렀지만, 이제는 좀 더 착 달라붙는 용어인 **테스트 주도 개발**(Test Driven Development, TDD)이라는 말로 널리 알려져 있다. 테스트부터 작성하라는 말은 처음에는 직관에 위배되는 것처럼 들린다. 아직 기능을 작성하지도 않았는데 테스트를 작성하는 게 무슨 소용이란 말인가? 분명 일단 기능을 작성하고 나면 무언가 테스트하고 싶은 내용이 생길 것이다. 하지만 TDD 방식은 아주 효과적이다. 이 책에서는 함수형 프로그래밍이 TDD에 가져올 수 있는 특성에 초점을 맞출 것이다.

TDD로 코드를 작성하는 것은 실패하는 테스트로 시작한 다음에 그 테스트를 통과할 수 있게 코드를 작성하고, 마지막으로 새로운 테스트로 전환할 수 있을 만큼 만족할 만한 수준이 되도록 코드를 정리한다는 뜻이다. 실패한 테스트는 빨간색으로 표시되고 통과한 테스트는 녹색으로 표시되기 때문에 이 과정을 빨강-초록-리팩터링 사이클이라고 부른다.

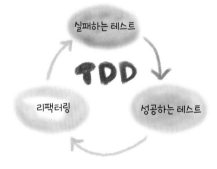

---

3 https://wiki.c2.com/?CodeUnitTestFirst

TDD의 주요 이점은 잠재적인 구체적 해법을 코딩하기 전에 **성공 기준**(success criteria)을 꼭 정의하게 만든다는 것이다. 성공 기준은 코드가 성공적임을 나타낸다. 다른 말로, TDD는 문제를 해결하기 전에 문제의 해법이 어떤 형태여야 하는지를 꼭 생각하게 만든다. 이 단계를 간과하는 경우가 자주 있지만, 그럴 경우 잘못된 문제를 해결하는 위험을 떠안을 수 있다.

테스트를 작성하려면 달성하려는 목표를 명확히 하고, 그 목표를 달성하기 위해 필요한 전제조건이 무엇인지도 명확히 정해야 한다. 이런 과정은 복잡한 시스템에 대해 작동하는 큰 테스트에 특히 유용하다.

지속 가능한 페이스로 생각하기

TDD의 또 다른 중요한 이점은 TDD를 사용하면 지속 가능한 페이스로 생각할 수 있으며 모든 것을 머릿속에 기억할 필요가 없어진다는 점이다. 테스트를 제 위치에 만들어 넣고 나면, 우리가 이미 문제를 정의했음을 알게 된다. 따라서 무언가를 잊어버릴 염려 없이 아무 때나 작업 진행을 멈출 수 있다.

작업을 다시 시작할 때는 빠르게 중단했던 상황으로 되돌아갈 수 있다. 테스트를 살펴보기만 하면 되기 때문이다. 이로 인해 '드디어 모든 것을 다 이해했으니' 코드를 아주 빠르게 작성해야만 한다는 압박감을 줄일 수 있다. TDD로 작업을 진행하면 더 적게 당황하면서 더 좋은 코드를 작성할 수 있다.

이런 성질은 TDD 사이클의 리팩터링 단계와도 관계가 있다. 테스트를 통해 코드의 동작을 검증하고 나면, 우리는 '문제 해결'이라는 사고 방식에서 '코드 정리'라는 태도로 '전환'할 수 있다.

디자인 방향을 이끌기

TDD를 채택한 사람들은 소프트웨어의 어떤 부분을 잘 테스트할 수 있는 경우에 그 부분을 유지보수하고 개선하기도 쉽다는 점을 공통적으로 느끼곤 한다. 한마디로 테스트하기 어려운 코드보다 테스트하기 쉬운 코드의 품질이 더 높다. 테스트 가능한 쉬운 코드를 작성하기는 힘들다. 코드를 쉽게 테스트할 수 있도록 보장하는 최고의 방법은 처음부터 테스트를 작성하는 것이다.

테스트는 애플리케이션 디자인을 단순하게 유지하는 데도 도움을 준다. 테스트에 귀를 기울이면 코드를 개선할 수 있는 더 나은 방법을 깨닫는 경우가 많다. 이는 함수형 패러다임이든 객체 지향 패러다임이든 똑같다.

조에게 묻는다 테스트에 귀를 기울인다는 것이 무슨 뜻인가?

물론 테스트가 말을 하지는 않는다!

하지만 디자인에 대한 의사 결정을 할 때마다 항상 테스트하기 쉬운 방향을 선택하기 위해 노력하면 테스트가 디자인을 이끌었다고 말할 수 있다. 테스트는 크게 소리를 지르는 것이 아니라 나지막이 속삭이고 있다는 사실을 항상 기억하라.

올바름 보장하기

마지막 이점은 흔히 잘못 이해되고 과대평가되는 이점이다. 테스트가 있으면 시스템이 우리가 작동했으면 하고 이해한 방식대로 작동한다는 확신을 가질 수 있다. 이 말은 TDD로 작성한 시스템에 버그가 더 적다는 의미가 아니고, 버그를 더 빨리 수정할 수 있다는 뜻이다. 프로그램의 결점 대부분은 코드를 작성한 개발자가 예상하지 못한 조건에 의해 발생하기 때문이다. 테스트는 전체 애플리케이션을 직접 디버깅할 때보다 훨씬 더 빨리 버그를 발견할 수 있게 해준다.

테스트는 자동으로 실행되고 상대적으로 더 빠르다. 따라서 여러 가지 환경에서 (시스템에 대해) 예상하고 있는 사실을 재검증하는 데 테스트를 재사용할 수 있다.

여러 가지 유형의 테스트들

자동화된 테스트는 여러 가지가 있다. 특히 중요한 테스트 몇 가지를 알아보자.

- **단위 테스트**(unit test): 동작 단위, 즉 효과적으로 테스트할 수 있는 가장 작은 단위에 대해 작동하는 테스트다. 예를 들어 클래스의 메서드나 순수 함수, 또는 몇 가지 서로 밀접하게 연관된 함수들을 단위라 할 수 있다. 단위 테스트는 아주 빠르게 실행될 수 있어야 하고, 외부 시스템과 상호작용해서는 안 된다.

- **통합 테스트**(integration test): 다른 시스템과 통합하기 위한 테스트다. 통합 테스트의 목적은 분리된 두 부분이 제대로 통합되었는지 검사하는 것이다. 예를 들어 애플리케이션과 데이터베이스, 또는 애플리케이션과 외부 서비스 등이 서로 잘 통합되었는지 검사할 수 있다. 시스템 각 부분 간의 상호작용을 검증할 때도 통합 테스트를 사용할 수 있다. 통합 테스트는 단위 테스트보다 느리게 실행되는 경향이 있다.

- **인수 테스트**(acceptance test): 스토리의 인수 조건을 잡아내는 테스트다. 인수 테스트는 다른 테스트보다 훨씬 더 포괄적이고 높은 수준을 테스트한다. 전체 애플리케이션을 처음부터 끝까지 완전히 테스트해서 어떤 스토리나 시나리오가 예상대로 작동하는지 검증한다. 인수 테스트는 보통 시스템과 사용자의 상호작용을 시뮬레이션하면서 시스템의 반응을 감지해서 시스템이 여전히 올바른 상태인지를 검증한다. 인수 테스트는 느리게 실행되지만, 가장 중요한 테스트다.

이 세 가지 자동 테스트 외에도 애플리케이션의 어느 한 측면에 초점을 맞춘 다른 테스트들이 존재한다. 예를 들어 보안 테스트, 회복력 테스트, 부하 테스트 등이다.

인수 테스트를 작성할 수 있는 새로운 방법을 나중에 **3장의 도메인으로부터 테스트 구동하기**에서 살펴볼 것이다.

테스트에 대한 두 가지 학파

새 애플리케이션을 시작할 때 적절한 TDD 방식으로는 두 가지 출발점이 있다. 한 가지 방식은 핵심 도메인을 모델링하는 작은 단위 테스트를 작성하는 것부터 시작해 '안에서 밖으로' 한 계층씩 애플리케이션 계층을 구축해나가는 것이다. 다른 방식은 인수 테스트를 먼저 작성하고, 애플리케이션을 '밖에서 안으로' 마무리하여 핵심 도메인에서 구현을 마치는 것이다.

밖에서 안으로 구현하는 접근 방법의 핵심적인 이점은 완료하려는 스토리의 외부 제약 사항에 따라 개발 방향을 정할 수 있다는 점이다. 핵심 도메인 자체로부터 시작하면 스토리에 잘 들어맞지 않는 기능을 구현하게 될 위험이 있고, 외부 계층을 구현하는 시기에 도달했을 때 내부 코드를 다시 변경해야 할 수도 있다.

반면 도메인 모델링이 애플리케이션에서 핵심적인 부분이며, 외부 API는 나중에 결정할 수 있다고 생각한다면 안에서 밖으로 접근하는 방식이 더 나을 것이다.

또 다른 큰 차이점은 구현 전에 인수 테스트를 작성하면 스토리 시나리오가 완료될 때까지 테스트를 통과시킬 수 없는데, 한 가지 스토리 시나리오를 완성시키는 데는 몇 시간이나 며칠이 걸릴 수도 있다는 점이다. 하지만 실패하는 테스트를 빌드에 남겨둘 수는 없기 때문에, 인수 테스트를 비활성화하거나 진행 중이라고 표시할 방법이 필요하다.

이럴 경우 깨진 인수 테스트가 영구히 깨진 채로 남아 있거나, 잊혀지거나, 그와 관련된 기능의 우선 순위가 낮아질 위험이 있다. 밖에서 안으로 접근하는 방법을 택할 때는 인수 테스트를 제대로 제어할, 잘 정의된 규칙이 필요하다.

결국에는 내부에서 시작하면서 불필요한 기능을 구현하게 되는 위험을 받아들이거나, 외부에서 시작하면서 인수 테스트가 일정 기간 깨져 있는 상황을 받아들여야 한다.

내 생각에는 첫 번째 위험이 두 번째 위험보다 더 크고, 내가 여러분과 소통하는 수단인 이 책 안에서 독자 여러분은 발언권이 없으므로, 내 나름대로 결정을 내려서 '밖에서 안으로' 접근하는 방식을 채택하겠다.

FROM OBJECTS TO FUNCTIONS

1.4 프로젝트 설정하기

실제 애플리케이션을 가지고 작업을 시작하기 전에, 코틀린으로 테스트를 작성하는 연습을 할 것이다. 첫 번째 단계는 새 프로젝트를 설정하는 것이다.

새 프로젝트를 넣을 zettai 디렉터리를 새로 만들어야 한다. 그레이들(gradle)을 빌드 도구로 사용[4]하기 때문에, 그레이들 빌드 파일을 만들고 모든 것을 깃 저장소 안에 넣어야 한다[5].

모든 코드를 길벗 출판사 깃허브에서 찾을 수 있다[6].

테스트 라이브러리

프로젝트에 대해 올바른 의존관계를 찾는 것은 아주 미묘한 작업이며, 지금의 선택을 미래에 후회하게 될 가능성도 꽤 있다. 향후 개발에 어려움이 되지 않을 라이브러리를 선택하거나 최소한 개발에 가능한 한 제약을 적게 걸게 될 라이브러리를 고르기 위해 노력하는 것이 중요하다.

JVM, 특히 코틀린에는 자동화된 테스트를 지원하는 라이브러리가 많이 있다. 선택은 개인 취향 및 여러분의 테스트 코드 작성 스타일에 달렸다. 다음은 우리 프로젝트에 필요한 것이다.

---

4 https://gradle.org

5 https://git-scm.com

6 이 책의 활용법에서 예제 파일 내려받기의 URL 소개 참고

- JUnit(제이유닛)은 모든 단위 테스트 라이브러리 중에 백전 노장이라 할 수 있다[7]. JUnit은 여러 번 재작성됐고, 최신 주요 버전은 5.x이다. 소프트 단언문(soft assertion)이나 동적 테스트 등의 몇 가지 유용한 기능이 추가됐다.

- Strikt(스트릭트)는 기억하기 쉽고 자동 완성과 잘 작동하도록 만들어진 아주 훌륭하고 합성성이 좋은 DSL을 제공하는 단언문 라이브러리다[8]. Strikt는 새로운 JUnit 5 소프트 단언문을 지원함으로써 하나 이상의 속성(property)을 독립적으로 기술할 수 있게 해준다. 다른 훌륭한 단언문 라이브러리도 있지만 나는 특히 Strikt가 IDE의 제안 기능과 함께 잘 작동한다는 점을 좋아한다.

일단 작성한 후에는 그레이들 파일을 임포트할 수 있으며, IDE에서 프로젝트를 열 수 있어야 한다. 코틀린 설정에 대해서는 **부록 B의 코틀린 설정하기**를 살펴보라.

1.5 / 단위 테스트를 함수형으로 만들기

앞에서 본 것처럼 가장 작고 일반적인 테스트는 단위 테스트다. 코드로 문제를 해결하기 전에 테스트를 작성하는 것은 항상 좋은 생각이다. 하지만 실제로 테스트를 작성한다는 것이 어떤 뜻일까? 그리고 함수형 프로그래밍으로 테스트를 작성하는 것이 전통적인 스타일로 코딩할 때 테스트를 작성하는 것과 어떻게 다를까?

단위 테스트를 작성할 때 가장 흔히 쓰이는 템플릿은 전제-상황-결과(given-when-then[9])이다(준비-동작-단언(arrange-act-assert)이라고 부르기도 한다[10]). 이 방식은 각 테스트를 세 가지 단계로 나누는 방식으로 작동한다.

---

7 https://junit.org/junit5

8 https://strikt.io

9 역주 여기서는 반 억지로 번역을 해두긴 했지만 자주 쓰는 우리말 용어가 없고 대부분의 경우 그냥 영어를 그대로 읽는다.

10 https://martinfowler.com/bliki/GivenWhenThen.html

1. 어떤 조건이 주어지고(given)

2. 어떤 일이 벌어질 때(when)

3. 그렇다면(then) 특정 테스트 가능한 결과가 예상된다.

함수형 프로그래밍에도 이렇게 적용할 수 있다. '2와 3이 주어지고, 그 둘을 더한다면, 결과로 5를 얻는다.'

이 방식이 함수형 접근 방법과 비슷해 보여도, 실전에서는 객체의 상태를 설정해두고 어떤 동작을 촉발시키는 방식에 의지하는 경향이 있다. 이는 Given, When, Then 사이의 관계가, 의도적으로, 아주 약하기 때문이다. 객체들의 동작이 어떤 조건에 의해 촉발되는 것을 테스트하고 싶은 객체 지향 모델이라면 이런 테스트 방식이 절대적으로 옳은 방식이다.

반면 순수 함수를 테스트할 때는 단지 함수에 의해 어떤 속성이 보존되고 어떤 속성이 변경되는지에 대해서만 생각하면 된다.

우리가 만들 이상적인 테스트는 A 타입의 입력을 다른 B 타입의 출력으로 변환하는 함수나 함수들의 연쇄 호출에 초점을 맞추고, 이를 통해 함수나 함수의 연쇄가 예상대로 작동하는지를 검사할 수 있어야 한다. 다른 말로 여러 다른 A로부터 올바른 B가 만들어지는지를 검사해야 한다.

이를 테스트하는 방법은 두 가지다. 첫 번째는 A의 인스턴스와 그에 대해 예상되는 B의 집합을 연관시킨 일련의 예제를 제공하는 방법이다. 그 후 각각의 A에 대해 함수(또는 함수의 연쇄)를 실행하고 그 결과가 예상되는 결과에 있는 B와 같은지를 살펴본다. 이런 접근 방법을 예제에 의한 테스트(test by example)라고 부르며, 가능한 값의 조합이 한정적이거나, 프로덕션 시스템에서 얻은 구체적인 몇몇 데이터를 재현하고 싶을 때 유용하다.

두 번째 방법은 모든 가능한 A -> B 변환에 대해 성립해야만 하는 어떤 속성을 정의하고, 임의로 선택한 A 타입의 값들에 대해 함수를 실행한 후, 만들어진 모든 결과에 대해 앞에서 정한 속성이 성립하는지 검증하는 것이다. 이런 접근 방법을 **속성 기반 테스트**(property testing 또는 property based testing)라고 부른다. 몇 가지 특별한 경우를 기술하는 대신 소프트웨어가 일반적으로 어떻게 작동해야 하는지를 정의할 수 있기 때문에 속성 기반 테스트는 훌륭한 테스트 기법이다.

첫 번째 단위 테스트

함수형 테스트를 맛보기 위해 코틀린에서 덧셈 연산을 검증하면서 재미를 느껴보자.

먼저 테스트 디렉터리에 AdditionTest라는 새 클래스를 정의하고 안에 간단한 테스트를 넣는다. 예제를 먼저 작성하면서 시작하자.

```
❶  class AdditionTest {
❷      @Test
❸      fun `add two numbers`() {
❹          expectThat(5 + 6).isEqualTo(11)
            expectThat(7 + 42).isEqualTo(49)
            expectThat(9999 + 1).isEqualTo(10000)
        }
    }
```

❶ 덧셈에 대한 모든 테스트를 묶어주는 클래스다.

❷ 메서드를 테스트로 표시하기 위해서는 @Test라는 애너테이션을 추가해야 한다.

❸ 메서드 이름에 백틱을 사용하면 공백을 넣을 수 있어서 가독성을 높일 수 있다.

❹ Strikt의 단언문 DSL(도메인 특화 언어)을 사용하면 예상하는 결과를 쉽게 작성할 수 있다.

모든 IDE는 한 테스트를 쉽게 실행할 방법을 제공한다. IntelliJ에서는 테스트 이름 옆의 녹색 삼각형 버튼(플레이 버튼)을 클릭하면 테스트를 실행할 수 있고, 다음 그림처럼 테스트 실행 결과를 테스트 창에서 볼 수 있다.

이 테스트는 즉시 성공하기 때문에(코틀린에서 덧셈 연산은 잘 작동하기 마련이다) 전형적이지 않은 테스트라 할 수 있다. 하지만 우리는 함수 자체가 아니라 순수 함수를 테스트하는 방법을 배우는 데 초점을 맞추고 있다. 하지만 확실히 하기 위해 expectThat(1 + 1).isEqualTo(3) 같은 잘못된 단언문을 추가해 테스트가 실패하는지 살펴볼 수 있다. 하지만 이 책의 나머지 부분에서 테스트가 실패하는 모습을 볼 기회가 아주 많을 것이다.

임의로 선택한 세 가지 덧셈을 테스트했다. 이것으로 충분할까? 얼마다 많은 결과를 살펴봐야 자신감을 얻을 수 있을까? 100개? 1000개? 이런 접근 방식으로는 그렇게 많이 진행할 수 없음을 알 수 있다. 모든 가능한 덧셈을 이런 방식으로 테스트할 수는 없기 때문이다.

대신 할 수 있는 일은, 무작위 값을 입력으로 사용해 덧셈 연산의 속성을 테스트하는 것이다. 이 방법을 사용하면 결과를 직접 검사하는 대신 덧셈이 예상대로 작동하는가를 검사하게 된다. 설명이 혼란스럽더라도 걱정하지 말라. **4장의 속성 테스트**에서 이 주제를 다시 설명하겠다.

우리는 학교에서 덧셈의 세 가지 속성을 배웠다. 이 속성들을 다음과 같이 테스트할 수 있다.

❶ ```
fun randomNatural() = Random.nextInt(from = 1, until = 100_000_000)
```

```
    @Test
```
❷ ```
fun `zero identity`() {
```
❸ ```
    repeat(100) {
        val x = randomNatural()
        expectThat(x + 0).isEqualTo(x)
    }
}
```

```
    @Test
```
❹ ```
fun `commutative property`() {
    repeat(100) {
        val x = randomNatural()
        val y = randomNatural()
        expectThat(x + y).isEqualTo(y + x)
    }
}
```

```
    @Test
```
❺ ```
fun `associative property`() {
```
```

```
          repeat(100) {
              val x = randomNatural()
              val y = randomNatural()
              val z = randomNatural()
❻            expect {
                  that((x + y) + z).isEqualTo(x + (y + z))
                  that((y + z) + x).isEqualTo(y + (z + x))
                  that((z + x) + y).isEqualTo(z + (x + y))
              }
          }
      }
```

❶ 우선 테스트하고 싶은 범위 안에서 임의의 정수를 반환하는 함수를 정의한다(이 테스트에서는 양수로 만족한다).

❷ 테스트할 첫 번째 속성은 어떤 수에 0을 더한 결과는 그 수 자신이라는 속성이다(항등원).

❸ 더욱 확신을 얻기 위해 난수를 사용해 여러 번 테스트를 반복한다.

❹ 테스트할 두 번째 속성은 두 수를 더한 합은 두 수의 순서를 바꿔 더해도 달라지지 않는다는 속성이다(교환 법칙).

❺ 테스트할 세 번째 속성은 세 수를 더할 때 각 수를 어떻게 묶어도 덧셈 결과가 달라지지 않는다는 속성이다(결합 법칙).

❻ 소프트 단언문을 사용하면 여러 단언문을 함께 실행할 수 있다(소프트 단언문의 경우). 단언문 중 일부가 실패해도 모든 결과를 얻을 수 있다.

이 작은 예제만 살펴봐도 함수의 속성을 테스트하는 방식이 예제 데이터 집합을 사용해 테스트하는 방식과 어떻게 다른지 알 수 있다. 테스트할 올바른 속성을 찾아내는 것이 어려울 수 있지만, 전통적인 TDD에서는 보통 테스트하고 싶은 예를 식별하기가 더 쉽다.

반면 속성 테스트를 사용하면 더 큰 확신을 얻을 수 있고, 코드의 문제점을 전혀 예상치 못한 방식으로 발견할 수도 있다.

목을 사용하지 말라

함수를 테스트하는 데 집중하다 보면 목(mock)이나 스텁(stub)을 자주 쓰지 않게 된다[11]. 특히 테스트를 위해 목을 만들어내는 특별한 라이브러리가 필요 없어진다.

 조에게 묻는다 **JUnit의 파라미터화한 테스트는 어떤가?**

JUnit 5는 함수에 의해 생성된 여러 가지 다른 파라미터를 사용해 테스트를 실행할 수 있게 해준다.

각각의 동적인 입력에 대한 테스트를 생성하는 기능은 훌륭하다. 이를 통해 각각의 결과를 IDE에서 독립적으로 볼 수 있다.

처음에는 파라미터화한 테스트가 속성 테스트를 충분히 대신할 수 있을 것 같아 보이지만, 수백 또는 수천 가지 테스트를 실행할 때는 파라미터화한 테스트가 잘 작동하지 않는다. 그리고 속성 기반 테스트에서 수백 가지나 수천 가지 값을 테스트하는 일은 아주 흔하다.

따라서 당장은 난수 값을 사용해 그냥 여러 번 테스트를 반복하는 것이 더 쉽다.

객체 지향 세계에서는 테스트가 가변적인 상태를 감추고 있는 객체와 상호작용해야 하는 경우가 많다. 불투명한 객체 두 개를 함께 테스트하기란 아주 어렵기 때문에, 작성한 클래스와 협력하는 객체들에 대해 가짜 버전을 만들어낸다. 이들은 목이나 스텁일 수 있는데, 목과 스텁은 테스트에 필요한 세부 사항이 얼마나 많으냐에 따라 달라진다.

목은 복잡한 동작을 시뮬레이션하고 테스트의 끝에 상호작용이 올바른지 검증할 수 있어서 유용하다. 스텁은 더 단순하다. 스텁을 사용하면 정해진 상태의 객체를 반환받을 수 있다. 목과 스텁은 아주 강력하지만 사용하기 복잡하고 테스트를 유지보수하기 어렵게 한다.

함수형 코드의 테스트를 작성할 때는 단순히 입력을 제공하고 원하는 결과가 나오는지 테스트하거나, 더 나아가 함수가 임의의 입력에 대해 정해진 속성을 만족하는지 테스트할 수 있다. 어떤 경우든 내부 상태나 객체 호출의 순서를 살펴봐야 할 이유가 없다.

또한 많은 경우 완전히 단순한 함수들에만 의존하고 인터페이스에 의존하지 않으면 스텁이나 목 사용을 피할 수 있다. 심지어 다른 컴포넌트와의 상호작용을 테스트할 때도 스텁과 목 사용을 피할 수 있다. 나중에(**4장의 허브에 항목 추가하기** 참고) 예상 결과를 모킹하고 나중에 검증하는 대신 임의의 함수를 테스트 안에서 사용하면 얼마나 테스트가 단순해지는지에 대해 자세히 살펴본다.

---

11 https://martinfowler.com/articles/mocksArentStubs.html

이만큼 설명했지만, 아직도 함수형 코드를 테스트할 때 스텁 구현을 만드는 게 가장 간단한 방법인 경우가 몇 가지 있다. 그리고 그렇게 해도 전혀 잘못된 게 아니다!

1.6 / 요약

이 장에서는 이 책 대부분에서 다룰 프로젝트를 정의했다. 또 제품의 아이디어를 검증하기 위해 최소한의 요구 사항 집합을 정의하는 방법과 요구 사항을 선택과 구현이 쉬운 스토리로 변환하는 방법에 대해 살펴봤다.

또 자동 테스트, 테스트의 여러 가지 종류, 예제를 하나하나 고르지 않고 함수의 속성을 테스트하는 방법에 대해 배웠다. 마지막으로 프로젝트를 설정하고 코틀린으로 첫 번째 테스트를 작성했다!

함수형 프로그래밍 자체에서는 별로 진전이 없었지만, 이 장에서는 이후에 다룰 여러 장의 토대를 마련했다.

다음 장에서는 애플리케이션을 작성하기 시작하겠다. 그리고 스토리를 컴퓨터가 자동으로 검증할 수 있는 테스트로 작성하는 방법을 살펴본다. 그런 다음 이후에 점차 발전시켜나갈 웹 서비스 애플리케이션의 골격을 만들 것이다.

1.7 / 연습 문제

이 장의 연습 문제는 사용자 스토리와 속성 테스트에 중점을 둔다.

함수형 프로그래밍은 코드를 읽는 것만으로는 배울 수 없다. 가장 좋은 방법은 연습하는 것이다. 책 코드 저장소의 exercises 폴더에서 시작점을 찾고, 몇 가지 힌트를 얻을 수 있을 것이다.

연습 문제 1.1: 슈퍼마켓 이벤트 스토밍

이 연습 문제는 동네 슈퍼마켓에서 발생할 수 있는 전형적인 경험을 이벤트의 관점에서 묘사할 방법을 생각해야 한다.

작은 가게에서 식료품을 살 때 발생할 수 있는 일들을 스티커 메모에 작성해보라. '고객이 가게에 들어옴', '고객이 어떤 것을 물어 봄' 같은 것을 적을 수 있다. 그 후 타임라인에서 대략적인 순서에 따라 배치하고, 관련 있는 것들을 그룹으로 묶어라. 무엇이 이 일들을 촉발하는지 식별할 수 있는가? 셀프 계산대를 위한 애플리케이션을 어떻게 디자인할 수 있을까?

연습 문제 1.2: TDD로 할인 금액 계산하기

이 연습 문제에서는 엄격한 TDD 방식으로 현금 등록기 로직을 작성해보자.

여러분은 CashRegister라는 클래스를 만들어야 한다. 이 클래스는 가격 정보와 오늘의 프로모션 정보를 생성자에서 받는다.

가격 정보는 음식의 이름과 그 음식의 가격을 연관시킨 맵이다(**CI** [milk: 1.5, bread: 0.9]). 프로모션은 음식 이름에 대해 가능한 할인 전략을 연관시켜준다(**CI** [milk: "3x2", eggs: "8x6"]) 가능한 프로모션은 'MxN' 유형뿐이다. 이 프로모션이 적용되면 M개를 사면 N개의 가격만 내면 된다.

연습 문제의 목표는 상품 목록이 주어지면 전체 가격을 계산해주는 CashRegister의 checkout 메서드를 구현하는 것이다. 즉, ["milk","milk","milk"]의 경우 전체 가격은 3.0이다.

테스트에 고정된 값을 사용하지 말고 난수 생성기를 사용하라.

연습 문제 1.3: 1씩 더해가는 테스트

이 연습 문제에서는 본문의 덧셈 연산에 대한 테스트 스위트에 새로운 테스트를 추가해보자.

주어진 범위 안에 두 정수 난수가 있을 때, 더 작은 수를 취해서 1씩 더해나가다 보면 어느 순간 더 큰 수와 같은 수가 된다는 사실을 테스트하라.

2^장

함수로
HTTP 다루기

방랑자라고 해서 모두 길을 잃은 것은 아니다.

– J. R. R 톨킨, 『반지 원정대』

1장에서는 애플리케이션이 어떤 일을 할지 정했고, 애플리케이션을 구현할 때 집중하도록 도와주는 몇 가지 스토리와 목업을 정의했다. 새 애플리케이션의 기초를 어떻게 놓는지도 살펴봤다. 또 자동화한 테스트에 대해서도 살펴봤다.

이 장에서는 1장의 여정을 계속 진행하면서, 함수형 스타일을 따라 애플리케이션을 구축하는 방법을 살펴보고 이 방식이 전통적인 접근 방법과 어떻게 다른지 살펴본다.

한 번에 하나의 사용자 스토리를 테스트로 변환하기 시작할 것이다. 이렇게 하면 가장 중요한 특성을 빠르게 인도하는 데 집중한 다음, 이어지는 이터레이션에서 구현을 다듬고 통합할 때 도움이 된다.

또 함수형 디자인을 사용하는 이점을 살펴볼 것이다. 작고 간단한 함수들을 합성하는 방식으로만 만들어지는 함수형 디자인이 어떻게 유지보수하고 이해하기 쉬운 구현을 효과적으로 만들도록 이끌어주는지 알아보자.

2.1 프로젝트 시작하기

1장의 사용자 스토리 정의하기에서 만든 목록의 첫 번째 스토리는 '하나의 할 일 목록을 본다'이다. 하지만 이를 구현하는 코딩을 시작하기 전에 테스트를 작성해야만 한다. 더 정확히 말하면, 소프트웨어가 고객의 인수 조건을 만족하는지 결정해주는 **인수 테스트**를 작성해야 한다[1].

하지만 문제가 있다. 아직 애플리케이션이 어떻게 작동할지에 대한 명확한 개념이 서 있지 않기 때문에 잘못된 테스트를 작성하느라 시간을 허비할 위험성이 있다. 이 문제는 모든 프로젝트를 시작할 때마다 발생하는 공통적인 문제다. 스티브 프리먼(Steve Freeman)과 냇 프라이스(Nat Pryce)는 다음과 같이 말한다.

---

1 https://wiki.c2.com/?AcceptanceTest

첫 번째 인수 테스트를 작성할 때 곤란한 점은, 인수 테스트를 위한 도구와 특성을 동시에 구축하기가 어렵다는 데 있다. (…) 우리는 이 '첫 번째 특성의 모순'을 두 가지 더 작은 문제로 분리해서 헤쳐나갈 수 있다. 먼저 '작동하는 골격'을 만들고, 배포하고, 테스트하는 방법을 생각해낸다. 그 후 이렇게 만든 인프라를 가지고 첫 번째 의미 있는 특성에 대한 인수 테스트를 작성한다. 이렇게 하고 나면 시스템의 나머지 부분을 테스트 주도 개발로 만들기 위한 모든 준비가 끝난다.

– 『테스트 주도 개발로 배우는 객체 지향 설계와 실천』[FP09]

작동하는 골격

따라서 첫 번째로 **작동하는 골격**(walking skeleton)을 만들어야 한다. 그 후 첫 번째 테스트를 작성하고, 이 두 가지가 끝나야만 실제 특성을 구현할 수 있다. 그 이후로 처리하는 스토리들에 대해서는 테스트와 구현만 작성하면 된다. 왜냐하면 해당 시점에는 이미 애플리케이션을 테스트하는 방법을 알게 될 것이기 때문이다.

그렇다면 작동하는 골격은 무엇일까?

작동하는 골격은 처음부터 끝까지 작은 기능을 한 가지 수행하는 아주 작은 시스템 구현이다. 이 골격이 최종적인 시스템의 아키텍처를 사용할 필요는 없지만, 주요 아키텍처를 구성하는 컴포넌트와 함께 연결되어야 한다. 그러면 아키텍처와 기능은 함께 진화할 수 있다[2].

– 앨리스테어 콕번(Alistair Cockburn)

다른 말로 하면 실제 비즈니스 로직을 작업하기 전에 애플리케이션의 인프라를 준비해야 하고, 그 인프라를 배포할 준비가 되어 있어야 한다. 여기서 핵심적인 생각은 애플리케이션에 모든 로직과 의존관계들이 붙어 있을 때보다 거의 빈 껍데기뿐(골격 수준)일 때 문제를 해결하기가 더 쉽다는 것이다.

골격을 우리 환경에 배포할 수 있다는 자신이 생기면, 실제 로직을 구축하고 의존관계를 추가하기 시작한다. 로직을 먼저 작업하면 나중에 최초로 로직을 배포할 때 환경에 대해 가정했던 사실이 잘못됐다는 점을 발견하면서 큰 문제를 마주칠 수 있다.

---

2 https://fibery.io/blog/product-management/walking-skeleton

또 마이그레이션, 테스트, 배포 스크립트를 처음부터 항상 잘 작동하는 최신 상태로 유지하면 도움이 된다. 실제 프로덕션에 배포하기로 결정하고 나서 이미 상당히 뚱뚱해진 애플리케이션에 대해 관련 스크립트를 (처음) 작성해야만 하는 경우를 피할 수 있기 때문이다.

지속적 통합과 배포(CI/CD) 파이프라인을 구축하는 방법이나, 클라우드 서비스를 사용해 여러 다른 환경에 애플리케이션을 배포하는 방법은 이 책의 범위를 벗어나지만, 애플리케이션을 올바르게 배포하기 위해서는 꼭 해야만 하는 아주 중요한 작업이다.

실제 프로젝트에서 이 단계는 배포 인프라를 구축하고 자동화하기 시작하는 단계다. 목표는 궁극적으로 프로덕션에서 사용할 것과 같은 인프라를 사용해 첫 번째 웹 페이지를 보여주는 것이다. 즉, 목표는 우리가 만든 골격이 작동하게 하는 것이다.

마이클 나이가드(Michael Nygard)의 『릴리즈의 모든 것(Release It!)』[Nyg07]은 시스템의 이런 기초적인 측면을 다룰 때 필요한 지혜와 조언을 담아둔 보물창고다.

2.2 HTML 페이지를 함수적으로 제공하기

우리는 할 일 목록을 관리하는 애플리케이션을 구현해야 한다. 그렇다면 어디서부터 시작해야 할까? 1장에서는 가장 먼저 구현하고 싶은 사용자 스토리를 정의했다. 시작점은 정했는데 어떻게 계속 진행해야 할까? 확실히 알고 있는 것들의 목록을 작성하는 것부터 시작하면 된다.

- 사용자 브라우저는 우리에게 HTTP 요청을 보낼 것이다.
- 브라우저는 할 일 목록이 들어 있는 HTML 응답을 기대한다. 무언가 잘못됐다면 오류에 대한 정보가 포함된 HTML 응답을 기대한다.

근본적으로 우리는 웹 서비스를 만들어야 한다.

이 단계에서도 함수형 접근 방식이 도움이 될 수 있다. 애플리케이션을 상호작용하는 블랙 박스들의 모임으로 보는 대신, 각 원소의 입력과 출력에 초점을 맞출 것이다. 더 나아가 데이터의 변환을 살펴보고 시스템의 어떤 속성이 유지되거나 무시되어야 하는지 고려하면 전체 애플리케이션의 생명주기에 대해 종합적인 함수형 접근이 가능하다. 이 과정은 요구 사항 수집을 통한 초기 디자인과 시스템의 완전한 구현을 모두 포괄한다.

함수형 프로그래밍을 도메인 모델링이나 객체들이 변경에 반응하는 데 도움을 주기 위해서만 사용한다면 함수형 프로그램의 잠재력에 훨씬 못 미치는 결과를 얻게 된다. 함수형 프로그래밍은 우리에게 훨씬 더 많은 것을 줄 수 있다. 이제 함수형 프로그래밍 방식으로 어떻게 작업하는지 구체적으로 살펴보자.

함수로서의 웹 서버

문제를 '함수형 시각'으로 바라보면, 애플리케이션은 입력을 출력으로 변환하는 '엔진'으로 작동한다. 우리는 구체적인 입력과 출력이 무엇인지만 고려하면 된다. 이러한 방식으로 추론하면 모든 웹 서비스를 한 가지 함수로 기술할 수 있다. 다음 그림처럼 HttpHandler는 요청 Request를 응답 Response로 바꾸는 함수다.

우리에게 어떤 것들이 있는지(입력)와 어떤 것을 원하는지(출력)를 살펴봄으로써 우리에게 필요한 함수를 알아내는 방식은 함수형 프로그램을 디자인할 때 근본적인 규칙이다.

Http Handler

Request → Response

코틀린에서는 **부록 B**에서 설명한 함수 타입을 사용해 HttpHandler의 타입을 (Request) -> Response라고 아주 명확하게 기술할 수 있다.

참고로 마리우스 에릭센(Marius Eriksen)이 쓴 〈함수로서의 서버(Your Server as a Function)〉라는 유명한 논문이 있다. 이 논문은 트위터가 웹 서버를 개발할 때 따라 한 함수형 접근 방법을 설명한다[3].

---

3 https://monkey.org/~marius/funsrv.pdf

시스템 경계는 서비스라고 부르는 비동기 함수로 표현된다. 서비스는 대칭적이고 균일한 API를 제공한다. 이 API는 클라이언트와 서버를 표현할 때 함께 사용하는 동일한 추상화다. 애플리케이션과 무관한 관심사(**예** 타임아웃, 재시도, 인가)는 여러 독립적인 모듈로부터 서비스를 구축할 때 합성할 수 있는 필터에 캡슐화된다.

– 마리우스 에릭센

핵심 개념은 우리가 방금 발견한 것, 즉 각각의 웹 서버를, HTTP 요청을 HTTP 응답으로 변환하는 함수로 간주하자는 것과 같다. 마리우스는 이 구체적인 함수를 **서비스**(우리의 경우 HttpHandler)라고 불렀다. 마찬가지로 **필터**는 서비스를 파라미터로 취하고, 다른 서비스를 반환하는 함수다.

이 흥미로운 논문은 거대한 트위터 인프라에 적용된 함수형 접근 방식의 장점을 단순성, 안전성, 강건성으로 설명한다. 곧 살펴보겠지만, 크기와 관계없이 이런 접근 방법이 프로젝트에도 도움이 될 것이다.

아마 이쯤 되면 함수형 방식으로 웹 서비스를 디자인하는 방법에 대한 아이디어가 여러분에게도 떠올랐을 것이다. 이제 필요한 것은 HTTP 요청에 대응할 수 있는, 바로 사용할 준비가 된 웹 서버다. 이상적으로는 지금까지 본 예제와 같은 방식으로 웹 서버를 함수로 정의할 수 있는 코틀린 라이브러리가 있다면 훌륭할 것이다.

다행히도 이미 그런 라이브러리가 있다.

Http4k 소개

Http4k는 코틀린으로 작성한 HTTP 라이브러리로, 함수형 방식으로 HTTP 서비스를 제공하고 사용할 수 있게 해준다[4]. 간단한 코틀린 함수를 실행 중인 웹 서버로 변환하는 것이 얼마나 쉬운지 곧 살펴볼 것이다.

내부적으로 Http4k는 HTTP 서버와 HTTP 클라이언트 라이브러리를 감싸는 역할을 하지만 지금은 서버 부분만 필요하다. 선택할 수 있는 옵션이 많이 있다. 제타이는 빠르고 견고한 제티(Jetty)를 백엔드 서버로 선택했지만 다른 선택지도 있다[5].

---

4 https://www.http4k.org

5 https://www.eclipse.org/jetty

제티 자체는 함수적인 방식으로 작성되지 않았는데, 내부의 웹 서비스가 함수적으로 작동하지 않는다는 점이 중요할까? 사실 별로 중요하지 않다. 우리는 기본 구현이 함수적인지 여부에 대해 신경 쓰지 않는다. 인터페이스가 함수적이고 그 위에 함수적인 방식으로 컴포넌트를 작성할 수 있다면 상관없다.

> **Note** ☰   결과를 따져봤을 때 우리는 이론적인 '수학적 순수성'을 추구하는 것이 아니다. 단지 함수형 프로그래밍의 힘을 활용해 우리의 삶을 더 쉽게 만드는 방법으로 구성(composition[6])의 힘을 활용하고 싶다.
>
> 지금까지는 라이브러리의 함수가 함수형의 규칙을 지켰기 때문에(즉, 참조적으로 투명하므로) 함수를 어떤 스타일로 작성했는지에 대해서는 신경 쓰지 않았다. 충분히 깊이 파고들면 이 모든 것이 기계어로 컴파일되며 결국에는 전혀 함수적이지 않게 된다.

라이브러리를 선택할 때는 그 라이브러리를 사용해도 기존 코드에 문제가 발생하지 않는지, 애플리케이션의 아키텍처를 원치 않는 방식으로 변경하지 않는지 확인하는 것이 정말 중요하다. 이를 염두에 둘 때 함수형 라이브러리가 일반적으로 객체 지향 라이브러리보다 사용과 통합이 더 쉽다. 0장에서 언급한 고릴라와 바나나를 기억하라. 부수 효과에 대해 걱정할 필요가 없고 가변적인 상태를 지닌 객체에 대해 걱정할 필요가 없다는 것은 서드파티 라이브러리를 채택할 때의 큰 이점이다.

스파이크: 첫 번째 웹 페이지

새로운 라이브러리 사용을 고려할 때마다 '스파이크', 즉 이 라이브러리가 효과가 있을 것이라고 확신을 줄 수 있는 가장 간단한 일이 무엇일지 생각해보면서 라이브러리에 대한 확신을 얻는 것이 좋다. 이 용어는 워드 커닝햄(Ward Cunningham)이 보드에 스파이크를 빠르게 박는 것에 비유한 데서 유래했다[7].

이 경우 우리는 '라이브러리가 우리 업무에 적합한 도구라고 확신할 수 있는 가장 간단한 방법은 무엇일까?'라고 스스로에게 물어야 한다. Http4k를 사용해 인사말을 반환하는 웹 페이지를 작성하는 데 필요한 것을 살펴보자. 더 정확히 말하자면 다음이 필요하다.

---

6 **옮긴이** 객체 지향에서는 composition을 구성이라고 번역하지만, 함수형 언어에서는 합성이라고 번역하는 게 맞다. 객체 구성은 객체 내부에 다른 객체가 멤버로 들어가는 것, 즉 객체가 다른 객체를 상속하지 않고 부품으로 사용하는 것이지만, 함수 합성은 함수 호출을 서로 합성해 새로운 함수를 만들어내는 것이기 때문이다.

7 https://x.com/WardCunningham/status/1223134450327752704

- HTML 인사말 문자열을 정의한다.

- HTML을 무조건 반환하는 메인 함수를 작성한다.

- 이 메인 함수로 Http4k를 시작한다.

그레이들 빌드 파일의 의존관계에 Http4k 모듈에 대한 참조를 추가하면(모든 코드가 포함된 자세한 내용을 이 책 저장소에서 찾을 수 있다), 메인 함수를 작성할 수 있다(**부록 B Hello World** 참고).

이때 HTML 자체를 제외하면, 단 두 줄의 코드만 작성하면 된다!

```kotlin
val htmlPage = """
<html>
    <body>
        <h1 style="text-align:center; font-size:3em;" >
Hello Functional World!
        </h1>
    </body>
</html>"""
```

❶ `val handler: HttpHandler = { Response(Status.OK).body(htmlPage) }`

```kotlin
fun main() {
❷    handler.asServer(Jetty(8080)).start()
}
```

❶ Response로 감싸진 HTML 페이지를 반환하는 새 함수를 정의하고, 이를 변수 handler에 할당한다.

❷ 웹 서버를 시작하기 위해 Http4k의 확장 함수인 asServer를 사용한다. 8080 포트에서 수신 대기 중인 웹 서버(여기서는 제티)가 시작되고 핸들러를 사용해 요청을 처리하기 시작한다.

코드가 매우 간결할 뿐만 아니라 의도도 매우 명확하게 드러난다. 이 코드를 실행하면 브라우저에서 'Hello Functional World!'를 볼 수 있다.

Http4k 도메인 특화 언어

Response라는 타입이 어디에서 왔는지 궁금한가? Request 타입과 함께 Http4k의 일부다. 이 두 데이터 클래스는 자바 표준 라이브러리 HttpServletRequest, HttpServletResponse와 데이터가 거의 동일하지만, 변경할 수 없고 함수형에 친화적인 방식으로 제공된다.

사실 우리가 사용해야 하는 기존 라이브러리 중 상당수는 가변적인 타입에 기반한다. 함수형 코드에서 직접 변경 가능한 데이터 구조를 처리하는 것보다 어댑터 디자인 패턴[8]을 사용해 간결한 함수형 불변 타입으로 감싸서 사용하는 것이 좋다.

기존 코드 기반에 새로운 함수형 디자인을 도입해야 하거나 함수형 코드에서 객체 지향 라이브러리를 사용해야 할 때 이런 방법을 쓸 수 있다.

또 Http4k는 도메인 특화 언어(Domain Specific Language, DSL)를 제공하기 때문에 읽기 쉽고 쓰기 쉬운 방식으로 빠르게 URL 경로를 정의할 수 있다. 이를 위해서는 HTTP 메서드와 각 경로를 HttpHandler 타입에 바인딩해야 한다.

각 경로에 대해 **부록 B 람다 변수**에서 설명한 람다 변수를 사용하거나, **부록 B 함수**에서 설명한 함수를 전달할 수 있다.

```
   val app: HttpHandler = routes(
❶      "/greetings" bind GET to ::greetings,
❷      "/data" bind POST to ::receiveData,
   )

❸ fun greetings(req: Request): Response = Response(OK).body(htmlPage)

   fun receiveData(req: Request): Response = Response(CREATED)
❹      .body("Received: ${req.bodyString()}")

   fun main() {
       app.asServer(Jetty(8080)).start()
   }
```

❶ 경로 /greetings와 GET 동사에 대해 함수 greetings를 연관시킨 새로운 경로를 정의한다.

❷ 경로 /data와 동사 POST와 관련된 또 다른 경로로, receiveData 함수를 실행한다.

---

8 https://en.wikipedia.org/wiki/Adapter_pattern

❸ 이전 예제와 같이 인사말을 출력한다.

❹ 이렇게 POST 요청 본문의 내용을 읽을 수 있다.

Http4k에서는 지정하지 않은 경로에 대해 404 Not Found Error를 반환하고, 예외가 발생하면 500 Internal Server Error를 반환하므로 이에 대해 걱정할 필요가 없다.

전반적으로 이 코드는 우리가 다뤘던 작은 예제보다 훨씬 더 가독성이 좋다. 다음 장에서 Http4k 와 그 기능(예 파라미터 전달 방법)에 대해 자세히 알아볼 것이다. 스파이크에 만족했으니 이제 애 플리케이션으로 돌아가자.

위험 관리

작동하는 골격과 스파이크는 모두 시간 낭비처럼 보일 수 있는 방법이지만, 소프트웨어를 빌드할 때 위험을 관리하는 데 도움이 된다.

작동하는 골격은 특별한 로직을 포함하지 않기 때문에 시스템을 올바르게 배포할 수 있다는 확신 을 준다.

스파이크는 특정 기술 솔루션이 건전하며, 애플리케이션에 사용하기 전에 해당 솔루션이 우리의 요구를 충족시킬 것이라는 확신을 준다. 스파이크를 사용하면 프로덕션 코드에 영향을 주지 않으 면서도 필요한 모든 예제를 빠르고 간단하게 작성할 수 있다. 나중에 스파이크를 버리거나, 애플 리케이션에 솔루션을 통합하기 위한 지침으로 사용할 수도 있다.

FROM OBJECTS TO FUNCTIONS

2.3 제타이 시작하기

이제 스파이크 코드를 버리고 실제 메인 함수를 작성하자. 목록이 사용자의 소유라고 결정했으므 로 이 관계를 애플리케이션의 URL에 인코딩해 좀 더 사용자 친화적으로 만드는 것이 좋다.

http://localhost:8080/todo/user/listname

명령줄이나 IDE에서 애플리케이션을 시작하고, 다음과 같이 호출하면 이 URL은 사용자 'user'의 'listname'이라는 할 일 목록을 표시한다.

앞서 스파이크에서 했던 것처럼 이 경로를 메인 함수에 넣자.

```
   fun main() {
       val app: HttpHandler = routes(
❶          "/todo/{user}/{list}" bind Method.GET to ::showList
       )
       app.asServer(Jetty(8080)).start()
   }
❷ fun showList(req: Request): Response {
❸     val user: String? = req.path("user")
       val list: String? = req.path("list")
       val htmlPage = """
<html>
    <body>
        <h1>Zettai</h1>
        <p>Here is the list <b>$list</b> of user <b>$user</b></p>
    </body>
❹ </html>"""
❺     return Response(OK).body(htmlPage)
   }
```

❶ 경로에 중괄호를 사용해 사용자와 목록의 이름을 경로 안에 지정한다.

❷ 예상한 대로 showList() 함수는 입력으로 Request를 받고, 결과로 Response를 반환한다.

❸ 요청에서 사용자와 목록을 추출하기 위해 널이 될 수 있는 문자열을 반환하는 path() 메서드를 사용한다.

❹ 내부에 인코딩된 파라미터가 포함된 HTML을 생성한다.

❺ 마지막으로 HTML과 성공 코드가 포함된 응답을 반환한다.

테스트를 위해 브라우저에서 localhost:8080/todo/uberto/book을 호출하면 애플리케이션이 실행된다.

사용자 이름과 목록 이름을 URL 경로에서 가져온다는 점에 유의하라.

선언에서 String 타입 뒤에 물음표가 있는 것을 볼 수 있다. 뭔가 확실하지 않아서 그런 걸까? 거의 그렇다.

물음표는 널이 될 수 있는 타입을 나타내고(**부록 B 널이 될 수 있는 타입**), String?는 요청에 유효한 경로가 있을 때 함수가 문자열을 반환하고, 일치하는 경로가 없을 때 null을 반환할 수 있음을 의미한다. 코틀린에서 널을 어떻게 처리하는지와 이렇게 널을 처리하는 방식이 함수형 프로그래밍에 어떤 이점이 있는지에 대해서는 **4장 널의 문제**에서 자세히 살펴볼 것이다.

앞서 언급했듯이 실제 프로젝트에서는 컴퓨터에서 실행되는 애플리케이션에 만족해서는 안 되며 배포 과정과 스크립트를 포함해야 한다. 하지만 이 책의 범위에서는 이제 작동하는 골격이 완성됐다고 할 수 있다.

첫 번째 인수 테스트

브라우저에서 애플리케이션의 배포와 실행을 볼 수 있는 것은 좋은 일이지만 그것만으로는 충분하지 않다. 코드를 변경할 때마다 모든 것이 제대로 작동하는지 테스트에서 자동으로 확인하고 싶다.

이렇게 하려면 애플리케이션에도 HTTP 클라이언트가 필요하므로 그레이들 구성에 클라이언트 Http4k 모듈을 추가한다.

```
testImplementation "org.http4k:http4k-client-jetty:${http4kVersion}"
```

그 후 목록 검색에 대한 인수 테스트 작성을 시작할 수 있다.

```
❶ class SeeATodoListAT {
     @Test
❷ fun `List owners can see their lists`() {
       val user = "frank"
       val listName = "shopping"
       val foodToBuy = listOf("carrots", "apples", "milk")
❸     startTheApplication(user, listName, foodToBuy)
❹     val list = getToDoList(user, listName)
❺     expectThat(list.name).isEqualTo(listName)
       expectThat(list.items).isEqualTo(foodToBuy)
       }
   }
```

```
❻ fun getToDoList(user: String, listName: String): ToDoList {
       val client = JettyClient()
       val request = Request(GET,
                   "http://localhost:8081/todo/$user/$listName")
       val response = client(request)
       return if (response.status == Status.OK)
           parseResponse(response)
       else
           fail(response.toMessage())
   }
   fun parseResponse(html: String): ToDoList = TODO("parse the response")
   fun startTheApplication(
❼          user: String, listName: String, items: List<String>) {
       val server = Zettai().asServer(Jetty(8081)) //a random port
       // 사용자와 목록을 설정한다
   }
```

❶ 일반적인 JUnit 테스트처럼 인수 테스트를 시작한다.

❷ 테스트 케이스 이름이 사용자 스토리 전체나 일부를 반영한다.

❸ 애플리케이션을 시작하고 몇 가지 고정된 데이터(여기서는 사용자와 목록)를 설정해야 한다.

❹ 이 테스트의 핵심은 사용자가 애플리케이션에서 목록을 가져오는 것을 시뮬레이션하는 것이다. 아직 ToDoList 타입을 정의하지 않았으므로 이 테스트 코드는 컴파일되지 않는다.

❺ 여기에서 목록 이름이 예상한 것과 같은지 확인한다.

❻ 이것이 서버를 질의하는 방법이다. 참고로 Http4k에서와 마찬가지로 HTTP 클라이언트와 서버는 똑같은 HttpHandler 함수 인터페이스를 구현한다. HTML 파싱에 대해서는 나중에 다루겠다.

❼ 이렇게 서버를 시작하고, 현재 메인 함수에 있는 로직을 Zettai라는 타입으로 추출할 계획이다.

테스트를 작성했지만 컴파일조차 되지 않는다! 이게 어떻게 도움이 될까? 테스트를 작성하는 것만으로도 애플리케이션 디자인에 대해 좋은 방향을 잡을 수 있다. 하지만 책만 읽어서는 이 점을 완전히 이해할 수 없다. 직접 해봐야 한다.

방금 작성한 테스트는 어떤 방향으로 우리를 안내할까? 먼저 테스트를 컴파일하기 위해 어떤 클래스를 작성해야 할지 알려주고, 클래스에 들어갈 메서드에 어떤 것이 포함될지 그 일부를 알려준다. 먼저 Zettai 클래스를 작성하는 것부터 시작해야 한다.

```
❶ class Zettai(): HttpHandler{
      val routes = routes(
❷         "/todo/{user}/{list}" bind GET to ::showList
      )
❸    override fun invoke(req: Request): Response = routes(req)
❹    private fun showList(req: Request): Response {
          val user = req.path("user").orEmtpy()
          val list = req.path("list").orEmtpy()
          val htmlPage = """
  <html>
      <body>
          <h1>Zettai</h1>
          <p>Here is the list <b>$list</b> of user <b>$user</b></p>
      </body>
  </html>"""
          return Response(Status.OK).body(htmlPage)
      }
  }
```

❶ Zettai는 HTTP 핸들러다.

❷ 이전에 다룬 메인 함수에서 배운 지식을 사용해 경로를 복사한다.

❸ 요청이 들어오면 invoke를 사용해 요청을 받는다. 다음 장에서 invoke 호출에 대해 자세히 설명할 것이다.

❹ 이 방법은 이전 메인 함수에서 사용하던 방식이다. 곧 변경할 예정이다.

이제 다음 단계로, 테스트 컴파일을 방해하는 ToDoList부터 타입을 정의해야 한다. 이때 사용할 언어에 주의해야 한다.

유비쿼터스 언어

유비쿼터스 언어는 에릭 에반스가 도메인 주도 디자인에서 사용한 용어다. 유비쿼터스 언어는 개발자와 사용자 사이에 공통의 엄격한 언어를 구축하는 관행이다.

– 마틴 파울러

이제 비즈니스의 개념을 직접적으로 나타내는 데이터 구조와 함수를 정의할 수 있다. 프로그래머가 아니더라도 비즈니스에 대해 잘 아는 사람이라면 누구나 코드가 무엇을 하려고 하는지 알아볼 수 있는 용어를 사용하고 싶다.

할 일 목록을 관리하기 위한 소프트웨어를 개발하는 중이므로 ToDoList부터 시작하자.

```kotlin
data class ToDoList(val listName: ListName, val items: List<ToDoItem>)
data class ListName(val name: String)
```

코틀린의 데이터 클래스 구문을 사용하면 불변 타입을 간결하게 정의할 수 있고, 불변 타입은 함수형 프로그래밍에 특히 유용하다. 자세한 내용은 **부록 B 데이터 클래스**를 참고하라.

ToDoList는 이름으로, ToDoItem은 항목의 목록으로 구성된다. 목록 이름에 일반적인 타입이나 일반적인 문자열을 사용하는 대신 특별한 타입을 만드는 것이 의외일 수 있지만, 함수형 프로그래밍을 할 때 이런 특별한 타입을 사용하면 작업이 더 쉬워진다(**부록 A 타입을 정확하게 정의하기** 참고).

이 경우에는 목록 이름이 너무 길거나 특수 문자를 사용하는 것을 원하지 않기 때문에 이런 문자열을 제한한다. 구체적인 특별한 타입을 사용하면 이런 검사가 더 쉬워진다.

또한 타입 안전한 방식으로 ListName 타입에 대해서만 작동하는 함수와 모든 문자열(String 타입)에 대해 작동하는 함수를 구별할 수 있는 것도 유용하다. 같은 이유로 사용자 이름을 저장하기 위한 타입을 정의하자.

```kotlin
data class User(val name: String)
```

마지막으로 할 일 목록에 들어갈 각 항목의 타입을 정의해야 한다.

```kotlin
data class ToDoItem(val description: String)
enum class ToDoStatus { Todo, InProgress, Done, Blocked }
```

description은 수행할 작업에 대한 설명이며, 어떤 텍스트든 가능하므로 문자열 타입을 유지하는 것이 좋다. 지금은 테스트만 작성하면 되기 때문에 타입을 가능한 적게 정의할 것이다. 항목에 대한 더 자세한 내용은 다음 장에서 다루겠다.

인수 테스트 실행

클래스가 준비되면 드디어 인수 테스트를 컴파일할 수 있다. 테스트의 단언문을 약간만 변경하면 된다.

```
expectThat(list.listName.name).isEqualTo(listName)
expectThat(list.items.map { it.description }).isEqualTo(foodToBuy)
```

이제 컴파일은 되지만, 여전히 다음 오류와 함께 테스트가 실패한다.

```
"An operation is not implemented: parse the response"
```

이 결과는 우리가 올바른 방향으로 가고 있음을 보여준다. 애플리케이션이 실제로 시작하고 테스트와 통신하고 있음을 확인했다.

실패 자체는 문제가 되지 않는다. 오히려 스토리가 완성됐다고 판단될 때까지 인수 테스트는 계속 실패해야 한다. 아직 정확한 응답을 확정하지 않았으므로 지금 응답을 파싱하는 것은 무의미하다.

IDE에서 디버그 모드로 테스트를 실행하면 애플리케이션을 단계별로 디버깅할 수도 있다. 인수 테스트 작성이 완료되면 이제 애플리케이션의 비즈니스 모델을 정의할 수 있다.

FROM OBJECTS TO FUNCTIONS

2.4 화살표로 디자인하기

Zettai 클래스의 getToDoList() 함수는 현재 별다른 기능을 하지 않는다. 이제 핵심 로직을 구현할 때다.

요청을 받고 바로 응답을 반환하는 함수를 작성할 수 있을까? 가능할 수도 있겠지만, 계속 진행하기 전에 함수형 디자인의 중요한 원칙을 염두에 두어야 한다. 바로 크고 뚱뚱한 함수를 하나 사용하는 것보다 작은 함수를 여러 개 합성해 사용하는 편이 더 낫다는 것이다.

어떤 작은 함수가 필요한지 알아보기 위해 지금부터 구현해야 할 기능을 더 잘 정의해보겠다.

1. HTTP 요청에서 사용자와 목록 이름을 가져와야 한다.

2. 목록 콘텐츠를 가져와야 한다.

3. 가져온 콘텐츠를 HTML로 렌더링해야 한다.

4. 마지막으로 HTML이 포함된 응답을 반환해야 한다.

각 단계 중 하나라도 실패하면 일반적인 오류 페이지를 반환해야 한다. 이어지는 여러 장에서 보다 정확한 방법으로 오류를 처리하는 방법을 살펴볼 것이다.

다음 단계는 이 목록을 화살표가 있는 다이어그램으로 변환하는 것이다. 각 화살표는 **부록 A 함수를 순수하게 유지하라**에서 설명한 것처럼 순수 함수다.

다음은 화살표 다이어그램이다.

숫자는 앞의 목록에 언급한 기능을 나타내며, 화살표의 의미는 다음 절에서 설명하겠다.

Note ≡ 이 책을 계속 읽다 보면 방금 본 다이어그램을 많이 접하게 될 것이다. 이러한 다이어그램은 본문의 개념을 설명하는 데 도움이 되는 시각적 보조 자료로, 정확한 표기법을 따르지 않는다.

이 다이어그램은 화살표와 화살표가 상호 연결되는 방식에 중점을 둔다. 화살표는 왼쪽 항을 입력으로 받아 오른쪽 항을 출력으로 생성하는 함수를 나타낸다. 때때로 함수가 다른 함수를 입력이나 출력으로 사용할 수 있으며, 이런 함수는 함수가 수직으로 시작하거나 끝나는 방향으로 그려지므로 다른 함수의 중간에 연결된다. 이전 다이어그램의 두 번째 함수에서 이런 경우를 볼 수 있다.

화살표 말고도 다른 시각적 단서가 활용되기는 하지만, 특별한 의미는 없다. 단지 다이어그램에 제시된 개념을 명확히 하기 위한 것이다.

작은 지구는 '목록 검색' 작업과 '목록 내용 검색' 작업이 다른 함수와 다르다는 점을 상징한다. 작은 지구가 붙은 함수는 입력 파라미터만 변환하지 않고, 외부 정보에 접근해야 한다. 따라서 이런 함수는 순수하지 않은 연산을 수행해 결과를 계산하는 함수를 반환하는 것과 같다. 다음 장에서 이 주제에 대해 더 자세히 살펴보겠다.

앞에서 언급한 네 가지 단계가 어떻게 변형되면서 함께 작동해 원하는 결과를 만들어내는지에 대해 볼 수 있다. 단순함을 유지하기 위해 지금은 발생할 수 있는 오류를 무시한다. 오류를 처리하는 방법에 대해서는 **4장 오류를 나타내도록 널 반환하기**를 참고하라.

다음 단계는 함수가 사용할 타입을 모델링하는 것이다. 이미 User, ListName, ToDoList를 정의했으므로 다음과 같이 원시 HTML 문자열에 대한 래퍼만 만들면 된다(**부록 B 데이터 클래스 참고**).

```kotlin
data class HtmlPage( val raw: String )
```

여러 함수 결합하기

타입을 정의했다. 드디어 함수를 작성하는 데 필요한 모든 재료가 준비됐다. 이제 시작해보자! 다이어그램을 따라 간단한 함수를 차례로 만들면 된다. 먼저 네 함수의 시그니처다.

구현에 대해서는 나중에 다룰 것이기 때문에, 먼저 NotImplementedError를 던지는 매우 편리한 TODO() 함수를 사용할 것이다. 이 함수는 항상 NotImplementedError를 던져서 다시 돌아와 구현을 완료해야 한다는 사실을 상기시켜줄 것이다.

각 함수의 입력과 출력 타입을 보면 함수 이름을 보지 않고도 함수의 의도를 충분히 추측할 수 있다.

❶ `fun extractListData(request: Request): Pair<User, ListName> = TODO()`
❷ `fun fetchListContent(listId: Pair<User, ListName>): ToDoList = TODO()`
❸ `fun renderHtml(list: ToDoList): HtmlPage = TODO()`
❹ `fun createResponse(html: HtmlPage): Response = TODO()`

❶ 이 함수는 요청에서 사용자 이름과 목록 이름을 뽑아낸다.

❷ 실제 사용자 이름과 목록 이름을 키로 사용해 저장소에서 목록 데이터를 가져온다.

❸ 이 함수는 목록을 모든 콘텐츠가 포함된 HTML 페이지로 변환하는 역할을 한다.

❹ 마지막으로 생성된 HTML 페이지를 본문으로 하는 HTTP 응답을 생성한다.

일단 함수의 시그니처, 즉 모든 입력과 출력의 타입을 정의하면 함수의 구현을 작성하기 전에도 원하는 대로 함수를 구성할 수 있는지 확인할 수 있다. 이 점은 함수형 프로그래밍의 가장 큰 즐거움 중 하나다. 심지어 구현을 작성하기 전에도 확인할 수 있다! 복잡한 동작은 함수를 조합하면 자연스럽게 나타난다. 결국 상태 공유로 인한 문제는 전혀 없이 코드를 구현하고 테스트할 수 있다.

메인 함수는 연쇄적으로 함수를 호출해야 한다.

```kotlin
fun getToDoList(request: Request): Response =
    createResponse(
```

```
            renderHtml(
                fetchListContent(
                    extractListData(
                        request
                    )
                )
            )
        )
```

함수 호출을 연결하는 일반적인 방법이지만, 가독성이 좋지 않아 '크리스마스 트리 들여쓰기'라고 불리기도 한다. 이 방식에서는 함수의 순서가 뒤바뀌어 가장 먼저 호출될 함수(extractListData)를 가장 안쪽에 적어야 한다.

코틀린 let 함수를 사용하면 원하는 데이터에 대해 함수를 호출할 수 있다(**부록 B 영역 함수** 참고). 이를 사용하면 각 함수가 이전 함수의 출력을 입력으로 받는 방식으로 함수 호출을 연쇄하는 코드를 훨씬 더 읽기 쉽게 만들 수 있다. 다음 코드는 '크리스마스 트리' 코드와 동일하지만 더 읽기 쉽고 우리의 디자인 다이어그램에 더 가깝다.

```
fun getToDoList(request: Request): Response =
    request
        .let(::extractListData)
        .let(::fetchListContent)
        .let(::renderHtml)
        .let(::createResponse)
```

함수 순서가 이전 예제와 반대라는 점에 주의하자.

함수 참조를 사용하는 let 함수는 리눅스 셸의 | 연산자나 자바스크립트 및 F#의 |〉 연산자와 비슷하게 작동한다.

여기서는 모든 함수가 입력 파라미터를 하나씩만 받기 때문에 호출 연쇄가 잘 작동한다. 앞으로 파라미터를 하나만 받는 함수를 합성하기가 더 쉽다는 사실을 알게 될 것이다. 이런 이유로 fetchListContent가 두 값을 입력 파라미터로 받는 대신 쌍(Pair)을 입력 파라미터로 받게 했다.

이 예제를 통해 함수 구성과 불변 데이터 타입을 사용하는 것이 함수형 디자인에 있어 얼마나 중요한지 경험했다.

당장 자세한 구현에는 관심을 두지 않고, 단지 문제를 더 간단한 함수로 분해하면서 구현하기 (그리고 테스트하기) 더 쉬운 함수로 나누고 있다는 점에 유의하라.

2.5 / 맵으로부터 목록 제공하기

이제 이 네 가지 함수를 Zettai 클래스에 넣고 구현할 수 있다.

하지만 먼저 보여줄 목록이 몇 가지 필요하다. 지금은 가능한 가장 간단한 접근 방식을 취해서, 우리 시스템의 각 사용자 목록을 불변 맵에 넣고 Zettai의 생성자에게 주입하자.

❶ ```data class``` Zettai(**val** lists: Map⟨User, List⟨ToDoList⟩⟩): HttpHandler{

    // 경로 함수는 그대로이다.

❷   **private fun** showList(request: Request): Response =
        request.let(::extractListData)
           .let(::fetchListContent)
           .let(::renderHtml)
           .let(::createResponse)

❸   **fun** extractListData(request: Request): Pair⟨User, ListName⟩ {
        val user = request.path("user").orEmpty()
        val list = request.path("list").orEmpty()
        return User(user) to ListName(list)
    }

❹   **fun** fetchListContent(listId: Pair⟨User, ListName⟩): ToDoList =
        lists[listId.first]
        ?.firstOrNull { it.listName == listId.second }
        ?: error("List unknown")

❺   **fun** renderHtml(todoList: ToDoList): HtmlPage =
        HtmlPage("""
    ⟨html⟩
        ⟨body⟩
            ⟨h1⟩Zettai⟨/h1⟩
            ⟨h2⟩${todoList.listName.name}⟨/h2⟩
            ⟨table⟩
                ⟨tbody⟩${renderItems(todoList.items)}⟨/tbody⟩
            ⟨/table⟩
        ⟨/body⟩
    ⟨/html⟩
    """.trimIndent()

```
        )
    fun renderItems(items: List<ToDoItem>) =
        items.map {
            """<tr><td>${it.description}</td></tr>""".trimIndent()
        }.joinToString("")

❻   fun createResponse(html: HtmlPage): Response =
        Response(Status.OK).body(html.raw)
 }
```

❶ 생성자에 사용자와 목록이 있는 맵을 추가한다.

❷ 이 기능은 초기 다이어그램과 같다.

❸ 요청 경로에서 사용자와 목록 이름을 추출한다.

❹ 맵에서 올바른 사용자 목록을 반환한다.

❺ 목록 데이터가 포함된 간단한 HTML을 만든다.

❻ 마지막으로 성공적인 응답의 본문으로 HTML 페이지를 넣는다.

fetchListContent에서는 목록이 존재하지 않으면 오류가 발생한다는 점에 유의하라. 이는 전체성 원칙에 어긋나기 때문에 그다지 함수적이지 않으며(**부록 A 가능한 모든 입력을 고려하라** 참고), 더 중요한 것은 멋진 오류 페이지를 사용자에게 보여주는 대신 보기 흉한 오류 500을 반환한다는 점이다. 오류를 더 잘 처리하는 방법은 **4장 오류를 나타내도록 널 반환하기**에서 살펴볼 것이다.

응답 파싱하기

이제 Zettai 클래스의 구현이 끝났으므로, 인수 테스트로 돌아가서 테스트 작성을 완료할 수 있다. 또 애플리케이션을 시작할 때 몇 가지 목록을 연결해야 한다. 테스트를 실행할 때 예제로 사용하는 데이터를 테스트 픽스처(test fixture)라고 한다.

```
private fun startTheApplication(
    user: String,
    listName: String,
    items: List<String>
) {
    val toDoList = ToDoList(ListName(listName), items.map(::ToDoItem))
    val lists = mapOf(User(user) to listOf(toDoList) )
```

```
    val server = Zettai(lists).asServer(Jetty(8081)) // 메인 함수와는 다른 포트 사용
    server.start()
}
```

이제 응답을 제대로 파싱할 수 있다. 나중에 더 잘 처리하겠지만, 지금은 몇 가지 정규표현식을 사용해 HTML에서 이름을 추출할 수 있다.

```
private fun parseResponse(html: String): ToDoList {
    val nameRegex = "<h2>.*<".toRegex()
    val listName = ListName(extractListName(nameRegex, html))
    val itemsRegex = "<td>.*?<".toRegex()
    val items = itemsRegex.findAll(html)
        .map { ToDoItem(extractItemDesc(it)) }.toList()
    return ToDoList(listName,items)
}

private fun extractListName(nameRegex: Regex, html: String): String =
    nameRegex.find(html)?.value
        ?.substringAfter("<h2>")
        ?.dropLast(1)
        .orEmpty()

private fun extractItemDesc(matchResult: MatchResult): String =
    matchResult.value.substringAfter("<td>").dropLast(1)
```

마침내 첫 번째 인수 테스트를 통과하며 Zettai가 할 일 목록을 표시할 수 있다는 것을 증명했다!

스토리 완성하기

스토리를 마무리하는 마지막 작업은 메인 함수에서도 Zettai 클래스를 사용하는 것이다.

```
fun main() {
    val items = listOf("write chapter", "insert code", "draw diagrams")
    val toDoList = ToDoList(ListName("book"), items.map(::ToDoItem))
    val lists = mapOf(User("uberto") to listOf(toDoList) )
    val app: HttpHandler = Zettai(lists)
    app.asServer(Jetty(8080)).start() // 서버를 시작
    println("Server started at http://localhost:8080/todo/uberto/book")
}
```

이제 애플리케이션을 시작하고 브라우저에서 결과를 확인할 수 있다.

현재 제타이는 메인 함수에 하드코딩한 목록만 표시할 수 있다. 그다지 유용하지는 않지만 (애플리케이션 개발의) 첫 번째 단계일 뿐이다. 다음 장에서 점차 개선해나갈 것이다.

FROM OBJECTS TO FUNCTIONS

2.6 요약

이 장에서는 많은 작업을 수행했다. 먼저 웹 서버가 HTTP 요청을 HTTP 응답으로 변환하는 함수일 뿐이라는 것을 배웠다.

그 후 Http4k를 사용해 자체적인 함수형 웹 서버를 만드는 방법과 미리 정의된 할 일 목록을 사용자에게 표시하는 방법을 살펴봤다.

디자인을 진행하기 위해 테스트를 사용하기 시작했고, 요구 사항을 명확히 하기 위해 인수 테스트를 작성했다.

다음 장에서는 비즈니스 도메인 기능을 인프라별로 분리하는 방법과 비즈니스 도메인에 집중할 수 있는 방법으로 인수 테스트를 개선하는 방법을 살펴볼 것이다.

2.7 / 연습 문제

이 장의 연습 문제는 함수를 함께 합성하는 데 중점을 둔다.

다시 강조하지만, 함수형 프로그래밍은 코드를 읽는 것만으로는 배울 수 없다. 가장 좋은 방법은 연습하는 것이다. 책 코드 저장소의 exercises 폴더에서 시작점을 찾고, 몇 가지 힌트를 얻을 수 있을 것이다.

연습 문제 2.1: 함수 연쇄 호출

이 연습 문제에서는 함수 연쇄 호출의 가독성을 향상시켜보자. 이 장의 시작 부분에 다음과 같은 코드가 있었다.

```
request
    .let(::extractListData)
    .let(::fetchListContent)
    .let(::renderHtml)
    .let(::createResponse)
```

코틀린의 중위 호출(**부록 B 중위 함수** 참고) 형식을 사용하면 이 코드를 다음과 같이 좀 더 선언적인 스타일로 바꿀 수 있다.

```
val processFun = ::extractListData andThen
                 ::fetchListContent andThen
                 ::renderHtml andThen
                 ::createResponse

fun fetchList(request: Request): Response = processFun(request)
```

즉, f andThen g는 g(f())와 동일하다. 함수 타입을 정의할 때 다음과 같이 타입 별명을 사용하면 편리하다.

```
typealias FUN<A, B> = (A) -> B
infix fun <A, B, C> FUN<A, B>.andThen(other: FUN<B, C>): FUN<A, C>
        = TODO()
```

연습 문제를 풀려면 TODO() 호출 대신 함수 구현을 넣어야 한다.

연습 문제 2.2: 함수형 스택

이 연습 문제에서는 원소를 내부에 저장하되, 후입선출 순서로 꺼낼 수 있는 데이터 타입인 스택을 작성해보자.

함수형 원칙에 따라 스택은 불변이어야 한다. 즉, 원소를 푸시하면 새 스택이 반환되고 팝하면 팝한 원소와 새 스택 인스턴스가 들어 있는 튜플(쌍)이 반환된다. 다음 예제 코드를 보라. 이 코드는 여러분의 FunStack 구현과 함께 제대로 작동해야 한다.

```
@Test
fun `push into the stack`(){
    val stack1 = FunStack<Char>()
    val stack2 = stack1.push('A')
    expectThat(stack1.size()).isEqualTo(0)
    expectThat(stack2.size()).isEqualTo(1)
}


@Test
fun `push push pop`(){
    val (b, stack) = FunStack<Char>()
        .push('A')
        .push('B')
        .pop()
    expectThat(stack.size()).isEqualTo(1)
    expectThat(b).isEqualTo('B')
}
```

연습 문제 2.3: RPN 계산기

이 연습 문제에서는 역폴란드 표기법(Reverse Polish Notation, RPN) 계산기를 작성해보자. RPN은 연산자가 피연산자 뒤에 오는 수학 표기법으로, 연산자를 두 피연산자의 중간에 배치하고 우선 순위 표기를 위해 괄호를 사용하는 대신 피연산자 뒤에 연산자를 배치하는 수학적 표기법이다. 역폴란드 표기법은 프리드리히 L. 바우어(Friedrich L. Bauer)와 에츠허르 W. 데이크스트라(Edsger Wybe Dijkstra)가 1960년대 초에 식의 평가에 필요한 컴퓨터 메모리의 양을 줄이기 위해 각각 독자적으로 개발한 식이다. 몇 가지 예를 살펴보자.

```
val res = calc("4 5 +") // 9.0
val res = calc("6 2 /") // 3.0
val res = calc("5 6 2 1 + / *") // 10.0
val res = calc("2 5 * 4 + 3 2 * 1 + /") // 2.0
```

알고리즘은 다음과 같이 작동한다. 계산은 숫자 목록(피연산자)으로 시작하는 연산식과 빈 스택으
로 시작한다. 연산식의 맨 왼쪽에서 원소를 찾는 것으로 계산을 시작한다. 원소가 숫자인 경우 이
를 스택에 넣는다. 원소가 연산이면 스택에서 피연산자 두 개를 꺼내서 연산을 적용한 다음, 결과
를 다시 스택에 넣는다. 이 연습 문제를 풀려면 이전 연습 문제에서 작성한 함수형 스택 코드에서
시작하는 것이 가장 좋다.

```
```

3^장

도메인 정의 및 테스트

놀라움은 어리석은 일이다. 즐거움은 향상되지 않으며 불편함도 상당할 때가 많다.

– 제인 오스틴, 『엠마』

2장에서는 애플리케이션의 첫 번째 버전을 작성했다. 이 애플리케이션은 미리 적재된 데이터를 기반으로 목록을 표시할 수 있다. 또 이에 대한 인수 테스트도 작성했다.

우리는 단순한 순수 함수들을 합성해 복잡한 동작을 얻는 방법과 HTTP 호출을 함수로 처리하는 방법을 배웠다. 이 장에서는 한 단계 더 나아가 고차 함수를 사용하는 방법을 배울 것이다.

또한 '포트와 어댑터 아키텍처(the ports and adapters architecture)'[1] 이를 통해 얻을 수 있는 이점에 대해서도 살펴본다. 이를 통해 인수 테스트를 더 쉽게 읽을 수 있도록 개선하고 최종 사용자 관점에서 도메인 개념을 사용해 기능을 직접 코드로 변환할 수 있다. 그 결과는 도메인 주도 테스트이며, 이 책에서 애플리케이션을 완성할 때까지 우리를 안내해줄 것이다.

3.1 인수 테스트 개선하기

인수 테스트를 개선할 수 있을까? 작은 테스트에도 몇 가지 문제가 있는데, 이는 더 복잡한 유스케이스에 대해 작업할 때 문제가 훨씬 더 분명해진다.

이상적인 경우 인수 테스트는 다음과 같은 원칙을 지켜야 한다.

- 인수 테스트는 도메인 용어만 사용해야 하며, UI 원소('X 버튼 클릭')나 전송 프로토콜('헤더 Y가 있는지 확인')과 같은 기술적 세부 사항에 대한 언급은 피해야 한다.
- 각 테스트는 유스케이스 시나리오를 나타내야 하며, 파일에 포함된 모든 테스트는 사용자 스토리를 형성한다.
- 테스트는 유스케이스 액터와 그 상호작용에 초점을 맞춰야 한다.
- 단언문은 명확한 도메인 이름을 가진 메서드로 표현해야 하며, 읽기 복잡할 수 있기 때문에 이런 메서드 실제 구현은 테스트 자체에서 제외해야 한다.

이러한 원칙에 따라 더 나은 인수 테스트를 어떻게 작성할 수 있는지 살펴보자.

---

1 https://en.wikipedia.org/wiki/Hexagonal_architecture_(software)

부정적 사례 테스트

우리가 만든 단일 목록 보기의 테스트가 첫 번째 사용자 스토리에 대한 인수 테스트로 충분한지 생각해봐야 한다. 아마 그렇지 않을 것이다.

우리 테스트는 단일 목록을 가지는 단일 사용자만을 대상으로 하며, 사용자가 다른 사용자의 목록을 볼 수 없어야 한다는 사실을 테스트하지 않는다. 따라서 이제 부정적인 경우에 대한 두 번째 테스트를 작성할 수 있다.

```
@Test
fun `Only owners can see their lists`() {
    val listName = "shopping"
    startTheApplication("frank", listName, emptyList())
    expectThrows<AssertionFailedError> {
        getToDoList("bob", listName)
    }
}
```

여기서는 frank 사용자가 생성한 목록으로 애플리케이션을 시작한 다음, bob 사용자로 접근을 시도하고 있다. 이런 접근은 허용하지 말아야 하며, 이 메서드가 예외를 발생시킬 것으로 예상해야 한다.

다행히도 이 테스트는 이미 통과했다. 표준 테스트 주기는 실패하는 테스트로 시작하지만, 때로는 테스트에 포함되지 않은 유스케이스에 대한 테스트를 추가하고 싶을 수도 있다. 그 테스트가 우연히 작동한다고 해도 미래에는 깨질 수 있기 때문이다.

시나리오 액터

먼저 테스트 자체에서 불필요한 세부 정보를 제거한다. 그리고 사용자 상호작용(목록의 마지막 두 지점)에 더 집중하고 싶으므로, 시나리오의 **액터**를 추상화해 추출하자. 이를 통해 애플리케이션을 호출하는 메서드와 액터 클래스에 대한 단언문을 정의할 수 있다.

❶ ```
interface ScenarioActor{
    val name: String
}

class ToDoListOwner(override val name: String): ScenarioActor {
```
```

```
❷      fun canSeeTheList(listName: String, items: List<String>) {
❸          val expectedList = createList(listName, items)
❹          val list = getToDoList(name, listName)
❺              expectThat(list).isEqualTo(expectedList)
       }

       private fun getToDoList(user: String, listName: String): ToDoList {
           // 테스트에서 액터로 옮겨졌다.
       }
   }

   private fun createList(listName: String, items: List<String>) =
       ToDoList(ListName(listName), items.map(::ToDoItem))
```

❶ 액터의 이름을 포함하는 액터용 제네릭 인터페이스를 정의한다.

❷ ToDoListOwner 액터의 첫 번째 메서드는 이름과 항목이 있는 목록이 있는지 확인하는 것이다.
이렇게 하면 테스트에서 단언문을 대체할 수 있다.

❸ 메서드 파라미터에서 작은 유틸리티 함수를 사용해 예상 목록을 생성한다.

❹ 이전 테스트에 있던 getToDoList 메서드를 호출해 애플리케이션에서 목록을 가져온다.

❺ 마지막으로 예상 목록과 애플리케이션에서 가져온 목록을 비교한다.

액터를 사용해 테스트를 다시 작성하면 이미 어떤 일이 벌어지고 있는지 결과가 조금 더 명확해
진다.

```
@Test
fun `List owners can see their lists`() {
    val listName = "shopping"
    val foodToBuy = listOf("carrots", "apples", "milk")
    val frank = ToDoListOwner("Frank")
    startTheApplication(frank.name, createList(listName, foodToBuy))
    frank.canSeeTheList(listName, foodToBuy)
}
```

다음 단계로 넘어가서, 함수적 관점을 사용해보자. 이 테스트는 **부록 A 함수를 순수하게 유지하라**
에서 설명한 것처럼 부수 효과에 크게 의존한다. 다시 말해 startTheApplication은 결과적으로 메
인 '효과', 즉 시작된 애플리케이션을 반환하지 않는다. 대신 액터는 애플리케이션이 실제로 시작
될 것이라고 가정한다.

이는 단순히 이론적 순수성이나 함수형에 대한 자부심 때문만은 아니다. 우리가 원하는 것은 메서드가 애플리케이션의 컨텍스트 외부에서 호출되면 테스트가 컴파일되지 않고, 액터가 올바른 메서드를 호출하고 있는지 확실히 확인하는 것이다.

이를 위해 애플리케이션의 추상화 역할을 할 클래스를 추출해보자. 이렇게 하면 액터에게 애플리케이션을 추상화한 객체를 전달할 수 있고 액터가 이를 직접 사용할 수 있다.

 조에게 묻는다 **이렇게 하면 테스트가 순수해질까?**

애플리케이션을 테스트(또는 사용)할 때 순수하지 않은 함수를 사용하는 것을 피할 수는 없다. 하지만 애플리케이션에 대한 액터의 의존관계를 최대한 명시적으로 만들어, 순수하지 않은 부분을 최소한으로 줄이면서 시스템 경계에 남겨둘 수 있다.

이렇게 하면 액터와 대부분의 테스트 코드를 순수하게 유지할 수 있고, 다음 장에서 살펴보겠지만 많은 이점을 얻을 수 있을 것이다.

애플리케이션 파사드

파사드는 객체가 복잡한 시스템의 파사드(외부 정면)나 프록시 역할을 함으로써 복잡한 내부를 숨기고 쉽게 상호작용할 수 있도록 해주는 디자인 패턴이다[2]. 여기서는 이 패턴을 사용해 기술적인 세부 사항으로 테스트를 복잡하게 만들지 않고도 정보를 추출하고 애플리케이션에 명령을 내리려고 한다.

우리의 목표는 애플리케이션과의 상호작용을 추상화하여 상태를 질의하고 변경할 수 있는 인터페이스를 만드는 것이다. 이 접근 방식의 장점은 무엇인지, 왜 지금까지 해왔던 것처럼 애플리케이션을 직접 사용할 수 없는지 이유가 궁금할 것이다. 이 파사드의 가장 큰 장점은 애플리케이션이 제공하는 모든 사용자 작업을 설명하는 계약으로 작동한다는 것이다. 따라서 테스트에서 '꼼수'를 사용해 직접적으로 비공개 메서드를 직접 호출할 수 없다. 다른 장점에 대해서는 나중에 살펴보겠다(**3장 프로토콜** 참고).

ApplicationForAT라는 클래스를 만들고, 그 안으로 getToDoList 메서드와 인수 테스트의 파싱 메서드를 옮긴다.

---

2   https://en.wikipedia.org/wiki/Facade_pattern

```
class ApplicationForAT {
    fun getToDoList(user: String, listName: String): ToDoList {
        // 테스트에서 옮겨짐
    }
    // 테스트에서 옮겨진 다른 비공개 메서드들
}
```

지금은 이 클래스를 인수 테스트와 같은 파일 안에 보관하지만 추상화가 완료되면 별도의 파일로 옮길 것이다.

다음은 액터 내부에서 파사드의 메서드(getToDoList)를 어떻게 사용할 수 있을까 하는 문제다. 한 가지 가능성은 액터의 메서드에 ApplicationForAT를 파라미터로 전달하는 것이다.

```
class ToDoListOwner(override val name: String) : ScenarioActor {
    fun canSeeTheList(listName: String,
                      items: List<String>,
❶                    app: ApplicationForAT) {
        val expectedList = createList(listName, items)
        val list = app.getToDoList(name, listName)
        expectThat(list).isEqualTo(expectedList)
    }
    fun cannotSeeTheList(listName: String,
❷                        app: ApplicationForAT) {
        expectThrows<AssertionFailedError> {
            app.getToDoList(name, listName)
        }
    }
}
```

❶ 애플리케이션 파사드를 새 파라미터로 추가했다.

❷ 여기도 마찬가지로 추가했다.

이제 두 테스트를 모두 실행하려고 하면 또 다른 문제를 발견할 수 있다. 첫 번째 테스트 후 서버를 중지하지 않아서 HTTP 포트가 계속 사용 중이기 때문에 두 번째 테스트는 실패한다.

문제를 좀 더 일반적인 방식으로 살펴보면, 리소스 누수 없이 제어된 방식으로 애플리케이션을 실행하고 싶다. 따라서 웹 서버와 웹 클라이언트를 생성하는 대신, 외부에서 이를 전달하고 시나리오를 실행한 후 서버를 닫아보자.

이를 위해 Unit을 결과로 돌려주는(**부록** B Unit 참고) 단계들을 인자로 받는 runScenario 메서드를 정의한다. 각 단계는 부수 효과만 사용해 시스템을 수정하며, 결과를 반환하지 않는 대신, 문제가 있으면 오류를 발생시킨다. 이것이 테스트이고 기대하는 유일한 결과는 오류가 발생하지 않는 것뿐이기 때문에 이런 처리를 허용할 수 있다.

```
❶ class ApplicationForAT(val client: HttpHandler, val server: AutoCloseable) {

❷     fun getToDoList(user: String, listName: String): ToDoList {

❸         val response = client(Request(Method.GET, "/todo/$user/$listName"))

❹         return if (response.status == Status.OK)
               parseResponse(response.bodyString())
           else
               fail(response.toMessage())
       }

❺     fun runScenario(steps: (ApplicationForAT)->Unit) {
           server.use {
               steps(this)
           }
       }
   // 나머지 메서드들
   }
```

❶ 생성자에게 서버와 클라이언트를 전달한다.

❷ 이 메서드는 사용자와 목록 이름으로 서버를 호출하고, 응답을 파싱한 후 목록을 반환한다.

❸ 호스트가 이미 구성되어 있으므로 클라이언트가 호스트 이름을 알 필요가 없다.

❹ 응답 상태를 확인해 정상인 경우 응답을 파싱하고, 그렇지 않은 경우 오류로 실패한다.

❺ 전체 시나리오를 실행하려면 여기에서 서버를 시작한 다음 서버에서 각 단계를 실행하고 마지막에 서버를 자동으로 닫을 수 있다.

이제 시작 메서드는 다음과 같다. 클라이언트의 베이스 Uri를 서버와 일치하도록 설정하는 방법에 주목하라. 이렇게 하면 클라이언트가 서버와 동일한 포트를 사용하고 있는지 확인할 수 있으며, 나중에 이 코드를 변경하여 다른 곳에 배포된 서버를 사용할 수도 있다.

```
fun startTheApplication(lists: Map<User, List<ToDoList>>): ApplicationForAT {
    val port = 8081 // 메인에서 사용한 포트와 다름
    val server = Zettai(lists).asServer(Jetty(port))
    server.start()
    val client = ClientFilters
        .SetBaseUriFrom(Uri.of("http://localhost:$port/"))
        .then(JettyClient())
    return ApplicationForAT(client, server)
}
```

인수 테스트로 돌아가서 지금은 어떤지 살펴보자.

```
class SeeATodoListAT {
    val frank = ToDoListOwner("Frank")
    val shoppingItems = listOf("carrots", "apples", "milk")
    val frankList = createList("shopping", shoppingItems)

    val bob = ToDoListOwner("Bob")
    val gardenItems = listOf("fix the fence", "mowing the lawn")
    val bobList = createList("gardening", gardenItems)

    val lists = mapOf(
        frank.asUser() to listOf(frankList),
        bob.asUser() to listOf(bobList)
    )

    fun ToDoListOwner.asUser(): User = User(name)

    @Test
    fun `List owners can see their lists`() {
        val app = startTheApplication(lists)
        app.runScenario {
            frank.canSeeTheList("shopping", shoppingItems, it)
            bob.canSeeTheList("gardening", gardenItems, it)
        }
    }

    @Test
    fun `Only owners can see their lists`() {
        val app = startTheApplication(lists)
        app.runScenario {
            frank.cannotSeeTheList("gardening", it)
            bob.cannotSeeTheList("shopping", it)
```

```
        }
    }
```

이제 괜찮아 보이기 시작한다! 사용자 동작이 무엇인지 명확해졌다. 이로부터 실행할 애플리케이션의 파사드가 필요하다는 사실을 알 수 있다.

다음 단계는 무엇일까? 액터의 메서드 끝부분에 있는 애플리케이션 파사드에 대한 참조는 약간 눈에 거슬리므로 이를 제거하고 싶다. 가장 좋은 방법은 단계 함수를 데이터처럼 취급하는 것이다!

함수로 표현한 단계

어떤 파라미터를 받는 메서드를 사용하는 대신, 같은 파라미터를 받는 함수를 반환하는 새로운 함수를 만들 수 있다. 이렇게 하면 파라미터를 명시적으로 전달할 필요가 없다.

무슨 말인지 헷갈리는가? 실제로 코드가 어떻게 작동하는지 살펴보자.

먼저 액터가 사용할 수 있는 모든 가능한 액션이 포함된 인터페이스를 추출해보자.

```
interface Actions{
    fun getToDoList(user: String, listName: String): ToDoList?
}
```

인터페이스는 널이 될 수 있는(타입 뒤의 물음표가 이를 표현함) ToDoList를 반환한다는 점에 유의하라. 널 가능성에 대해서는 **4장 널의 문제**를 참고하라.

또 ApplicationForAT가 이제 Actions를 구현해야 한다.

그런 다음 함수 타입에 대한 타입 별명을 정의한다(**부록 B 타입 별명** 참고). 타입 별명은 복잡한 타입을 사용하는 경우에도 코드를 읽고 쓰기 쉽게 유지해주는 편리한 코틀린 기능이다.

```
typealias Step = Actions.() -> Unit
```

Step은 Action을 수신 객체로 받아서 Unit을 반환하는 함수 타입이다(**부록 B 확장 함수** 참고). 일반 함수 대신 확장 함수를 사용하는 이유는 단계 내부에서 Action의 메서드를 더 쉽게 호출할 수 있기 때문이다.

그런 다음 Actions 인터페이스의 runScenario 메서드가 가변적인 개수의 단계를 취하도록 변경해야 한다. 이제 ApplicationForAT의 구현은 다음과 같다.

```
fun runScenario(vararg steps: Step) {
    server.use {
        steps.onEach { step -> step(this) }
    }
}
```

이런 방식으로 각 단계를 실행하도록 Actions 인터페이스에게 파라미터로 전달한다[3].

액터로 돌아가서 단계를 새로운 함수로 반환하는 방법을 살펴보자.

```
fun cannotSeeTheList(listName: String): Step = {
    expectThrows<AssertionFailedError> {
        getToDoList(name, listName)
    }
}
```

Step 타입 별명이 확장 함수로 선언되어 있으므로 반환된 함수에 대해 getToDoList()가 호출된다. 이 구문에 대해서는 **부록 B 새로운 함수 반환하기**를 참고하라.

마지막으로 테스트 모습은 다음과 같다. (액션 인터페이스를 참조하는 데 필요했던) it 인자는 사라지고, 블록 대신 단계 목록을 전달해 테스트 시나리오를 생성한 모습이다.

```
@Test
fun `List owners can see their lists`() {
    val app = startTheApplication(lists)
    app.runScenario(
        frank.canSeeTheList("shopping", shoppingItems),
        bob.canSeeTheList("gardening", gardenItems)
    )
}

@Test
fun `Only owners can see their lists`() {
    val app = startTheApplication(lists)
    app.runScenario(
        frank.cannotSeeTheList("gardening"),
```

---

3 옮긴이 runScenario 함수의 use에 전달한 람다 안에서는 Actions.() -> Unit 타입의 코틀린 확장 함수를 step이라는 변수로 전달받는다. 이때 확장 함수를 담은 변수인 step을 두 가지 방식으로 호출할 수 있다. 하나는 멤버 함수를 호출할 때처럼 this.step()이나 그냥 step()을 쓰는 방식이고, 다른 하나는 첫 번째 파라미터가 수신 객체인 일반 함수처럼 step(this)를 쓰는 방식이다. 여기서 ApplicationForAT가 Actions를 구현했기 때문에 this는 ApplicationForAT이면서 Actions이기도 하다는 점에 유의하라.

100

```
        bob.cannotSeeTheList("shopping")
    )
}
```

꽤 괜찮아 보이지만 우리가 방금 한 일이 정확히 무엇일까? 함수 참조는 언제든 혼란스러울 수 있다!

3.2 고차 함수 사용하기

FROM OBJECTS TO FUNCTIONS

다른 함수를 입력이나 출력으로 사용하는 것이 의외일 수도 있지만, 이런 기법은 함수형 프로그래밍에서 가장 유용한 기법에 속하기 때문에 이를 잘 이해하는 것은 매우 중요하다.

다른 함수를 입력 또는 출력으로 사용하는 함수를 고차 함수라고 한다. 모든 함수에는 타입이 있으며, 함수를 데이터로 사용할 수 있고 새로운 함수를 만들어 다른 함수의 결과로 반환할 수 있다. 복잡해 보이더라도 두려워하지 마라. 연습하다 보면 금방 자연스러워질 것이다.

다음에 제시한 시각적 다이어그램을 통해 단계별 작동 방식을 이해할 수 있다. 여기서는 액터가 시나리오를 실행할 단계를 만들고 있다.

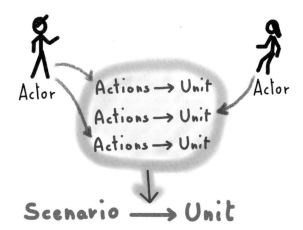

순수 고차 함수

이 시점에서 적절한 질문은 '고차 함수가 순수할 수 있는가? 그리고 그것이 정확히 무엇을 의미할까?'이다.

정답은 '예'이며, 이 말은 고차 함수를 입력해서 순수 함수가 주어질 때 참조 투명성을 유지해야 한다는 뜻이다.

 조에게 묻는다 문제가 발생할 때마다 이를 새로운 함수로 해결할 수 있을까?

그렇다. 거의 대부분의 경우 그렇다! 함수형 프로그래밍이라는 용어 자체가 이 사실을 잘 보여준다. 우리의 목표는 모든 것을 타입과 함수로 정의하는 것이므로, 어떤 문제에 대한 해법이 새로운 타입일 수 없는 경우에는 반드시 새로운 함수여야 한다.

반면 순수하지 않은 계산을 파라미터로 전달하면 순수 고차 함수를 실행한 결과도 순수하지 않아진다. 하지만 이 경우에도 고차 함수 자체는 여전히 순수함을 유지한다.

예를 들어 다음과 같이 두 숫자를 합산하고 그 결과를 기록하는 함수가 있다고 가정해보자.

```
fun sumAndLog(a:Int, b:Int, log: (Int) -> Unit): Int =
    (a + b).also(log)
```

이 함수의 log 파라미터로 아무것도 하지 않는 순수 함수를 전달하면 sumAndLog가 순수 고차 함수인지 확인할 수 있다.

```
val tot = sumAndLog(5, 6){}
```

이 경우 sumAndLog는 여전히 참조 투명성을 유지한다.

순수하지 않은 계산의 예로 println 함수를 들 수 있다. 이 함수의 반환 타입은 Unit이지만 부수 효과로 콘솔에 문자열을 출력한다. 이제 sumAndLog에 println을 전달하면 부수 효과가 발생하면서 결과를 표준 출력에 출력한다.

```
val tot = sumAndLog(5, 6, ::println)
```

그러나 sumAndLog 자체는 여전히 순수한 함수로 남아 있다. 이 차이점을 이해하는 것이 중요하다.

이를 설명하는 또 다른 방법은, sumAndLog의 시그니처에서 이 함수가 로깅 함수를 호출하리라는 사실을 명확히 드러내기 때문에 log 함수를 호출하는 것이 sumAndLog에서 **함수형 효과**를 구성한다는 것이다. 예기치 않게 발생하는 부수 효과와 달리 log 함수를 호출하는 행위는 어떤 방식으로도 숨겨지지 않는다.

7장 펑터와 카테고리 배우기에서는 타입 시스템에서 함수의 부수 효과를 명시적으로 만들어주는 데이터 구조를 사용하면서 이에 대해 설명한다.

> **Note** ≡ 함수형 프로그래밍은 부수 효과가 발생하는 코드를 최소화하고 프로그램의 가장 바깥쪽에 부수 효과를 유지하는 기술이라고도 할 수 있다.

새로운 이야기를 하기 전에 한 가지 더 논의할 것이 있다.

3.3 인프라에서 도메인 분리하기

좋은 소프트웨어 디자인의 일반적인 원칙 중 하나는 시스템의 각 모듈에는 변경해야 할 이유가 단하나만 있어야 한다는 것이다. 그렇기 때문에 비즈니스 도메인 모델을 구성하는 로직을 기술적 구현과 분리해야 한다. 이는 도메인을 완전히 순수하게 유지하고 쉽게 테스트하고 필요한 곳에서 안전하게 기능을 재사용하려는 것이기도 하다.

흥미로운 질문을 해보자. 비즈니스 로직과 비즈니스 로직이 아닌 것을 어떻게 구별할 수 있을까? 가장 큰 차이점은 언어의 수준이다. 비즈니스 로직은 직렬화 형식, 네트워크 프로토콜 등의 기술 용어를 사용하지 않고도 비즈니스 담당자와 논의할 수 있어야 한다. 하지만 개발 중인 제품이 클라우드 플랫폼인 경우와 같이 기술적인 경우에는 이것이 어려울 수도 있다.

그러나 좀 더 일반적인 수준에서 분리하려는 대상을 살펴볼 수 있다. 예를 들어 HTTP 라우팅과 JSON 파싱, 보고 로직을 혼합하고 싶은가? 아마 아닐 것이다. 이런 모든 측면을 분리하는 것이 깔끔한 디자인의 기본이다.

허브

그렇다면 도메인을 다른 도메인과 분리해 순수하게 유지하려면 어떻게 해야 할까? 인터페이스를 사용해 모든 도메인 로직을 감쌀 수 있다. 이런 접근 방식을 '포트와 어댑터'라고 한다. 이 접근 방식은 앨리스테어 콕번이 제안한 것으로[4], 객체 지향 패러다임에 기반하고 있지만 함수형 프로그래밍에서도 매우 잘 작동한다.

> **Note ☰   포트와 어댑터 패턴**
>
> 포트와 어댑터 패턴은 육각형 아키텍처(Hexagonal Architecture)라고도 하며, 유연하고 유지보수가 쉽고 변화에 적응할 수 있는 소프트웨어 시스템을 만드는 것을 목표로 하는 소프트웨어 아키텍처 패턴이다. 이 패턴의 주요 목표는 시스템의 핵심 비즈니스 로직과 시스템이 의존하는 데이터베이스, 웹 서비스 및 사용자 인터페이스 같은 외부 의존관계를 분리하는 것이다.
>
> 이 아이디어는 핵심 로직과 그에 대한 외부 의존관계 사이에 추상화 계층을 도입하는 것이다. 이 외부 의존관계가 포트와 어댑터라고 알려져 있다. 포트는 핵심 로직이 외부 의존관계와 통신할 때 사용할 인터페이스를 정의하고, 어댑터는 이러한 인터페이스를 구현하면서 외부 의존관계와의 실제 통신을 제공한다.
>
> 전반적으로 포트와 어댑터 패턴은 특히 외부 의존관계가 많고 자주 변경될 수 있는 복잡한 도메인에서 유지보수가 가능하고 변경하기 쉬운 소프트웨어 시스템을 만들 때 사용할 수 있는 강력한 도구다.

왜 또 다른 추상화가 필요할까? 도메인 함수를 HTTP 계층으로 연결하면 더 간단하지 않을까?

에츠허르 W. 데이크스트라는 "추상적이라는 것은 모호한 것과는 근본적으로 다른 것이다. 추상화의 목적은 모호한 것이 아니라 절대적으로 정확할 수 있는 새로운 의미 수준을 만드는 것이다."라고 말했다.

도메인 함수를 HTTP 계층에 직접 연결하는 것은 간단할 수 있지만 시간이 지나면 이 둘을 서로 분리하기가 매우 어려워진다. 도메인과 어댑터를 분리하는 인터페이스를 도입하면 둘 사이의 분리를 유지할 수 있다.

도메인을 감싼 인터페이스는 애플리케이션의 중앙에 위치하기 때문에 **허브**처럼 작동하며, 자전거 바큇살(스포크)처럼 작동하는 여러 기능으로 외부와 연결된다.

---

4 https://alistaircockburn.com/Component%20plus%20strategy.pdf

허브는 도메인과 기술 계층 사이의 경계를 아주 정확하고 만족스러운 방식으로 정의하고 추상화한다. 도메인은 허브 내부에 머무르며 특정 함수를 통해서만 나머지 애플리케이션과 통신한다. 나는 냇 프라이스와 함께 작업하면서 이 방법을 배웠다. 이 방법을 사용하면 각각의 컴포넌트를 개별적으로 테스트하기도 더 쉬워진다[5].

지금까지는 하나의 스토리만 구현했지만, 설명을 위해 두 개의 데이터베이스, 메시지 큐, 이메일 서버, HTTP 경로와 연결해야 하는 도메인을 생각해보자. 다음은 허브와 스포크가 있는 포트와 어댑터 아키텍처 구현을 설명하는 다이어그램이다.

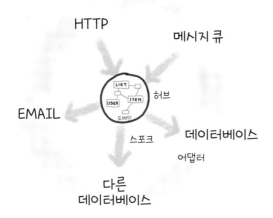

이 개념 다이어그램에서 허브 내부의 모든 것은 도메인과 관련이 있다. 허브는 순수 함수적이며, 주위의 화살표인 '스포크'를 통해서만 외부 컴포넌트와 통신할 수 있다. 이러한 방식으로 비즈니스 로직은 HTTP 함수와 같은 기술 계층을 변경하지 않고도 비즈니스 로직을 변경할 수 있다. 동시에 기술적인 세부 사항을 변경해야 하는 경우에도 비즈니스 로직을 전혀 건드릴 필요가 없다.

다이어그램에서 일부 화살표는 안쪽을 가리키고 일부 화살표는 바깥쪽을 가리킨다. 화살표는 호출 방향을 가리킨다. 안쪽으로 향하는 화살표는 외부 어댑터가 호출할 수 있는 허브의 메서드에 매핑되어 있다. 바깥쪽으로 향하는 화살표는 허브 내부의 도메인 로직이 호출해야 하는 의존관계 메서드를 나타낸다.

---

5 http://www.natpryce.com/articles/000772.html

허브를 제타이에 연결하기

애플리케이션으로 돌아가서, 비즈니스 로직을 허브 안에 넣어야 한다고 했는데 이 말이 구체적으로 무슨 뜻일까? 앞에서 우리는 네 가지 함수를 정의했다. 제타이에서 이들 중 어느 것이 도메인의 일부일까?

함수의 시그니처를 적어보자.

함수 이름	함수 타입	허브/스포크
extractListData	(Request) -> Pair<User, ListName>	스포크
fetchListContent	(Pair<User, ListName>) -> ToDoList	허브
renderHtml	(ToDoList) -> HtmlPage	스포크
createResponse	(HtmlPage) -> Response	스포크

타입을 살펴보면 User, ListName, ToDoList는 도메인 모델의 일부이며 HtmlPage, Request, Response는 구현의 기술적 세부 사항이다. 확실하지 않은 경우 비기술자에게 비즈니스를 설명할 때 어떤 이름이 나올 수 있는지 확인하는 것이 둘을 구분하는 방법이다.

입력과 출력에 모두 도메인 타입이 있는 함수는 도메인의 일부이다. 이 예제에는 이런 함수가 딱 하나 있다. 나머지는 허브와 외부 세계를 연결하는 스포크에 속한다.

따라서 허브 내부에 fetchListContent 함수에 해당하는 함수를 생성한다. 이제 허브를 어떻게 사용할지 알아보기 위한 테스트를 작성해보자.

```
@Test
fun `get list by user and name`() {
    val hub = ZettaiHub(listMap)
    val myList = hub.getList(user, list.listName)
    expectThat(myList).isEqualTo(list)
}
```

계속해서 ZettaiHub 인터페이스를 정의해보자. 허브 내부에서 외부로 가는 함수는 ToDoList를 읽는 함수 하나만 필요하다.

```
interface ZettaiHub {
    fun getList(user: User, listName: ListName): ToDoList?
}
```

허브 인터페이스를 구현할 때는 다음 두 가지를 반드시 염두에 두어야 한다.

- 허브 내부는 함수적으로 순수하게 유지되어야 하며, 부수 효과나 외부 상호작용이 없어야
  한다.
- 허브의 기능을 완성하려면 필요한 외부 기능은 외부에서 제공돼야 한다.

 조에게 묻는다 지금 허브 인터페이스를 만드는 것은 시기상조가 아닌가?

메서드가 하나뿐이고 구현도 하나뿐인 인터페이스를 만드는 것은 과도해 보일 수 있지만, 나중에 잘못 디자인된 애
플리케이션을 수정하는 것보다 처음부터 깔끔한 디자인을 적용하는 것이 더 간단하고 빠르다.

여기서 핵심은 미래의 요구 사항을 미리 추측하지 않는다는 것이다. 이는 린 개발의 원칙에 어긋나기 때문이다. 우
리가 하는 일은 처음부터 가장 단순한 방식으로 원칙(즉, 도메인과 인프라의 분리)을 정의하고 존중하는 것이다.

이제 ToDoList의 허브를 구현할 수 있다. 이 허브는 생성자에서 할 일 목록의 맵을 가져온다.

```
class ToDoListHub(val lists: Map<User, List<ToDoList>>): ZettaiHub {
    override fun getList(user: User, listName: ListName): ToDoList? =
        lists[user]
        ?.firstOrNull { it.listName == listName }
}
```

그 후 맵 대신 허브를 Zettai 클래스 생성자에게 전달한다.

```
data class Zettai(val hub: ZettaiHub): HttpHandler{
    // 메서드의 다른 부분
    fun fetchListContent(listId: Pair<User, ListName>): ToDoList =
        hub.getList(listId.first, listId.second)
        ?: error("List unknown")
}
```

주의할 점이 있다. 인수 테스트의 Actions 인터페이스에도 정확히 똑같은 시그니처를 가진 메서
드가 있다. 이는 우연이 아니다. 테스트를 도메인에 가깝게 유지하면 액터의 액션이 허브의 메서
드와 매우 비슷해진다.

이제 도메인과 어댑터가 분리된 깔끔한 디자인을 갖게 되었다. 이 사실을 활용하여 우리 도구 상
자에 또 다른 도구를 추가할 수 있다.

3.4 도메인에서 테스트 구동하기

지금까지 잘 해왔지만, 인수 테스트를 계속 읽기 쉽고 유지보수하기 쉬운 상태로 유지하려면 어떻게 해야 할까?

안타깝게도 애플리케이션이 복잡해지면 이해하기 어렵고 유지보수하기도 아주 어려운 인수 테스트가 생겨나기 쉽다. 우리가 정말로 테스트하려는 것이 사용자 상호작용에 대한 불필요한 세부 사항 뒤에 숨어 있기 때문이다.

냇 프라이스는 디자인을 주도하는 방법으로서 인수 테스트 사용을 적극 지지하는데, '여기를 찔러본 다음 저기를 찔러보는' 방식으로 작성됐기 때문에 느리고 변경하기 어려운 인수 테스트 작업에 지쳐서 도메인 주도 테스트(Domain Driven Test, DDT)라는 아이디어를 생각해냈다[6]. 이 이름은 테스트를 비즈니스 도메인 용어를 사용해 작성해야 한다는 관심에서 비롯됐고, (살충제처럼) 버그 제거에 매우 효율적이기 때문이다(약간의 말장난이다).

프로토콜

그렇다면 DDT에서 혁신은 어디에 있을까? 바로 어댑터 계층과 독립적으로 해당 도메인의 언어만을 사용해 종단간 테스트(end-to-end test)를 작성할 수 있는 기능에 있다. 이렇게 하면 도메인에 연결하는 다양한 방법을 사용해 테스트를 여러 번 실행할 수 있다. 도메인에 연결하는 메서드를 나는 **프로토콜**이라고 부른다.

예를 들어 허브의 인메모리 구현만 사용하면 테스트를 빠르게 실행할 수 있고, 도메인 로직, 즉 도메인 전용 프로토콜의 정확성을 검증할 수 있다. 그런 다음 애플리케이션을 로컬에서 시작하고 HTTP 호출을 사용해 시스템의 전체 기능을 검증할 수 있다. 즉, 로컬 HTTP 프로토콜을 검증할 수 있다. 마지막으로 배포된 서비스를 사용하여 네트워크와 배포 스크립트가 올바른지 확인하고 프로덕션 환경에서 애플리케이션을 테스트할 수 있다. 즉, 원격 HTTP 프로토콜도 올바른지 확인할 수 있다.

---

6 http://natpryce.com/articles/000819.html

이를 달성하기 위해서는 액션을 나타내는 단일 인터페이스를 채택해 애플리케이션의 다양한 구현 (프로토콜)을 추상화해야 한다. 이를 위해 테스트에서 각 프로토콜의 세부 사항과는 독립적인 공통 언어를 정의해 사용하고, 비즈니스 전문가와 대화할 때에도 동일한 용어를 사용해야 한다. 도메인에 따른 단어를 사용해 테스트를 작성하면 소프트웨어 개발자와 나머지 비즈니스 전문가들 사이의 의사소통이 원활해지는 이점이 있다.

전반적으로 이 접근 방식의 목표는 스토리를 인간 행위자와 시스템 도메인 간의 상호작용으로 설명하는 것이다. 이 기법은 복잡한 소프트웨어 개발 프로젝트에서 테스트 프로세스를 간소화하고 커뮤니케이션을 향상시킨다. 이 방법의 몇 가지 장점은 다음과 같다.

- 도메인만 구현한 것에 대한 빠른 장애 피드백
- HTTP 구현에 대한 종단간 기능 테스트
- 인프라 계층에 비즈니스 로직이 없는지 검증
- 비즈니스 계층에 인프라 의존관계가 없는지 검증

앞의 두 가지 장점은 매우 분명하지만 마지막 두 가지 장점은 덜 분명하다. 흔히 기술적인 세부 사항(예 HTTP 헤더 값)에 도메인 모델을 종속시키는 실수를 저지르곤 한다. 그러나 DDT의 도메인 전용 버전을 만들 때 HTTP 헤더를 전달할 수 없다는 사실을 금방 깨닫게 된다. 이 시나리오는 우리가 HTTP 프로토콜의 기술적 세부 사항에 의존하지 않고 헤더의 값을 잡아낼 수 있는 더 나은 도메인 추상화를 만들도록 강제한다.

이제 이 모든 것이 실제로 무엇을 의미하는지 살펴보자.

인수 테스트를 DDT로 전환하기

요약하자면, 테스트를 두 번 실행하되, 한 번은 허브만 사용해 비즈니스 로직만 테스트하고, 그 후 실제 애플리케이션에 대해 허브를 다시 실행하는 것이다.

코드는 다음과 비슷할 것이다.

```kotlin
@Test
fun `List owners can see their lists`() {
    val apps = listOf(
        startTheApplicationDomainOnly(lists),
        startTheApplicationHttp(lists)
    )
```

```
apps.forEach{ app ->
    app.runScenario(
        frank.canSeeTheList("shopping", shoppingItems),
        bob.canSeeTheList("gardening", gardenItems)
    )
}
}
```

시나리오를 시작하고 애플리케이션을 설정하는 등 매번 작성해야 하는 보일러플레이트 코드가 있다.

나는 여러 프로젝트에서 DDT를 사용해왔고, 매번 이런 보일러플레이트를 작성하지 않기 위해 오픈 소스 라이브러리를 작성했다. 이 라이브러리는 대부분의 반복적인 작업을 처리함으로써 코틀린 DDT 작성을 간소화하고, 각 단계를 단일 테스트로 표시하기 위해 JUnit 5의 동적 내포 테스트를 사용했다.

3.5 DDT를 Pesticide로 변환하기

내 DDT 라이브러리의 이름은 Pesticide(DDT가 유명한 살충제이기 때문에)이다[7]. 이 라이브러리는 가볍고, JUnit을 제외한 외부 의존관계가 없으며, 사용자가 쉽게 커스텀할 수 있다.

Pesticide를 사용하면 DDT를 더 쉽게 작성할 수 있지만, 다른 라이브러리를 사용해 작성할 수도 있다.

나는 냇 프라이스가 소프트웨어 아키텍트로 있던 팀에 합류했을 때 DDT를 처음 접했다. DDT의 아이디어는 처음부터 마음에 들었지만 테스트를 어떻게 효과적으로 작성해야 하는지 이해하기 어려웠다. 냇 프라이스와 짝을 이뤄 코딩할 때는 쉽게 DDT를 작성할 수 있었지만, 혼자서는 제대로 작성할 수 없었다.

나에게 있어 획기적 전환점은 시스템의 관점이 아닌 사용자의 관점에서 시스템을 설명해야 한다는 것을 깨달았을 때였다.

---

7 https://github.com/uberto/pesticide

앞으로 살펴보겠지만, 이러한 이유로 Pesticide에서는 시나리오 액터에서 비롯된 단계 목록으로 테스트를 작성해야 한다.

시나리오

인수 테스트를 Pesticide를 통해 DDT로 변환하는 방법을 살펴보자. 앞에서 수행해둔 작업들 덕분에 이 과정은 매우 간단하다.

Pesticide는 같은 관습을 사용하며, 각 테스트는 사용자 스토리의 시나리오를 나타낸다. 테스트는 다음과 같다.

❶
```
typealias ZettaiDDT = DomainDrivenTest<ZettaiActions>
```

❷
```
fun allActions() = setOf(
    DomainOnlyActions(),
    HttpActions()
)
```

❸
```
class SeeATodoListDDT : ZettaiDDT(allActions()) {
    @DDT
```
❹
```
    fun `List owners can see their lists`() = ddtScenario {
        // 액터의 처리 단계를 여기 넣는다.
    }
}
```

❶ DDT의 타입에 대한 별명이다.

❷ 테스트를 실행할 일련의 작업을 정의한다. 나중에 보여줄 코드를 참고하라.

❸ 각 테스트 클래스에는 단일 사용자 스토리를 정의하는 모든 시나리오가 들어 있다. 우리는 기본 DDT 클래스를 상속하고 액션 목록을 전달한다.

❹ 각 테스트 메서드는 @DDT로 표시돼야 하며, ddtScenario 함수의 결과로 구성된다. 테스트 이름은 검증 중인 시나리오의 이름을 반영해야 한다.

액션을 만들어야 하기 때문에 아직 컴파일되지 않는다. 이 문제는 쉽게 해결할 수 있다.

액션과 프로토콜

이제 Pesticide 형식으로 액션을 정의해야 한다. 앞서 살펴본 것처럼 액션은 애플리케이션과 액터 사이에서 번역기처럼 작동한다.

인수 테스트에서 코드를 포팅하는 데는 변경이 거의 필요 없다.

```
interface ZettaiActions : DdtActions<DdtProtocol> {
    fun getToDoList(user: User, listName: ListName): ToDoList?
}


class DomainOnlyActions() : ZettaiActions {
    override val protocol: DdtProtocol = DomainOnly
    override fun prepare() = Ready

    private val lists: Map<User, List<ToDoList>> = emptyMap()

    private val hub = ToDoListHub(list)

    override fun getToDoList(user: User, listName: ListName): ToDoList? =
        hub.getList(user, listName)
}

class HttpActions(val env: String = "local"): ZettaiActions {
    override val protocol: DdtProtocol = Http(env)
    override fun prepare(): DomainSetUp = TODO("launch the app")
    override fun getToDoList(user: User, listName: ListName): ToDoList =
        TODO("not implemented yet")
}
```

❶ ❷ ❸ ❹ ❺ ❻ ❼

❶ 우리가 이미 정의한 메서드들이 들어 있는 제네릭 액션의 인터페이스다. DdtActions를 상속해야만 한다.

❷ 각각의 구체적 액션은 ZettaiActions 인터페이스를 상속해야 한다.

❸ DdtActions의 각 구현은 서로 다른 프로토콜에서 작동한다. 이는 애플리케이션의 도메인과만 상호작용한다.

❹ 액션을 준비하는 메서드에서 몇 가지 설정 작업을 수행한다. 도메인 전용 액션에서는 아무것도 필요하지 않다.

❺ 지금은 허브에서 목록에 대해 빈 맵을 사용한다. 나중에 이 맵에 데이터를 채우는 방법을 살펴본다.

❻ 인수 테스트와 마찬가지로 허브와 목록을 가져오는 메서드를 선언한다.

❼ HTTP 프로토콜에 대한 구현이다. 배포 위치를 지정할 수 있는데, 당장은 로컬이면 충분하다. 이 장 뒷부분에서 코드를 작성할 것이다.

액터들

인수 테스트에서와 마찬가지로 한 명 이상의 **액터**가 필요하다. 액터는 실제 사용자를 나타내며 시스템과 상호작용한다.

Pesticide에서는 DdtActor에서 액터를 상속해야 한다. 할 일 목록을 소유한 제타이 사용자를 표현하기 위해 ToDoListOwner라는 액터를 생성할 수 있다.

```
data class ToDoListOwner(override val name: String):
    DdtActor<ZettaiActions>()
```

액터는 DDT 액션을 사용하는 애플리케이션에서만 동작할 수 있다. 따라서 ZettaiActions 인터페이스를 제네릭 파라미터로 액터에 전달해야 한다.

 조에게 묻는다 액터가 왜 필요할까?

테스트에서 직접 액션을 사용하고 같은 장소에서 단언문을 수행할 수 있기 때문이다. 액터는 소프트웨어를 사용하는 실제 사람을 표현한다. 액터의 단계는 그들이 시스템과 할 수 있는 상호작용을 나타내야 한다. 따라서 테스트를 액터 단계의 목록으로 작성하면 기술적인 측면보다는 실제 사람의 상호작용에 더 가까운 방식으로 테스트 작성을 유도할 수 있다. 더 나아가 액터가 없으면, 복잡한 단언문으로 인해 테스트 자체에 잡음이 많이 생긴다. 따라서 모든 단언문을 액터의 메서드 안에 유지하면서 테스트를 가독성 있고 깔끔하게 유지하고자 한다.

이렇게 하면, 액터가 액션의 프로토콜에 따라 다르게 작동한다. 시각화를 사용하면 이를 더 명확히 이해할 수 있다.

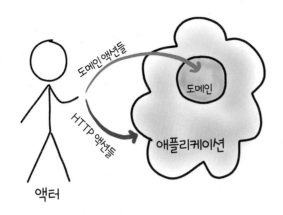

단계

인수 테스트에서 했던 것처럼 이제 사용자 스토리를 단계들의 목록으로 표현할 수 있다. 각 단계는 액터의 메서드이며, 각 단계 내부에서 액터는 현재의 액션을 사용해 애플리케이션과 상호작용한다.

액터의 단계를 올바르게 작성하는 것은 매우 섬세한 작업이다. 여기서 고려해야 할 것이 두 가지 있다. 한편으로는 액터 단계를 시스템과 인간의 실제 상호작용에 가능한 한 가깝게 유지하면서, 다른 한편으로는 시스템의 정확성을 검증하기 위한 모든 단언문을 액터의 단계 내부에 유지하는 것이다. 시스템이 예상대로 작동하면 테스트는 성공이고, 그렇지 않으면 실패다.

액터의 단계를 단순하고 깔끔하게 유지하는 것이 좋다. 이를 위해 애플리케이션을 질의하는 단계와 애플리케이션을 변경하는 단계를 분리한다. 여기서는 항목을 추가하는 단계에는 단언문을 포함하지 않고, 목록을 확인하는 단계는 애플리케이션의 어떤 것도 변경하지 않는다.

또한 모든 단언문을 단계들 안에 유지하는 것도 매우 중요하다. 최소한 도메인 용어로 표현할 수 있는 단언문을 단계 안에 유지해야 한다. 이 말은 HTTP와 도메인 전용 액션 모두에 대해 동일한 검증이 작동한다는 뜻이다. 프로토콜에 따라 서로 다른 단언문이 필요하다면, 어떤 기술적 세부사항을 테스트하고 있거나 비즈니스 로직이 기술적 어댑터를 통해 유출됐다는 뜻이다.

Pesticide DDT로 전환하기

이제 Pesticide를 사용해 첫 번째 테스트를 완료할 수 있다. 인수 테스트를 작성한 방법과 크게 다르지 않지만 몇 가지 미묘한 차이가 있다.

```
    class SeeATodoListDDT : ZettaiDDT(allActions()) {

❶      val frank by NamedActor(::ToDoListOwner)

        val bob by NamedActor(::ToDoListOwner)

        val shoppingListName = "shopping"
        val shoppingItems = listOf("carrots", "apples", "milk")

        val gardenListName = "gardening"
        val gardenItems = listOf("fix the fence", "mowing the lawn")

        @DDT
        fun `List owners can see their lists`() = ddtScenario {
❷          setUp {
❸              frank.`starts with a list`(shoppingListName, shoppingItems),
                bob.`starts with a list`(gardenListName, gardenItems)
❹          }.thenPlay(
                frank.`can see #listname with #itemnames`(
❺                                  shoppingListName, shoppingItems),
                bob.`can see #listname with #itemnames`(
                                    gardenListName, gardenItems)
            )
        }
    }
```

❶ Pesticide에는 코틀린 위임을 사용해 액터를 생성하는 지름길이 있다.

❷ 각 시나리오에는 테스트 실행을 위해 시스템을 올바른 상태로 설정할 수 있는 부분이 포함될 수도 있다.

❸ 이 액션을 수행하면 허브 내부의 맵에서 목록과 사용자가 연결된다. 이는 일시적인 꼼수이며, 다음 장에서 더 나은 해결책을 살펴볼 것이다.

❹ 여기에는 실제 테스트를 구성하는 단계의 목록이 나와 있다.

❺ 가독성을 위해, 단계 이름에서 해시가 붙은 단어는 테스트의 파라미터 값으로 대치된다.

테스트 자체는 읽기 쉽고 자연어처럼 들려야 한다. 심지어 프로그래머가 아니더라도 테스트를 읽고 테스트가 요구 사항을 충족하는지 확인할 수 있어야 한다. 물론 프로그래머가 아닌 사람이 실제로 이 코드의 정확성을 확인할 수는 없지만 상호작용의 로직에서 오류를 발견할 수는 있어야 한다.

더 일반적으로 말해, 첫 번째 시도에 테스트가 완벽하지 않아 보이는 것은 중요하지 않다. 무언가 놓친 부분이 있다면(이런 실수가 발생할 수 있고, 실제로 발생하곤 한다) 나중에 언제든지 테스트를 개선할 수 있다. 시간이 지남에 따라 테스트 스위트는 점점 더 신뢰성이 높아질 것이다.

```kotlin
    data class ToDoListOwner(override val name: String):
❶        DdtActor<ZettaiActions>() {

❷      val user = User(name)

        fun `can see #listname with #itemnames`(
                listName: String,
                expectedItems: List<String>) =

❸        step(listName, expectedItems) {

❹            val list = getToDoList(user, ListName(listName))

❺            expectThat(list)
                    .isNotNull()
                    .itemNames
                    .containsExactlyInAnyOrder(expectedItems)
            }
        private val Assertion.Builder<ToDoList>.itemNames
            get() = get { items.map { it.description } }
        }
```

❶ 액터는 DdtActor를 상속하고 name 프로퍼티를 오버라이드해야 한다. 단계 이름을 만들 때 여기 지정한 name이 모든 액션에 추가된다.

❷ User를 여러 번 사용할 것이므로, 그냥 필드로 정의한다.

❸ 테스트에서 사용할 각 메서드를 step 함수를 사용해 생성해야 한다. 메서드 이름의 해시 기호는 step 함수에 전달한 파라미터로 대체될 것이다.

❹ 첫 번째 테스트의 경우, 액션에 getToDoList 메서드를 추가하고 목록 이름으로 호출했다.

❺ 따라서 표시된 항목이 예상했던 항목과 동일한지 확인할 수 있다.

애플리케이션 호출하기

변환에서 여전히 누락된 마지막 부분은 HTTP 프로토콜에 대한 액션을 정의하는 것이다. 그러면 애플리케이션을 시작해야 하기 때문에, 이를 테스트하기 위한 HTTP 클라이언트를 추가해야 한다.

HTTP 액션이 어떻게 작동하는지 그림으로 보자.

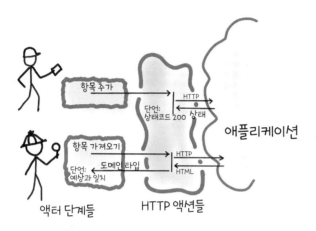

작업의 prepare 메서드를 사용해 애플리케이션을 준비하고 테스트가 끝나면 중지시킨다.

❶ ```
data class HttpActions(val env:String="local"): ZettaiActions {

    override val protocol: DdtProtocol = Http(env)

    val zettaiPort = 8000 // 메인과 다른 포트 사용
```
❷ ```
    val server = Zettai(hub).asServer(Jetty(zettaiPort))
```
❸ ```
    val client = JettyClient()
```
❹ ```
    override fun prepare(): DomainSetUp {
        server.start()
        return Ready
    }
```
❺ ```
    override fun tearDown(): HttpActions =
        also { server.stop() }
```
❻ ```
    private fun callZettai(method: Method, path: String): Response =
```

```
        client( log( Request(
            method,
            "http://localhost:$zettaiPort/$path")))
```

❶ ZettaiActions를 상속하고 프로토콜을 HTTP에 넣는다. 환경 이름을 env 필드에 저장한다. 여기서는 localhost만 고려하지만 원격 환경에서도 테스트를 실행할 수 있다.

❷ Zettai 서버 로컬 인스턴스다.

❸ 액션이 Zettai와 통신하는 데 사용하는 HTTP 클라이언트다.

❹ 여기서는 테스트를 실행하기 전에 로컬 서버를 시작한다. 나중에 배포된 환경에 대해 DDT를 실행하는 방법을 살펴본다.

❺ 테스트가 끝나면 로컬 서버를 중지한다.

❻ Zettai를 호출하는 함수다. 다른 환경을 관리하면 더 복잡해질 것이다.

최종 테스트

이제 두 번째 테스트도 첫 번째 테스트와 비슷한 방식으로 인수 테스트로부터 Pesticide로 변환할 수 있다. 최종 결과를 살펴보자.

```
class SeeATodoListDDT : ZettaiDDT(allActions()) {
    // 선언들
    @DDT
    fun `List owners can see their lists`() = ddtScenario {
        setUp {
            frank.`starts with a list`(shoppingListName, shoppingItems)
            bob.`starts with a list`(gardenListName, gardenItems)
        }.thenPlay(
            frank.`can see #listname with #itemnames`(
                                    shoppingListName, shoppingItems),
            bob.`can see #listname with #itemnames`(
                                    gardenListName, gardenItems)
        )
    }

    @DDT
    fun `Only owners can see their lists`() = ddtScenario {
        setUp {
```

```
            tom.`starts with a list`(shoppingListName, shoppingItems)
            adam.`starts with a list`(gardenListName, gardenItems)
        }.thenPlay(
            tom.`cannot see #listname`(gardenListName),
            adam.`cannot see #listname`(shoppingListName)
        )
    }
}
```

첫 번째 스토리인 하나의 목록 보기를 Pesticide를 사용하는 DDT로 이렇게 번역할 수 있다. 이 테스트는 이전의 인수 테스트보다 조금 더 깔끔해졌고, 이제 도메인과 HTTP 프로토콜 양쪽에서 모두 실행된다.

IDE에서 테스트를 실행하면 다음과 같이 표시된다.

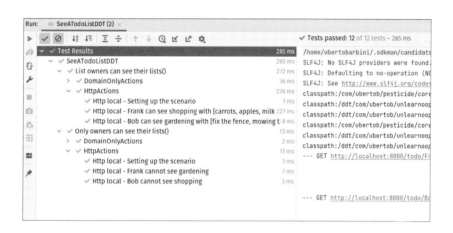

각 단계는 프로토콜에 따라 그룹화한 서로 다른 테스트로 표시되며, 단계 중 하나를 더블 클릭하면 IDE가 해당 코드로 바로 이동한다. 테스트 이름의 해시가 실제 목록과 항목 이름으로 대체되었다는 사실을 확인하라.

3.6 요약

이 장에서는 스토리를 컴퓨터가 자동으로 검증할 수 있는 인수 테스트로 작성하는 방법을 살펴보고, 실제 코드를 작성하기 전에 이 작업을 수행하는 것이 왜 중요한지에 대해 논의했다.

그런 다음, 좋은 디자인의 가장 중요한 원칙 중 하나로 도메인 로직을 인프라와 분리하는 것에 대해 소개했다. 이를 위해 포트와 어댑터 패턴을 사용하고, 함수를 데이터로 다루기 시작했다.

마지막으로 도메인 주도 테스트와 그 장점에 대해 살펴봤고, 첫 번째 스토리에 대한 테스트를 Pesticide 라이브러리로 다시 작성했다. 앞으로도 이 책 전체에 걸쳐 새로운 기능을 구현하기 전에 DDT를 계속 작성할 것이다.

다음 장에서는 새로운 스토리를 구현하고 고차 함수를 사용해 함수형 방식으로 의존관계 주입을 구현하는 방법을 알아보겠다.

또 어댑터의 요청과 응답 처리를 마무리할 것이다.

3.7 연습 문제

이 장의 연습 문제는 DDT 및 고차 함수에 중점을 둔다.

다시 강조하지만, 함수형 프로그래밍은 코드를 읽는 것만으로는 배울 수 없다. 가장 좋은 방법은 연습하는 것이다. 책 코드 저장소의 exercises 폴더에서 시작점을 찾고, 몇 가지 힌트를 얻을 수 있을 것이다.

연습 문제 3.1: 계산원 DDT

Pesticide 웹사이트의 지침을 보고 DDT DomainOnly를 만들어보라. 셀프 계산대를 사용하는 고객의 관점에서, 식품을 하나 추가한 후 총 합계를 검증하는 방식으로 작성하라.

다음과 비슷한 방식이 될 것이다.

```
enum class Item { carrot, milk }

interface CashierActions : DdtActions<DdtProtocol> {
    fun setupPrices(prices: Map<String, Double>)
    fun totalFor(actorName: String): Double
    fun addItem(actorName: String, qty: Int, item: Item)
}

class CashierDDT : DomainDrivenTest<CashierActions>(allActions) {
    val alice by NamedActor(::Customer)

    @DDT
    fun `customer can buy an item`() = ddtScenario {
        val prices = mapOf(carrot to 2.0, milk to 5.0)
        setUp {
            setupPrices(prices)
        }.thenPlay(
            alice.`can add #qty #item`(3, carrot),
            alice.`can add #qty #item`(1, milk),
            alice.`check total is #total`(11.0)
        )
    }
}
```

연습 문제 3.2: 할인 DDT

이 연습 문제에서는 할인 로직을 확인하는 DDT 테스트를 추가하고, 설정에서 프로모션(예 당근 3x2)을 정의한 다음, 프로모션 품목을 구매하고 할인된 가격을 확인하는 단계를 추가하라.

```
@DDT
fun `customer can benefit from 3x2 offer`() = ddtScenario {
    val prices = mapOf(carrot to 2.0, milk to 5.0)
    setUp {
        setupPrices(prices)
        setup3x2(milk)
```

```
    }.thenPlay(
        alice.`can add #qty #item`(3, carrot),
        alice.`can add #qty #item`(3, milk),
        alice.`check total is #total`(16.0)
    )
}
```

연습 문제 3.3: 결과로 함수 반환하기

이번에는 문자열을 파라미터로 받아서 주어진 문자열의 특정 문자를 반환하는 새 함수를 작성하라. 다음과 같은 함수를 구현해야만,

```
fun buildCharAtPos(s: String): (Int) -> Char = TODO()
```

다음 테스트를 통과할 수 있다.

```
val myCharAtPos = buildCharAtPos("Kotlin")
expectThat(myCharAtPos(0)).isEqualTo('K')
```

연습 문제 3.4: 템플릿 엔진

이 연습 문제에서는 미니 템플릿 엔진을 작성해보자. TODO()를 올바른 코드로 대체해서 다음 두 함수를 구현하면,

```
data class StringTag(val text: String)

infix fun String.tag(value: String): Pair<String, StringTag> = TODO()

fun renderTemplate(template: String, data: Map<String, StringTag> ) = TODO()
```

다음 테스트를 통과할 수 있다.

```
val template = """
    Happy Birthday {name} {surname}!
    from {sender}.
""".trimIndent()

val data = mapOf("name" tag "Uberto",
```

```
                    "surname" tag "Barbini",
                    "sender" tag "PragProg")

val actual = renderTemplate(template, data)

val expected = """
    Happy Birthday Uberto Barbini!
    from PragProg.
""".trimIndent()

expectThat(actual).isEqualTo(expected)
```

4^장

4장

도메인과
어댑터 모델링하기

지식이 문제를 야기할 수 있다고 해도, 그 문제를 무지로 해결할 수 있는 것은 아니다.

– 아이작 아시모프

앞 장에서는 고차 함수, 포트와 어댑터 패턴, 도메인 주도 테스트에 대해 알아봤다.

이 장에서는 목록에 항목을 추가하는 새로운 스토리를 구현하면서 우리 도메인에 가변성을 도입해보자. 또한 기능 정의부터 코드 완성까지 DDT가 우리를 어떻게 안내하는지에 대해 더 자세히 살펴보겠다.

그 과정에서 도메인 모델을 기술적인 어댑터에 따라 구분하는 방법에 초점을 맞출 것이다. 그리고 어댑터와 도메인 객체를 모두 개선할 것이다.

4.1 목록을 수정하는 새 스토리 시작하기

두 번째 스토리로, 목록에 항목을 추가하는 방법을 살펴보자. DDT를 작성하는 것은 어렵지 않지만, 맨 밑바닥부터 시작하는 것은 약간 어려워 보일 수 있다. 요령은 유스케이스 시나리오의 관점에서 생각하는 것이다. 즉, '작은 액터의 단계를 사용해 시나리오를 어떻게 기술할 수 있을까?'라고 질문을 던지면 된다. DDT가 컴파일될 수 있도록, 시나리오가 만족스러워질 때까지 액터에 빈함수로 단계를 추가할 수 있다.

❶
```
class ModifyAToDoListDDT: ZettaiDDT(allActions()){
    val ann by NamedActor(::ToDoListOwner)

    @DDT
```
❷
```
    fun `The list owner can add new items`() = ddtScenario {
        setup {
```
❸
```
            ann.`starts with a list`("diy", emptyList())
        }.thenPlay(
```
❹
```
            ann.`can add #item to #listname`("paint the shelf", "diy"),
            ann.`can add #item to #listname`("fix the gate", "diy"),
            ann.`can add #item to #listname`("change the lock", "diy"),
```
❺
```
            ann.`can see #listname with #itemnames`("diy", listOf(
                "fix the gate", "paint the shelf", "change the lock"))
```
❻
```
        ).wip(LocalDate.of(2023,12,31), "Not implemented yet")
```

```
        }
    }
```

❶ 테스트 클래스의 이름은 사용자 스토리 이름을 반영한다.

❷ 각 테스트는 스토리의 시나리오를 나타낸다.

❸ 항목이 없는 목록으로 시작한다.

❹ 그런 다음 새 단계를 호출하여 항목을 세 번 추가한다.

❺ 마지막으로 목록에 세 가지 항목이 있는지 확인한다.

❻ 테스트가 통과될 때까지 진행 중인 작업으로 표시한다.

마지막에 새 테스트를 wip 메서드로 표시한 것에 주목하라. 작업 중(work-in-progress)이라는 영어의 줄임말이다. wip로 테스트를 표시해 두는 이유는, 1장에서 그랬듯이 이번 장 마지막에서 구현을 완료할 때까지 테스트를 통과하지 못할 것이기 때문이다.

> 🙂 **조에게 묻는다** 단위 테스트에서는 무작위로 생성된 값을 사용하면서 DDT에서는 구체적인 예제를 사용하는 이유가 무엇인가?
>
> 아주 좋은 질문이다. 단위 테스트의 경우, 우리는 모든 경우를 검사하고 함수가 순수한 전함수(total function, 정의역의 모든 원소에 대해 정상적인 결과를 제공하는 함수)이기를 원한다. 따라서 난수로 생성한 값을 사용하면 결과에 대한 신뢰도를 높일 수 있고, 테스트도 매우 빠르게 실행되기 때문에 이를 많이 실행할 수 있다.
>
> DDT와 같이 실제 사용 시나리오를 시뮬레이션하는 테스트의 경우는 주로 개발팀과 비즈니스 이해관계자 간의 협력에 관심이 있다. 서로 다른 팀 간의 커뮤니케이션은 속성 테스트 단언문 같은 논리적 관계보다는 구체적인 예시를 통해 논의하는 것이 더 간단하다.

진행 중인 작업

일반적인 단위 테스트에서는 테스트 실패가 몇 분만 지속될 것으로 예상하며, 테스트가 녹색이 되기 전에는 절대로 코드를 커밋하지 않는다. 따라서 실패한 단위 테스트를 계속 유지하는 건 권장하지 않는다.

반대로 DDT와 모든 종단간 테스트는 며칠 동안 깨져 있어도 괜찮다. 스토리가 완전히 끝나야 테스트가 통과될 것이기 때문이다.

여기서 대칭적인 원리를 볼 수 있다. DDT는 우리가 맨 처음 작성하는 테스트이자 맨 마지막으로 통과하는 테스트다. 비즈니스 전문가와 논의할 때 스토리를 완성하기 위해 모든 DDT의 초안을 작성하는 것도 좋은 습관이다. 이렇게 하면 스토리의 유용성을 빠르게 검증하고 중요한 세부 사항을 놓치지 않을 수 있다. 그런 다음 하나씩 구현을 진행하면서 이해관계자들과 수시로 재확인할 수 있다.

이를 위해서 테스트를 실행은 하되 실패를 무시할 수 있도록 작업 중인 테스트를 명확하게 표시할 수 있는 방법이 필요하다. 또 테스트를 완료할 임시 날짜를 지정해서 그 이후에는 테스트가 더 이상 무시되지 않게 할 수 있다. 이제 코드를 제때 수정하는 것을 잊어버리면 빌드가 깨지며, 테스트 케이스를 완료하거나 해당 테스트가 불필요한 경우 삭제하라는 알림이 표시된다.

wip 표기가 없으면 어떤 테스트가 실패하고 어떤 테스트가 실패하지 않아야 하는지를 모두 기억해야 한다. 지금은 인수 테스트가 두 개뿐이므로 큰 문제가 되지 않지만 테스트가 많아지면 '용인된 실패' 때문에 보고서가 매우 혼란스러워질 것이다.

도메인 주도 테스트 과정

DDT로 작업하는 과정은 V자처럼 보인다.

1. 먼저 Http 버전부터 시작해서 아키텍처의 '배관'을 연결한다.

2. 도메인 로직이 필요한 시점이 되면 InMemory/DomainOnly DDT로 전환해서 도메인을 모델링하는 과정을 테스트가 안내하도록 한다.

3. 그 후 단위 테스트를 사용해 필요한 구성 원소를 하나씩 개발한다.

4. 다음으로 DomainOnly DDT가 통과할 때까지 수정한다.

5. 마지막으로 Http DDT로 돌아가서 최종 인프라가 예상대로 작동하는지 확인한다.

다음 V 다이어그램을 보자. 우리는 지금 목록을 수정하기 위한 DDT의 1단계에 있다. 먼저 테스트를 컴파일할 수 있도록 액터에 새로운 메서드와 HTTP 액션을 추가하자.

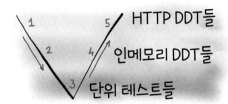

 조에게 묻는다 왜 허브가 아닌 HTTP에서 시작해야 하는가?

1장에서 설명했듯이, 외부 계층(UI)에서 시작해 내부 계층으로 들어가면서 기능을 작성하는 것을 '밖에서 안으로 (outside-in)' 스타일이라고 하며, 내부 도메인부터 작성하고 외부 계층으로 진행하는 것을 '안에서 밖으로(inside-out)' 스타일이라고 한다.

어떤 스타일을 사용해야 할까? 정답은 없다. 실제로는 제약과 인수 기준에 따라 달라진다. DDT는 시스템의 외부 계층에 대한 사용자 액션에 의해 정의된다. 이것이 HTTP 계층에서 시작하는 것이 합리적인 이유다.

반면 문제를 해결하기 위한 특정 알고리즘을 개발하고 싶지만 외부 계층에 대해 신경 쓰지 않는 경우에는 '밖에서 안으로' 스타일을 사용하는 것이 더 합리적일 수 있다.

액터 단계

컴파일하려면 액터에 새 단계를 추가해야 한다.

```kotlin
data class ToDoListOwner(override val name: String):
                                   DdtActor<ZettaiActions>() {
    val user = User(name)
    fun `can add #item to #listname`(itemName: String, listName: String) =
        step(itemName, listName) {
            val item = ToDoItem(itemName)
            addListItem(user, ListName(listName), item)
        }
    // 나머지 메서드들
}
```

앞서 살펴본 것처럼, 메서드 이름에서 #으로 시작된 단어는 테스트를 실행할 때 실제 값으로 치환된다. 각 단계는 DdtActor의 step 메서드 안에 정의된다. 단계 자체는 올바른 파라미터를 사용해 addListItem을 호출한다.

이것이 일반적인 패턴이다. 액터의 단계는 액션을 호출하는 로직만 포함하지만, 애플리케이션과 직접 상호작용하지는 않는다. 여기서는 애플리케이션에게 커맨드를 전송하고 있으므로 아직 확인할 결과가 없다. can see #listname with #itemnames 단계처럼 애플리케이션 상태를 질의하는 단계의 경우, 결과가 예상한 것과 일치하는지도 확인해야 할 것이다.

HTTP 액션 호출

계속하려면 ZettaiActions 인터페이스에 addListItem 메서드를 추가해서 HTTP와 도메인 인스턴스에서 구현할 수 있도록 해야 한다.

V 다이어그램의 첫 번째 지점에 있으므로 도메인 작업은 그대로 두고 구현에서 할 일만 남겨두자.

대신 HTTP 구현부터 시작하자. 목록에 항목을 추가하는 것을 시뮬레이션하려면 이름과 항목 마감일 필드가 포함된 HTTP 웹 양식을 서버에 제출해야 한다.

```
data class HttpActions(val env: String = "local"): ZettaiActions {
    override fun addListItem(user: User,
            listName: ListName, item: ToDoItem) {

        val response = submitToZettai(
            todoListUrl(user, listName),
            listOf( "itemname" to item.description,
                    "itemdue" to item.dueDate?.toString())
        )
        expectThat(response.status).isEqualTo(Status.SEE_OTHER)
    }

    private fun submitToZettai(path: String, webForm: Form): Response =
        client(log(
            Request(
                Method.POST,
                "http://localhost:$zettaiPort/$path")
            .body(webForm.toBody())))
    // 나머지 메서드들
}
```

이제 DDT가 컴파일되므로 실행할 수 있다. IDE에서는 이렇게 보인다.

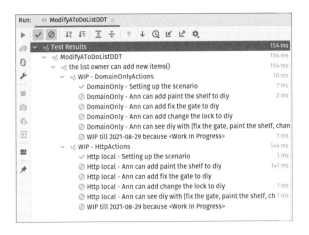

첫 번째 단계만 통과하고 나머지 단계는 실패한다. 하지만 진행 중인 작업으로 표시되어 있기 때문에 시나리오가 실패하지는 않는다.

다른 페이지 처리하기

기능 구현을 진행하려면 새로운 HTTP 엔드포인트를 추가해야 한다.

하지만 새로운 문제가 생겼다. 지금까지는 요청으로부터 할 일 목록이 포함된 HTML 페이지를 반환하는 함수를 만들었지만, 이는 웹 서비스가 처리해야 하는 여러 가지 요청 중 하나에 불과하다. 어떻게 하면 요청의 세부 사항에 따라 다른 페이지나 API를 반환할 수 있을까?

이미 작성한 함수를 수정하고 싶지는 않다. 그 함수는 그대로 완성된 함수이며, 다른 종류의 호출을 신경 쓰지 않아야 한다. 또 하드코딩된 값으로 너무 구체적인 함수를 작성하는 것도 바라지 않는다. 재사용할 수 없기 때문이다. 이 문제에 대해 일반적인 재사용 가능한 해법이 없을까?

서로 다른 종류의 Request를 처리하는 함수를 기존 코드를 변경하지 않고 어떻게 결합할 수 있을까? 물론 다른 함수를 쓰면 된다! 더 정확히 말하면, 함수 컬렉션을 입력으로 받고 새 함수를 반환하는 함수가 필요하다.

이를 어떻게 코딩할 수 있을지 배우기 위해 잠시 제타이 앱을 떠나겠다. 그리고 데이터를 처리하는 최소한의 웹 서비스에서 스파이크를 생성하면서 고차 함수를 사용해 경로를 정의하는 방법을 배워보자.

CRUD 예제

이 예제에서는 일부 리소스를 만들고(Create), 읽고(Read), 갱신하고(Update), 삭제(Delete)해야 한다. 이 기능들은 영구 저장소의 기본 네 가지 기능으로 줄여서 CRUD라고 하며, 종종 REST API의 HTTP 메서드와 연관되어 있다. 예를 들어 이 네 가지 기능에 대해 Request에서 Response에 이르는 네 가지 함수가 이미 있다고 가정하자. 네 함수는 (상상력이 부족해서) c, r, u, d라 하자. 이 네 가지 함수를 하나로 결합한 웹 서버를 만들 수 있을까? 원하는 것은 요청을 살펴본 다음 c, r, u, d 중 하나를 사용해 처리하는 것이다. 고차 함수를 사용해 이 문제를 해결하는 방법을 알아보자.

필요한 것은 또 다른 함수다. routes라고 이름을 지어보자. 이 함수는 핸들러 함수의 목록을 인자로 받는다. 그리고 Request를 인자로 받아서 적절한 하위 핸들러(c, r, u, d 중 하나)에 전달해 Response를 만들어내는 새로운 핸들러를 반환한다.

```
fun routes( c: HttpHandler, r: HttpHandler,
            u: HttpHandler, d: HttpHandler
): HttpHandler = TODO()
```

다이어그램을 사용하여 새 경로가 어떻게 작동하는지 그려보자.

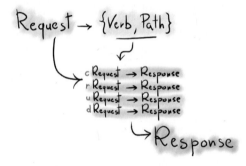

동사(Verb)와 경로(Path)로부터 네 가지 함수(c, r, u, d) 중 어떤 함수를 Request에 대해 적용할지 선택한다.

주어진 Request의 HTTP 메서드와 경로를 바라는 API와 매치시켜 올바른 HttpHandler를 결정한다. 복잡한 애플리케이션을 작성할 때는 콘텐츠 타입 등 다른 사항까지 고려하는 더 정교한 매치 규칙이 필요할 수 있지만, 원칙은 같다. 다음은 라우팅 함수다.

```
    fun routes(c: HttpHandler, r: HttpHandler,
              u: HttpHandler, d: HttpHandler
    ): HttpHandler = { request ->
❶      when ("${request.method} ${request.uri.path}") {
          "POST /data" -> c(request)
          "GET /data" -> r(request)
          "PUT /data" -> u(request)
          "DELETE /data" -> d(request)
❷          else -> Response(404, "NOT FOUND")
      }
    }
```

❶ HTTP 메서드와 경로를 연결하여 호출할 함수의 각 경우와 비교한다. when 키워드에 대한 설명은 **부록 B의 when**을 참고하라.

❷ Request가 다른 여러 경우와 일치하지 않는 경우, HTTP 404 오류를 반환하는 새 Response를 생성한다.

하지만 좋은 소식이 있다. 라우팅 함수를 우리가 직접 구현할 필요가 없다는 것이다. 왜냐하면 Http4k가 우리 대신 이미 라우팅 함수를 구현했기 때문이다! Http4k 스파이크를 작성할 때 이미 이 함수를 써본 적이 있지만, 이제 그 작동 방식을 더 잘 이해할 수 있을 것이다.

Http4k에서는 코틀린 기능을 활용하는 강력한 도메인 특화 언어를 사용해 모든 경로를 선언적으로 정의할 수 있다. 자세한 내용은 **부록 B의 중위 함수**를 참고하라.

항목을 추가하는 경로

작은 스파이크를 끝내고 제타이로 돌아가서 목록에 새 항목을 추가하는 새 경로를 추가할 수 있다.

```
    class Zettai(val hub: ZettaiHub): HttpHandler {
❶      val httpHandler = routes(
❷          "/todo/{user}/{listname}" bind GET to ::getToDoList,
❸          "/todo/{user}/{listname}" bind POST to ::addNewItem
      )

      private fun addNewItem(request: Request): Response = TODO()
      // 다른 메서드들
    }
```

❶ routes 함수는 경로 목록을 입력으로 받아 HttpHandler를 반환한다.

❷ 각 경로는 경로를 나타내는 문자열과 HTTP 메서드와 HttpHandler의 합집합을 취하는 bind 중위 함수에 의해 생성된다.

❸ 목록에 새 항목을 추가하려면 같은 경로에 대해 GET 대신 POST를 사용한다.

addNewItem 함수를 구현하려면 HTTP 경로와 양식에서 필요한 정보를 추출하고 허브의 새 메서드를 호출해야 한다. 허브는 우리 도메인의 파사드이다.

```
     fun addNewItem(request: Request): Response {
❶       val user = request.path("user")
❷           ?.let(::User)
            ?: return Response(Status.BAD_REQUEST)
        val listName = request.path("listname")
            ?.let(::ListName)
            ?: return Response(Status.BAD_REQUEST)
❸       val item = request.form("itemname")
            ?.let(::ToDoItem(it))
            ?: return Response(Status.BAD_REQUEST)
❹       return hub.addItemToList(user, listName, item)
❺           ?.let { Response(Status.SEE_OTHER)
                .header("Location", "/todo/${user.name}/${listName.name}") }
❻           ?: Response(Status.NOT_FOUND)
    }

    class ToDoListHub(val fetcher: ToDoListUpdatableFetcher): ZettaiHub {
        override fun addItemToList(user: User,
            listName: ListName, item: ToDoItem): ToDoList? = TODO()
    // ...
    }
```

❶ 경로에 정의된 템플릿을 사용해 요청 경로에서 사용자 이름과 목록 이름을 추출한다.

❷ 결과가 널이 아닌 경우 함수를 연결하기 위해 let을 쓴다.

❸ HTML 양식에서 항목 이름을 추출한다.

❹ 세 개의 인자가 모두 있으면 허브 메서드를 호출한다.

❺ 성공하면 브라우저를 목록 페이지로 리디렉션하여 사용자가 새 항목을 볼 수 있게 한다.

❻ 널이면 404 오류 상태를 반환한다.

이러한 방식으로 밖에서 안으로(outside-in) 작업할 때의 장점은 모델 API(허브 메서드)를 어댑터(이 경우 HTTP 경로)의 요구 사항에 완벽하게 맞도록 디자인할 수 있다는 것이다. 이제 DDT를 실행해 HTTP 테스트가 허브를 호출하는 것을 확인할 수 있고, 경로 처리가 올바르게 수행되고 있음을 확인할 수 있다.

우리는 앞에서 본 V 다이어그램, 도메인 주도 테스트 과정의 두 번째 지점에 있다. 이제 테스트를 도메인 전용 DDT로 바꿔서 통과시켜야 한다.

도메인 액션은 허브의 새 메서드에 호출을 위임하기만 하면 된다.

```
class DomainOnlyActions : ZettaiActions {
    override fun addListItem(user: User,
            listName: ListName, item: ToDoItem) {
        hub.addItemToList(user, listName, item)
    }
  //...
}
```

이제 도메인 작업을 시작하면서 TODO로 허브에 남겨둔 메서드를 구현해야 한다.

지금까지 허브는 읽기 전용 모드에서만 모델을 사용했다. 모델의 내용을 변경해야 하지만 허브는 순수하게 유지되어야 한다. 이것은 매우 일반적인 문제이며, 가장 쉬운 해결책은 변경 사항을 처리할 의존관계를 허브 내부에 주입하는 것이다.

이 문제는 나중에 다른 해법과 함께 다시 다루겠지만, 지금은 함수형 프로그래머의 도구 상자에 추가할 새로운 기술을 배워보겠다.

FROM OBJECTS TO FUNCTIONS

4.2 함수적 의존관계 주입 사용하기

허브가 외부 리소스에 대한 접근을 위임하는 방법, 즉 허브 내부에 함수를 주입해 도메인에서 외부 서비스와 통신할 수 있도록 허용하는 방법을 살펴보자.

Note ≡   의존관계 주입

의존관계 주입은 객체 지향 프로그래밍뿐만 아니라 함수형 프로그래밍에서도 좋은 디자인을 하는 데 중요한 원칙이다. 코드에서 외부 의존관계를 사용해야 하는 경우, 이를 직접 생성하지 말고 외부에서 전달받아야 한다.

외부 의존관계의 생성과 사용을 분리하면 서로 다른 동작을 기대하는 여러 구현을 전달할 수 있기 때문에 코드가 더 유연하고 테스트하기 좋아진다.

객체 지향 의존관계 주입과의 비교

객체 지향 세계에서 의존관계 주입은 객체에게 필요한 의존관계(객체)를 객체가 스스로 생성하는 대신 외부에서 전달받는 것이다. 의존관계를 생성자에게 전달하거나, 애너테이션이나 외부 구성 파일 같은 메타 프로그래밍 기법을 사용해 주입을 수행할 수 있다.

함수형 프로그래밍에서는 객체보다 함수가 선호되는 경우가 많다. 이 말이 명확하게 들리지 않는 독자도 이 책을 보다 보면 명확히 이해할 수 있을 것이다. 그 결과, 의존관계를 함수로 주요 함수에 전달해야 한다. 이를 어떻게 달성할 수 있을까? 의존관계를 인자로 받아들여서 내부에 그 의존관계를 포함하는 함수를 생성하는 다른 함수(놀랐는가?)를 사용한다. 이 부분은 상당히 혼란스러울 수 있으므로 구체적인 예제를 살펴보자.

어떤 User와 ListName이 주어졌을 때 구체적인 목록을 검색하는 함수가 필요하다고 가정하자. ToDoListFetcher라는 이름으로 이 함수의 타입 별명을 먼저 정의하겠다.

```
typealias ToDoListFetcher = (User, ListName) -> ToDoList?
```

하지만 이를 작동시키려면 호출과 호출 사이에 모든 목록의 컬렉션을 어딘가에 저장해야 한다. 그런데 우리는 외부 리소스에 직접 접근해 함수의 순수성을 깨고 싶지 않다. 어떻게 하면 될까?

이 문제는 내부에 리스트를 저장하는 Map<User, Map<ListName, ToDoList>> 타입의 새 파라미터를 추가해서 해결할 수 있다. 시각화하면 다음과 같다.

$$Map\langle User, Map\langle ListName, ToDoList\rangle\rangle$$

$$\{User, ListName\} \longrightarrow ToDoList$$

새 함수를 mapFetcher라고 부르자.

```
typealias ToDoListMap = Map<User, Map<ListName, ToDoList>>

fun mapFetcher(map: ToDoListMap,
               user: User,
               list: ListName): ToDoList? =
    map[user]?.get(list)
```

하지만 함수를 호출할 때마다 맵을 전달하는 것은 상당히 번거롭다. 대신 맵에서 새 함수를 만들어 어떻게든 맵을 내부에 보관하는 것이 좋다. 이 새 함수를 사용하면 User와 ListName만 전달해서 맵으로부터 목록을 추출할 수 있다.

부분 적용

맵 주입을 시각화하면 다음과 같다.

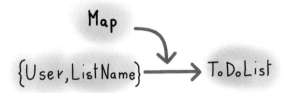

이 기법을 함수의 부분 적용(partial application)이라고 한다. 용어는 모르더라도 이전 예제에서 이미 이 기법을 HttpHandler와 함께 사용했다.

핵심 아이디어는 아주 간단한다. 여러 파라미터가 있는 함수가 있다고 가정하자. 이 함수를 어떻게든 첫 번째 파라미터와 연결하고, 나머지 두 개 파라미터만 받는 새 함수를 만들고 싶다.

이를 위해 파라미터가 세 개인 함수와 첫 번째 파라미터를 입력으로 받고 나머지 두 개의 파라미터를 받아서 결과를 내놓는 새 함수를 돌려주는 partial 함수를 정의하자.

```
fun <A,B,C,R> partial(f: (A,B,C) -> R, a: A): (B,C) -> R = {
    b,c -> f(a,b,c)
}
```

따라서 우리의 경우 ToDoListMap 타입의 맵이 있다면, 다음과 같은 파라미터를 두 개만 받는 fetcher 함수를 만들 수 있다.

```
val fetcher: ToDoListFetcher = partial(::mapFetcher, map)
```

원한다면 부분 적용의 개념을 더 확장해서 함수 인자가 다 떨어질 때까지 부분 적용을 반복해서 적용할 수 있다.

일반적으로 여러 개의 파라미터가 있는 함수를 하나의 파라미터만 있는 함수들의 연쇄로 변환하는 것은 언제나 가능하다. 일반적으로 이 기법을 하스켈 커리(Haskell Curry)라는 수학자의 이름을 따서 **커링**(currying)이라고 부른다.

 조에게 묻는다 함수형 프로그래밍에 왜 이렇게 복잡한 이름이 많은가?

아마도 수학자들이 사물을 정확하게 표현하는 것을 좋아하기 때문일 것이다.

부분 적용은 입력 파라미터를 부분적으로 적용하기 때문에 붙은 이름이다. 하지만 이름을 아는 것은 그렇게 중요하지 않다.

수학의 덧셈에는 교환 법칙이 성립한다. 이 이름은 까먹을 수 있지만, 중요한 건 2 + 3이 3 + 2와 같다는 점을 아는 것이다. 그래도 이야기할 때 정확한 이름을 사용하면 편리하다.

나는 수학자들이 (프로그래머와 마찬가지로) 때때로 이름 짓는 데 서툴다는 데 동의한다.

함수적 의존관계 주입이라는 기술을 사용해서 데이터베이스나 원격 서비스나, 메모리의 맵에서 목록을 가져와서 갱신하는 작업을 수행하는 함수를 전달할 수 있다. 메인 함수에서 외부 효과를 주입하면 허브를 기술적 영역의 세부 사항으로부터 분리해 시스템의 말단에 유지하면서 읽어온 값을 주된 로직 블록에서 사용하도록 순수하게 유지할 수 있다.

허브에 항목 추가하기

이제 V 다이어그램의 3단계에 도달했고, 모든 것이 연결됐다. 하지만 허브에서 메서드를 구현해야 한다.

목록을 가져오기 위해 허브에 외부 의존관계를 추가해보자. ToDoListHub는 다음과 같은 모습일 것이다.

```kotlin
class ToDoListHub(val fetcher: ToDoListFetcher) : ZettaiHub {
    override fun getList(user: User, listName: ListName): ToDoList? =
        fetcher(user, listName)
    override fun addItemToList(user: User,
            listName: ListName, item: ToDoItem): ToDoList? = TODO()
}
```

이제 무엇이 필요한지 대략적으로 파악했으니, 단위 테스트가 구현을 이끌어가게 할 수 있다.

```kotlin
class ToDoListHubTest {
    val fetcher = TODO("we need an implementation!")
    val hub = ToDoListHub(fetcher)
    // 테스트를 여기서 시작한다.
}
```

테스트 대상 원소의 가장 단순한 행복한 경로(정상 실행 경로)로 테스트를 시작하는 것이 좋다. 이렇게 하면 처음부터 유용한 피드백을 얻을 수 있다.

여기서는 올바른 사용자 이름과 목록 이름을 사용해 목록을 가져올 수 있는지 테스트해보겠다.

```kotlin
@Test
fun `get list by user and name`() {
    repeat(10) {
        val user = randomUser()
        val list = randomToDoList()

        // TODO("assign the list to the user!")
        val myList = hub.getList(user, list.listName)

        expectThat(myList).isEqualTo(list)
    }
}
```

계속 진행하려면 일부 외부 소스로부터 목록을 읽어오는 함수를 정의해야 한다. 이렇게 하면 외부 소스에 대해 직접 동작하는 테스트에 대한 데이터를 설정할 수 있다.

한 가지 해결책은 앞서 살펴본 partial 고차 함수를 사용해 맵을 fetcher 함수에 연관시키는 것이다. 하지만 좀 더 관용적인 방식으로 부분 함수를 만들 수 있는 또 다른 유용한 코틀린 기능이 있다.

호출 가능한 클래스로서의 함수

코틀린의 타입 시스템에서 놀라운 점은 클래스가 함수 타입을 상속할 수 있다는 점이다. 이렇게 하면 클래스의 구현을 마치 함수처럼 호출할 수 있다. 더 나아가 똑같은 시그니처의 함수가 필요한 곳에 어디든 호출 가능한 클래스의 인스턴스를 전달할 수 있다.

함수 타입의 클래스를 선언하려면 (클래스 시그니처에서) 상위 클래스가 있어야 할 곳에 함수 타입을 적은 다음, invoke 메서드를 오버라이드하면 된다.

클래스를 사용해 함수를 구현하면 몇 가지 장점이 있다.

1. 생성자 파라미터를 필요한 함수에 부분적으로 적용할 수 있게 된다.

2. 복잡한 코드를 비공개 함수 안에 깔끔하게 포함시킬 수 있다.

3. API에 필요한 상태를 함수 호출과 호출 사이에 저장할 수 있다(예 데이터베이스나 인터넷 등에 대한 연결).

이 코틀린 기능을 활용해 허브에 필요한 함수를 깔끔하게 주입할 것이다.

허브 밖에 목록 저장하기

맵을 변경하고 싶다. 따라서 변경 가능한 맵의 맵을 사용해 목록을 가져올 저장소를 정의해야 한다.

```kotlin
typealias ToDoListStore = MutableMap<User, MutableMap<ListName, ToDoList>>

data class ToDoListFetcherFromMap(
❶    private val store: ToDoListStore
): ToDoListFetcher {
    override fun invoke(user: User, listName: ListName): ToDoList? =
❷        store[user]?.get(listName)

    fun assignListToUser(user: User, list: ToDoList): ToDoList? =
❸        store.compute(user) { _, value ->
            val listMap = value ?: mutableMapOf()
            listMap.apply { put(list.listName, list) }
        }?.let { list }
}
```

❶ 맵의 맵을 저장소로 사용한다.

❷ 함수형 인터페이스다. 저장소 내부의 비공개 맵에서 ToDoList를 반환한다.

❸ 새 목록을 사용자의 목록에 추가할 수 있다. 목록이 없는 경우에는 해당 목록이 있는 사용자를 생성한다.

이 구현을 사용하면 테스트가 완성된다.

```
class ToDoListHubTest {
    fun emptyStore(): ToDoListStore = mutableMapOf()
    val fetcher = ToDoListFetcherFromMap(emptyStore())
    val hub = ToDoListHub(fetcher)

    @Test
    fun `get list by user and name`() {
        repeat(10) {
            val user = randomUser()
            val list = randomToDoList()
            fetcher.assignListToUser(user, list)
            val myList = hub.getList(user, list.listName)
            expectThat(myList).isEqualTo(list)
        }
    }
}
```

순수 함수는 테스트하기 매우 간단하며, 스텁이나 목과 같이 특별히 설정된 클래스가 필요하지 않다는 사실을 알 수 있다. 모든 의존관계는 테스트에서 직접 구현할 수 있는 함수일 뿐이다.

ToDoListHub는 변경 가능한 맵을 볼 수 없고, 유일한 의존관계는 fetcher뿐이다.

이 시점에서 대부분의 로직을 fetcher로 옮겼기 때문에 허브가 그리 쓸모 없어 보인다. 하지만 허브는 여전히 도메인을 명확하게 분리하는 역할을 하며, 다음 유스케이스에서는 허브에 로직을 추가할 것이다.

음성(부정적인 경우) 검사하기

음성인 경우도 테스트하고 싶다. null을 반환한다는 것은 요청을 이행할 수 없다는 의미다. 그리고 사용자가 올바르지 않은 경우 목록을 불러올 수 없는지 확인하는 테스트가 필요하다.

```kotlin
@Test
fun `don't get list from other users`() {
    repeat(10) {
        val firstList = randomToDoList()
        val secondList = randomToDoList()
        val firstUser = randomUser()
        val secondUser = randomUser()

        fetcher.assignListToUser(firstUser, firstList)
        fetcher.assignListToUser(secondUser, secondList)

        expect {
            that(hub.getList(firstUser, secondList.listName)).isNull()
            that(hub.getList(secondUser, firstList.listName)).isNull()
        }
    }
}
```

마침내 허브가 작동하고 모든 테스트가 녹색으로 표시된다. 지금은 어떤 종류의 영속성도 필요 없다. 이 문제에 대해서는 **9장의 안전하게 영속화하기**에서 다룰 것이다. 현재는 메모리만 사용하는 해법이지만, 나중에는 기존 코드를 변경하지 않고도 완전한 영속적 계층을 끼워 넣을 수 있다.

 조에게 묻는다 외부 효과를 분명한 순수 함수 안에 감추는 것, 이것이 우리가 함수형 프로그래밍으로 할 수 있는 최선인가?

아니다. 그렇지 않다.

이 방법은 순수한 함수와 그렇지 않은 함수를 분리하는 가장 쉬운 방법일 뿐이다. 우리는 외부 효과가 우리 도메인으로 들어오는 것을 막기 위해 더 강력하지만 더 복잡한 방법을 채택할 것이다. 그렇다 하더라도 호출 가능한 클래스를 사용하는 것은 더 쉽고, 순수한 코드와 순수하지 않은 코드가 섞일 위험이 상대적으로 낮을 때 유용하게 사용할 수 있다.

목록에 항목 추가하기

이제 DDT V 다이어그램의 네 번째 단계에 도달했다. 단위 테스트로 모델을 변경했으므로, 이제 도메인 전용 DDT가 통과하도록 허브를 수정해야 한다.

허브에서 addItemToList 메서드를 구현하려면 fetcher를 갱신할 방법이 필요하다. 현재 ToDoListFetcherFromMap에는 addItemToList가 있지만, 이는 ToDoListFetcher 인터페이스를 노출하지 않으므로 허브에서 사용할 수 없다.

인터페이스를 노출하도록 fetcher 필드를 ToDoListFetcherFromMap으로 선언할 수도 있지만, 이렇게 하면 허브가 인식하게 하고 싶지 않은 다른 구현 세부 정보도 노출하게 된다. 더 좋은 방법은 사용자에게 목록을 할당하는 새로운 인터페이스를 생성하는 것이다.

```
interface ToDoListUpdatableFetcher: ToDoListFetcher {
    fun assignListToUser(user: User, list: ToDoList): ToDoList?
}


class ToDoListHub(val fetcher: ToDoListUpdatableFetcher): ZettaiHub {
    override fun getList(user: User, listName: ListName): ToDoList? =
        fetcher(user, listName)
    override fun addItemToList(user: User,
            listName: ListName, item: ToDoItem): ToDoList? =
        fetcher(user, listName)?.run {
            val newList = copy(items = items
                .filterNot{ it.description == item.description} + item)
            fetcher.assignListToUser (user, newList)
        }
}
```

ToDoListUpdatableFetcher를 사용함으로써, 허브는 사용자 목록을 새로운 항목으로 갱신할 수 있다.

 조에게 묻는다 fetcher를 갱신할 수 있게 만드는 것은 꼼수가 아닌가?

그렇다. 약간은 그럴 수도 있다. 하지만 허브 자체는 순수하게 유지되며 여기서 fetcher는 외부의 변경 가능한 상태에 대한 어댑터로 작동한다.

다음 장에서는 (꼼수가 덜한) 더 나은 해법을 사용할 것이다.

이 경우 우리는 운이 좋다. 도메인 전용 DDT뿐만 아니라 HTTP도 테스트를 통과하기 때문이다. 이유는 HTML 응답을 렌더링하고 HTML 응답을 파싱하는 방식을 변경하지 않았기 때문이다. 하지만 항상 그런 것은 아니라는 점을 명심하자.

어쨌든 V 다이어그램의 4단계와 5단계를 함께 수정했고, 지금 테스트를 실행하면 모든 DDT가 통과한다. 실제로는 테스트를 실행하기 전에 작업 진행 중 마커를 제거해야 한다. 그렇지 않으면 테스트들이 예상치 못한 성공으로 실패할 수 있다!

테스트를 IDE에서 실행하면 다음과 같이 표시된다.

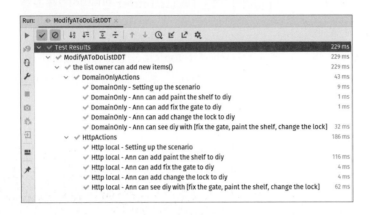

이 장을 시작하면서 말했듯이, DomainOnly와 LocalHttp DDT 구현을 번갈아가며 마무리하는 것은 매우 유용하며, 각각의 기능에 집중하는 데도 도움이 된다. HTTP 테스트를 마무리하는 것의 장점은 테스트가 일단 완료되면 해당 기능이 완전히 완성되었다는 사실을 알 수 있다는 것이다.

FROM OBJECTS TO FUNCTIONS

4.3 / 함수형 코드 디버깅하기

다음 스토리를 진행하기 전에 잠시 멈춰서 함수형 코드 기반의 어려움과 장점에 대해 생각해보자.

아직 (함수형 코드 작성과 디버깅이 어렵다는 사실을) 납득하지 못했다면, 고차 함수와 완전히 함수형인 코드를 작성하고 디버깅하는 것이 어려울 수 있다는 사실을 곧 알게 될 것이다.

단일 식을 사용하고 가변 변수를 피하면서 모든 함수를 일련의 타입 변환 체인으로 작성하려고 시도하면 코드를 작성하기가 매우 어려울 수 있다. 모든 것이 어떻게 서로 맞물려 돌아가는지, 때로는 컴파일이 되지 않는 이유조차 전혀 이해하지 못할 수 있다.

반면 일단 코드가 제대로 컴파일되고 나면 나중에 예상치 못한 일은 없을 거라고 자신할 수 있다. 일단 이 스타일에 익숙해지고 나면 코드를 의외로 이해하기 쉽다. 숨겨진 의존관계가 없고 모든 것이 명시적으로 선언되기 때문이다.

모든 경우를 미리 고려하는 데 드는 비용은 나중에 코너 케이스를 찾느라 고생하지 않아도 된다는 이점으로 상쇄할 수 있다.

이 책의 나머지 부분에서 보겠지만, 연습을 통해 매우 우아한 함수형 코드를 작성할 수 있다. 하지만 도움이 될 수 있는 몇 가지 요령이 있다.

예를 들어 허브에서 addItemToList 메서드의 본문을 살펴보자.

```
fetcher(user, listName)?.run {
    val newList = copy(items = items
        .filterNot { it.description == item.description } + item)
    fetcher.assignListToUser(user, newList)
}
```

좀 더 장황하지만 (여전히 완벽하게 함수형인) 방식으로 이를 다시 작성할 수 있다.

```
{
    val list: ToDoList? = fetcher(user, listName)
    return if (list == null) {
        null
    else {
        val oldItems = list.items.filterNot{
            it.description == item.description }
        val newItems = oldItems + item
        val newList = list.copy(items = newItems)
        fetcher.assignListToUser(user, newList)
    }
}
```

처음에는 이렇게 긴 형태로 코드를 작성하는 것이 유용할 수 있지만, 시간이 지나면 불필요한 임시 변수가 너무 많아 보일 수 있다. 코틀린의 영역 함수(**부록 B 영역 함수** 참고)에 익숙해지면 코드를 단순화할 수 있다.

여기서는 run을 사용해 if와 return을 제거할 수 있다.

```
fetcher(user, listName)?.run {
    val oldItems = items.filterNot{
        it.description == item.description }
    val newItems = oldItems + item
    val newList = copy(items = newItems)
    fetcher.assignListToUser(user, newList)
}
```

코드를 살펴보면, 할 일 항목의 원소를 대체해야 하기 때문에 임시 변수가 필요하다. 우리가 할 수 있는 것은 명확한 이름을 가진 순수한 함수를 추출하는 것이다. 이를 확장 함수로 만들면 코드가 더 간결해진다.

```
fetcher(user, listName)?.run {
    val newList = copy(items = items.replaceItem(item))
    fetcher.assignListToUser(user, newList)
}

fun List<ToDoItem>.replaceItem(item: ToDoItem): List<ToDoItem> =
    filterNot { it.description == item.description } + item
```

> **Note** ≡ 일반적으로 작은 함수를 추출하면 다음 두 가지 이유로 코드를 명확하게 할 수 있다. 이름을 통해 의도를 명확히 할 수 있고, 코드가 컴파일되지 않을 때 타입 시그니처가 도움이 될 수 있다.

의심이 된다면 출력하라

때로는 디버깅을 위해 값을 출력하고 싶다는 이유만으로 변수를 추가하고 싶을 때가 있다. 다음은 제네릭 확장 함수를 정의해 T 타입의 값을 출력하는 보다 우아한 방법이다[1].

```
fun <T> T.printIt(prefix: String = ">"): T = also{ println("$prefix $this") }
```

그 후 무슨 일이 벌어지는지 알아내기 위해 printIt을 임시로 덧붙일 수 있다.

```
fetcher(user, listName)?.run {
    val newList = copy(items = items.printIt("orig")
        .replaceItem(item).printIt("replaced"))
            .printIt("newList")
    fetcher.assignListToUser(user, newList)
}
```

---

1 **역주** also 앞에 아무 수신 객체도 없지만, 앞에 this가 생략된 것이다. printIt이 T의 확장 함수라는 점에 유의하라. 마찬가지 이유로 람다 안의 $this도 T 타입의 값이 된다. 물론 이 경우에는 also 다음에 온 람다의 명시적 파라미터도 T 타입의 객체이기 때문에, $this 대신 $it 을 써도 된다.

테스트가 생성한 콘솔 출력을 검토하면 항목 변경 이전과 이후의 목록 내용을 확인할 수 있다. printIt의 가장 큰 장점은 코드를 최소한으로 변경한다는 것이다. printIt은 확장 대상과 같은 값을 반환하므로, 추가해도 코드가 전혀 깨지지 않는다. 일단 당면한 문제를 해결한 다음에는 코드에서 printIt 호출을 제거해도 된다.

4.4 함수형 도메인 모델링

함수형 프로그래머로 발전하려면 함수형 방식으로 도메인을 모델링하는 방법을 배워야 한다.

객체 지향 디자인에서는 비즈니스 프로세스에 관여하는 비즈니스 엔터티를 식별하는 것부터 시작한다. 비즈니스 엔터티는 고객, 주문, 제품, 송장과 같은 실제 개념이다.

관련된 비즈니스 엔터티를 식별하고 나면 다음 단계는 엔터티들을 코드의 클래스로 매핑하고 특정 개념의 동작을 캡슐화하는 것이다. 따라서 (객체 지향 디자인의) 목표는 실제 프로세스를 밀접하게 반영하는 소프트웨어 시스템을 만드는 것이다.

예를 들어 고객의 이름, 연락처 정보, 구매 내역 등의 데이터와 주문이나 프로필 갱신 등의 행동을 캡슐화하는 Customer 클래스를 만들 수 있다.

반면 함수형 디자인은 데이터 타입의 변환(화살표)과 그런 변환의 합성을 기반으로 한다.

따라서 비즈니스 프로세스를 매핑할 때는 비즈니스 엔터티에 초점을 맞추지 않고 교환되는 데이터와 그 변환에 초점을 맞춘다. 예를 들어 일부 데이터(예 CustomerOrder)를 가져오는 함수를 정의한 다음, 약간의 계산(예 주문의 총 비용 계산)을 수행하고, 다른 데이터(최종 invoice)를 출력으로 반환하는 함수를 정의할 수 있다.

간단히 말해, 객체 지향 디자인에서 함수형 디자인으로의 전환은 도메인을 서로 협업하는 개체로 보는 것에서 불변하는 정보들이 변환되는 네트워크로 보는 방식으로의 전환이다. 그러나 코드에서 비즈니스 도메인을 모델링하는 것은 우리가 사용하는 패러다임과 관계없이 매우 섬세한 작업이다.

좋은 함수형 데이터 구조를 정의할 때 어떤 원칙을 따르고 있는지 다시 한번 정리해보자. 지금까지 두 가지 원칙에 대해 살펴봤다.

1. **불변성**: 불변 데이터 구조로 작업하면 순수 함수 내에서 이를 사용할 수 있다. **부록 A의 가변 타입을 신뢰하지 마라**를 참고하라.

2. **이름 붙이기**: 원시적인 이름을 사용하는 대신, 정확한 이름으로 타입을 표시하면 함수 시그니처가 더 명확해지고 그 의도를 더 쉽게 이해할 수 있다. **부록 A의 타입을 정확하게 정의하라**를 참고하라.

이제 타입의 새로운 성질을 신중하게 고려해야 한다.

낮은 카디널리티

타입의 카디널리티(cardinality)는 모든 가능한 값의 개수로 정의된다. 예를 들면 다음과 같다.

타입	카디널리티	값의 예
Boolean	2	true, false
Byte	256	0000000, 00000001, 00000010, …
Integer	2^32	MinInt, …, MaxInt
String	~무한	"", "a", "b", …

이런 식으로 타입을 살펴보는 것이 처음에는 의외일 수 있지만, 카디널리티를 최대한 낮게 유지하면 도메인에서 실제 의미가 없는 값을 타입이 표현하지 못하게 할 수 있다. 이렇게 하면 전체 애플리케이션 상태를 더 쉽게 이해할 수 있으며, 중간중간 추가해야 하는 검사도 줄일 수 있다.

또한 낮은 카디널리티는 데이터를 그 소스 근처에서 막음으로써 손상 방지 계층(anti-corruption layer)으로 작용해 잘못된 데이터가 시스템에 유입되지 못하게 막는다. 이를 위해서는 신뢰할 수 없는 소스의 데이터를 검증하는 구체적인 생성자가 필요하다. 이것이 실제로 무엇을 의미하는지 알아보기 위해 ListName을 다시 살펴보자. 앞 장에서 ListName을 정의했지만 이제 이를 더 잘 모델링하고 카디널리티를 낮춰야 한다.

문자열의 길이는 수백만 자에 달할 수 있지만, 이렇게 긴 문자열은 할 일 목록의 이름으로는 의미가 없다. 이름 길이를 3~40자 정도로 합리적으로 유지하기로 하자. 또 REST URL의 일부분으로 ListName을 사용하고, 브라우저에서 읽기 쉽게 유지하기 위해 공백이 없는 영어, 숫자와 하이픈 (-) 기호의 조합으로 이름을 제한하기로 한다.

목표는 거의 무한한 가능성을 처리하는 대신 타입의 카디널리티를 관련 있는 사례로만 제한하는 것이다. 이러한 방식으로 합리적인 목록 이름만 시스템에 입력되도록 해서 많은 잠재적 버그의 원인을 제거할 수 있다.

이미 말한 장점 외에 정확한 타입을 사용하는 가장 큰 장점은 실제 애플리케이션 도메인의 맥락에서 의미 있는 값으로만 값을 조작하도록 제한한다는 점이다.

다른 말로, ListName 타입은 할 일 목록의 이름을 나타낸다. 구체적인 타입을 지정하면 실수로 목록의 이름 대신 목록의 설명을 전달하는 등의 오류를 방지할 수 있다.

오류를 나타내도록 널 반환하기

여기서 사용할 수 있는 좋은 패턴은 기본 생성자를 비공개로 만드는 대신 정적 공개 생성자를 두 개 생성하는 것이다. 두 정적 공개 생성자 중 하나는 우리가 소스를 신뢰할 때 사용하고, 다른 하나는 신뢰할 수 없는 소스를 위해 사용한다.

코틀린에서 정적 생성자를 정의하는 방법에 대해서는 **부록 B의 객체와 동반 객체**를 참고하라.

```
❶ data class ListName internal constructor(val name: String) {
      companion object {
❷         fun fromTrusted(name: String): ListName = ListName(name)
❸         fun fromUntrusted(name: String): ListName? = TODO("not defined yet")
      }
  }
```

❶ 일반 생성자는 internal이다. ListName을 생성하려면 두 가지 동반 객체 메서드 중 하나를 선택해야 한다.

❷ 데이터베이스처럼 신뢰할 수 있는 소스에서 이름을 파싱할 때는 fromTrusted 메서드를 사용한다.

❸ 사용자 입력 테스트와 같이 외부 입력에서 이름을 파싱할 때는 fromUntrusted 메서드를 사용해야 한다. 이름이 정확하면 ListName을 반환하고, 그렇지 않으면 null을 반환한다.

독립된 함수가 아니라 동반 객체에 메서드를 만들었음을 주목하라. 동반 객체에 메서드를 만들면 더 발견하기 쉬운 이름 공간(클래스와 같은 이름)에 메서드들이 포함된다.

도메인 내부에서 이름을 읽을 때나 테스트용으로 사용할 때는, 더 간단한 fromTrusted 생성자를 사용할 수 있으며, fromTrusted 생성자는 항상 새 ListName을 반환한다. 하지만 신뢰 범위를 벗어나는 사용자 입력이나 HTTP 요청 등으로부터 받은 이름을 파싱할 때는 fromUntrusted 생성자를 사용해야 한다.

fromUntrusted는 이름이 유효하면 ListName을 반환하고, 유효하지 않으면 null을 반환한다. 이 경우 null은 새 인스턴스를 생성할 수 없음을 나타낸다.

null을 반환하는 것이 좋은 생각일까, 아닐까? null에는 어떤 문제가 있을까?

널의 문제

널 참조는 1965년 토니 호어(Tony Hoare)가 '단지 구현이 아주 쉬웠기 때문에' 알골(ALGOL) 언어에 처음 도입했다. 그는 이 결정을 '나의 10억 달러짜리 실수'라고 불렀다.

null의 문제점을 이해하기 위해 null이 있으면 코드가 우리를 속일 수 있다는 사실을 생각해보자. 예를 들어 자바에서는 다음과 같은 메서드를 정의할 수 있다.

```
Customer getCustomer(String name) {
    if (name.isEmpty())
        return null;
    else
        return Customer(name);
}
```

(잠재적인) 버그를 찾았는가? 이 함수는 파라미터로 String인 이름을 기대하지만, null을 받을 수도 있다. 이것은 문제가 되는데, 널은 확실히 문자열이 아니며 문자열로 취급하면 예외가 발생하기 때문이다.

더 나아가 이 함수가 Customer 클래스의 인스턴스를 반환한다고 선언했지만, 대신 null을 반환할 수도 있다. 다시 말해 코드가 무언가를 선언하지만 그와는 다른 작업을 수행할 수도 있다.

따라서 이 메서드를 호출하는 사람은 결과를 사용하기 전에 null인지 확인해야 한다. 따라서 코드를 체크포인트로 채우지 않으면 런타임에 NullPointerException이 발생할 위험이 있다.

그러나 null 자체가 문제인 것은 아니다. 문제는 주어진 타입의 인스턴스를 기대했는데 그렇지 않은 null을 얻는다는 점이다. 에츠허르 W. 데이크스트라는 모든 클래스가 '널이라는 한 사람과 일부다처제로 결혼한 것처럼 보일 것'이라는 유명한 말을 남겼다.

코틀린(및 일부 다른 최신 언어)에서는 이런 문제가 없다. 같은 예제에 대해, 코틀린에서는 Customer?처럼 물음표를 사용해 널이 될 수 있는 고객을 반환할 수 있다. 이 타입은 Customer와 null의 합집합으로 정의된 타입이므로, 두 가지 조건을 명시적으로 처리할 수 있다. Customer?를 Text로 변환하려면 유효한 경우와 null인 경우를 따로 고려해야 한다. 예를 들어 고객이 있을 때는 HTML 페이지를 반환하고 null이면 오류 메시지를 반환할 수 있다.

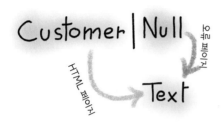

코틀린의 널 가능 타입을 사용하면 안전하게 전함수를 작성할 수 있다(**부록 A 가능한 입력을 모두 고려하라** 참고). 컴파일러가 두 경우를 강제로 모두 처리하게 하기 때문이다. 오류 대신 널을 반환하는 것은 실패 원인을 신경 쓰지 않을 때 오류를 처리하기에 아주 편리한 패턴이다.

그러나 때로는 실패의 원인이 실제로 궁금할 때도 있다. 이러한 경우에는 (복잡하긴 하지만) 좀 더 미묘한 해법을 고려할 수 있다. **7장의 오류를 더 잘 처리하기**에서 이에 대해 살펴볼 것이다.

속성 테스트

1장에서 살펴본 것처럼 함수의 불변 속성을 검증할 때는 속성 테스트가 유용할 수 있다. 예를 들어 ListName.fromUntrusted 함수를 통해 잘못된 이름을 사용하면 ListName을 만들 수 없다는 것을 테스트하려고 한다.

이를 테스트하기 위해, **1장의 첫 번째 단위 테스트**에서 배운 대로 fromUntrusted 함수에 대한 단위 테스트를 작성할 것이다.

즉, 어떤 것이 유효한 예인지 알아내려 노력하는 대신 검증하려는 속성이 무엇인지 정의할 것이다. 구체적인 예제 값을 사용해 함수를 테스트하면 중요한 코너 케이스를 쉽게 놓칠 수 있다. 더 중요한 것은 테스트를 이해하기 어려워진다는 점이다. 왜 이런 경우는 테스트하고 다른 경우는 테스트하지 않을까? 정확히 어떤 규칙이 있을까?

앞서 살펴본 것처럼 속성 테스트의 기본 개념은 다양한 값을 임의로 생성하고 이런 모든 입력에 대해 속성이 여전히 유효한지 확인하는 것이다. 이를 위해 코틀린의 generateSequence 함수를 사용해 무작위 문자열 생성기를 작성해야 한다. 코틀린의 시퀀스를 더 잘 이해하기 위해서는 **부록 B의 시퀀스**를 참고하라.

```
fun stringsGenerator(charSet: String, minLen: Int, maxLen: Int)
    : Sequence<String> = generateSequence {
        randomString(charSet, minLen, maxLen)
    }
fun randomString(charSet: String, minLen: Int, maxLen: Int) =
    StringBuilder().run {
        repeat(Random.nextInt(maxLen - minLen) + minLen) {
            append(charSet.random())
        }
        toString()
    }
```

행복한 경로, 즉 오류나 예외가 없는 경우를 먼저 테스트하자. ListName이 취할 수 있는 모든 값에 대해 유효성을 검사하고 싶다. 무한한 경우를 테스트할 수는 없지만, 문자열 생성기를 사용하면 테스트를 통과해야만 하는 임의의 이름(100개라고 가정)을 생성할 수 있다.

```
val validCharset = uppercase + lowercase + digits + "-"
val invalidCharset = " !@#$%^&*()_+={}[]|:;'<>,./?\u2202\u2203\u2204\u2205"

@Test
fun `Valid names are alphanum+hiphen between 3 and 40 chars length`() {
    stringsGenerator(validCharset, 3, 40)
        .take(100)
        .forEach {
            expectThat(ListName.fromUntrusted(it))
                .isEqualTo(ListName.fromTrusted(it))
        }
}
```

테스트가 준비되면 fromUntrusted 함수를 구현할 수 있다. 그 후 같은 방식으로 모든 음성 사례에 대한 테스트를 계속 추가할 수 있다.

```
@Test
fun `Name cannot be empty`() {
```

```
            expectThat(ListName.fromUntrusted("")).isEqualTo(null)
    }

    @Test
    fun `Names longer than 40 chars are not valid`() {
        stringsGenerator(validCharset, 41, 200)
            .take(100)
            .forEach {
                expectThat(ListName.fromUntrusted(it)).isEqualTo(null)
            }
    }

    @Test
    fun `Invalid chars are not allowed in the name`() {
        stringsGenerator(validCharset, 1, 30)
            .map { substituteRandomChar(invalidCharset, it) }
            .take(1000).forEach {
                expectThat(ListName.fromUntrusted(it)).isEqualTo(null)
            }
    }
```

속성 테스트의 좋은 점은 함수의 다양한 속성을 테스트하기 위해 서로 다른 테스트를 작성해야만
한다는 점이다. 우리가 작성한 테스트의 안내에 따라 마침내 함수를 작성한다.

```
val validUrlPattern = Regex(pattern = "[A-Za-z0-9-]+")
fun fromUntrusted(name: String): ListName? =
    if (name.matches(validUrlPattern) && name.length in 1..40)
        fromTrusted(name)
    else
        null
```

이제 모든 테스트를 통과하는지 확인할 수 있다.

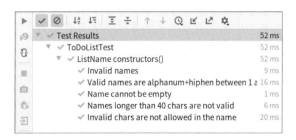

그렇다면 속성 테스트는 무작위로 생성된 값을 사용하는 것만으로 이루어질까? 아니다. 앞으로 살펴보게 되듯 훨씬 더 많은 방법이 있지만 이것이 첫 번째 단계다. 무작위로 값을 생성하면 테스트가 기대하는 결과를 보다 일반적인 방식으로 기술하고 도메인을 그 속성에 따라 생각할 수 있게 된다.

우리가 사용한 무작위 생성기는 여전히 어리석지만, 예제를 더 정교한 방식으로 생성할 수도 있다 (예를 들어 코너 케이스를 먼저 생성한다거나). 또한 우리는 첫 번째 실패에서 멈추지 않고 (여러 테스트 케이스의) 실패 사례의 샘플을 만들고 싶다. 다음 장에서 속성 테스트를 개선하는 방법에 대해 살펴보겠다.

타입 안의 널이 될 수 있는 필드

다음으로 개선하려는 타입은 ToDoList와 ToDoItem이다. 우리는 할 일 목록 애플리케이션을 만드는 중이고, 이 두 가지가 분명히 도메인의 핵심 엔터티이기 때문이다. 이런 타입에 많은 세부 정보를 추가하려는 유혹을 물리쳐야 한다. 지금은 **1장의 목업 준비하기**에서 설명한 것처럼 목업의 필드만 정의한다.

방금 코틀린의 널이 될 수 있는 타입에 대해 설명했다. 도메인을 모델링할 때 널이 될 수 있는 타입을 사용해야 할까? 물론이다. ToDoItem 클래스에는 널이 될 수 있는 dueDate 필드가 있는데, 이는 사용자가 항목에 날짜를 추가하거나 추가하지 않을 수 있게 하기 위해서다. 일반적으로 널이 될 수 있는 타입은 도메인의 선택적 속성을 매핑하는 데 매우 편리한다.

또 할 일 항목의 모든 가능한 상태를 enum으로 매핑하고 싶다. 이때 ToDoStatus.Todo를 기본값으로 사용하려 한다.

이제 기존 단위 테스트를 수정해 새 필드에 가능한 값을 검증할 수 있고, 그 후 타입을 작성할 수 있다.

```kotlin
data class ToDoList(val listName: ListName, val items: List<ToDoItem>)

data class ToDoItem(
    val description: String,
    val dueDate: LocalDate? = null,
    val status: ToDoStatus = ToDoStatus.Todo
)

enum class ToDoStatus { Todo, InProgress, Done, Blocked }
```

이 시점에서 사용자에게 목록을 표시하는 방법을 항목의 상태 및 마감일을 포함하도록 변경하려고 한다.

더 나은 HTML

애플리케이션을 사용해보면 현재 HTML 페이지가 형편없다는 것을 알 수 있다. 부트스트랩 (Bootstrap) 스타일 시트를 사용하면 조금 더 개선할 수 있다[2].

renderPage 함수를 개선해 ToDoList를 HtmlPage로 변환하기만 하면 된다. 가능한 한 가장 간단한 해법으로 코틀린의 여러 줄 문자열을 사용해 아주 단순한 HTML 페이지를 정의하자.

```
fun renderPage(todoList: ToDoList): HtmlPage =
    HtmlPage("""<html>…long and boring html template here…</html>""")
```

코드의 소스 저장소에서 실제 HTML 코드를 볼 수 있다. HTML 페이지는 다음과 같이 생겼다.

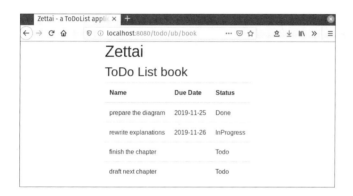

HTML 파싱하기

유일한 문제는 새로운 HTML에서 기존 HTTP DDT가 실패한다는 점이다. 파싱 함수가 더 이상 작동하지 않기 때문이다.

---

2 https://getbootstrap.com

그런 다음 HTML을 파싱하기 위해 HttpActions 메서드에 대해 다시 extractItemsFromPage 함수를 작성해서 HTML을 파싱하고 항목을 추출해야 한다. 실제 파싱에는 Jsoup을 사용할 것이다[3]. Jsoup은 HTML에서 데이터를 추출할 때 쓰기 쉬운 라이브러리다.

```kotlin
private fun HtmlPage.parse(): Document = Jsoup.parse(raw)


fun extractItemsFromPage(html: HtmlPage): List<ToDoItem> =
    html.parse()
        .select("tr")
        .filter { it.select("td").size == 3 }
        .map {
            Triple(
                it.select("td")[0].text().orEmpty(),
                it.select("td")[1].text().toIsoLocalDate(),
                it.select("td")[2].text().orEmpty().toStatus()
            )
        }
        .map { (name, date, status) ->
            ToDoItem(name, date, status)
        }
```

---

3 https://jsoup.org

조에게 묻는다 코드를 확인하기 위해 HTML을 파싱하는 이유는 무엇인가? 그렇게 하면 테스트가 더 취약해질 위험이 있지 않나?

위험은 분명히 존재한다. 우리는 스토리를 검증해야 하며, 여기서는 HTML 부분의 렌더링에 관심이 있으므로 어떻게든 HTML을 검증할 필요가 있다.

또 다른 접근 방식은 서버에 (Accept 헤더를 사용하여) JSON 형식의 콘텐츠를 반환하도록 지시하는 것이다. 하지만 단지 테스트를 위해 프로덕션 코드를 작성하면 다른 종류의 문제가 발생할 수 있다.

어떤 경우든 HTML을 파싱하더라도 형식 지정이나 보이지 않는 원소 추가와 같은 사소한 HTML 변경으로 인해 실패하는 검사는 피해야 한다. 그렇지 않으면 테스트의 유지보수가 아주 번거로워질 수 있다. 이런 이유로 결과를 파싱하고 (태그가 아니라) 표시된 데이터만 예상 데이터와 비교한다. UI의 외형이 달라졌다는 이유만으로 테스트를 수정하고 싶지는 않다.

마침내 모든 테스트를 통과했으므로 이 스토리는 완료된 것으로 간주할 수 있다.

고차 함수 추출

함수형 도메인 모델링에 대한 이 장을 마무리하기 위해, 고차 함수를 만들어내는 리팩터링의 작은 예를 살펴보겠다. 널이 될 수 있는 String을 파싱해 LocalDate를 얻는 방법을 살펴보자. 이 예제에서 String은 ISO 8601 형식의 유효한 날짜이거나, null이거나 빈 문자열이라고 가정한다. 두 번째 경우(null이거나 빈 문자열인 경우)에는 null을 반환해야 한다.

```
private fun String?.toIsoLocalDate(): LocalDate? =
    if (this.isNullOrBlank())
        null
    else
        LocalDate.parse(this, DateTimeFormatter.ISO_LOCAL_DATE)
```

이 정도면 충분하지만 더 잘할 수 있다.

이 함수는 실제로 문자열이 null인지 확인하고, null이 아닐 때는 값을 변환하는 두 가지 일을 수행한다. 널이 될 수 있는 필드를 파싱할 때 재사용하기 위해 널 검사의 if를 추출하되, 변환 함수를 받아 합성하게 만든다. 이때 변환 함수의 반환 타입은 널이 될 수 없는 타입으로 일반화시켜야 한다(U를 Any로 바인딩).

```
fun <U : Any> CharSequence?.unlessNullOrEmpty(f: (CharSequence) -> U): U? =
    if (this.isNullOrEmpty()) null else f(this)
```

이제 LocalDate 파서가 더 간단하고 명확해졌다.

```
fun String?.toIsoLocalDate(): LocalDate? =
    unlessNullOrEmpty {
        LocalDate.parse(this, DateTimeFormatter.ISO_LOCAL_DATE)
    }
```

함수형 프로그래밍의 작은 즐거움 중 하나는 임의적인 것처럼 보이는 코드에서 제네릭한 고차 함수를 식별하고 추출하는 것이다.

Note ☰   작은 함수를 합성하기

더 작은 특화된 함수를 합성하면 몇 가지 장점을 얻을 수 있다.

- 가독성: 너무 많은 작업을 한꺼번에 처리하려는 더 큰 함수보다 작고 특화된 함수가 더 읽기 쉽고 이해하기 쉽다.
- 재사용성: 제네릭 고차 함수를 추출하면 코드 기반의 여러 부분에서 재사용 가능한 컴포넌트를 만들 수 있다.
- 테스트 가능성: 함수가 단순할수록 더 테스트하기 쉽다.
- 유연성: 함수를 합성하면 더 작은 빌딩 블록으로부터 더 복잡한 동작을 만들 수 있다. 따라서 요구 사항이 변경될 때 코드를 더 쉽게 적응시킬 수 있다.

4.5 / 요약

이 장에서는 DDT를 작성하는 과정과 DDT의 도움으로 구현을 이끌어나가는 과정을 살펴봤다. 우리는 목록에 항목을 추가하는 새로운 스토리를 구현했다.

또한 영속성을 위해 함수형 의존관계 주입을 사용하기 시작했고, 이를 객체 지향의 접근 방법과 비교했다.

그런 다음 응답의 HTML을 파싱하고 검증해 HTTP 계층이 올바르게 작동하는지 확인하고, 도메인 전용 DDT를 통해 도메인 외부로 비즈니스 로직이 유출되지 않는지 확인했다.

마지막으로 도메인 모델을 개선해 데이터를 함수형으로 모델링하는 방법을 배웠다.

다음 장에서는 사용자가 새로운 할 일 목록을 만들게 해주는 방법을 살펴보겠다. 또 이벤트와 재귀에 대해서도 알아볼 것이다.

4.6 연습 문제

이 장의 연습 문제에서는 널이 될 수 있는 타입과 부분 적용에 초점을 맞출 것이다.

다시 강조하지만, 함수형 프로그래밍은 코드를 읽는 것만으로는 배울 수 없다. 가장 좋은 방법은 연습하는 것이다. 책 코드 저장소의 exercises 폴더에서 시작점을 찾고, 몇 가지 힌트를 얻을 수 있을 것이다.

연습 문제 4.1: DiscardUnless

이 연습 문제에서는 어떤 술어(predicate, Boolean을 반환하는 함수)가 참일 때 null을 반환하는 제네릭 고차 함수를 만들어보자. 다음과 같은 함수를 구현하라.

```
fun <T> T.discardUnless(predicate: (T) -> Boolean): T? =
```

위 함수가 다음 테스트를 통과해야 한다.

```
val itemInProgress = ToDoItem("doing something",
                              status= ToDoStatus.InProgress)
val itemBlocked = ToDoItem("must do something",
                           status= ToDoStatus.Blocked)

expectThat(
    itemInProgress.discardUnless { status == ToDoStatus.InProgress }
).isEqualTo(itemInProgress)

expectThat(
    itemBlocked.discardUnless { status == ToDoStatus.InProgress }
).isEqualTo(null)
```

연습 문제 4.2: 널이 될 수 있는 함수 연쇄 호출하기

자격이 없는 실패를 표현하기 위해 null을 사용하는 방법에 대해 설명했다. 이제 null이 될 수 있는 결과 타입을 반환할 수 있는 함수를 연결해 호출하는 방법을 살펴보자.

이 연습 문제는 andUnlessNull 함수를 구현하는 것이다. 서로 호출로 연결된 함수 중 하나라도 널을 반환하면, 전체 조합에서 앞의 함수가 이미 null을 반환한 경우 다음 함수를 호출하지 않아야 한다.

```
infix fun <A: Any, B: Any, C: Any> FUN<A, B?>.andUnlessNull(
    other: FUN<B, C?>): FUN<A, C?> = TODO()

val processUnlessNull = ::extractListData andUnlessNull
        ::fetchListContent andUnlessNull
        ::renderHtml andUnlessNull
        ::createResponse

fun fetchList(request: Request): Response = processUnlessNull(request)
    ?: Response(404, "Not found")
```

연습 문제 4.3: 커링

같은 타입의 두 파라미터를 받고 그와 같은 타입의 결과를 반환하는 간단한 함수가 두 개 있다.

```
fun sum(num1: Int, num2: Int) = num1 + num2
fun strConcat(s1: String, s2: String) = "$s1 $s2"
```

다음과 같은 시그니처의 curry 함수를 구현하려고 한다.

```
fun <A,B,C> ((A, B) -> C).curry(): (A) -> (B) -> C
```

curry 함수는 두 파라미터가 있는 함수를 각각의 파라미터를 받는 두 개의 함수의 연쇄로 분리한다.

```
val plus3Fn = ::sum.curry()(3)
expectThat(plus3Fn(4)).isEqualTo(7)

val starPrefixFn = ::strConcat.curry()("*")
expectThat(starPrefixFn("abc")).isEqualTo("* abc")
```

두 번째 단계로, 다음과 같은 시그니처의 +++라는 중위 함수를 사용해 파라미터를 합성하고 싶다.

```kotlin
infix fun <A,B> ((A) -> B).`+++`(a: A): B
```

이 함수를 다음과 같이 사용할 수 있다.

```kotlin
val curriedConcat = ::strConcat.curry()
expectThat(curriedConcat `+++` "head" `+++` "tail")
    .isEqualTo("head tail")

val curriedSum = ::sum.curry()
expectThat(curriedSum `+++` 4 `+++` 5).isEqualTo(9)
```

파라미터 개수가 3, 4, 5개인 경우에 대해 curry 함수를 정의할 수도 있다.

연습 문제 4.4: 호출 가능 객체

커링 함수는 코틀린에서 함수를 입력받고 생성하는 방법을 이해하고 싶을 때 유용하다. 하지만 코틀린에서 부분 적용을 수행하는 더 관용적이고 간단한 방법은 호출 가능한 클래스를 사용하는 것이다.

이 연습 문제에서는 수신자의 이름(first name)을 사용해 개인화된 이메일 텍스트를 얻는 함수를 작성해보자.

```kotlin
class EmailTemplate(templateText: String): (Person) -> String {
    fun invoke(aPerson: Person): String = TODO()
}
```

invoke 함수에 전달받은 Person의 세부 내용과 생성자의 templateText 파라미터를 사용해 이메일 텍스트를 생성하도록 EmailTemplate 클래스를 완성해야 한다. 3장의 연습 문제에서 만든 템플릿 엔진을 사용할 수 있다.

테스트를 작성해서 템플릿이 여러 다른 사람들의 이메일에 대해 올바르게 적용되는지 확인하라.

5장

이벤트를 사용해 상태 수정하기

시간은 일종의 지나가는 사건의 강이며 그 흐름은 거세서 무언가가 그 흐름에 휩쓸리자마자 다른 것이 그 자리를 차지하나 이것도 곧 휩쓸려 사라질 것이다.

– 마르쿠스 아우렐리우스

앞 장에서는 도메인을 인프라와 분리하는 방법을 살펴봤다. 또 목록을 변경하는 방법을 살펴보고 DDT가 디자인을 주도하도록 했다. 이제 함수형 프로그래밍이 상태 변경을 조작하기 위해 어떤 도구를 제공하고, 또 이를 어떻게 사용하는지 자세히 살펴보자.

그리고 **이벤트 소싱**(event sourcing) 패턴을 사용하는 방법을 알아보고, 이벤트를 사용해 애플리케이션 상태의 이력을 추적하는 방법도 살펴볼 것이다. 이를 통해 함수형 프로그래밍의 장점을 잃지 않으면서 목록을 쉽게 변경하는 방법을 살펴볼 것이다.

5.1 할 일 목록 만들고 표시하기

앞 장에서는 도메인을 순수하게 유지하면서 할 일 목록을 변경했다. 지금 하고자 하는 것은 사용자가 자신의 목록을 만들게 하는 것이다. 이를 위해서는 사용자의 모든 목록을 표시하는 페이지도 필요하다. 이 페이지에 대한 목업을 1장에서 그렸고(**1장 목업 준비하기** 참고), 이제 이러한 시나리오를 다루는 DDT를 적을 수 있다.

1. 사용자는 아무 목록이 없는 상태에서 시작한다.

2. 사용자는 자신의 모든 목록을 볼 수 있다(그리고 자신의 목록만 볼 수 있다).

3. 사용자가 새 목록을 만들 수 있다.

사용자 목록 페이지 만들기

1번과 2번 DDT부터 시작해보자. 3번 목록 생성에 대해서는 나중에 살펴보겠다. 단위 테스트가 아니라 DDT이므로 두 테스트를 함께 작성하고 다음과 같이 진행 중인 작업으로 남겨둘 수 있다.

```
class UserListsPageDDT: ZettaiDDT(allActions()) {
    val carol by NamedActor(::ToDoListOwner)
❶  val emma by NamedActor(::ToDoListOwner)

    @DDT
    fun `new users have no lists`() = ddtScenario {
        play(
❷          emma.`cannot see any list`()
        ).wip(LocalDate.of(2023,12,31))
    }

    @DDT
    fun `only owners can see all their lists`() = ddtScenario {
        val expectedLists = generateSomeToDoLists()
        setup {
            carol.`starts with some lists`(expectedLists)
        }.thenPlay(
❸          carol.`can see the lists: #listNames`(expectedLists.keys),
❹          emma.`cannot see any list`()
        ).wip(LocalDate.of(2023,12,31))
    }

    private fun generateSomeToDoLists(): Map<String, List<String>> {
        return mapOf(
            "work" to listOf("meeting", "spreadsheet"),
            "home" to listOf("buy food"),
            "friends" to listOf("buy present", "book restaurant")
        )
    }
}
```

❶ 먼저 DDT의 두 액터 엠마(emma)와 캐롤(carol)을 정의한다.

❷ 아무 설정이 없으면 시스템에 목록이 없다.

❸ 캐롤에게 목록을 추가했으므로 캐롤은 목록을 볼 수 있다.

❹ 하지만 엠마는 여전히 목록을 볼 수 없다.

사용자에게 여러 목록을 제공할 수 있는 starts with some lists라는 설정 메서드를 추가했다. 그 후 사용자가 자신의 모든 목록을 볼 수 있고, 남의 목록은 보지 못하는지 검사한다. 이를 다른 설정 메서드 starts with a list와 마찬가지로 액터의 확장 함수로 정의했다. 이러한 테스트를

컴파일하려면 액터에 대한 액션과 도메인 전용 표현과 HTTP 표현 모두에 대해 작업을 정의해야
한다.

테스트를 작성한 후 진행하는 가장 좋은 방법은 액터에 새로운 메서드를 구현하는 것이다. 이렇게
하면 각 단계에서 어떤 조건이 참일 것으로 예상되는지 조건을 명확히 할 수 있다. 이런 작업은 아
직 테스트가 기억에 남아 있을 때 하면 더 쉽다.

```kotlin
data class ToDoListOwner(override val name: String):
                        DdtActor<ZettaiActions>() {
    fun `cannot see any list`() = step {
❶       val lists = allUserLists(user)
        expectThat(lists).isEmpty()
    }
❷   fun `can see the lists: #listNames`(expectedLists: Set<String>) =
        step(expectedLists) {
            val lists = allUserLists(user)
            expectThat(lists)
                .map(ListName::name)
                .containsExactly(expectedLists)
        }
}
```

❶ allUserLists는 사용자의 모든 목록을 검색하는 동작에 대한 새로운 메서드다.

❷ 단계를 더 명확하게 하기 위해 예상되는 목록의 이름을 해시 기호를 사용해 표시한다.

DDT가 컴파일되도록 하려면, 액션 인터페이스에 starts with some lists와 allUserLists 메서
드를 추가해야 한다. 첫 번째 메서드는 기존 메서드인 start with a list를 인터페이스 안에서
직접 사용해 구현할 수 있다. 현재로서는 구체적인 액션에서 allUserLists를 TODO로 남겨둘 수
있다.

```kotlin
interface ZettaiActions : DomainActions<DdtProtocol> {
    fun ToDoListOwner.`starts with some lists`(
                        lists: Map<String, List<String>>) =
        lists.forEach { (listName, items) ->
            `starts with a list`(listName, items)
        }

    fun allUserLists(user: User): List<ListName> = TODO()
    // 나머지 메서드들
}
```

HTTP DDT로 전환

HTTP DDT에 대한 작업을 시작하면 사용자의 할 일 목록의 목록을 반환하기 위해 HttpHandler
에 새 경로를 추가해야 한다. REST 접근 방식을 계속 진행하면서, 사용자 이름 경로에 GET 메서드
를 바인딩해서 이 사용자의 모든 목록이 있는 페이지를 반환하도록 한다.

```
class Zettai(val hub: ZettaiHub): HttpHandler {
    val httpHandler = routes(
        "/todo/{user}/{listname}" bind GET to ::getToDoList,
        "/todo/{user}/{listname}" bind POST to ::addNewItem,
❶       "/todo/{user}" bind GET to ::getAllLists
    )

    private fun getAllLists(req: Request): Response {
❷       val user = req.extractUser()

❸       return hub.getLists(user)
❹           ?.let { renderListPage(user, it) }
            ?.let(::toResponse)
            ?: Response(Status.BAD_REQUEST)
    }

    fun Request.extractUser(): User = path("user").orEmpty().let(::User)
    // 나머지 메서드들
}
```

❶ 모든 목록을 가져오는 새로운 경로를 정의한다.

❷ 요청에서 사용자를 추출하는 작은 확장 함수를 만든다. 지금은 사용자가 존재하는지 여부를
검증하지 않는다.

❸ 사용자의 모든 목록을 가져오려면 허브에 새로운 메서드가 필요하다.

❹ 먼저 허브에서 목록을 가져온 다음, 사용자를 위한 HTML 페이지를 렌더링한다.

새 경로를 추가한 후, HTTP 액션이 해당 경로를 가리키도록 할 수 있다. 아직은 파싱을 어떻게
해야 할지 확실하지 않으므로, 나중을 위해 남겨두자.

```
override fun allUserLists(user: User): List<ListName> {
    val response = callZettai(Method.GET, allUserListsUrl(user))
    expectThat(response.status).isEqualTo(Status.OK)
```

```
        TODO("parsing not implemented yet")
    }
```

이제 HTTP DDT를 실행하면 테스트가 실제로 애플리케이션을 부르고 있는지 확인할 수 있다.
실제로는 허브 메서드가 아직 구현되지 않았기 때문에 테스트가 실패한다.

이제 적절한 fetcher 인터페이스와 함께 허브에 새로운 메서드를 도입해서 어떤 사용자에 대한 모
든 목록을 메모리의 가변 저장소에서 가져오게 해야 한다.

```
    interface ZettaiHub {
        fun getList(user: User, listName: ListName): ToDoList?
        fun addItemToList(user: User,
                        listName: ListName, item: ToDoItem): ToDoList?
❶      fun getLists(user: User): List<ListName>?
    }

    class ToDoListHub(val fetcher: ToDoListUpdatableFetcher): ZettaiHub {
        override fun getLists(user: User): List<ListName>? =
❷          fetcher.getAll(user)
        //  다른 메서드들
    }
```

❶ 할 일 목록이 없는 사용자(빈 목록)와 존재하지 않는 사용자 또는 다른 오류를 구분하기 위해
목록을 null 가능으로 선언한다.

❷ 허브는 fetcher에 정의한 새로운 메서드를 사용해 사용자의 모든 목록을 가져온다.

도메인 전용 DDT 통과시키기

허브가 완료되면 도메인 전용 액션을 완료할 수 있다.

```
    interface ZettaiActions: DdtActions<DdtProtocol> {
        override fun allUserLists(user: User): List<ListName> =
            hub.getLists(user) ?: emptyList()
        //  다른 메서드들
    }
```

허브에서 메서드를 구현해서 이제 DDT가 도메인 프로토콜을 통과한다. 하지만 HTTP 프로토콜에서는 페이지 렌더링이 여전히 빠져 있다.

사용자의 할 일 목록 페이지 생성하기

스토리를 마무리하려면 사용자 목록에 대한 HTML 페이지를 생성해야 한다. 그런 다음 단일 목록 페이지에서 했던 것처럼 Jsoup을 사용해 HTML 페이지를 파싱하고 DDT 유효성 검증을 위해 목록의 이름을 반환한다.

작업이 완료되면(전체 코드는 저장소에 있다) HTTP 액션을 완료할 수 있다.

```
data class HttpActions(val env: String = "local"): ZettaiActions {
    override fun allUserLists(user: User): List<ListName> {
        val response = callZettai(Method.GET, allUserListsUrl(user))
        expectThat(response.status).isEqualTo(Status.OK)
        val html = HtmlPage(response.bodyString())
        val names = extractListNamesFromPage(html)
        return names.map { name -> ListName.fromTrusted(name) }
    }
    // 다른 메서드들
}
```

여기에서 볼 수 있듯이 마침내 DDT를 통과했다.

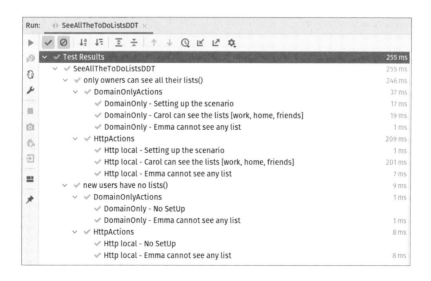

5.2 변경된 상태 저장하기

다음 스토리는 사용자가 새 목록을 만들 수 있게 하는 것이다. ToDoListUpdatableFetcher를 계속 사용해 이를 구현하고, 나중에 데이터베이스나 다른 형태의 영속성을 사용하는 구현으로 대체할 수 있다.

이는 완전히 타당하고 합리적인 접근 방식이며 쓸모도 있지만, 제타이에서는 다른 접근 방식을 취하려고 한다. 상태를 직접 저장하는 대신에 상태에 발생한 변경을 모두 저장한 다음, 필요할 때 모든 변경 사항을 재생해 상태를 다시 재생성한다.

불필요한 복잡성처럼 보일 수 있지만, 이 장이 끝나면 그 이점을 분명히 알 수 있을 것이다.

이는 일반적인 애플리케이션 개발 방식과는 다른 큰 변화로, 이를 위해서는 함수형 프로그래밍을 사용해야 한다. 지금부터 이 접근 방식을 분석하고 새로운 함수형 프로그래밍 도구에 대해 알아보자. 그리고 다음 장에서 이 모든 것을 제타이에 적용할 것이다.

이벤트 소싱

상태가 변경될 때마다 새 상태를 저장하는 것은 비즈니스 모델 관점에서 볼 때 이상적이지 않다. 문제는 상태를 변경할 때(예 컬렉션에 새로운 ToDoList를 추가할 때 등) 상태 변경이 언제, 왜 일어났는지에 대해 기록하지 않는다는 것이다. 제타이에서는 목록의 이력을 재구성해서 사용자가 마지막 수정을 취소하거나, 과거 특정 지점의 목록이 어떤 모습이었는지를 확인할 수 있도록 해주려 한다.

어떻게 할 수 있을까? 이벤트 소싱(event sourcing) 패턴[1]을 시작하라! 이벤트 소싱의 기본 개념은 상태가 변경될 때마다 새로운 상태를 영속화하는 대신에, 변경을 야기한 비즈니스적 이유와 변화의 내용, 즉 비즈니스 이벤트를 저장한다는 것이다. 이벤트 소싱을 사용하면 각 엔터티에 대해 누가 무엇을 했는지에 대한 감사(audit) 흐름도 제공할 수 있다.

---

[1] https://microservices.io/patterns/data/event-sourcing.html

이렇게 하면 엔터티의 현재 상태까지의 이력을 항상 재구성할 수 있다. 하지만 원한다면 과거 어느 시점의 상태도 계산할 수 있다. 그 시점 이전의 모든 이벤트를 처리하면 된다. 마지막으로, 이벤트 스트림을 사용하면 얻기 어려운 다른 여러 통계를 수집할 수도 있다(에 변경 사항이 가장 많은 목록을 찾는 등). 이벤트 소싱을 사용하면 얻을 수 있는 이점을 정리하면 다음과 같다.

1. 변경이 일어난 다음에도 비즈니스 이벤트에 대한 정보를 유지할 수 있는 기능

2. 모든 감사 데이터를 수집할 수 있는 기능

3. 과거의 특정 시점의 상태를 재구성하는 기능

4. 동일한 데이터에 대해 여러 가지 다른 뷰를 쉽게 생성하는 기능

모든 것이 그렇듯이 이벤트 소싱에는 단점도 있다. (상태를 변경하고 저장하는 방식에 비해) 더 복잡한 접근 방식이며, 팀이 새로운 기술을 배워야 한다는 점이다.

또한 이벤트 소싱을 사용하는 것은 성능이 매우 중요한 프로젝트에서 문제가 될 수 있고, 비즈니스 로직이 거의 없거나 비즈니스 로직에 대해 그다지 신경 쓰지 않는 도메인에서는 별 가치가 없다. 마지막으로 이벤트 소싱을 사용하면 데이터베이스 동시성 및 마이그레이션 처리가 조금 더 까다로울 수 있다.

이 책의 뒷부분에서 위 문제 중 일부를 다룰 것이며, 이벤트 소싱이 모든 상황에 가장 적합한 솔루션은 아니라는 점에 유의하라. 하지만 정확한 모델링이 중요한 비즈니스 도메인을 다룰 때는 이벤트 소싱이 최선의 해법이라고 생각한다.

이벤트에 대해 자세히 살펴보기 전에 더 큰 그림을 생각해보자. 함수형 프로그래밍에서 상태 변경을 어떻게 처리할 수 있을까?

불변 데이터로 상태 변경하기

지금까지 함수형 프로그래밍에서 불변 타입을 사용할 때의 이점을 살펴봤다. 함수형 스타일이 상태 변경을 다룰 때는 그리 많은 이점을 제공하지 않는다고 생각해도 된다. 실제로는 그 반대가 맞다. 함수형 프로그래밍에서는 상태 변경이 더 불편해진다. 불변 타입만으로 상태를 정의했기 때문에, 이제는 모든 데이터 변경을 명시적으로 처리해야 한다. 따라서 무엇이 왜 변경되어야 하는지 변경 대상과 이유를 더 의식하게 된다. 함수형 프로그래밍을 사용하면 더 신중하고 정교한 방식으로 상태를 조작해야만 한다.

이제 문제는 이것이다. 어떻게 하면 불변 데이터를 변경할 수 있을까? 가장 간단한 방법은 변경 불가능한 데이터에 대해 변경된 내용이 포함된 새 복사본을 만드는 것이다. 원시 타입의 값(이런 값들은 불변 값이다)을 사용할 때와 똑같다.

```
val name = "frank"
val capitalName = name.capitalize()
println("Hello $capitalName") // Hello Frank
```

앞의 예제에서는 name이 변경되지 않고 대문자로 된 새 복사본이 capitalName에 저장된다.

같은 방식으로 할 일 목록에 항목을 추가할 때도 다음과 같은 작업을 수행한다.

```
val toDoList = ToDoList.build("myList", listOf("item1"))
val newToDoList = toDoList.copy(items = items + ToDoItem("item2"))
```

기존 목록을 변경하는 대신, 새로운 항목이 포함된 사본을 만드는 것이다.

이제 (최소한 함수형 세계에서는) 까다로운 부분이 나온다. 이전 목록에 대한 전역 참조를 새 목록에 대한 참조로 대체해야 한다면 어떻게 해야 할까?

가장 선호하는 전략은 변경 가능한 상태 참조를 피하는 것이다. 실제로 이런 참조가 필요하지 않은 경우가 많기 때문이다. 참조를 피하는 것이 가능하지 않다면 참조를 최대한 시스템의 바깥쪽에 배치해야 한다. 이렇게 하면 코드 대부분은 가변성에 의존하지 않고 순수성을 유지할 수 있다. **4장 허브 밖에 목록 저장하기**에서 MutableMap을 사용해 바로 이 작업을 수행했다. 특히 변경 가능한 상태를 가진 싱글턴 전역 객체를 가능한 한 피해야 한다.

원하는 것은 MutableMap을 없애고 다른 접근 방식을 사용하는 것이다. 즉, 목록을 직접 변경하는 대신 목록에 적용해야 하는 변경을 기록하는 것이다. 이렇게 하면 어떤 목록에 대해 변경 불가능한 '어느 시점의 스냅샷'을 생성할 수 있다. 다시 말해 변경 가능한 맵을 변경 불가능한 이벤트 목록으로 대체한다.

잠시 멈춰서 우리가 해결하려는 문제를 생각해보자. 문제는 함수형 프로그래밍에서 가변 맵을 사용하면 어떤 규칙을 어기게 된다는 점이 아니다. 궁극적으로 상태는 메모리상의 변경 가능한 참조나 외부 컴포넌트(예 데이터베이스)에서 유지되고 변경될 수 있어야 한다. 우리가 하려는 것은 코드에서 부수 효과나 가변성이 있는 부분에 확실한 경계를 설정하는 것이다. 이렇게 하면 대부분의 함수를 쉽게 재사용하고 합성할 수 있다.

이제 가변성을 다루는 몇 가지 전략을 고려해보자.

임시 가변성

계산을 추적하기 위해 일종의 **일회용** 임시 상태가 필요하다면 어떻게 해야 할까? 간단한 루프를 예로 살펴보자. 카운터에 대해 루프를 도는 것은 매우 일반적이어서 대부분의 프로그래밍 언어는 루프가 완료될 때까지 임시 상태를 계속 변경할 수 있는 구조를 제공한다.

```
var counter = 0
while(true){
    counter++
    if (operation(counter) == null)
        break
}
println("executed $counter operations")
```

하지만 (여러분의 소리가 들린다) 이렇게 가변적인 카운터를 쓰는 게 잘못된 것은 아니지 않은가! 글쎄, 그렇기도 하고 아니기도 하다. 이렇게 아주 작은 코드에서 가변 카운터를 사용하는 것이 그리 잘못된 것은 아니다. 이런 코드를 다른 함수나 코드와 합성할 여지가 많지 않기 때문이다. 반면 코드는 시간이 지날수록 점점 더 복잡해지는 경향이 있다. 복잡한 루프에 변경 가능한 지역 변수를 사용하는 것은 확실히 피하고 싶은 일이다.

변경 가능한 지역 변수 제거하기

조금 더 복잡한 예제를 살펴보자. 어떤 스트림에서 바이트의 개수를 센다.

```
fun readStream(stream: Stream): Int {
    var totByteRead = 0
    while(true){
        val bytesRead = stream.read()
        totByteRead += bytesRead
        if (bytesRead == 0)
            break
    }
    return totByteRead
}
```

이 코드는 여전히 매우 작지만, 벌써 오류가 발생하기 쉬워졌다. 그 이유를 알아보기 위해 이 작은 예제의 디자인 문제를 살펴보자.

- 바이트 수를 세는 것은 바이트 읽기와 밀접한 관계가 있지만, 여기서는 두 작업을 서로 다른 함수에서 수행한다.
- 스트림을 닫으려면 bytesRead가 0과 같은지 확인해야 한다.
- 지역 변수인 totByteRead가 변경 가능하기 때문에, 실수로 이를 변경할 수 있다.

하지만 이 코드의 진짜 문제는 이 코드가 전혀 합성할 수 없는 구조라는 점이다. 그래서 코드를 더 작은 조각으로 나누거나, 비슷한 상황에 재사용할 수 없다. 코드 안에서 모든 것이 서로 긴밀하게 연결되어 있다. 예를 들어 읽을 바이트를 선택적으로 제한하려면 코드가 상당히 복잡해져야 한다. 그럴 경우 코드에 오류가 발생하기 더 쉽고 유연성이 떨어진다.

이 문제를 어떻게 개선할 수 있을까? 먼저 불변 변수를 사용해 코드를 다시 작성해보자.

```kotlin
fun readStream(stream: Stream): Int {
    val bytesRead1 = stream.read()
    val bytesRead2 = bytesRead1 + stream.read()
    val bytesRead3 = bytesRead2 + stream.read()
        ...
    val bytesRead10 = bytesRead9 + stream.read()
    return bytesRead10
}
```

이 코드는 앞 예제의 일부 문제를 해결할 수 있지만, 이런 코드를 작성하려고 진지하게 생각하는 사람은 없기를 바란다. 반복이 끔찍하고 얼마나 많은 읽기가 필요할지 알 방법이 없다.

코드를 살펴보면 마지막 카운터인 bytesRead10과 스트림을 읽는 호출에만 관심이 있을 뿐, 중간 중간의 카운터에는 관심이 없다. 다른 대안이 있을까? 함수형 프로그래밍에서 가변 상태를 처리하는 새로운 도구를 살펴보자.

5.3 재귀의 힘 활용하기

재귀는 복잡한 알고리즘을 우아하고 간결하게 표현할 수 있는 매우 강력한 기술이다. 재귀의 정의를 살펴보면, 문제를 해결하기 쉬워질 때까지 문제를 더 작은 (똑같은 방식으로 해결할 수 있는) 버전으로 나누어 문제를 해결한다. 덜 우아하지만 더 실용적으로 정의하자면, 자기 자신을 호출하는 함수로 문제를 해결하는 것이라고 할 수 있다.

이전 문제에서, 우리는 **누적값**(accumulator)이라는 임시 변수(이 경우 지금까지 읽은 바이트 수)와 연산(이 경우 스트림에서 읽기 호출)을 받아들이고 새로운 누적값을 돌려주는 함수가 있었으면 했다. 누적값이라고 부르는 이유는 그 값이 연산의 부분적인 결과를 점진적으로 누적시키기 때문이다.

이런 고차 함수를 **축약기**(reducer)라고 부르는데, 값 컬렉션을 하나의 값으로 '축약'하기 때문이다. 먼저 시그니처를 정의할 수 있다.

```kotlin
fun reduceOperations(accumulator: Int,
                     operation: (Int) -> Int): Int = TODO()
```

그리고 이 함수를 다음과 같이 쓸 수 있다.

```kotlin
val bytesRead = reduceOperations(0) { it + stream.read() }
println("read $bytesRead bytes")
```

이 함수를 어떻게 구현할 수 있을까? 이 함수는 재귀를 사용할 만한 자연스러운 후보로 보인다. 재귀를 사용한다는 것은 무슨 의미일까? 바로 함수가 stream.read() 연산이 0바이트를 반환(종료 조건)할 때까지 자기 자신을 계속 호출한다는 뜻이다. 코드를 통해 살펴보자.

```kotlin
❶ tailrec fun reduceOperations(
      accumulator: Int,
      operation: (Int) -> Int
   ): Int {
❷    val newAccumulator = operation(accumulator)
❸    return if (newAccumulator == accumulator) {
❹        accumulator
      } else {
```

```
❺              reduceOperations(newAccumulator, operation)
        }
    }
```

❶ tailrec 키워드는 스택 넘침(stack overflow) 예외를 방지한다. tailrec이 어떻게 작동하는지
  이해하려면 **부록 B의 tailrec 키워드**를 참고하라.

❷ 연산을 호출하고 반환된 값을 저장한다.

❸ 실제 새로운 바이트를 읽었는지 확인한다.

❹ 새 바이트를 읽지 않았다면 재귀 호출 없이 결과를 반환한다. 즉, 스트림 읽기를 끝낸다.

❺ 새 바이트를 읽었다면 새로운 누적값을 가지고 스스로를 호출한다.

접을 수 있게 만들기

이제 비슷하지만 더 일반적인 경우를 고려해보자. 컬렉션의 모든 원소에 대해 어떤 연산을 호출
한 다음, 그 결과를 원하는 특정 방식으로 결합하려 한다. 예를 들어 컬렉션에 지정된 URL에서 웹
페이지를 다운로드한 다음에 모든 페이지를 하나로 이어 붙인다. 어쩌면 텍스트 분석에 이 결과를
쓸 수 있을 것이다.

```
fun concatenateHtml(urls: Iterable<URI>): String {
    var html = ""
    for(url in urls) {
        html += fetchHtml(url)
    }
    return html
}
```

이 루프를 재귀적인 방식으로 다시 작성할 수 있을까? 한 가지 방법은 다음과 같다.

```
tailrec fun Iterable<URI>.concatenateHtml(
    initial: String,
    operation: (acc: String, URI) -> String): String {
❶      val head = firstOrNull()
❷      return if (head == null)
            initial
        else {
```

```
❸        val html = operation(initial, head)
❹        drop(1).concatenateHtml(html, operation)
     }
  }
```

❶ URL 리스트의 첫 번째 원소를 읽는다.

❷ 리스트가 비어 있으면 현재 누적값을 결과로 두고 함수를 끝낸다.

❸ 유효한 URL이 있으면 HTML을 읽어들인다.

❹ 마지막으로 함수는 방금 처리한 첫 번째 원소를 제외한 나머지 리스트와 누적값을 가지고 자기 자신을 호출한다.

지금까지는 꽤 괜찮지만, 이 함수를 더 제네릭하면서 재사용 가능하게 만들 수 있을까? 그렇다. 파라미터를 좀 더 자세히 살펴보기만 하면 된다. 이 예에서는 String과 URL을 사용하고 있지만, 코드 자체에서는 이들의 구체적인 세부 사항을 활용하지 않기 때문에, 이들을 제네릭 타입 파라미터로 바꿀 수 있다.

새로 만든 제네릭 함수를 composeOver라고 부르도록 하자.

```
tailrec fun <T, R> Iterable<T>.composeOver(initial: R,
                operation: (acc: R, element: T) -> R): R {
    val head = firstOrNull()

    return if (head == null)
        initial // 리스트가 비어 있는 경우
    else {
        drop(1).composeOver(operation(initial, head), operation)
    }
}
```

이것이 새로운 시그니처다. 여기서 좋은 점은 (함수 이름과 제네릭 타입 파라미터를 제외하고는) 코드에서 아무것도 변경할 필요가 없다는 것이다. 그래도 코드가 올바르게 작동한다. 이 함수의 시그니처를 살펴보면 컬렉션 표준 라이브러리에 있는 fold 함수와 정확히 일치한다는 사실을 알 수 있다.

```
inline fun <T, R> Iterable<T>.fold(
    initial: R,
    operation: (acc: R, T) -> R
): R
```

이것은 우연이 아니다. 방금 한 작업을 일반적으로 컬렉션 **접기**(folding)라고 부른다. fold 함수는 재귀를 사용하는 보다 일반적인 방법 중 하나다.

왼쪽 접기와 오른쪽 접기

코틀린 표준 라이브러리를 살펴보면 fold 함수가 재귀를 사용하지 않고 구현되어 있음을 알 수 있다. 이는 아마도 모든 단계에서 컬렉션 전체 복사가 일어나는 경우 발생할 수 있는 성능 문제를 피하기 위한 것일 수 있다. 구현 방식에 관계 없이, fold를 사용하면 우리가 만든 함수를 안전하고 합성 가능한 방식으로 사용해 컬렉션을 다룰 수 있다.

이 장의 첫 번째 예제를 보면 fold는 명령형 프로그래밍 루프에 대한 가장 일반적인 추상화이다. map, filter 등 루프를 통한 다른 모든 추상화를 fold만 사용해 구현할 수 있다.

예제에서는 점점 더 작은 크기의 리스트(drop(1) 호출에 주목하라)를 사용해 빈 리스트가 될 때까지 매번 연산 결과를 누적값으로 전달하면서 composeOver를 호출했다.

반대 방향으로 접근할 수도 있다. 즉시 operation 연산을 호출하면서 접기 함수를 파라미터로 전달할 수도 있다. 이 방식을 택하면 리스트의 첫 번째 원소부터 시작하기는 하지만, operation을 첫 번째 원소에 대해 호출하기 전에 재귀 호출을 수행하고, 그 결과를 얻은 다음에야 operation을 수행한다. 따라서 가장 먼저 완전히 처리되는 원소는 리스트의 마지막 원소이고, 두 번째로 처리되는 원소는 끝에서 두 번째 원소이며, 이런 패턴이 첫 번째 원소가 처리될 때까지 반복된다. 비유적으로 말하면 오른쪽에서 왼쪽 방향으로 연산 적용이 진행되는 것이다.

이 방식을 사용하는 composeOverRight라는 새 함수를 작성해보자.

```
fun <T, R> Iterable<T>.composeOverRight(
    initial: R,
    operation: (element: T, acc: R) -> R): R {
        val head = firstOrNull()
        return if (head == null)
            initial // 리스트가 빈 경우
        else {
            operation(head, drop(1).composeOverRight(initial, operation))
        }
}
```

여기서 operation은 먼저 원소를 파라미터로 받은 다음에 누적값을 받는다. 원소 뒤에 누적값을 넣는 것은 오른쪽 접기에서 일반적인 관습이다. 이 방향이 하스켈 같은 지연 계산 언어에 더 편리하기 때문이다. 코틀린에서는 실질적인 차이는 없지만, 접기 연산이 반대 순서로 진행 중이라는 사실을 강조한다.

여기서 한 가지 걸림돌이 있다. composeOverRight가 더 이상 함수의 마지막 호출이 아니기 때문에 tailrec을 사용할 수 없다. 호출 순서 차이를 확인하기 위해 문자를 세 번 반복하는 문자열을 만드는 간단한 함수를 두 종류의 접기에 모두 사용해보자.

```kotlin
fun triple(c: Char): String {
    print(c) // 다른 목적은 없고 로그만 남김
    return "$c$c$c "
}

fun main() {
    val chars = listOf('a', 'b', 'c')

    val l = chars.composeOver("") { acc, u -> acc + triple(u) }
    println(" composeOver is $l")

    val r = chars.composeOverRight("") { u, acc -> triple(u) + acc }
    println(" composeOverRight is $r")
}
```

코드를 실행하면 다음과 같은 출력이 표시된다.

```
abc composeOver is aaa bbb ccc
cba composeOverRight is aaa bbb ccc
```

composeOverRight가 composeOver와 같은 결과를 만들어내지만, triple 함수가 마지막 원소에 대해 처음 호출된다는 사실을 알 수 있다. 접으려는 데이터 구조에 따라 한 방법이 다른 방법보다 더 좋을 수 있다. 따라서 두 접기의 차이점을 요약해보자.

왼쪽 접기는 첫 번째 원소와 초기 누적값을 조합하고, 그 연산의 결과에 대해 두 번째 원소를 조합하는 식으로 계속 진행한다.

오른쪽 접기는 첫 번째 원소와 리스트의 나머지 부분을 오른쪽 접기 연산으로 접은 결과를 조합한다.

여기서 보통 fold와 foldRight에서 누적값과 원소 파라미터의 순서가 반대라는 사실을 기억하라. 다음 그림을 통해 둘의 차이를 시각화해보자.

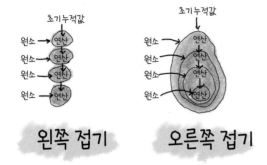

어쨌든 이 코드를 직접 작성할 필요는 없다. 코틀린 표준 라이브러리에는 모든 컬렉션에 대해 정확히 같은 시그니처를 제공하는 foldRight 메서드가 있다.

루프에서 가변적인 임시 변수를 피하기 위해 재귀와 접기를 살펴보기 시작했지만, 이제부터 보게 될 것처럼 접기는 단순한 루프보다 훨씬 더 강력하다.

5.4 / 이벤트 접기

지금까지 모든 접기를 살펴봤는데, 무엇을 배웠는가? 재귀를 사용하면 변경 가능한 임시 상태를 유지하는 것을 피하면서 모든 것을 변경 불가능한 순수한 상태로 유지할 수 있다는 이점을 얻을 수 있었다. 한 계산 안에 상태 변경을 가둬둘 수 없을 때는 어떻게 해야 할까?

유한 상태 기계[2]처럼 다양한 상태를 가진 엔터티를 모델링해야 하며, 이런 상태가 엔터티 자체의 동작을 변경한다고 가정해보자. 이를 시각화하기 위해 열림과 닫힘이라는 두 가지 상태가 있는 문을 어떻게 모델링할지 생각해보자. 유리문에 부딪혀본 사람이라면 누구나 알 수 있듯이 문은 열려 있을 때와 닫혀 있을 때 아주 다른 두 가지 동작을 한다.

---

2 https://en.wikipedia.org/wiki/Finite-state_machine

이 예제를 더 흥미롭게 만들기 위해, 일단 닫아야 문을 잠그거나 잠금을 해제할 수 있다고 하자. 그러면 다음과 같은 상황이 발생할 수 있다.

- 문을 열거나, 닫거나(잠금 해제), 잠글 수 있다.
- 문이 닫혀 있을 때(잠금 해제)만 문을 열 수 있다.
- 문이 닫혀 있을 때(잠금 해제)만 문을 잠글 수 있다.
- 문이 잠겨 있을 때만 잠금을 해제할 수 있다.
- 문이 열린 상태에서는 다양한 각도로 회전할 수 있지만, 문 자체는 열린 상태로 유지된다.
- 문이 잠긴 상태에서는 열쇠를 다시 돌릴 수 있지만 문은 잠긴 상태로 유지된다.

함수형 프로그래밍에서 이런 변경 가능한 엔터티를 어떻게 모델링할 수 있을까?

유한 상태 기계 구현하기

모든 상태와 상태 전환에 대한 다이어그램을 그려보자.

이 다이어그램은 상태에 따라 동작이 달라지는 엔터티를 어떻게 상태 기계를 통해 표현할 수 있는지 보여준다. 상태 변화를 도메인 이벤트로 매핑한 다음, 각 상태가 일부 이벤트만 허용하도록 제한하고, 마지막으로 이벤트가 엔터티 상태를 다른 상태로 변경할 수 있도록 허용한다.

현재 정의하고 싶은 것은 모든 State를 합한 Type이다. 다시 말해, 추상적인 상위 클래스를 정의하되, 일단 한번 하위 클래스들이 정해지고 나면 다른 하위 클래스가 이 추상 상위 클래스를 확장할 수 없도록 하고 싶다.

코틀린의 봉인된 클래스(**부록 B 봉인된 클래스** 참고)는 이런 타입을 표현할 때 아주 유용하다. 봉인된 클래스는 작성하기 쉽고 컴파일 단위인 코틀린 모듈 외부에서는 이를 확장할 수 없다. 또 when 식에 의해 잘 지원되므로 봉인된 클래스를 쉽게 사용할 수 있다. 다음 코드는 문을 표현한 예시다.

```
sealed class Door

data class Open(val angle: Double): Door()
object Closed: Door()
data class Locked(val turns: Int): Door()
```

어떤 경우에는 상태와 관련된 구체적인 정보가 필요하다. 예를 들면 열린 문의 경우 최대로 열릴 수 있는 각도가 필요하고 잠긴 문의 경우 열쇠를 돌렸는지 여부가 필요하다. 하지만 이런 특정 정보가 필요 없는 경우에는 데이터 클래스 대신 객체(**부록 B 객체와 동반 객체** 참고)를 사용해 상태를 나타낼 수 있다. 봉인된 클래스의 몇 가지 특성을 살펴보자.

유니언 타입

앞 장에서 설명한 것처럼(**4장 낮은 카디널리티** 참고), 다음과 같이 타입의 카디널리티를 최대한 낮게 유지하는 것이 중요하다. 기술적으로 말하자면, 봉인된 클래스는 일종의 대수적 데이터 타입(algebraic data type)이다. 더 정확히 말해 봉인된 클래스는 '서로소인 유니언[3] 타입(disjoint union type)'이다. 이름에서 알 수 있듯이, 유니언 타입은 둘 이상의 타입이 합쳐져 생성되는 타입인데 어느 한 순간에는 여러 타입 중 단 하나만 '사용 중'인 타입이다.

---

3 **역주** '서로소인 유니언'을 수학에서는 분리합집합이라고 부른다. 반면 유니언 타입은 실제로는 모든 타입의 원소를 합쳐 놓은 타입일 뿐 각 값의 원소가 어떤 타입인지를 알 수 없기 때문에 서로소인 유니언 타입에 비해 실용성이 떨어진다. 이 책에서 유니언 타입이라고 부르는 것은 모두 분리합집합 타입이다. 예를 들어 union BunionB = ┃ Boolean ┃ Boolean이라는 (가상의) F# 유니언 타입 선언이 있다고 하면, 이 타입은 실제로는 그냥 Boolean 타입과 같다(카디널리티가 Boolean 타입과 같음). 하지만 type BOrB = ┃ L of Boolean ┃ R of Boolean이라는 있다고 하면, 이 타입은 L쪽의 Boolean과 R쪽의 Boolean을 구분할 수 있는 타입이다(카디널리티가 Boolean 타입의 2배).

일부 언어에서는 여러 타입을 '유니언[4]'해서 간단히 타입을 만들 수 있다. 예를 들어 F#에서는 다음과 같이 Int와 Boolean을 결합해 새로운 타입을 만들 수 있다.

```
type IntOrBool =
    | I of Int
    | B of Boolean
```

따라서 이 예제에서 IntOrBool은 정수이거나 불린이 될 수 있지만 동시에 둘 다일 수는 없다. 이런 점이 튜플과 다른 점이다.

안타깝게도 코틀린에서는 기존 타입을 직접 결합할 수는 없고, 봉인된 클래스(또는 봉인된 인터페이스)의 하위 타입으로 선언해야 한다. 하지만 래퍼 클래스를 사용해 비슷한 작업을 할 수 있다.

```
sealed class IntOrBool
data class I(val raw: Int): IntOrBool()
data class B(val raw: Boolean): IntOrBool()
```

F#만큼 우아하고 간결하지는 않지만 더 간단하고 동일한 목적을 달성할 수 있다.

복합 타입의 카디널리티 계산하기

4장의 낮은 카디널리티에서 단순 타입의 카디널리티를 계산하는 방법을 살펴봤다. 그렇다면 IntOrBool의 카디널리티는 무엇일까? I는 Int(2^{32})와 같은 카디널리티이며, B의 카디널리티는 2이다. IntOrBool은 이 두 가지 중 하나일 수밖에 없으므로, IntOrBool의 카디널리티는 모든 하위 타입이 카디널리티의 합계(이 경우 $2^{32}+2$)여야 한다. 이러한 이유로 유니언 타입[5]을 **합**(sum) **타입**이라고도 한다.

봉인된 클래스가 없다면 정수나 불린이 될 수 있는 타입을 어떻게 표현할 수 있을까? 한 가지 가능성은 다음과 같이 널이 될 수 있는 Int와 널이 될 수 있는 Boolean으로 데이터 클래스를 정의한 다음, 사용하지 않는 데이터 클래스를 null로 설정하는 것이다.

```
data class IntOrBoolTuple(val intWrap: Int?, val boolWrap: Boolean?)
```

---

4 [역주] 단순한 합집합은 아니며, 어떤 타입에서 비롯된 값인지를 알 수 있게 태그를 붙이는 합집합이다.

5 [역주] 엄밀히 말해 합 타입과 같은 것은 유니언 타입이 아니라 서로소인 유니언 타입이다. 다시 말하지만, 이 책의 유니언 타입이라는 용어는 모두 서로소인 유니언 타입을 뜻한다.

IntOrBoolTuple의 카디널리티를 계산해보자. intWrap의 각 값에 대해 boolWrap이 참이거나 거짓일 수 있다. 총 카디널리티는 $2^{32}*2$인데, 이는 대략 IntOrBool 유니언 타입 카디널리티의 2배이다. 더 복잡한 타입의 경우 이 차이가 훨씬 더 커진다.

이러한 이유로, 데이터 클래스 타입을 **곱**(product) **타입**이라고도 한다.

 조에게 묻는다 함수 타입의 카디널리티는 무엇인가?

아주 좋은 질문이다!

(Boolean) -> Int와 같은 함수 타입의 카디널리티를 계산하려면 같은 시그니처를 가진 가능한 함수 구현의 개수를 구해야 한다.

가능한 각각의 입력에 대해 어떤 값을 반환하는지 열거할 수 있다. 첫 번째 함수는 true면 0을, false일 때도 0을 반환하고, 두 번째 함수는 true와 false에 대해 순서대로 0, 1을 반환하며, 그 이후의 함수도 비슷한 식으로 열거할 수 있다. 전체 합계는 Int(결과 타입)의 카디널리티를 2 제곱(불린의 가능한 값이 두 개뿐이기 때문임)한 값이므로 전체 카디널리티는 (2^32)^2이다.

이런 이유로 함수 타입을 **지수(exponential) 타입**이라고도 한다.

마지막으로 유니언 타입을 **쌍대곱**(coproduct) **타입**이라고도 부른다. 정말 많은 이름이 있다! 더 자세한 설명은 **부록 C의 곱 타입과 쌍대곱 타입**을 참고하라.

상태 변경 정의하기

Door 예제로 돌아가자. 이제 하위 상태에 여러 메서드를 추가해서 허용하려는 모든 상태 변경을 나타낼 수 있다.

```
sealed class Door {
    data class Open(val angle: Double) : Door() {
        fun close() = Closed
        fun swing(delta: Double) = Open(angle+delta)
    }
    object Closed : Door() {
        fun open(degrees: Double) = Open(degrees)
        fun lock() = Locked(1)
    }
    data class Locked(val turns: Int) : Door() {
        fun unlock() = Closed
```

```
        fun turnKey(delta: Int) = Locked(turns + delta)
    }
}
```

이 접근 방식을 사용하면 원하는 방식으로 상태 변경을 연결할 수 있으며, 컴파일이 잘되면 상태
들 사이의 일관성을 보장할 수 있다. 예를 들어 다음과 같이 정의했다고 할 때,

```
val door = Door.Closed
            .lock()
            .turnKey(3)
            .unlock()
            .open(12.4)
            .swing(34.5)
            .close()
```

문을 두 번 닫거나 열린 문에서 열쇠를 돌리는 등 하위 상태에서 잘못된 메서드를 호출하면 컴파
일러가 우리의 실수를 막아준다.

5.5 모노이드 알아보기

기반 타입 Door를 살펴보면, 모든 상태 변화를 같은 위치에서 출발해서 같은 위치에 도착하는 화
살표로 표현할 수 있다.

모노이드

지금 우리는 하나의 타입과 많은 화살표만 있는 다이어그램이 있다.

이는 카테고리 이론(category theory)의 모노이드(monoid) 개념과 유사하다(**부록 C 약간의 이론** 참고). 더 정확히 말해 문은 모노이드 인스턴스를 가진다고 말할 수 있다. 여기서는 이론을 다루지 않지만 관심이 있는 독자는 **부록 C의 모노이드**에서 자세한 정보를 볼 수 있다. 상태를 모든 하위 상태로 확장하면, 이전 다이어그램과 비슷한 형태로 이벤트가 어떻게 연관되어 있는지 확인할 수 있다.

모노이드를 정의하는 또 다른 방법은 집합 이론의 정의를 사용하는 것이다. 이 경우 모노이드는 함께 결합할 수 있는 개체들로 이뤄진 집합과 중립 원소(또는 항등원)의 조합이다(중립 원소가 없는 모노이드를 **세미그룹**(semigroup)이라고 한다) 그리고 그룹은 각 사상(morphism)이 역(inverse)을 가지는 모노이드를 말한다).

상태 컬렉션들의 원소를 살펴볼 때는 집합 이론의 접근법을 사용한다. 함수가 상태를 변환하는 방법을 살펴볼 때는 카테고리 이론의 접근법을 사용한다. 두 가지 접근 방식 모두 옳으며, 어느 쪽이 더 자연스러운지는 경우에 따라 다르다.

그렇다면 문 예제를 통해 모노이드 개념을 어떻게 코드로 변환할 수 있을까? 지금은 Door 클래스를 고려할 때 하위 상태를 무시하고, 여러 가지 하위 상태를 Door에서 다른 Door로 변환하는 함수로 전환해야 한다.

```
typealias DoorEvent = (Door) -> Door
```

지금 우리가 할 수 있는 일은 다음과 같이 가능한 모든 변환을 DoorEvent에 매핑하는 것이다.

```
val unlockDoor: DoorEvent = { aDoor: Door ->
    when (aDoor) {
        is Door.Locked -> aDoor.unlock()
        else -> aDoor // 상태가 잘못된 경우 이를 무시한다
    }
}
```

이 접근법의 장점은 파라미터 타입이 반환 타입과 같기 때문에 DoorEvent 타입의 여러 함수를 매우 쉽게 결합할 수 있다는 것이다. 다음 장에서 이를 활용하는 방법을 살펴보겠다.

상태와 이벤트를 모노이드로 취급할 때 흥미로운 결과는 의도적으로 임의의 이벤트 조합을 함께 처리할 수 있다는 것이다. 일부 이벤트가 현재 상태에 중요하지 않은 경우(**예** 열린 문의 잠금 해제하기) 해당 이벤트를 그냥 무시할 수 있다.

물론 시스템에 그 어떤 '불량' 이벤트도 발생하지 않게 노력하겠지만, 어떤 이유로든 이런 일이 발생한다면 오류를 발생시키고 이벤트 처리를 중단하기보다는, 상태 일관성에 더 우선 순위를 둬서 문제를 로그에 남기는 (그리고 잘못된 이벤트를 무시하는) 것이 좋다. 다음 장에서 이 모든 것을 실제로 적용하는 방법을 살펴보겠다.

5.6 요약

이 장에서는 사용자의 모든 목록을 볼 수 있는 스토리를 DDT로 시작해 허브와 UI를 변경하는 과정을 진행하면서 구현했다.

그런 다음 함수적으로 상태 변경을 허용하는 방법을 배웠다. 특히 재귀를 통해 어떻게 루프를 가변 변수로 대체할 수 있는지 살펴봤다. 그리고 카테고리 이론 중에서 이와 관련된 모노이드 개념을 배웠다.

다음 장에서는 커맨드를 사용해 이벤트를 생성하는 방법과 HTML UI를 허브에 연결하는 방법을 살펴볼 것이다.

5.7 연습 문제

이 장의 연습 문제에서는 재귀와 접기에 초점을 맞춘다.

다시 강조하지만, 함수형 프로그래밍은 코드를 읽는 것만으로는 배울 수 없다. 가장 좋은 방법은 연습하는 것이다. 책 코드 저장소의 exercises 폴더에서 시작점을 찾고, 몇 가지 힌트를 얻을 수 있을 것이다.

연습 문제 5.1: 재귀

재귀 스타일로 함수를 작성해 콜라츠 추측(Collatz conjecture)을 조사해보자.

다음과 같은 방식으로 정의된 시퀀스로 시작한다. 양의 정수 n>1을 취하고, 그 값이 짝수면 2로 나누고, 홀수면 3을 곱하고 1을 더하는 과정을 반복한다.

콜라츠 추측에 따르면 어떤 숫자로 시작하든 이 과정이 1로 끝난다고 한다.

예를 들어 6부터 시작하면 6 -> 3 -> 10 -> 5 -> 16 -> 8 -> 4 -> 2 -> 1 순서로 1이 된다.

이 연습 문제는 재귀를 사용하여 시퀀스를 생성하는 것이다. TODO()를 올바른 코드로 변경해 앞에서 설명한 알고리즘을 구현하면 된다.

```
fun Int.collatz() = collatzR(listOf(), this)
tailrec fun collatzR(acc: List<Int>, x: Int): List<Int> = TODO()
```

잘 구현됐는지 증명하기 위해 8과 13으로 만들어진 시퀀스를 확인하자.

```
expectThat(13.collatz()).isEqualTo(listOf(13, 40, 20, 10, 5, 16, 8, 4, 2, 1))
expectThat(8.collatz()).isEqualTo(listOf(8, 4, 2, 1))
```

연습 문제 5.2: 접기

이 연습 문제는 엘리베이터가 이동한 방향을 기록한 이벤트를 기반으로 엘리베이터의 현재 층을 계산하는 것이다. 다음과 같은 타입이 주어졌을 때,

```
data class Elevator(val floor: Int)
sealed class Direction
object Up : Direction()
object Down : Direction()
```

테스트는 방향 목록을 가져와서 현재의 층수를 얻도록 '접는'다.

```
val values = listOf(Up, Up, Down, Up, Down, Down, Up, Up, Up, Down)
val tot = values.fold(Elevator(0)){
    TODO("implement this")
}
expectThat(tot).isEqualTo(Elevator(2))
```

이 테스트를 통과할 수 있는 함수로 TODO를 대체해야 한다.

연습 문제 5.3: 유니언 타입

유니언 타입은 현재 시스템 상태에 따라 동작을 변경하는 데 아주 유용하다. 이 연습 문제에서는
이를 활용해 JSON 문자열에서 불필요한 공백을 제거하는 방법을 살펴보자.

봉인된 클래스 계층 구조를 정의한다.

```
sealed class JsonCompactor{
    abstract val jsonCompacted: String
    abstract fun compact(c: Char): JsonCompactor
}

data class InQuotes(override val jsonCompacted: String): JsonCompactor() {
    override fun compact(c: Char): JsonCompactor = TODO()
}

data class OutQuotes(override val jsonCompacted: String): JsonCompactor() {
    override fun compact(c: Char): JsonCompactor = TODO()
}

data class Escaped(override val jsonCompacted: String): JsonCompactor() {
    override fun compact(c: Char): JsonCompactor = TODO()
}
```

큰따옴표 내부의 공백을 변경하지 않고, 나머지 모든 공백을 제거하자.

```
val jsonText = """{ "my greetings" : "hello world! \"How are you?\"" }"""
val expected = """{"my greetings":"hello world! \"How are you?\""}"""
expectThat(compactJson(jsonText)).isEqualTo(expected)
```


연습 문제 5.4: 모노이드

이 장의 마지막 연습 문제에서는 0과 람다를 조합해 T를 접을 수 있는 제네릭 데이터 클래스
Monoid<T:Any>를 만들어보자.

이 연습 문제는 Monoid 클래스를 구현하는 것이며, 다음 테스트를 통과해야 한다.

```
with( Monoid(0, Int::plus)){
    expectThat( listOf(1,2,3,4,10).fold() ).isEqualTo(20)
}

with( Monoid("", String::plus)){
    expectThat( listOf( "My", "Fair", "Lady").fold() )
            .isEqualTo("MyFairLady")
    }
}

private val zeroMoney = Money(0.0)
data class Money(val amount: Double){
    fun sum(other: Money) = Money(this.amount + other.amount)
}

with(Monoid(zeroMoney, Money::sum)) {
    expectThat(listOf(Money(2.1), Money(3.9), Money(4.0)).fold())
        .isEqualTo(Money(10.0))
}
```

6^장

6 ^장
커맨드 실행해서 이벤트 생성하기

운명은 반드시 풀릴 것이다!

– 『베오울프』

앞 장에서는 초기 상태와 일련의 이벤트로부터 엔터티의 현재 상태를 재구성하는 방법을 살펴봤다. 이 장에서는 이 접근 방식을 애플리케이션에 적용해, 사용자의 의도를 잡아내는 커맨드를 처리해서 이벤트를 생성해보겠다.

이를 위해 커맨드를 사용해 새로운 스토리(새로운 목록 생성)를 구현해보자. HTTP 요청을 커맨드로 변환하고, 커맨드에서 이벤트를 생성하고, 이벤트를 사용해 상태를 재생성해야 한다. 그런 다음 이 모든 것을 허브에 연결해서, 함수를 전달하고 결합하는 함수형 스타일의 이점을 활용할 것이다.

마지막으로 목록에 항목을 추가하는 기존 API를 새로운 커맨드 스타일로 변환하겠다.

6.1 새 목록 만들기

현재 상태와 모든 변경 사항을 기록하는 불변 이벤트 시퀀스를 결합해 새로운 상태를 생성하면서 안전하게 함수형 프로그래밍에 머무는 방법을 살펴봤다. 이제 제타이 애플리케이션으로 돌아가서 방금 배운 교훈을 적용해보자.

사용자의 모든 목록을 표시하기 위한 HTML 페이지를 완성했고, 새 목록을 만드는 작업이 남았다. 이를 위해서는 **1장의 목업 준비하기**에서 설명한 목업을 기반으로 웹 양식(webform)이라고도 부르는 HTML 양식을 디자인해야 한다.

새 목록을 만드는 DDT 추가하기

짐작하겠지만, 새 목록을 작성하는 DDT를 추가하는 것으로 스토리를 시작한다. 이 DDT는 우리가 본 테스트 중에 애플리케이션에 데이터를 전송하는 첫 번째 테스트다. 이 시점에서 결정을 내려야 한다. 브라우저 UI에서 버튼 클릭을 시뮬레이션해 새 목록을 만들지, 테스트에서 직접 HTML 양식을 전송할지를 말이다.

전체 브라우저 동작을 시뮬레이션하는 것이 페이지를 테스트하는 가장 안전한 방법이다. 이를 위해 헤드리스(headless) 브라우저라고 하는 브라우저 자동화 도구가 필요하다. 헤드리스 브라우저는 일반적인 브라우저처럼 작동하지만 UI가 없고, 우리가 작성한 코드에 의해 작동하는 소프트웨어다. 안타깝게도 실행 속도가 상당히 느리고 시스템 리소스를 많이 사용하므로, UI가 자바스크립트에 크게 의존하는 경우처럼 꼭 필요한 경우에만 이 방식을 사용하는 것이 좋다.

제타이는 (적어도 지금까지는) 매우 간단한 UI를 포함하므로, HTTP 클라이언트를 사용해 HTML 양식 요청을 직접 전송하는 더 쉬운 해법을 채택할 수 있다. '쉬운 길을 택하는 것을 두려워하지 말라. 나중에 일을 복잡하게 만들 시간은 항상 있다.'는 내 좌우명이다.

SeeAllTheToDoListsDDT 클래스에게 DDT 시나리오를 추가할 수 있다. 코드는 다음과 같을 것이다.

```
val dylan by NamedActor(::ToDoListOwner)

@DDT
fun `users can create new lists`() = ddtScenario {
    play(
        dylan.`cannot see any list`(),
        dylan.`can create a new list called #listname`("gardening"),
        dylan.`can create a new list called #listname`("music"),
        dylan.`can see the lists #listNames`(setOf("gardening", "music"))
    ).wip(LocalDate.of(2023,12,31), "working on it!")
}
```

DDT가 컴파일되게 하려면 액터에 메서드를 작성해야 한다.

```
fun `can create a new list called #listname`(listName: String) =
    step(listName) {
        createList(user, ListName.fromUntrustedOrThrow(listName))
    }
```

이 코드는 액션에서 createList 메서드를 호출한다. 지금은 리스트를 비워두고, 대신 UI와 경로를 정의하자. **4장의 도메인 주도 테스트 과정**에서 설명한 V 다이어그램을 기억하는가?

HTML UI에 버튼 추가하기

초기 목업에 따라 새 목록을 만들려면(1장 **목업 준비하기**), UI 템플릿에 버튼과 텍스트가 있는 양식을 추가해야 한다.

간단하게 하기 위해 자바스크립트를 사용하지 않는 간단한 HTTP 양식으로 시작해 새 리스트에 데이터를 넣겠다. 다음 HTML 코드 조각을 HTML 페이지의 맨 뒤에 추가하라.

```
fun renderListsPage(user: User, lists: List<ListName>) = HtmlPage(
    """
        <!DOCTYPE html>
        <html>
        <head>
            <link rel="stylesheet" ...bootstrap...>
            <title>Zettai - a ToDoList application</title>
        </head>
        <body>
        <div id="container">
        <div class="row justify-content-md-center">
        <div class="col-md-center">
            <h1>Zettai</h1>
            <h2>User ${user.name}</h2>
            <table class="table table-hover">
                <thead>
                    <tr>
                        <th>Name</th>
                        <th>State</th>
                        <th>Actions</th>
                    </tr>
                </thead>
                <tbody>
                ${lists.render(user)}
                </tbody>
            </table>
            <hr>
            <h5>Create new to-do list</h5>
            <form action="/todo/${user.name}" method="post">
                <label for="listname">List name:</label>
                <input type="text" name="listname">
                <input type="submit" value="Submit">
            </form>
        </div>
```

```
            </div>
          </div>
        </body>
      </html>
    """.trimIndent()
)
```

이 양식을 브라우저에서 보면 다음 화면처럼 표시된다.

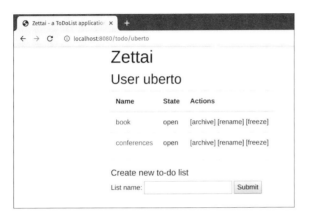

HTTP 핸들러에 경로 추가하기

HTML 양식이 제대로 작동하려면 HTTP 핸들러 안에 전용 경로가 필요하다. 새 경로가 호출되면
내용을 파싱해서 허브에 대한 새로운 호출로 변환해야 한다.

```
class Zettai(val hub: ZettaiHub) : HttpHandler {
...
    "/todo/{user}" bind Method.POST to ::createNewList
...

    private fun createNewList(request: Request): Response {
        val user = request.extractUser()
        val listName = request.extractListNameFromForm("listname")
        return listName
            ?.let { hub.createToDoList(user, it) }
            ?.let { Response(Status.SEE_OTHER)
                .header("Location", "/todo/${user.name}") }
```

```
            ?: Response(Status.BAD_REQUEST)
    }

    private fun Request.extractListNameFromForm(formName: String) =
        form(formName)
            ?.let(ListName.Companion::fromUntrusted)
}
```

지금은 허브에 빈 createToDoList를 넣었지만 곧 변경할 것이다.

createNewList 메서드는 매우 간단하다. 일련의 변환만 있으면 되며, 단위 테스트를 작성할 필요가 없다. 회귀(regression)는 HTTP DDT가 다루며, 여기서는 오류 사례 시나리오에 특별히 관심이 없기 때문이다. 하지만 좀 더 정교한 오류 처리가 있었다면 모든 오류 사례에 대한 단위 테스트를 작성했을 것이다.

경로를 설정했으므로, 목록을 만드는 HTTP 액션의 메서드를 완성할 수 있다. 구현은 리스트에 항목을 추가하는 메서드와 아주 비슷하다.

```
override fun createList(user: User, listName: ListName) {
    val response = submitToZettai(
        allUserListsUrl(user), newListForm(listName))
    expectThat(response.status).isEqualTo(Status.SEE_OTHER)
}
```

DDT를 실행하면 허브를 호출할 때 HTTP 테스트가 실패한다. 하지만 이는 HTTP 경로와 외부 어댑터가 작동하고 있음을 증명해주는 것이므로 괜찮다.

6.2 / 커맨드를 사용해 상태 변경하기

허브에서 addItemToList를 구현했던 것처럼 createToDoList 메서드를 구현할 수 있다. 하지만 이제 새로운 패턴을 소개할 때다.

시스템 상태를 변경할 수 있는 연산에 대해 특히 주의를 기울이고 싶다면, 내부 API[1]에 커맨드 중심 인터페이스를 사용할 수 있다. 이 스타일을 사용하면(우연히도 이 스타일은 함수형 프로그래밍에만 국한되지 않는다) 상태 변경 작업을 더 유연하게 제어할 수 있다. "커맨드 실행기를 데코레이션함으로써 커맨드에 쉽게 공통 행동을 추가할 수 있다. 이런 기법은 트랜잭션, 로그 등을 처리할 때 아주 편리하다."라는 마틴 파울러의 말처럼 말이다.

커맨드 중심 인터페이스를 사용한다는 것은 허브에 많은 메서드를 추가하는 대신, 모든 정보를 담은 많은 수많은 커맨드 데이터 클래스를 정의하고 이를 커맨드 실행기에게 전달한다는 뜻이다. 이런 구조가 어떻게 작동하는지 살펴보자.

이제 커맨드를 정의해야 한다. 당장은 새 목록을 추가하는 커맨드와 목록에 (이전 장에서 작성한) 새 항목을 추가하는 커맨드만 있다.

❶ `sealed class ToDoListCommand`

❷ `data class CreateToDoList(val user: User, val name: ListName)`
    `: ToDoListCommand() {`
❸   `val id: ToDoListId = ToDoListId.mint()`
  `}`

  `data class AddToDoItem(val user: User,`
❹   `val name: ListName, val item: ToDoItem)`
    `: ToDoListCommand()`

❶ 모든 커맨드는 ToDoListCommand라는 봉인된 클래스를 상속한다.

❷ 사용자(소유자)와 목록 이름이 주어지면 새 목록을 만드는 커맨드다.

❸ 이 커맨드에는 무작위로 생성된 목록 ID가 포함된다. 이 ID를 외부에서 전달할 수도 있지만, 무작위이므로 커맨드에서 직접 생성할 수 있다.

❹ 기존 목록에 새 항목을 추가하는 커맨드다.

여기서는 여러 Command를 가지고 싶지만, 모두 같은 파일 안에 유지하고 싶기 때문에 sealed로 표시한 봉인된 클래스(**부록 B 봉인된 클래스** 참고)를 사용한다. 봉인된 클래스를 사용하면 커맨드를 when으로 처리할 때 조건문에 모든 경우를 검사하고 있는지 확인할 수 있다. 커맨드 자체에는 코드가 없다. 이는 상황에 따라 다양한 방식으로 커맨드를 유연하게 처리하고, 특정 커맨드의 구현에 엮이고 싶지 않기 때문이다.

---

1 https://martinfowler.com/bliki/CommandOrientedInterface.html

커맨드는 사용자의 의도(**예** 새 목록을 추가하거나 새 항목을 추가)를 표현한다. 시스템은 이 의도를 처리하고 필요한 비즈니스 로직을 실행해야 한다. 시스템이 각 커맨드와 관련된 작업을 성공적으로 수행할 수 있다면 커맨드가 성공하고, 그렇지 않으면 커맨드가 실패한다. 그렇다면 이런 커맨드를 어디에서 처리할까? 우리가 호출할 (상상력이 부족해서 만들어진 이름인) CommandHandler라는 함수에서 처리한다.

그렇다면 커맨드 핸들러가 커맨드를 수신하면 시스템 상태를 정확히 어떻게 바꿀까? 이제는 이전 장에서 함수형 상태 기계에 대해 배운 내용을 실습해볼 차례다.

커맨드에서 이벤트 생성하기

상태를 일련의 이벤트로 정의하는 방법을 살펴보았는데, 이벤트는 어떻게 만들까? 간단하다. 이벤트는 커맨드가 성공한 결과다. 상태를 직접 변경하는 대신 커맨드가 하나 이상의 이벤트를 생성한다. 경우에 따라 시스템이 이미 커맨드가 요청하는 상태인 경우에는 이벤트가 전혀 생성되지 않을 수도 있다.

이벤트를 사용해 CommandHandler 함수를 디자인하는 방법을 살펴보겠다. 함수는 실패하거나 생성된 이벤트 목록을 반환할 수 있다.

6.3 상태와 이벤트로 도메인 모델링하기

지금까지 몇 가지 예제와 함께 이벤트 소싱 패턴과 그 작동 방식에 대해 알아봤다. 이제 이를 사용해 구체적 도메인을 디자인해야 한다. 처음에는 가변 객체를 사용하지 않고 불변 상태와 이벤트를 사용해 도메인을 모델링하는 것이 어려울 수 있다. 하지만 여러분과 팀이 무슨 일이 왜 벌어졌는지를 바탕으로 생각하는 데 익숙해지면, 비즈니스 도메인을 상태와 이벤트로 매핑하는 것이 자연스러워질 것이다.

조에게 묻는다 커맨드가 있는데 왜 이벤트가 필요할까?

처음에는 커맨드와 이벤트를 구분하기 어려울 수 있다. 하지만 둘은 다른 개념이다. 가장 큰 차이점은, 커맨드는 외부에서 도착하는 메시지이며 시스템 상태를 변경하라는 요청이라는 점이다. 결과적으로 커맨드는 실패할 수 있으며 일반적으로 명령형으로 표현된다(**예** CloseDoor).

이벤트는 시스템 상태가 변경됐다는 기록이다. 이벤트는 (이미 일어났기 때문에) 실패할 수 없으며, 일반적으로 DoorClosed처럼 과거형으로 표현된다.

내 경험상, 이벤트 소싱으로 도메인을 모델링하면 모델을 추상화할 때보다 소스 코드가 실제 세계에서 일어나는 일과 더 가깝게 유지된다.

1장 이벤트 스토밍을 통해 스토리 검증하기에서 이에 대해 이야기했다. 조금만 자세히 살펴보면, 이벤트 스토밍을 비즈니스 이벤트를 발견하기 위한 회의 형식으로 볼 수 있다. 여기서 논의하는 이벤트는 보통 포스트잇에 적힌 이벤트보다 더 세분화되어 있지만 불행히도 이벤트는 아주 모호한 개념이다. 그렇지만 커맨드를 정의하고, 엔터티의 핵심 상태를 정의하며, 상태를 다른 상태로 변경할 원인을 이해하기 위한 시작점으로 아주 유용하다.

이벤트 소싱에서 이벤트의 더 나은 이름은 '**상태 변경**'일 수도 있겠지만, '**상태 변경 소싱**'은 그렇게 확 와닿는 용어는 아니다.

트랜잭션 엔터티

앞서 살펴본 바와 같이 커맨드와 이벤트는 모두 하나의 엔터티에 대해 작동한다. 따라서 지금이 엔터티가 무엇인지 명확히 할 좋은 시기이다. 예를 들어 할 일 목록은 엔터티이지만 할 일 항목은 엔터티가 아닌 이유는 무엇일까?

도메인의 엔터티로 무언가를 모델링하려면 사용자 트랜잭션의 범위 밖에 있는 다른 엔터티에 영향을 주지 않고 목록을 안전하게 변경할 수 있는지 확인해야 한다. 다시 말해, 엔터티의 모든 상태 변화를 단일 트랜잭션에 국한시켜야 한다.

목록에 대해서 이렇게 할 수 있고, 우연히 사용자에 대해서도 마찬가지지만, 할 일 항목은 그렇지 않다. 예를 들어 항목을 변경하거나 제거하면 목록도 달라진다. 차이점은 항목이 목록 안에 포함된다는 점(ToDoList 인스턴스에 담겨 있는 컬렉션이라는 의미에서)이다. 반면 목록은 사용자 내부에 포함되지 않고, UserId에 대한 참조만 포함한다. 물론 이것은 디자인상의 선택 사항이지만, 현재 디자인에서는 이로 인해 목록과 사용자는 엔터티이고 항목은 그렇지 않다.

도메인 주도 디자인(DDD) 용어에서 엔터티는 정체성을 기반으로 정의된다. 그리고 함께 변경할 수 있는 관련 엔터티 묶음을 애그리게이트(aggregate)라고 한다. '애그리게이트'라는 단어는 여러 개체가 함께 작동해 시스템의 독립된 상태를 나타내는 개념에서 유래했다. 올바르게 (변경 가능한) 애그리게이트를 정의하는 것은 매우 섬세한 작업이다.

이 책에서는 애그리게이트를 **트랜잭션 엔터티**나 그냥 **엔터티**라고 부른다. 즉, 원자적 트랜잭션 안에서 함께 변경되는 구조화된 데이터가 애그리게이트다. 이 책에서 우리의 엔터티는 모두 불변이기 때문에, 여러 트랜잭션에 걸쳐 유지되어야 하는 정체성의 개념이 없다. 엔터티는 모두 실제로 상태의 스냅샷일 뿐이므로, 엔터티를 변경하는 동안 내부적 일관성에 대해 걱정할 필요가 없다.

각 상태에 대해 불변적인 하위 클래스를 갖는 것이 복잡하다고 인식될 수 있지만, 실제로는 전체 엔터티 생명 주기 처리를 더 간단하게 만들어준다. 앞에서 살펴본 것처럼 함수형 접근 방식은 모든 것을 훨씬 더 간단하게 만든다. 실제로 함수형 접근 방식이 어떻게 작동하는지 살펴보자.

엔터티 상태

엔터티가 확실히 정해지면 각 엔터티의 상태와 이벤트를 정의해야 한다.

이 작업은 개발자뿐만 아니라 모든 이해관계자를 포함하는 팀 수준에서 수행하면 유익하다. 기술적인 이벤트 스토밍이나 대규모 화이트보드 세션을 사용할 수 있지만, 결론은 다음에 표시한 것 같은 할 일 목록의 모든 상태를 설명하는 다이어그램으로 마무리해야 한다.

> **Note ☰   이벤트 다이어그램**
>
> 도메인에서 중요한 엔터티들의 상태와 이벤트에 대한 다이어그램을 그린 후에는 사무실이나 공유 저장소처럼 눈에 잘 띄는 곳에 보관하는 것이 좋다. 개발을 하거나 요구 사항에 대해 논의할 때 이 다이어그램을 자주 확인하면 팀원 모두에게 도움이 된다.

여기서는 학습 중이어서 도메인의 모든 상태를 함께 구현하지만, 실제 프로젝트에서는 기능을 구현할 때까지 기다렸다가 OnHold와 Closed 상태를 구현해야 한다는 점에 주의해야 한다.

ToDoListEvent

엔터티의 ID를 감쌀 타입과 기반 이벤트의 인터페이스 구현부터 시작한다. 제네릭 이벤트에서 유일하기 확신하는 것은 이벤트가 어떤 구체적 엔터티와 연관되어 있다는 점뿐이므로, EntityId 필드가 필요하다.

```
typealias ToDoListId = EntityId

data class EntityId(val raw: UUID) {
    companion object {
        fun mint() = EntityId(UUID.randomUUID())
    }
}

interface EntityEvent {
    val id: EntityId
}
```

id 필드는 이벤트가 참조하는 엔터티의 ID이지 이벤트 자체의 ID가 아니라는 점에 유의하자. EntityId 타입을 정의해 이를 명확하게 한다.

또한 UUID인 새 고유 ID를 생성하기 위해 동반 객체에서 mint()라는(명사가 아닌 동사에서 따옴) 메서드를 정의했다.

이제 이벤트/상태 다이어그램에 따라 모델링하고 싶은 모든 이벤트의 목록을 정의할 수 있다. 각 이벤트는 항상 필수로 엔터티 ID를 포함하며, 특정 상태 변경에 추가로 필요한 정보도 나를 수 있다.

```
sealed class ToDoListEvent: EntityEvent

data class ListCreated(val id: ToDoListId, val owner: User,
    val name: ListName): ToDoListEvent()

data class ItemAdded(val id: ToDoListId,
    val item: ToDoItem): ToDoListEvent()
```

```kotlin
data class ItemRemoved(val id: ToDoListId,
    val item: ToDoItem): ToDoListEvent()

data class ItemModified(val id: ToDoListId,
    val prevItem: ToDoItem, val item: ToDoItem): ToDoListEvent()

data class ListPutOnHold(val id: ToDoListId,
    val reason: String): ToDoListEvent()

data class ListReleased(val id: ToDoListId): ToDoListEvent()

data class ListClosed(val id: ToDoListId,
    val closedOn: Instant): ToDoListEvent()
```

ToDoListState

다음 단계는 엔터티의 가능한 모든 상태를 정의하는 것이다. 먼저 필드가 없는 추상적인 봉인된 클래스를 작성한다. 가능한 각 상태에 대해 combine 메서드를 구현해야 이벤트를 결합할 수 있다. 참고로 이런 메서드가 있다는 것은 이벤트 어딘가에 모노이드가 숨겨져 있다는 강력한 증거다.

```kotlin
interface EntityState<in E : EntityEvent> {
    fun combine(event: E): EntityState<E>
}

sealed class ToDoListState : EntityState<ToDoListEvent> {
    abstract override fun combine(event: ToDoListEvent): ToDoListState
}
```

combine 메서드와 초기 상태가 있으면, 이전 장에서 본 것처럼 이벤트 접기를 구현할 수 있다.

```kotlin
object InitialState: ToDoListState() {
    override fun combine(event: ToDoListEvent) = this // 지금 당장은 이렇게 구현함
}

fun Iterable<ToDoListEvent>.fold(): ToDoListState =
    fold(InitialState as ToDoListState) { acc, e -> acc.combine(e)
}
```

다음 단계는 엔터티에서 가능한 모든 상태와 상태 변경을 combine 함수 안에 정의하는 것이다. 이벤트와 상태 간의 정확한 관계를 정의하려면 다이어그램을 참조하면서 순수한 TDD 방식의 단위 테스트로부터 시작하는 것이 유용하고 실용적이다.

먼저 생성 이벤트에 대한 테스트부터 시작한다.

```
  internal class ToDoListEventTest {
❶     val id = ToDoListId.mint()
      val name = randomListName()
      val user = randomUser()
      val item1 = randomItem()
      val item2 = randomItem()
      val item3 = randomItem()

      @Test
      fun `the first event create a list`() {
          val events = listOf(
❷             ListCreated(id, user, name)
          )

❸         val list = events.fold()

          expectThat(list).isEqualTo(
                  ActiveToDoList(id, user, name, emptyList())))
      }
```

❶ 테스트에 임의의 값을 사용한다. 이 경우 값이 테스트 성공과 큰 관련이 없기 때문에 테스트를 여러 번 실행할 필요가 없다.

❷ 첫 번째 테스트에서는 이벤트를 하나만 사용한다. 테스트를 아주 단순하게 유지하면, 테스트가 실패한다는 것이 아주 기본적인 무언가가 고장났다는 신호가 된다.

❸ 확장 함수 fold를 이벤트에 대해 적용하면 올바른 목록 상태를 더 쉽게 생성할 수 있다.

그런 다음, 항목 추가 및 제거에 대한 테스트를 계속 진행한다.

```
  @Test
  fun `adding and removing items to active list`() {
      val events: List<ToDoListEvent> = listOf(
          ListCreated(id, user, name),
          ItemAdded(id, item1),
          ItemAdded(id, item2),
```

```
            ItemAdded(id, item3),
            ItemRemoved(id, item2)
        )

        val list = events.fold()

        expectThat(list)
            .isEqualTo(ActiveToDoList(id, user, name, listOf(item1, item3)))
    }
```

마지막으로 목록을 보류하기 위해 테스트를 작성한다. 지금까지 우리가 작성하고 있는 스토리에서 이 테스트가 필수적인 것은 아니지만, 다이어그램의 모든 상태를 다뤘는지 확인하는 데는 이 테스트가 유용하다.

```
@Test
fun `putting the list on hold`() {
    val reason = "not urgent anymore"
    val events: List<ToDoListEvent> = listOf(
        ListCreated(id, user, name),
        ItemAdded(id, item1),
        ItemAdded(id, item2),
        ItemAdded(id, item3),
        ListPutOnHold(id, reason)
    )

    val list = events.fold()
    expectThat(list).isEqualTo(
        OnHoldToDoList(id, user, name,
            listOf(item1, item2, item3), reason))
}
```

간결성을 위해 여기서는 세 가지 테스트만 제시했지만, 모든 이벤트와 가능한 상태가 테스트에 포함됐는지 확인하는 것이 좋다.

테스트를 통과하려면 모든 ToDoListState 하위 타입과 한 상태에서 다른 상태로 변경하는 함수를 모두 구현해야 한다.

먼저 하위 상태부터(모든 생성자가 internal이라는 사실에 유의하라. **부록 B 내부 가시성**을 참고할 것) InitialState에서 시작한 다음에 이벤트를 결합해 다른 상태에 도달하게 해야만 한다.

```kotlin
❶  object InitialState: ToDoListState() {
        override fun combine(event: ToDoListEvent): ToDoListState =
            when (event) {
                is ListCreated -> create(event.id, event.name, emptyList())
                else -> this // 다른 이벤트는 무시함
            }
    }


    data class ActiveToDoList internal constructor(
        val id: ToDoListId,
        val name: ListName,
❷       val items: List<ToDoItem>): ToDoListState() {
        override fun combine(event: ToDoListEvent): ToDoListState =
            when (event) {
❸               is ItemAdded -> copy(items = items + event.item)
                is ItemRemoved -> copy(items = items - event.item)
                is ItemModified -> copy(items = items - event.prevItem + event.item)
                is ListPutOnHold -> onHold(event.reason)
                is ListClosed -> close(event.closedOn)
❹               else -> this // 다른 이벤트는 무시함
            }
    }


    data class OnHoldToDoList internal constructor(
        val id: ToDoListId,
        val name: ListName,
        val items: List<ToDoItem>,
        val reason: String): ToDoListState() {
        override fun combine(event: ToDoListEvent): ToDoListState =
            when (event) {
                is ListReleased -> release()
                else -> this // 다른 이벤트는 무시함
            }
    }


    data class ClosedToDoList internal constructor(
        val id: ToDoListId, val closedOn: Instant) : ToDoListState() {
        override fun combine(event: ToDoListEvent): ToDoListState =
❺       this // 다른 이벤트는 무시함
    }
```

❶ 모든 목록의 초기 상태다. 정적 객체이므로 매번 인스턴스화할 필요가 없다.

❷ 앞에서 설명한 것처럼 데이터 클래스의 생성자를 모두 internal로 한다.

❸ 가능한 각 상태에 대해 현재 상태와 새 이벤트를 결합해 새 상태를 생성한다.

❹ **5장 모노이드 알아보기**에서 설명한 것처럼, 현재 상태에 영향을 주지 않는 이벤트는 무시한다. 잠재적으로 더 안전한 대안은 else 절을 적용하는 대신 관련 없는 이벤트를 모두 명시적으로 열거하는 것이다.

❺ 최종 상태는 어떤 이벤트에도 반응하지 않는다.

이 코드는 기본적으로 상태와 변경의 행렬을 가능한 모든 조합으로 채우고 있기 때문에, 작성하기에 다소 장황하고 지루해 보일 수 있다. 반면 읽기 쉽고 이해하기 쉬우며, 상태/이벤트 다이어그램을 다시 만드는 데 사용할 수 있다. 단위 테스트를 통해 실수가 없는지 확인한다.

마지막으로 한 상태에서 다른 상태로 변경하는 확장 함수를 선언한다. 생성자가 internal로 정의되어 있으므로 코드에서 올바른 순서에 따라서 상태를 변경할 때에만 상태를 만들 수 있다.

우연치 않게, 나는 확장 함수를 쓰는 쪽(상태와 같은 파일 안에 정의해 internal인 생성자에 접근할 수 있게 함)을 더 좋아한다. 관련 상태를 같은 그룹에 묶을 수 있기 때문이다. 하지만 이는 개인적인 취향의 문제일 뿐이며, 클래스 메서드를 사용해도 괜찮다.

```kotlin
fun InitialState.create(id: ToDoListId, name: ListName,
                        items: List<ToDoItem>) =
    ActiveToDoList(id, name, items)

fun ActiveToDoList.onHold(reason: String) =
    OnHoldToDoList(id, name, items, reason)

fun OnHoldToDoList.release() =
    ActiveToDoList(id, name, items)

fun ActiveToDoList.close(closedOn: Instant) =
    ClosedToDoList(id, closedOn)
```

6.4 함수형 상태 기계 작성하기

이벤트와 상태를 준비했으므로, 이제 다시 커맨드로 돌아가 CreateToDoList부터 구현을 시작한다.

각 커맨드는 이벤트 목록을 생성하거나 실패할 수 있다. 대부분의 커맨드는 이벤트를 하나만 발생시키지만, 다음 장에서 보게 될 것처럼 한 커맨드가 여러 이벤트를 생성해야 하는 경우도 있다. 이런 일은 어디에서 벌어져야 할까? 바로 **6장 커맨드를 사용해 상태 변경하기**에서 설명한 것처럼 CommandHandler 함수 안이다.

이를 다이어그램으로 시각화해보자.

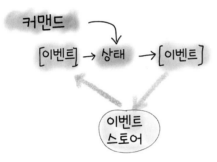

보다시피 이벤트는 상태를 결정하고 커맨드는 이 상태를 사용해 새 이벤트를 생성한다.

이것이 우리가 사용할 호출 가능한 클래스의 골격이다.

```
typealias CommandHandler<CMD, EVENT> = (CMD) -> List<EVENT>?
class ToDoListCommandHandler:
            CommandHandler<ToDoListCommand, ToDoListEvent> {
    override fun invoke(command: ToDoListCommand) = TODO()
}
```

타입을 살펴보면, 핸들러가 커맨드를 받아 모든 것이 정상인 경우 이벤트 목록을 반환하고, 오류가 발생하면 null을 반환한다는 사실이 명확하다.

핸들러가 작동하려면 함께 일할 누군가가 필요하다. 즉, 누군가가 엔터티의 현재 상태를 제공해야 한다. 이전 다이어그램에서는 이를 EventStore라고 불렀지만 핸들러를 살펴보면 전체 이벤트 스토어 기능이 필요하지 않고 목록 상태를 검색하는 방법만 필요하다.

필요한 것은 엔터티 이름으로 엔터티를 가져오는 함수의 시그니처를 정의하는 것뿐이다. 이런 접근 방식을 사용하면 커맨드 핸들러와 이벤트 스토어를 직접 연결하는 것을 피할 수 있다. 커맨드 핸들러와 이벤트 스토어를 직접 연결하는 것은, 사실은 아직 구현하지 않았지만 꽤 복잡한 일임이 예상된다.

```kotlin
typealias ToDoListRetriever =
        (user: User, listName: ListName) -> ToDoListState?
```

이제 타입을 정리했으니 디자인을 검증하고 CommandHandler의 구현을 이끌어나갈 단위 테스트를 작성하자.

```kotlin
internal class ToDoListCommandsTest {
    val fakeRetriever: ToDoListRetriever = {
        (user: User, listName: ListName) -> InitialState
    }

    @Test
    fun `CreateToDoList generate the correct event`() {
        val cmd = CreateToDoList(randomUser(), randomListName())

        val handler = ToDoListCommandHandler(fakeRetriever)
        val res = handler(cmd)?.single()

        expectThat(res).isEqualTo(
                ListCreated(cmd.id, cmd.user, cmd.name)
        )
    }
}
```

초기 상태를 반환하는 리트리버(retriever)를 시뮬레이션하고 CreateToDoList 커맨드로 생성된 이벤트를 확인한다.

그런 다음, 커맨드 핸들러에 리트리버를 주입한다. 클래스 의존관계에 대해 인터페이스 대신 타입 별명을 사용하면 함수형 프로그래밍에서 덕 타이핑(duck typing[2])을 사용하는 것과 약간 비슷해진다. 필요한 기능을 제대로 수행하기만 한다면 이 타입이 실제 무슨 타입인지는 상관없다.

테스트의 도움으로 커맨드를 처리하는 클래스를 완성할 수 있다.

---

2 https://en.wikipedia.org/wiki/Duck_typing

```kotlin
     class ToDoListCommandHandler(
❶       val entityRetriever: ToDoListRetriever
     ) : (ToDoListCommand) -> List<ToDoListEvent>? {

         override fun invoke(command: ToDoListCommand): List<ToDoListEvent>? =
             when (command) {
❷               is CreateToDoList -> command.execute()
                 else -> null // 지금은 무시함
             }

❸        private fun CreateToDoList.execute(): List<ToDoListEvent>? =
             entityRetriever.retrieveByName(user, name)
                 ?.let { listState ->
                     when (listState) {
                         InitialState -> {
                         ListCreated(id, user, name).toList()
                     }
❹                    else -> null // 커맨드 실패
                 }
             }
         }
     }
```

❶ 리트리버를 사용하면 주어진 목록의 현재 상태를 가져와서 해당 목록에 영향을 미치는 모든 이벤트를 접을 수 있다.

❷ 각 커맨드에 대해 실행 함수와 함께 when 문을 사용하는 것은 편리한 코틀린 관용구다.

❸ 이 메서드 안에 이 커맨드에 대한 모든 비즈니스 로직을 넣는다. 우선 엔터티 상태를 가져온 다음, 그에 따라 수행할 작업을 결정할 수 있다.

❹ 이벤트를 접을 때와 달리 엔터티가 예기치 않은 상태에 있으면 커맨드가 실패한다. 실패하는 이유는 커맨드가 안전하게 실패할 수 있기 때문이다. 실제로도 커맨드는 자주 실패할 것으로 예상된다.

참고로 확장 함수인 CreateToDoList.execute()를 사용하면 IDE상에서 커맨드 클래스로부터 핸들러 메서드로 쉽게 이동할 수 있다.

이제 오류 사례를 테스트해보자. 오류를 올바르게 처리하기 위해서는 주요 기능 자체만큼이나 많은 제약을 디자인에 추가해야 한다. 목록을 두 번 만들려고 할 때 어떤 일이 발생하는지 테스트하는 것부터 시작한다. 이 경우 두 번째로 시도할 때는 커맨드가 오류를 반환해야 한다. 당장은 오류 조건을 표현하기 위해 null을 사용한다.

```
    val handler = ToDoListCommandHandler(entityRetriever)

    fun handle(cmd: ToDoListCommand): List<ToDoListEvent>? =
❶      handler(cmd)?.also(::storeEvents)

    @Test
    fun `Add list fails if the user has already a list with same name`() {
        val cmd = CreateToDoList(randomUser(), randomListName())
        val res = handle(cmd)?.single()

❷      expectThat(res).isA<ListCreated>()

        val duplicatedRes = handle(cmd)
❸      expectThat(duplicatedRes).isNull()
    }
```

❶ 허브가 핸들러에서 이벤트를 생성한 다음 저장하는 작업을 시뮬레이션한다. 이 테스트를 통과하기 위해서는 storeEvents 함수가 fakeRetriever가 새 목록 상태를 반환하는지 확인한다.

❷ 처음에는 커맨드가 성공하고 목록이 생성된다.

❸ 같은 커맨드를 다시 실행하면 해당 이름의 목록이 이미 존재하기 때문에 커맨드가 실패해야 한다.

지금은 이 테스트가 실패한다. 테스트를 통과하려면 이벤트 스토어를 만들어야 한다.

이벤트 스토어

커맨드를 작동시키기 위한 마지막 단계다. 이벤트를 저장하고 불러오는 방법이 필요하다. 함수형으로 영속성을 처리하는 방법에 대해서는 한 장 전체(**9장 안전하게 영속화하기**)를 할애해서 다룰 예정이므로 여기서는 불변 목록에 대한 원자적인 참조를 사용해 이벤트를 메모리에 저장하겠다.

이벤트를 저장하는 저장소의 자세한 내용과는 독립적으로 ToDoListEventStore 클래스를 작성하고 싶다. 그렇게 해야 적절한 영구 저장소를 연결한 후에 이 부분을 변경하지 않아도 된다.

스토어는 EventPersister와 ToDoListRetriever 함수 타입을 구현해야 하지만, 코틀린에서는 클래스가 두 개의 서로 다른 함수를 구현할 수 없다는 제한이 있다. 이유는 한 클래스 안에 시그니처가 같은 invoke 메서드를 여럿 둘 수 없기 때문이다. 단순화를 위해 리트리버를 인터페이스로 변환하자.

```kotlin
interface ToDoListRetriever {
    fun retrieveByName(user: User, listName: ListName): ToDoListState?
}
```

이제 스토어를 작성할 수 있다. 스토어는 별다른 작업은 하지 않고, 이벤트를 저장하고 엔터티 상
태 안에서 접는 것만 한다.

```kotlin
typealias EventStreamer<E> = (EntityId) -> List<E>?

typealias EventPersister<E> = (List<E>) -> List<E>

class ToDoListEventStore(
❶          val eventStreamer: ToDoListEventStreamer
    ): ToDoListRetriever, EventPersister<ToDoListEvent> {

    private fun retrieveById(id: ToDoListId): ToDoListState? =
        eventStreamer(id)
❷          ?.fold()

    override fun retrieveByName(user: User,
                                listName: ListName): ToDoListState? =
        eventStreamer.retrieveIdFromName(user, listName)
            ?.let(::retrieveById)
❸          ?: InitialState

    override fun invoke(events: Iterable<ToDoListEvent>) {
❹          eventStreamer.store(events)
    }
}
```

❶ 이벤트 스트리머는 엔터티의 이벤트를 저장하고 검색한다.

❷ 엔터티 상태 안의 이벤트를 실제로 접는 위치다.

❸ EventStreamer에는 이름을 사용해 ID를 검색하는 메서드가 있다. 따라서 먼저 ID를 얻고, 그
후 접어야 하는 이벤트의 목록을 얻는다. 일치하는 원소가 없는 경우 초기 상태를 임시 해법으
로 내놓는다.

❹ 허브는 저장 함수를 호출해 커맨드 핸들러로부터 이벤트를 저장한다.

마지막으로 실제 이벤트 스트리머를 메모리에 구현한다.

211

```kotlin
interface ToDoListEventStreamer : EventStreamer<ToDoListEvent> {
    fun retrieveIdFromName(user: User, listName: ListName): ToDoListId?
    fun store(newEvents: Iterable<ToDoListEvent>): List<ToDoListEvent>
}
class ToDoListEventStreamerInMemory : ToDoListEventStreamer {
    val events = AtomicReference<List<ToDoListEvent>>(emptyList())
    // 이벤트 컬렉션을 사용하는 나머지 메서드들
}
```

스토어와 스트리머가 준비되었으므로 이제 테스트를 실행해 모든 것이 작동하는지 증명할 수 있다.

 조에게 묻는다 이벤트가 발생하면 다른 시스템에 알려야 하나?

우리가 사용하고 있는 이벤트는 애플리케이션 외부에 공유할 수 없다는 점을 명심해야 한다.

다음 장에서 중요한 이벤트가 발생했을 때 다른 시스템에 알림을 보내는 방법을 살펴볼 것이다. 하지만 이는 실제 이벤트를 공유한다는 의미는 아니다. 이벤트는 애플리케이션 상태의 사적인 관심일 뿐이다.

이벤트 기반(event driven)이라는 또 다른 아키텍처 패턴이 있는데, 이 아키텍처 패턴에서는 이벤트를 사용해 서로 다른 애플리케이션이나 서비스들이 통신한다. 이벤트 기반과 이벤트 소싱은 완전히 독립적인 패턴으로, 설령 둘을 함께 작동시키는 경우에도 서로 다른 이벤트를 사용한다.

안타깝게도 **이벤트**라는 영어 단어는 의미가 매우 넓다.

6.5 허브 연결하기

한 걸음 물러서서 큰 그림, 즉 커맨드와 이벤트가 요청 및 응답과 어떻게 작동하는지 살펴보자. 다음 다이어그램은 Request가 커맨드와 이벤트를 통해 Response로 변환되는 과정을 시각화한 것이다.

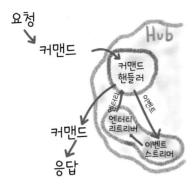

다이어그램에서 보듯 요청은 커맨드로 변환되며 출력이 응답이 된다.

다음 단계는 HTTP 경로가 커맨드를 생성하고 이를 허브에 전달하는 것이다. 경로에서 호출할 수 있는 메서드 handle을 허브에 만들어야 한다. 테스트에서 작성한 것과 똑같이, 이 메서드는 커맨드를 처리하고 이벤트를 저장한다. handle에게 커맨드 핸들러와 이벤트 스토어가 필요하므로, 이 둘을 생성자에게 의존관계로 전달할 수 있다.

```
class ToDoListHub(
    val fetcher: ToDoListFetcher,
    val commandHandler: ToDoListCommandHandler,
    val persistEvents: EventPersister<ToDoListEvent>
) : ZettaiHub {
    override fun handle(command: ToDoListCommand): ToDoListCommand? =
        commandHandler(command)
            ?.let( persistEvents )
            ?.let{ command } // 커맨드를 반환
    // 나머지 메서드들
}
```

handle 메서드는 성공 시 원래 커맨드를 반환하고, 실패 시 null을 반환한다. 다음 장에서 오류를 개선하는 방법을 살펴보겠다.

> **조에게 묻는다** 원래의 커맨드를 반환하는 이유는 무엇인가?
>
> 나중에 살펴보겠지만 처리된 내용에 대한 어떤 정보를 반환하는 것은 유용하다. 하지만 생성된 이벤트 목록을 반환하면 너무 많은 정보가 도메인 외부로 유출된다.
>
> 문제는 허브가 이벤트를 반환하면 그 이벤트가 도메인의 공개 API의 일부가 된다는 것이다. 일반적으로 이벤트를 도메인 안에 감춰서 경로나 다른 어댑터가 이벤트에 의존하지 않도록 하는 것이 좋다.

허브가 완성되면 경로 함수를 완성해 새 목록을 만들 수 있다.

```
class Zettai(val hub: ZettaiHub) : HttpHandler {
...
    fun createNewList(request: Request): Response {
        val user = request.extractUser()
        return request.extractListNameFromForm("listname")
            ?.let { CreateToDoList(user, it) }
            ?.let(hub::handle)
            ?.let { Response(Status.SEE_OTHER)
                        .header("Location", "/todo/${user.name}") }
            ?: Response(Status.BAD_REQUEST)
    }
...
}
```

읽기 모델

이제 애플리케이션을 사용하려고 하면 커맨드가 실제로 작동해도 사용자의 모든 목록을 표시해야 할 페이지에 새로 생성된 목록이 표시되지 않는다! 이는 목록을 표시하는 페이지가 여전히 내부에 있는 (임시) 변경 가능한 맵을 사용하기 때문이다.

이 부분을 바꾸고 싶다. **8장 이벤트 투영하기**에서 이벤트를 사용해 시스템에서 특정 뷰를 만드는 방법을 살펴볼 것이다. 하지만 지금 당장은 최소한의 노력으로 모든 것이 계속 작동하도록 하기 위해 ToDoListUpdatableFetcher를 **읽기 모델**로 승격시키고, 읽기 커맨드를 실행할 때 목록을 갱신하겠다.

```
class ToDoListCommandHandler(
    val entityRetriever: ToDoListRetriever,
    val readModel: ToDoListUpdatableFetcher // 임시 코드!
) : (ToDoListCommand) -> List<ToDoListEvent>? {
    private fun CreateToDoList.execute(): List<ToDoListEvent>? =
        entityRetriever.retrieveByName(user, name)
            ?.let { listState ->
                when (listState) {
                    InitialState -> {
                        readModel.assignListToUser(
                            user,
                            ToDoList(name, emptyList())
                        )
```

```
                        ListCreated(id, user, name).toList()
                    }
                    else -> null // 커맨드 실패
                }
            }
        }
    // 다른 메서드들
}
```

모든 것이 준비되면 DDT를 통과할 뿐만 아니라 브라우저를 실행해 UI를 통해 새 목록을 생성할 수 있는지 직접 검증할 수도 있다!

목록에 항목 추가하기

첫 번째 커맨드를 완료했지만 축하하기에는 너무 이르다. 이제 목록에 항목을 추가하는 기존 코드를 커맨드와 이벤트를 사용하는 패턴으로 바꿔야 한다.

먼저 새 커맨드를 정의한다. 첫 번째 커맨드와 마찬가지로, TDD에서 행복한 경로와 가능한 모든 실패를 검증하면서 ToDoListCommandHandler를 한 번에 한 단계씩 개선한다. 다음은 수정 후의 모습이다.

```
    class ToDoListCommandHandler(
    ...
        override fun invoke(command: ToDoListCommand): List<ToDoListEvent>? =
            when (command) {
                is CreateToDoList -> command.execute()
❶            is AddToDoItem -> command.execute()
            }
    ...
        private fun AddToDoItem.execute(): List<ToDoListEvent>? =
            entityRetriever.retrieveByName(user, name)
                ?.let { listState ->
                    when (listState) {
❷                        is ActiveToDoList -> {
                            if (listState.items.any { it.name == item.name })
                                null // 이름이 같은 원소가 두 개 이상 있을 수 없음
                            else {
❸                                readModel.addItemToList(user, listState.name, item)
❹                                ItemAdded(listState.id, item).toList()
                            }
```

```
                    }
❺                   InitialState,
                    is OnHoldToDoList,
                    is ClosedToDoList -> null // 커맨드 실패
                }
            }
```

❶ 새 커맨드를 처리하는 가지를 추가한다. 진행함에 따라 이 when 식이 점점 커진다.

❷ 활성화된 목록에만 새 항목을 추가할 수 있다. 목록이 다른 상태인 경우 커맨드가 실패한다.

❸ 여기에서 읽기 모델을 갱신한다.

❹ 여기에서 새 이벤트를 생성한다.

❺ 다른 상태인 경우 실패한다. InitialState는 싱글턴 객체 타입이므로 is를 쓰지 않아도 된다.

마지막으로 경로를 추가해야 한다. 거기서 요청에서 커맨드를 생성하고 허브의 handle 메서드에
게 전달한다.

```
class Zettai(val hub: ZettaiHub): HttpHandler {
...
    /todo/{user}/{listname}" bind Method.POST to ::addNewItem,
...
    private fun addNewItem(request: Request): Response {
        val user = request.extractUser()
        val listName = request.extractListName()
        return request.extractItem()
            ?.let { AddToDoItem(user, listName, it) }
            ?.let (hub::handle)
            ?.let { Response(Status.SEE_OTHER).header("Location",
                "/todo/${user.name}/${listName.name}") }
            ?: Response(Status.BAD_REQUEST)
    }
}
```

6.6 / 커맨드와 이벤트 더 잘 이해하기

이 장을 마무리하면서 이름 짓기부터 시작해 우리가 내린 디자인 결정을 검토해보자.

코드에 따르면 AddToDoItem 커맨드는 ItemAdded라는 이벤트를 생성하고, CreateToDoList 커맨드는 ListCreated라는 이벤트를 생성한다. 커맨드와 이벤트 이름을 일치시키는 이러한 관행은 널리 사용되는 패턴이지만, 항상 적용되는 것은 아니다. 하나의 이벤트가 실제로는 더 복잡한 비즈니스 시나리오일 수 있다. 따라서 이 패턴을 맹목적으로 채택하지 않기를 권장한다.

일반적으로 커맨드는 외부 API와 유스케이스에 연결되는 반면 이벤트는 유한 상태 기계의 엄격한 로직을 반영한다. 그래서 이벤트를 도입하는 것을 용인하고 가능한 한 많은 이벤트를 정의하는 것이 좋지만, 새 커맨드를 만들 때는 상당히 인색해야 한다는 것이 일반적으로 권장되는 규칙이다.

애플리케이션 생명 주기에 따라 이벤트는 증가하는 경향이 있으며, 그중 일부는 쓸모 없는 것이 되기도 하지만, 커맨드는 더 안정적인 경향이 있다. 이것이 이벤트를 도메인 내부에 노출하지 않고 도메인 내부에 보관해야 하는 주된 이유다. 커맨드는 시스템의 의해 공개된 API의 일부로 간주할 수 있으므로 그 수를 적게 유지하는 것이 좋다.

애플리케이션들이 서로를 직접 호출하는 대신 이벤트를 공유하려는 경우, 이러한 '공개 이벤트'는 이벤트 소싱의 이벤트와는 세분화의 정도가 다를 수 있으므로 이 두 가지를 분리하는 것이 좋다. 같은 이벤트를 상태 재구성과 외부 시스템과의 정보 공유에 함께 사용하는 것은 일반적으로 많은 골칫거리의 원인이 된다.

마지막으로 변경 사항을 추적하는 또 다른 해법은 기존 방식대로 데이터베이스에 현재 상태를 저장하는 동시에 모든 변경 사항을 별도의 감사를 위한 영속적 저장소에 이벤트로 저장하는 것이다. 이런 접근 방식은 나에게는 이벤트 소싱의 모든 복잡성과 일반적인 상태 영속화의 모든 복잡성이 함께 존재함은 물론이고, 감사 정보와 현재 상태가 일치하지 않을 위험성이 추가된, '반쪽짜리 이벤트 소싱'처럼 보인다. 그래도 레거시 애플리케이션을 개선해야 하는 경우처럼, 이런 방법이 타당한 경우가 있다.

변경 가능한 상태와 변경 불가능한 상태

우리가 가장 좋아하는 패턴임에도 불구하고, 변경 가능한 상태를 공유하는 것은 모든 프로그래밍 스타일에서 어려운 문제다. 함수형 프로그래밍은 객체 지향과는 근본적으로 다른 해법을 제공한다. 함수형 프로그래밍은 모든 상태 변경을 코드의 바깥쪽에 유지하므로 핵심 비즈니스 로직이 상태 변경을 무시할 수 있다. 객체 지향 프로그래밍은 반대 방향의 접근 방식을 택해, 핵심 부분 내부에 변경 사항을 캡슐화해 숨기는 방식이며 결과는 같다.

객체 지향 접근 방식이 더 자연스러워 보이는 이유는 실제로 사물이 변화할 수 있는 현실 세계(벽을 초록색으로 칠하고 싶으면 그렇게 할 수 있다)를 연상시키기 때문이다. 기존 벽을 없애고 새로운 초록색 벽을 세울 필요가 없다. 이런 접근 방식의 단점은 변경으로 인해 벌어질 결과를 완전히 확신할 수 없다는 것이다.

함수형 접근 방식은 수학에서 영감을 받았으며, 우리는 (적어도 우리 중 대부분은) 타고난 수학자가 아니기 때문에 처음에는 이해하기 어려울 수 있다. 하지만 수학이 그렇듯, 일단 그 규칙과 추상성을 이해하고 나면 매우 간단한 기본적 원소를 구성해 더 복잡한 동작을 만들고, 소프트웨어를 쉽게 유지보수하고 확장할 수 있게 해주는 믿을 수 없을 정도로 강력한 도구를 가지게 된다.

정체성과 엔터티

정체성은 엔터티 개념의 핵심이다. 에릭 에반스는 "어떤 객체들은 주로 속성에 의해 정의되지 않는다. 그들은 시간을 관통하는 정체성의 실을 나타내며, 종종 서로 다른 표현을 가로지르곤 한다. 주로 정체성에 의해 정의되는 객체를 엔터티라고 부른다."라고 말했다(「도메인 주도 설계」[Eva03]).

더 명확히 하기 위해, 전 세계의 화물선 선대(배의 그룹)를 관리하는 소프트웨어를 작성한다고 가정해보자. 표준적인 객체 지향 접근 방식에서는 아마도 시스템 안에 Freighter 클래스와 그에 대한 인스턴스들이 존재할 것이다. 그러면 서로 다른 두 인스턴스가 동일한 '실제 선박'을 가리키는지 식별할 방법이 필요하다. 이는 상당히 복잡한 문제로, 에반스의 책에서도 상당히 길게 논의한 내용이다.

객체의 정체성을 식별하는 문제는 모든 개체가 불변일 때 훨씬 더 간단하게 해결할 수 있다. 불변 객체는 시간 속에서 변하지 않는 이미지일 뿐, 현실의 변경 가능한 동작을 본뜨려 하지 않는다. 따라서 변화할 수 있는 엔터티 사이에서 (의미론적으로) 불변 객체의 정체성을 어떻게 유지할지 걱정할 필요가 없다.

함수형 프로그래밍에서는 모든 것이 불변이기 때문에 타입을 정의할 때 이 문제를 직접 해결해야만 한다. 예를 들어 유일한 ID를 객체마다 부여하는 방식을 택할 수 있다. 따라서 변경 가능한 엔터티에서 전형적인 '동일한 ID를 가진 서로 다른 두 개의 엔터티가 있는 경우 어떻게 해야 하나?'라는 문제를 반드시 타입 시스템 수준에서 한꺼번에 완전히 해결해야 한다.

이벤트 소싱 애플리케이션 지원

마지막으로 이벤트 소싱 기반 애플리케이션으로 프로덕션의 문제를 해결하는 방법에 대해 언급하려 한다. 사용자가 어떤 중대한 오류로 인해 이전 상태의 목록을 복원하고 싶다면 어떻게 해야 할까?

일반적인 원칙으로, 다른 이벤트를 되돌릴 수 있는 이벤트가 있어서 사용자가 스스로 오류를 해결할 수 있게 하면 좋다. 안타깝게도 비즈니스적인 이유로 인해 이것이 항상 가능하지는 않다. 이런 경우 특별한 상황에서 상태를 변경할 수 있는 특별한 '재설정' 이벤트를 사용해 상태를 바꿀 수 있다.

데이터베이스에서 직접 데이터를 변경하는 것은 어떤 대가를 치르더라도 피해야 한다. 이 문제와 마이그레이션 전략에 대해서는 추후 **10장 이벤트 마이그레이션과 버전 관리**에서 설명한다.

FROM OBJECTS TO FUNCTIONS

6.7 / 요약

이 장에서는 함수적인 방식으로 커맨드를 구현하는 방법을 배웠다.

먼저 시스템의 변경 사항을 더 잘 제어하기 위해 커맨드 패턴을 도입했다. 그리고 이벤트 소싱 패턴을 사용해 시스템 상태의 모든 변경 사항을 저장했다.

마지막으로 HTML UI를 커맨드와 이벤트에 연결해서 사용자가 할 일 목록을 추가하고 수정할 수 있게 했다.

다음 장에서는 함수형 타입을 사용해 보다 정교한 방식으로 오류를 처리하는 방법을 살펴보겠다.

6.8 연습 문제

이 장의 연습 문제에서는 함수형 유한 상태 기계에 초점을 맞출 것이다.

다시 강조하지만, 함수형 프로그래밍은 코드를 읽는 것만으로는 배울 수 없다. 가장 좋은 방법은 연습하는 것이다. 책 코드 저장소의 exercises 폴더에서 시작점을 찾고, 몇 가지 힌트를 얻을 수 있을 것이다.

연습 문제 6.1: 엘리베이터를 상태 기계로 모델링하기

이 연습 문제에서는 엘리베이터를 나타내는 간단한 상태 기계를 구현해보자. 커맨드와 상태를 정의해야 한다. 커맨드는 엘리베이터를 호출하는 버튼이나 엘리베이터 안에 있는 어떤 층에 정지하기 위한 버튼과 같은 사용자 상호작용을 나타내야 한다. 상태는 '문이 x층에서 열림'이나 'y층으로 이동 중' 같은 것이어야 한다. 아직은 이벤트를 사용해서는 안 되며, 현재 엘리베이터의 상태만 저장하라.

예를 들어 커맨드는 CallElevator와 같은 것이어야 하고, 커맨드 핸들러 함수는 Elevator Traveling과 같은 상태를 처리해 ElevatorWaitingAtFloor 같은 새 상태를 반환한다.

커맨드가 예상대로 작동하는지 확인하기 위해 테스트를 작성해야 한다.

연습 문제 6.2: 이벤트를 사용해 엘리베이터 상태 유지하기

이 연습 문제에서는 앞의 연습 문제를 계속 진행하면서 '버튼 눌림', '엘리베이터가 어떤 층에서 다른 층으로 이동' 등의 상태 변화를 나타내는 이벤트를 추가해보라.

커맨드 핸들러를 구현하려면 제타이에서 사용한 것과 같은 패턴을 사용해 커맨드 핸들러를 구현해서, 이벤트를 접어서 현재 상태를 결정하고 커맨드 핸들러로부터 이벤트를 생성해야 한다.

연습 문제 6.3: 고장 상태 추가하기

이제 엘리베이터 상태 기계에 새 상태인 '고장'을 추가해보라. '엘리베이터 고장'이라는 이벤트와 '엘리베이터를 고쳐라'라는 커맨드가 있어야 한다.

이벤트 상태와 커맨드가 모두 일관성 있게 작동하는지 확인하기 위한 테스트를 작성하는 것을 잊지 마라.

7 ^장

함수형으로
오류 처리하기

당황하지 마세요!

– 더글러스 애덤스, 『은하계를 여행하는 히치하이커를 위한 가이드』

이 장에서는 함수형 프로그래밍의 핵심에 대한 여정을 계속 이어간다. 함수에 대해 알아보고 함수가 얼마나 유용한 추상화인지 배우게 될 것이다. 그리고 함수를 활용해 어떻게 문제를 더 잘 활용할 수 있는지 살펴보겠다.

지금까지는 자세한 오류 메시지를 피했는데, 이제는 펑터(functor)가 어떻게 이 문제를 해결하고 함수의 전체성을 잃지 않으면서도 자세한 오류 메시지를 유지할 수 있는지 살펴본다.

마지막으로 자세한 오류를 로그에 남기는 동시에 사용자에게 멋진 오류 페이지를 반환하는 방법을 살펴볼 것이다.

7.1 / 오류를 더 잘 처리하기

오류란 무엇인가? 여러 가지 정의가 있을 수 있지만, 여기서는 소프트웨어가 예상대로 작동하지 않을 때 발생하는 오류, 즉 다소 좁은 의미의 오류에 집중해서 논의하고자 한다.

예를 들어 네트워크 호출이 연결되지 않거나 입력 파라미터가 예상한 타입이 아니거나 컴포넌트가 일부 작업을 수행하기에 적합한 상태가 아닌 경우 등이다. 우리의 목표는 이런 오류를 가능한 한 빨리 감지하여 복구하거나, 실패한 경우 문제를 해결하는 데 필요한 모든 정보를 클라이언트에게 보고하고 로그에 남기는 것이다.

지금까지는 오류를 자세히 살펴보는 것을 의도적으로 피해왔다. 하지만 관리 및 디버깅하기 쉬운 코드를 유지관리하는 데 적절한 오류 보고는 매우 중요하다. 코틀린의 명시적인 널 가능성 기능을 활용함으로써 함수의 완전성을 보장할 수 있었지만, 발생할 수 있는 오류에 대한 자세한 정보는 모두 사라졌다.

일반적으로 오류가 발생할 때마다 null을 반환하는 것은 오류의 원인에 대해 크게 신경 쓰지 않을 때 잘 작동한다. 예를 들어 텍스트 파일을 읽는 경우 다음과 같은 함수를 작성할 수 있다.

```
fun readTextFile(fileName: String): List<String>? =
    File(fileName).let {
        if (it.exists()) it.readLines() else null
    }
```

이 경우 파일이 없으면 null을 반환하며, 그 이유는 충분히 명확하다. 더 이상 추가할 정보가 없다. 그냥 파일이 거기 존재하지 않을 뿐이다.

하지만 원격 소스(REST 서비스나 데이터베이스 등)에서 사람의 세부 정보를 읽기 위해 동일한 작업을 수행하려고 하면 다음과 같은 문제가 발생한다.

```
fun getPersonDetails(nickname: String): Person? = ...
    // 오류가 발생하거나 사용자가 존재하지 않는 경우 null을 반환한다.
```

이 함수에서 null을 돌려받은 경우, 별명이 데이터베이스에 존재하지 않거나 데이터베이스 연결에 오류가 발생했거나 또 다른 문제가 발생했을 수 있다. 첫 번째 경우에는 사용자에게 별명을 확인하도록 요청해야 한다. 두 번째 경우에는 사용자에게 나중에 다시 시도하거나 설정을 확인하라고 제안해야 한다. 하지만 어떤 경우인지 어떻게 알 수 있을까?

더 일반적으로 말하자면 다음과 같이 좀 더 자세한 오류 메시지가 필요한 경우가 여럿 있다.

1. 서로 다른 결과를 초래하는 각각의 실패를 구분해야 한다.

2. 디버깅을 위해 복잡한 계산이 어떤 단계에서 실패했는지 세부 정보를 기록해야 한다.

3. null은 계산의 유효한 결과에 포함되기 때문에 오류 표시로 null을 사용할 수 없다.

마지막 경우의 예로 어떤 구체적인 ToDoList의 마감일을 읽어야 한다고 가정해보자. 마감일 필드는 선택적이므로 필드가 비어 있는 경우와 데이터를 읽을 때 발생할 수 있는 오류를 구분해야 한다. 좀 더 복잡한 시나리오를 자세히 살펴보자.

널로 오류 처리하기

인사말 이메일을 보내는 기능을 작성한다고 가정해보자. 어느 시점에 앞에서 설명한 readText File 함수를 사용하여 외부 파일에서 이메일 텍스트 템플릿을 읽어야 한다.

```kotlin
fun prepareGreetingsEmail(userName: String): Email? {
    val user = getPersonDetails(userName)
    val templateText = readTextFile("myTemplate.txt")
    if (user != null && templateText != null) {
        val text = replace(templateText, user)
        return Email(user.emailAddress, text)
    } else {
        return null
    }
}
```

여기서는 사용자 데이터와 템플릿 텍스트를 읽으려고 시도한다. 둘 중 하나라도 실패하면(null 반환) 함수 전체가 실패한다(또 null을 반환).

이 코딩 방식은 효과가 있지만, 왜 실패했는지 정확히 알 수 없다는 단점이 있다. 사용자 이름이 잘못됐나? 템플릿 파일이 없나? 원격 데이터를 가져올 때 오류가 발생했나? 이에 대해 우리는 알 수가 없다.

오류 반환하기

이와 비교해 다른 가능성을 고려해보자. 오류 세부 정보를 계산 결과와 함께 반환할 수 있다. 이런 방식은 C나 고랭(Golang) 같은 언어에서 흔히 사용하는 관습이다.

빈 문자열은 성공, 즉 오류가 없음을 의미한다는 규칙을 사용해 텍스트로 오류를 설명해보자. 코틀린 Pair를 반환 타입으로 사용하고 구조 분해 연산자를 사용해 결과를 읽을 수 있다. 앞의 예제를 이 스타일로 다시 작성하면 다음과 같다.

```kotlin
fun readTextFile(fileName: String): Pair<String, List<String>?> =
    File(fileName).let {
        if (it.exists())
            { "" to it.readLines() }
        else {
            "file not present" to null
        }
    }

fun prepareGreetingsEmail(userName: String): Pair<String, Email?> {
    val (resUser,user) = getPersonDetails(userName)
```

```
        val (resTempl, templateText) = readTextFile("myTemplate.txt")

    if (user != null && templateText != null) {
        val text = replace(templateText, user)
        return "" to Email(user.emailAddress, text)
    } else {
        return "Error: $resUser $resTempl" to null
    }
}
```

여기에서는 널이 될 수 있는 결과와 함께 오류 메시지를 반환한다. 암묵적인 약속은 결과가 null 인 경우 오류 메시지에 이유를 설명한다는 것이다. 그렇지 않으면 (결과가 null이 아닌 정상값인 경우) 오류 메시지는 비어 있다.

이 코드는 함수의 전체성을 보존하고 오류에 대한 자세한 정보도 제공한다. 이런 성질은 큰 장점이다.

그러나 안타깝게도 두 가지 단점이 있다.

1. 이런 식으로 모든 코드를 작성하는 것은 매우 장황하고 오류가 발생하기 쉽다. 매번 Pair를 반환해야 하며, 결과를 사용하기 전에 널 가능성을 확인해야 한다.

2. 가능한 모든 오류를 문자열(또는 선택한 다른 타입)로 표현해야 하는데, 이는 복잡한 타입으로 작업할 때 상당히 제한적이다. 예를 들어 잘못된 Request를 오류에 추가하고 싶다면 이를 문자열로 변환하거나 혹은 (오류 정보에 문자열 대신) 더 복잡한 다른 오류 타입을 사용해야 하는데 이런 복잡한 타입을 쓰는 것은 대부분의 경우 낭비다. 달리 말하면, String으로 오류를 표현하는 것은 유연성이 너무 떨어진다.

예외를 예외적으로 유지하기

이쯤 되면 결국에는 예외 사용을 고민하던 것을 포기하고 예외를 다시 사용해야 하는게 아닌가 하는 생각이 든다. 예외를 언어에 채택한 이유가 분명 있을 것이다! 이런 방향으로 바로 진행하기 전에, 함수형 프로그래밍에서 오류를 처리하기 위해 예외를 사용하는 것이 왜 문제가 되는지 정확히 살펴보자[1]. 문제를 더 자세히 살펴보기 위해 예외를 사용해 코드를 다시 작성해보자.

---

1 https://docs.oracle.com/javase/specs/jls/se8/html/jls-11.html#jls-11.1.1

```kotlin
fun prepareGreetingsEmail(userName: String): Email {
    val user = getPersonDetails(userName) ?:
        throw RuntimeException("User $userName not found!")
    val templateText = readTextFile("myTemplate.txt") ?:
        throw RuntimeException("Template not found!")

    val text = replace(templateText, user)

    return Email(user.emailAddress, text)
}
```

이 코드는 명확하고 읽기 쉽지만 안타깝게도 오해의 소지가 있다. 반환 타입이 Email인 함수를 선언하고 있지만, 실제로는 계산이 예외로 종료되면서 이 함수가 약속한 계약이 실패할 수 있다.

이 코드가 왜 중요한지 알아보기 위해, 다음과 같이 더 큰 배치 작업 내에서 이 코드를 사용해 모든 연락처에 이메일을 보낸다고 가정해보자.

```kotlin
contactNames
    .map(::prepareGreetingsEmail)
    .forEach(::sendEmail)
```

어느 시점에 없는 사용자를 찾게 되면, 예외를 통해 전체 배치 작업이 중단된다. 더 나쁜 점은 이메일 중에 어떤 것을 보내고 어떤 것을 보내지 않았는지 알 수 없기 때문에 배치 작업이 예측 불가능한 상태가 된다는 점이다.

우리 자신을 보호하기 위해, 다음과 같이 모든 것을 try...catch 블록으로 감쌀 수 있다.

```kotlin
contactNames
    .map{
        try {
            val email = prepareGreetingsEmail(it)
            sendEmail(email)
        } catch(e: Exception) {
            log("skipped $it because of $e")
        }
```

이렇게 하면 코드가 작성하기 더 복잡해지고 이해하기 어려워진다는 사실을 알 수 있다. 이런 방식에서는 (적어도 몇몇 곳에서는) 오류 처리를 잊어버리기 쉽고 그렇게 처리를 잊은 오류는 최악의 상황, 즉 프로덕션 환경에서 실행될 때 발견될 것이다.

또 예외가 발생할 수 있는 프로시저를 예외를 처리하지 않는 다른 함수에 전달해야 하는 경우에도 코드를 작성하기 어렵다.

한 가지 덧붙이자면, 무거운 try...catch 블록을 모든 함수에 넣어야 한다면 함수형 프로그래밍의 이점을 누릴 수 없다. 왜냐하면 우리는 코드가 가능한 한 안전하면서도 이해하기 쉽기를 바라기 때문이다. 앞에서 본 아주 작은 예제에서도 예외가 함수의 깔끔한 연쇄를 끊었다는 사실과 문제가 생기면 명령형 코드로 돌아가야 한다는 사실을 알 수 있다.

함수의 전체성을 보존하는 것은 중요하다. 전체성이 성립할 때 이런 함수들을 안전하게 합성할 수 있기 때문이다.

이 말이 함수형 프로그래밍에서 예외가 맡을 역할이 없다는 뜻일까? 아니다. 우리는 예외를 사용할 것이다. 하지만 정말 예외적인 경우에만 사용한다. 복구할 방법이 없는 상황이라면 예외를 던지고 프로그램을 종료하거나 HTTP 호출을 중단할 것이다.

예를 들어 웹 서버를 시작하는 동안 포트가 이미 사용 중인 것을 발견하면 예외를 발생시키고 애플리케이션을 중지한다. 이러한 상황은 복구할 수 있는 방법이 없기 때문에 처리하고 싶지 않은 상황이다.

반면 앞의 예는 올바르게 처리해야 하는, 완벽하게 정상적인 비즈니스 케이스(데이터에 존재하지 않는 사용자 이름)였다.

 조에게 묻는다 **검사 예외가 가능한 해결책인가?**

자바 언어 디자이너들은 예외와 결과 문제를 살펴보고 혁신적인 해결책을 생각해냈다.
그들은 예외를 다음과 같이 세 가지 그룹으로 나눴다.

- **오류(error)**: 복구가 불가능한 것들
- **검사 예외(checked exception)**: 합법적인 부정적인 결과로 간주할 수 있는 것들
- **런타임 예외(runtime exception)**: 발생해서는 안 되는 경우를 위해 의도된 것들로, 다른 말로 하면 버그를 처리하기 위한 것들

실제로는 마지막 두 경우를 구분하기가 매우 어렵다. 게다가 검사 예외를 catch 절을 사용해 처리해야만 한다는 점은 상당히 귀찮았고, 그로 인해 프로그래머들이 검사 예외를 싫어하게 됐기 때문에 모든 곳에서 런타임 예외를 사용하기 시작했다.
이제는 자바 언어 디자이너들조차도 검사 예외가 최초의 의도대로 작동하지 않는다는 것을 인식하고 있으며, 최근의 자바 라이브러리들은 대부분 검사 예외를 무시한다.

결정은 상황에 따라서도 달라진다. 일반적인 웹 서버 라이브러리를 작성하는 중에 누군가 포트를 이미 사용 중인 경우를 처리해야 한다면 라이브러리 사용자에게 오류 복구를 미루거나(예 다른 포트를 선택) 애플리케이션을 중지할 수 있다.

일반적으로 예외가 꼭 필요할지 확실하지 않은 경우에는 예외를 사용하지 않는 것이 좋다.

함수형 오류 처리

그렇다면 자세한 오류 정보가 필요하지만 예외를 사용할 수 없다면 어떻게 해야 할까? 코드를 복잡하게 만들거나 코드 작성을 어렵게 하지 않으면서도 오류의 세부 정보를 유지할 방법이 필요하다.

이상하게 느껴질지 모르지만, 이때 수학이 도움이 될 수 있다. 방법을 알아보기 위해, 먼저 인사말 애플리케이션의 화살표 다이어그램을 오류를 무시하고 그려보자.

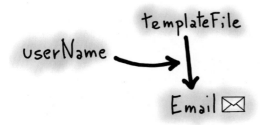

오류를 어떻게 처리하면 좋을지 생각해보자. 앞의 다이어그램을 살펴보면서, 구체적인 오류를 반환하되 (오류 반환을 추가하기) 이전과 마찬가지로 모든 함수를 합성할 수 있는 가능성을 그대로 유지해주는 어떤 '마법의 화살표'가 있다고 가정해보자.

'오류 인식 마법의 화살표'를 자세히 살펴보면 다음과 같이 작동한다.

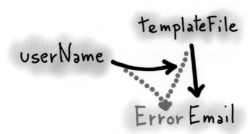

함수형 프로그래밍 관점에서 볼 때, 이 문제에 대한 해결책은 오류를 인식하는 함수를 결합하는 **대수**이다. 다행히도 이러한 대수를 만들 수 있는 수학적 도구, 즉 앞에서 이야기한 마법의 화살표인 **펑터**(functor)가 있다.

> 우리는 대수를 몇몇 데이터 타입에 대해 작동하는 함수의 컬렉션과 이런 함수들 사이의 관계를 지정하는 법칙의 집합을 의미한다고 정의했다.

– 폴 키우사노(Paul Chiusano)와 루나르 비아르드나손(Rúnar Bjarnason), 『스칼라로 배우는 함수형 프로그래밍』

FROM OBJECTS TO FUNCTIONS

7.2 / 펑터와 카테고리 배우기

코드를 살펴보기 전에 잠시 이론적 배경을 설명하겠다. 아니면 이 부분을 건너뛰고 코드에서 오류 처리에 대한 접근 방법(**7장의 펑터를 사용해 오류 처리하기**)을 먼저 살펴본 다음에 여기로 돌아와도 좋다.

펑터를 잘 이해하는 것은 고급 함수형 프로그래밍을 마스터하는 데 매우 중요한 단계다. 펑터를 완전히 이해한다면 다음 장에서 살펴볼 모나드(monad)나 애플리커티브(applicative) 같은 더 복잡한 구조도 문제없이 사용할 수 있다.

펑터가 무엇인지 정의하려면 먼저 카테고리가 무엇인지 살펴볼 필요가 있다. 카테고리는 최대한 추상적인 방식으로 관계를 정의하기 위해 도입한 수학적 개념이다.

언뜻 보기에 카테고리는 점과 화살표들로 이뤄졌다. 이때 화살표는 점과 점을 연결한다. 점과 화살표는 무엇이든 표현할 수 있는 추상적인 표현이다. 예를 들어 뉴욕의 관광 명소와 그들을 잇는 경로로 카테고리를 만들 수도 있다. 한번 그림으로 그려보자. 왼쪽부터 자유의 여신상(SoL), 엠파이어 스테이트 빌딩(ESB), 센트럴 파크(CP), 월 스트리트(WS), 브루클린 다리(BB)다.

231

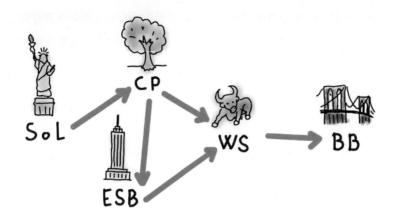

참고로 각 명소마다 자기 자신을 가리키는 항등 화살표(identity arrow)가 있다고 상상해야 한다. 단순화를 위해 다이어그램에는 표시하지 않았지만, 항등 화살표는 중요하다.

이 다이어그램에서 중요한 것은 화살표에 방향이 있다는 점, 화살표를 서로 합성할 수 있다는 점이다. 카테고리를 합성하려면 몇 가지 간단한 규칙을 검증해야 한다.

1. 두 화살표를 항상 합성할 수 있다(SoL에서 CP로 가는 화살표와 CP에서 ESB로 가는 화살표의 합은 SoL에서 ESB로 가는 화살표와 같다).

2. 화살표를 합성하는 순서는 중요하지 않다.

3. 각 점마다 자기 자신을 가리키는 항등 화살표가 있다(ESB에서 ESB로 가는 화살표)

엄밀히 말해 화살표는 **사상**(morphism)과 **대상**(object)으로 구성된다. 여기서 대상을 가리키는 영어 단어 object는 객체 지향 프로그래밍과는 무관하다.

카테고리(category)의 개념은 매우 추상적이다. 결합할 수 있는 관계라면 무엇이든 카테고리로 다룰 수 있다. 카테고리를 언어 연구부터 아원자 물리학에 이르기까지 다양하게 써먹을 수 있다.

예제를 계속 진행하기 위해 앞에서 그린 뉴욕의 다이어그램에 대응하는 런던의 관광 명소에 대한 다이어그램을 그려보자. 왼쪽부터 호레이쇼 넬슨 동상이 있는 트라팔가 광장(TS), 더 샤드(TS), 하이드 파크(HP), 잉글랜드 은행(BoE), 타워 브리지(TB)다.

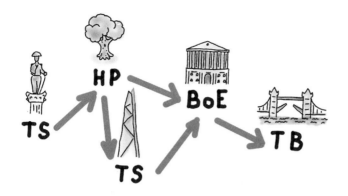

여기서 각각의 대응은 임의적이지만, 관심을 가질 만한 몇몇 속성(예 티켓 가격이나 역사적 중요성 등)을 유지해야 한다.

이제 펑터를 정의할 수 있다. **펑터**는 두 카테고리를 함께 매핑한다. 더 정확히 말하면 다음과 같다.

> 펑터는 카테고리 사이의 매핑이다. C와 D라는 두 개의 카테고리가 있을 때 펑터 F는 C의 대상을 D의 대상으로 매핑한다. 즉, 펑터는 대상에 대한 함수다. 만약 a가 C 안의 대상이라면, D에 있는 a의 이미지를 F a로 표기한다(이때 괄호 없음). 하지만 카테고리는 단순히 대상만을 의미하지 않고 대상과 사상(대상을 연결함)을 함께 말한다. 펑터도 사상을 매핑하며, 사상에 대한 함수다. 하지만 펑터는 대상을 아무렇게나 매핑하지 않고 연결을 유지한다. 따라서 C 안의 사상 f가 대상 a를 대상 b에 연결하면, D에서 f의 이미지는 a의 이미지(F a)와 b의 이미지(F b)를 연결한다.

– 바르토시 밀레프스키[2](Bartosz Milewski)

이 말은 '뉴욕 –〉 런던'이라는 펑터를 정의하면 뉴욕의 모든 명소를 런던의 명소로 매핑해야 할 뿐만 아니라, 그 경로도 매핑해야 한다는 뜻이다. 이를 그림으로 그려보자.

---

2 https://bartoszmilewski.com/2015/01/20/functors/

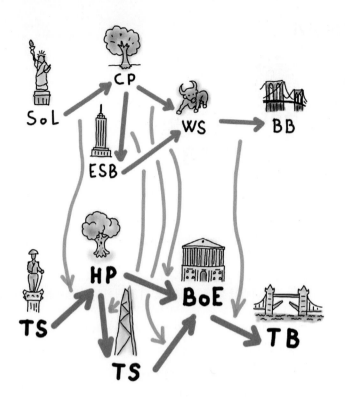

펑터의 뒤에 있는 개념은 간단하면서도 강력한다. 우리는 우리가 아는 어떤 것(이 경우 뉴욕)을 우리가 모르는 어떤 것(이 경우 런던)으로 변환한다. 하지만 펑터에 의해 우리의 지식(화살표)을 계속 사용할 수 있다.

펑터가 유효하기 위해서 두 카테고리가 앞에서 본 교육용 예제와 비슷할 필요는 없다. 펑터가 원본 카테고리의 서로 다른 객체를 가져와서 대상 카테고리의 한 대상으로 '욱여넣을' 수도 있고, 중요하지 않은 부분을 완전히 무시할 수도 있다. 중요한 것은 원본 카테고리에 존재하는 모든 대상과 화살표가 자신들의 속성을 보존하는 방식으로 대상 카테고리에 매핑된다는 점이다.

카테고리와 펑터에 대한 보다 정확한 정의는 이론만 설명하는 부록(**부록 C 약간의 이론**)에서 볼 수 있다. 지금은 모든 것이 너무 모호하고 이해하기 어렵더라도 코드에 적용하는 과정을 살펴보면 개념이 더 명확해질 것이다. 연습하다 보면 이러한 개념이 매우 친숙해질 것이라고 장담할 수 있다.

코드에서 카테고리 정의하기

카테고리가 다양한 경우에 사용될 수 있다는 점을 알았다. 그렇다면 프로그래밍의 경우에는 어떨까?

코드에서 카테고리를 정의하는 매우 유용한 방법은 점이 타입을, 화살표가 한 타입에서 다른 타입으로 가는 순수 함수를 나타내는 것으로 생각하는 것이다(**부록 A 카테고리 이론** 참고).

이런 식으로 몇 가지 함수와 몇 가지 타입을 조합해 작은 카테고리를 만들 수 있다. 예를 들어 단순화를 위해 Int, String, Double 타입만 고려해보자. 이제 2장에서 했던 것처럼 항등 함수와 두 가지 다른 함수를 합성하는 함수를 사용해 카테고리의 세 가지 규칙을 확인할 수 있다.

```
fun <T> identity(a: T): T = a
infix fun <A, B, C> ((A)->B).andThen(f: (B)->C): (A)->C =
    { a:A -> f(this(a)) }
```

첫 번째 규칙(두 화살표를 항상 합성할 수 있음)을 다음과 같이 확인할 수 있다. 두 화살표를 따라 순서대로 값을 변환한 결과와 두 화살표를 합성해 만들어진 새로운 화살표로 값을 변환한 결과가 항상 같은지 검증한다.

```
val l = anyString.length()
val h = half(l) // 2로 나눔
val halfLength = ::length andThen ::half
expectThat( halfLength(anyString) ).isEqualTo(h)
```

두 번째 규칙(화살표를 합성하는 순서는 중요하지 않음)의 경우, 세 가지 함수를 두 가지 다른 순서로 합성해도 여전히 결과가 같은지 본다.

```
val halfLengthStr1 = (::length andThen ::half) andThen toString
val halfLengthStr2 = ::length andThen (::half andThen toString)
expectThat( halfLengthStr1(anyString) ).isEqualTo(halfLengthStr2(anyString))
```

마지막으로 세 번째 규칙(점에서 자기 자신으로 가는 화살표가 항상 존재함)을 확인하기 위해, 임의의 문자열에 identity를 적용한 결과는 원래의 문자열임을 증명한다.

```
val anyString = randomString()
expectThat( identity( anyString) ).isEqualTo(anyString)
```

이는 코틀린 타입 시스템이 그 자체로 카테고리를 형성한다는 의미일까? 그런 셈이다. 하지만 예외, 순수하지 않은 함수, 변경 가능한 싱글턴 등 많은 세부 사항을 무시하는 경우에만 그렇다.

7.3 / 코드에서 펑터 정의하기

카테고리가 무엇인지 이해하기 시작했으니 이제 계속해서 몇 가지 펑터를 만들어보자.

펑터의 수학적 개념을 어떻게 코드로 변환할 수 있을까? 어떤 타입의 집합을 다른 타입들로 변환하면서 관계를 보존하는 방법을 찾아야 한다. 다시 말해 String과 Int 타입으로 이뤄진 카테고리에 이들을 연결하는 함수 타입 (String)->Int가 있다면[3], 우리가 정의할 펑터는 다음 작업을 수행해야 한다.

1. Int, String이나 카테고리에 포함된 모든 타입을 기반으로 새 타입을 만든다.

2. 새 타입에 대해서도 여전히 함수를 계속 사용하도록 해준다.

새로운 방법일 수 있지만, 코틀린(그리고 다른 대부분의 최신 언어)에는 타입으로부터 다른 타입을 만들어낼 수 있는 방법이 있다. 이를 **제네릭 프로그래밍**이라고 하며, 줄여서 **제네릭스**라고도 부른다.

코틀린에서는 자바와 마찬가지로 타입 선언에 타입 파라미터를 추가해 제네릭 타입을 정의할 수 있다. 예를 들어 임의의 주어진 값을 하나만 담을 수 있는 제네릭 타입 Holder를 정의(이 타입은 원소가 정확히 한 개만 들어갈 수 있는 컬렉션과 비슷하다)하려면 다음과 같이 작성하면 된다.

```kotlin
data class Holder<T>(private val value: T)
```

자바 제네릭스에 대해 배웠다면 Holder<T>가 제네릭 파라미터를 포함하는 타입이라고 생각할 수 있다. 하지만 함수형 프로그래밍에서는 이를 타입이 아니라 **타입 빌더**(type builder)로 생각하는 것이 더 유용하다.

---

3   **역주** 이 카테고리에서 대상은 Int와 String, 사상은 (String)->Int 타입이 나타내는 함수들이라 할 수 있다. 물론 (Int)->Int와 (String)->String 타입의 함수들은 당연히 포함되어 있어야 한다.

제네릭스는 타입 빌더다

다른 말로 Holder<Int>, Holder<String> 등은 모두 Holder<T>로부터 생성되지만, Holder<T> 자체는 타입이 아니라 타입 빌더다.

매우 추상적인 구분처럼 보일 수 있지만, 나중에 **9장 모나드의 힘 살펴보기**에서 더 복잡한 타입을 만들 때 유용하다.

 조에게 묻는다 **펑터는 제네릭스와 같은 것인가?**

아니다. 하지만 제네릭스는 타입 빌더이고 타입 빌더를 사용하면 코드에서 펑터를 구현할 수 있다.

다른 이유로 제네릭스를 사용할 수도 있다(**예** Comparable 인터페이스). 또는 제네릭스를 사용하지 않고 몇 가지 타입에서만 작동하는 펑터를 만들 수도 있다. 하지만 이런 식으로 펑터를 만들면 그리 유용하지 않다.

펑터를 뒷받침하는 근본적 아이디어는 변환이다. 여러분의 제네릭 타입 중 이런 변환을 지원하는 것과 그렇지 않은 것을 검증할 수 있다.

변환과 리프트

제네릭스를 통해 (타입으로부터 다른 타입을 만들 수 있어야 한다는) 첫 번째 사항을 해결했지만 여전히 두 번째 요구 사항, 즉 (String)->Int 타입의 함수를 새로운 펑터 타입 Holder<String>에 대해 어떻게 적용할 수 있을까 하는 문제가 남는다. 두 가지 방법으로 해결할 수 있다.

1. 함수를 적용해서 펑터를 Holder<Int>로 변환한다.

2. 펑터를 사용해 함수를 **들어올려서**(lift), (들어 올려진) 함수를 펑터에 직접 적용할 수 있게 한다.

첫 번째 해법을 살펴보자. 다음과 같은 transform 메서드를 정의할 수 있다. 이 함수는 내부에 새 값을 가지는 새로운 Holder를 반환한다.

```
data class Holder<T>(private val value: T) {
    fun <U> transform(f: (T) -> U): Holder<U> = Holder( f(value) )
}
```

두 번째 해결책은 고차 함수를 정의해서(**3장 고차 함수 사용하기** 참고) 함수가 모든 Holder 타입에 대해 작동하도록 '들어올리는' 방법을 사용해야 한다.

```kotlin
data class Holder<T>(private val value: T) {
    companion object {
        fun <T, U> lift(f: (T) -> U): (Holder<T>) -> Holder<U> =
            { c: Holder<T> -> c.transform(f) }
    }
}
```

예를 들어 transform을 사용해 문자열이 있는 Holder에 대해 Int를 반환하는 String::length 메서드를 적용한다.

```kotlin
val a: Holder<String> = Holder("this is a string")
val b1: Holder<Int> = a.transform(String::length)
```

대신 lift를 사용해 (Holder<String>)->Holder<Int> 타입의 strLenLifted 함수를 만들면 Holder에서 바로 사용할 수 있다.

```kotlin
val strLenLifted = Holder.lift(String::length)
val b2: Holder<Int> = strLenLifted(a)
```

b1과 b2, 두 결과는 같다.

> **Note ≡ 언제 들어올림 연산을 쓸까?**
>
> 펑터에 함수를 하나만 적용해야 할 때는 일반적으로 transform이 lift보다 더 편리하다. 하지만 여러 함수로 작업할 때는 함수를 들어올린 버전을 펑터에 직접 적용하면 코드를 더 읽기 쉽게 만들 수 있다.
>
> 이는 리스트의 각 원소에 대해 작동하는 함수를 사용할지, 아니면 전체 리스트를 입력으로 받는 함수를 사용할지 결정하는 것과 비슷하다.

마지막으로 이름에 대해 언급하려 한다. 이 책의 transform 메서드를 하스켈에서는 fmap, C#에서는 select, C++에서는 transform으로 정의한다. 스칼라, 코틀린, 자바 등 대부분의 JVM 함수형 라이브러리에서는 map으로 정의돼 있는데, 내 생각에는 아쉬운 일이다. 어쨌든 이름은 그다지 중요하지 않으며 더 중요한 것은 작동 방식이다.

조에게 묻는다 왜 map이라고 부르지 않나?

교육적인 목적이 일부 있다. 우리는 컬렉션과 함께 map을 사용하는 데 너무 익숙하기 때문에 다른 이름을 사용해 펑터가 어떻게 작동하는지 더 명확하게 보이고자 한다.

(앞으로 살펴보겠지만) 컬렉션을 펑터로 간주할 수 있지만, 펑터가 컬렉션의 주요 특징은 아니다. 컬렉션은 한 그룹의 원소들을 함께 보관하도록 디자인됐다. 컬렉션과 펑터가 수행하는 연산을 설명할 때 같은 용어를 사용하면 혼란을 야기하고, 그 차이점을 이해하기 어렵게 만들 수 있다.

또 변환 연산에 대해 map이 아닌 다른 이름을 사용하면 흔히 보게 될 펑터의 컬렉션이나 컬렉션의 펑터에 대한 연산을 할 때 코드를 더 쉽게 이해할 수 있다는 장점이 있다.

펑터의 법칙

펑터가 준수해야 하는 두 가지 법칙이 있다.

1. 펑터는 항등사상을 보존해야 한다.
2. 펑터는 사상의 합성을 보존해야 한다.

함수형 프로그래밍에서 사상은 순수 함수(**부록 A 카테고리 이론**)이기 때문에, 앞에서 정의한 identity 함수를 사용하면 첫 번째 법칙을 쉽게 코드로 변환할 수 있다.

```
val a1 = a.transform(::identity)
println(a==a1) // true
```

이 코드는 항등 함수를 펑터에 적용할 때 원래의 값과 같은 값을 반환하는지 확인한다.

두 번째 법칙을 검증하려면 splitIntoWords와 List<String>::size라는 두 함수가 필요하다. 두 변환을 연결한 것이 두 함수를 합성한 결과를 사용해 변환을 한 번 적용한 것과 동일한 결과가 나옴을 확인할 수 있다.

```
val splitIntoWords: (String) -> List<String> = { s:String -> s.split(' ') }
val c1 = a.transform(splitIntoWords).transform(List<String>::size)

val NumOfWords: (String) -> Int = splitIntoWords andThen List<String>::size
val c2 = a.transform(NumOfWords)

println(c1 == c2) // true
```

이제 처음으로 만든 펑터가 제대로 작동하는 것에 만족할 수 있다.

마지막으로 우리는 프로그래밍에서 **엔도펑터**(endofunctor)에만 관심을 두고 있다. 엔도펑터는 어떤 카테고리를 자기 자신에게 매핑하는 펑터다. 대략적으로 말하면, 우리가 작업하는 카테고리는 코틀린 언어 자체이므로, 펑터들은 코틀린을 코틀린에 매핑하는 것이다. 더 자세한 정의에 대해서는 **부록 C 펑터는 매퍼다**를 보라.

펑터로 리스트 살펴보기

지금까지 잘 따라 왔다면 왜 우리가 굳이 펑터에 대해 논의하는지 궁금할 것이다. Holder는 전혀 쓸모가 없는 것 같아 보인다.

이제 좀 더 유용한 것, 즉 펑터로 작용하는 잘 알려진 타입들을 살펴볼 것이다. 여기서 말하는 건 모든 컬렉션 타입이다. 먼저 가장 단순하지만 사소하지는 않은 펑터인 List를 살펴보자.

언제나 값으로부터 리스트나 컬렉션을 만들 수 있다. 따라서 (T)->List<T> 타입의 함수가 펑터 생성자다. 또 다음과 같이 함수의 리스트를 생성하는 것도 가능하다.

```
val f: List< (String)->Int > = listOf(String::length)
```

transform에 해당하는 것은 무엇일까? List::map은 펑터의 transform과 똑같이 작동하며, 이를 활용하는 liftList 함수를 만들 수 있다.

```
fun <T,R> liftList(f: (T) -> R): (List<T>) -> List<R> =
    { c: List<T> -> c.map(f) }
```

이런 함수로 무엇을 할 수 있을까? 원소에 대해 작동하는 함수를 리스트에 대해 작동하는 함수로 변환할 수 있다.

```
val strFirstLifted = liftList(String::first)
val words: List<String> = listOf(
    "Cuddly","Acrobatic","Tenacious","Softly-purring")

val initials: List<Char> = strFirstLifted(words)
println(initials) // ['C','A','T','S']
```

리스트는 Holder와 같은 단순한 '기초적인' 펑터가 아니다. 리스트에 원소를 추가하거나, 리스트에서 원소를 제거하는 등 다양한 작업을 수행할 수 있다.

이 모든 동작은 펑터의 일부는 아니지만, 펑터를 흥미로운 개념으로 만드는 이유다. 즉, 한 타입을 다른 타입으로 변화시키기 위해 펑터를 사용하면서 여전히 원래의 동작을 유지할 수 있다.

우리는 String처럼 잘 알려진 타입으로 시작해 이를 새롭고 흥미로운 속성을 가진 List<String>으로 변환했으며, 여전히 map 메서드를 사용해 String 타입에 작동하는 모든 함수를 리스트에 대해 사용할 수 있다.

이제 리스트는 충분히 살펴봤으니 원래 질문으로 돌아가자. 펑터가 오류 처리를 어떻게 도울 수 있을까?

FROM OBJECTS TO FUNCTIONS

7.4 펑터를 사용해 오류 처리하기

우리는 일종의 '마법의 화살표'를 찾기 시작했다. 펑터가 정확히 이런 식으로 작동한다는 점을 이미 짐작했을 것이다.

어떻게 작동하는지 알아보기 위해 Holder의 transform 메서드를 다시 살펴보자. 이 메서드는 아주 간단하지만, 값이 오류가 아닌 경우에만 변환을 수행한다는 조건을 추가할 수 있다. 다음과 같이 클래스를 정의할 수 있다.

```
data class ConstantOrErrorF<T>( val value:T?, val isError: Boolean) {
    fun <U> transform(f: (T) -> U): ConstantOrErrorF<U> =
        if (isError || value == null)
            ConstantOrErrorF(null, true)
        else
            ConstantOrErrorF(f(value), false)
}
```

이 코드도 잘 동작하지만 이보다 더 좋은 방법이 있다.

유니언 타입으로 오류 처리하기

불린 값을 사용해 오류를 표현하는 대신, 결과를 나타내는 유니언 타입(**5장 유니언 타입** 참고)을 정의해 두 가지 구체적인 하위 타입(성공과 실패)을 결합할 수 있다.

봉인된 클래스 Outcome과 두 가지 구체적인 데이터 클래스를 정의해보자. 봉인된 클래스를 Result 라고 부르면 좋았겠지만, 안타깝게도 이미 코틀린 표준 라이브러리에 Result 클래스가 있다. 동작 방식은 우리가 정의할 클래스와 비슷하지만 기능이 약간 더 제한적이다. IDE는 항상 표준 라이브 러리인 Result를 먼저 임포트하려 하기 때문에, 나는 이 펑터에 다른 이름을 사용하기로 결정했다.

```
❶ sealed class Outcome<T>
❷ data class Success<T>(val value: T): Outcome<T>()
❸ data class Failure(val errorMessage: String) : Outcome<Nothing>()
```

❶ Outcome은 널이 될 수 있는 타입을 포함하는 모든 타입(T 파라미터)의 값을 감쌀 수 있다.

❷ 실제 값은 Success인 경우에만 존재한다.

❸ 실패인 경우에는 결과 타입에 신경 쓰지 않을 것이므로, 실패 시 타입을 지정하지 않도록 Nothing을 사용한다.

이제 성공인 경우에 대해서만 transform을 정의할 수 있다.

```
fun <U> transform(f: (T) -> U): Outcome<U> =
    when (this) {
        is Success -> Success(f(value))
        is Failure -> this
    }
```

편의와 코드 가독성을 위해 Success와 Failure 생성자를 호출하는 대신 두 가지 확장 함수를 사용 한다.

```
❶ fun String.asFailure(): Outcome<Nothing> = Failure(this)
  fun <T> T.asSuccess(): Outcome<T> = Success(this)
```

❶ 코틀린에서 Nothing 타입은 다른 모든 타입의 하위 타입이며, Nothing 타입의 인스턴스는 존 재하지 않는다. 여기서 Failure 클래스를 Outcome<Nothing> 타입으로 정의한 것은 Failure 인 스턴스를 T의 실제 타입과 관계없이 모든 Outcome<T>의 인스턴스로 사용하기 위함이다.

이것이 바로 오류를 관리하는 함수, 즉 '마법의 화살표'이다. 이 함수를 어떻게 사용할 수 있을까?

7.5 결과 다루기

이제 인사말 이메일 예제의 readTextFile과 getPersonDetails 메서드를 Outcome을 사용해 다시 작성할 수 있다.

```
fun readTextFile(filename: String): Outcome<String> =
    if (fileExists && canRead)
        readfile(File(filename)).asSuccess()
    else
        "$filename not found".asFailure()

fun getPersonDetails(nickname: String): Outcome<Person> {
    val resp = remoteRead(nickname)

    return if (resp.status == OK)
        Person.parse(resp.bodyString()).asSuccess()
    else if (resp.status = NOT_FOUND )
        "$nickname not found!".asFailure()
    else
        resp.bodyString().asFailure()
}
```

Person.parse와 readfile도 실패할 수 있으며, 이 경우도 Outcome을 반환하게 하는 것이 좋다.

지금까지는 좋다. 하지만 prepareGreetingsEmail 메서드를 다시 작성하면 컴파일 오류가 발생한다.

```
fun prepareGreetingsEmail(userName: String): Outcome<Email> {
    val userOutcome = getPersonDetails(userName)
    val res = userOutcome.transform { user ->
        readTextFile("myTemplate.txt")
            .transform { templ -> replace(templ, user)}
            .transform { text -> Email(user.emailAddress, text)
    }
    return res // 오류!
```

```
        }
    }
```

이 코드는 컴파일되지 않는다. 왜냐하면 사용자(userOutcome)가 이제는 Outcome 타입이고, 두 개의 중첩된 transform을 수행해야 하므로 최종 결과가 Outcome<Outcome<Email>>이 되는데, 중첩된 두 펑터를 '단순화'하는 방법은 (아직) 없기 때문이다. 다음 장에서 그 방법을 배우겠지만, 보다 더 쉽게 문제를 해결할 수 있는 방법이 있다.

실패 시 끝내기

getPersonDetails가 오류를 반환할 때 텍스트 파일을 읽으려고 시도할 필요 없이 바로 함수를 반환함으로써 문제를 단순화할 수 있다. 코틀린 인라인 함수에는 **비지역 반환**(non-local return)이라는 유용한 기능이 있다. 이 기능을 사용하면 람다 내부에서 (람다를 둘러싸고 있는) 주 함수를 즉시 끝낼 수 있다.

Outcome 클래스에 비지역 반환을 사용해 예외를 전달함으로써 실패를 처리하게 할 메서드를 추가해야 한다. 이렇게 하려면 반환 타입이 없는 함수를 전달해야 한다. 코틀린의 Nothing 타입은 인스턴스를 생성할 수 없으므로 정확히 이를 표현한다(**부록 B Nothing** 참고).

이 메서드는 오류가 발생한 경우에만 exitBlock을 호출해야 한다.

```
inline fun <E: OutcomeError, T> Outcome<E, T>.onFailure(
                                exitBlock: (E) -> Nothing): T =
    when (this) {
        is Success<T> -> value
        is Failure<E> -> exitBlock(this)
    }
```

이제 오류인 경우를 직접 처리할 수 있으므로 두 변환을 연결할 수 있다.

```
fun prepareGreetingsEmail(userName: String): Outcome<Email> {
    val user = getPersonDetails(userName)
        .onFailure{ return it } // 비지역 반환!

    return readTextFile("myTemplate.txt")
        .transform { templ -> replace(templ, user)}
        .transform { text -> Email(user.emailAddress, text)
```

```
        }
    }
```

비지역 반환은 유용할 수 있지만, 그냥 지나치기 쉬워서 코드를 읽기 어렵게 만들 가능성이 있다. 따라서 신중하게 사용하는 것이 좋다.

더 정확한 오류

지금까지 사용해온 Outcome 타입에는 성공적인 결과를 표현하는 하나의 제네릭 타입 파라미터만 있었다.

하지만 이 타입은 발생할 수 있는 오류에 대해 거의 정보를 제공하지 않는다. 단지 모호하고 구체적이지 않은 오류만 표시할 뿐이며, 이런 표현은 오류 표기에 널 값을 사용하는 것보다 약간 나을 뿐이다.

정말로 필요한 것은 성공적인 결과의 경우와 마찬가지로 오류를 별개의 타입으로 정확하게 모델링하는 방법이다. Outcome은 이미 제네릭 타입이므로 오류 타입을 어떻게 지정할 수 있을까가 문제가 된다.

이 문제를 해결하기 위해 제네릭 타입을 타입 빌더로 생각할 수 있다. 우리는 성공 타입뿐 아니라 오류 타입도 지정할 수 있는 타입을 빌드해야 한다. 따라서 Outcome 타입을 한 타입에 대한 제네릭 타입이 아니라 두 타입에 대한 제네릭 타입으로 만들자.

이러한 방식을 택하면 Outcome 타입은 가능한 성공의 타입뿐 아니라 여러 가능한 오류의 타입도 포함하게 된다. 이를 통해 발생할 수 있는 오류의 종류를 구체적으로 파악하고 그에 따라 처리할 수 있다.

❶ ```
interface OutcomeError {
    val msg: String
}
```

❷ ```
sealed class Outcome<out E : OutcomeError, out T> {
```
❸ ```
    fun <U> transform(f: (T) -> U): Outcome<E, U> =
        when (this) {
            is Success -> f(value).asSuccess()
            is Failure -> this
```
```

```
            }
        }

    data class Success<T> internal constructor(val value: T):
        Outcome<Nothing, T>()
    data class Failure<E : OutcomeError> internal constructor(val error: E):
        Outcome<E, Nothing>()

    fun <E : OutcomeError> T.asFailure(): Outcome<E, Nothing> = Failure(this)
    fun <T> T.asSuccess(): Outcome<Nothing, T> = Success(this)
```

❶ 오류 타입으로 일반적인 인터페이스를 사용한다. 각 결과는 이 인터페이스를 구현하는 더 구체적인 타입을 정의해 사용할 수 있다.

❷ 이제 값 타입과 오류 타입이라는 두 가지 제네릭 파라미터를 받는다. 이 두 타입은 클래스 안에서 메서드의 반환값으로 사용되기 때문에 out 위치다.

❸ transform의 로직은 동일하게 유지되지만 더 자세한 오류를 허용한다.

❹ 이제 실패 시에도 오류를 나타내는 파라미터가 필요하다.

 조에게 묻는다 왜 오류 기반 클래스를 사용해야 하나?

매우 좋은 지적이다. 대칭적인 Either 클래스를 사용해 매핑하는 것도 분명 가능하다. 차이점은 일반적으로 오른쪽을 '옳은' 결과라고 생각하는 게 관습이지만, 오른쪽이나 왼쪽 중 어느 쪽의 타입을 결과 타입으로 사용할지는 온전히 사용자에게 달렸다는 점이다.

Outcome은 오류를 처리하도록 특별히 디자인된, 선택적 Either 타입이다. 이런 타입은 주로 편의를 위해 사용되며, 실수로 코드에서 왼쪽 파라미터와 오른쪽 파라미터를 혼동하는 경우를 막기 위한 것이다. 이런 디자인을 사용하면 IDE의 자동 완성 기능이 제네릭 타입의 파라미터 타입으로 값의 타입과 오류 타입에 호환되는 타입들만 제안하게 된다.

더 나아가 이런 방식으로 오류를 처리하면 transformLeft, transformRight 등의 메서드보다 실패를 처리하는 함수와 성공을 처리하는 함수에 더 적절한 이름을 명시적으로 붙일 수 있다.

또한 Outcome에 대해 작용하는 다른 함수를 작성해야 한다. 먼저 lift를 구현하는 방법을 살펴보자.

```
    fun <T,U,E:OutcomeError> lift(f: (T)->U): (Outcome<E,T>)->Outcome<E,U> =
        { o -> o.transform { f(it) } }
```

이 작은 라이브러리에 추가할 수 있는 또 다른 매우 유용한 함수로 recover가 있다. 이 함수는 오류를 결과와 동일한 타입으로 변환한 다음 '병합'할 수 있다. 코드는 다음과 같다.

```
fun <T,E:OutcomeError> Outcome<E,T>.recover(recoverError: (E)->T): T =
    when (this) {
        is Success -> value
        is Failure -> recoverError(error)
    }
```

수행할 계산에 디폴트 값이 있을 때 이 함수를 활용할 수 있다.

```
val template = readTextFile("MyTemplate.txt")
    .recover("hello {user_name}!")
```

이 경우, "MyTemplate.txt" 파일이 없거나 손상됐다면 기본 템플릿을 사용한다.

훨씬 더 흥미로운 경우는 계산 실패와 상관없이 반드시 값을 반환해야 하는 경우다. 예를 들어 HTTP 핸들러에서는 일반 JSON Request에 대해 Response를 생성해야 한다. 만약 모든 것이 올바르다면 HTML 페이지가 포함된 Response를 생성하고, 그렇지 않으면 잘못된 요청이라는 내용이 들어 있는 Response를 반환한다.

```
fun generatePage(request: Request): Response =
    request.parseJsonRequest()
        .transform { it.toHtmlPage() }
        .transform { Response(Status.OK).body(it) }
        .recover { Response(Status.BAD_REQUEST).body(it.msg) }
```

마지막으로 결과에서 널이 될 수 있는 값을 변환해 실패를 null로 바꿔주는 메서드가 있으면 편리하다.

```
fun <T:Any, E:OutcomeError> T?.failIfNull(error: E): Outcome<E, T>
    = this?.asSuccess() ?: error.asFailure()
```

이 함수를 사용하는 예제로, 요청에서 목록 이름을 추출하는 함수를 다시 작성해보자.

```
private fun Request.extractListName(): ZettaiOutcome<ListName> =
    path("listname")
        .orEmpty()
        .let(ListName.Companion::fromUntrusted)
        .failIfNull(InvalidRequestError("Invalid list name in path: $this"))
```

이런 식으로 Outcome을 결과로 내놓는 함수와 오류로 null을 사용하는 함수를 조합할 수 있다.

함수적 효과

함수형 프로그래머들은 비공식적으로 Par, Option, List, Parser, Gen 등의 타입 생성자를 효과라고 부르기도 한다. 이 용례는 참조 투명성 위반을 의미하는 부수 효과(side effect)라는 용어와 구별된다. 이런 타입들은 일반적인 값을 '추가' 기능으로 보강하기 때문에 효과라고 불린다.

           – 폴 키우사노와 루나르 비아르드나손, 『스칼라로 배우는 함수형 프로그래밍』

Outcome은 이 책에서 처음 발견한 '효과'다. 나중에 영속성과 유효성 검증에 대해 살펴볼 것이다. 이들을 사용하는 것이 효과적인 함수형 프로그래밍의 (이 외에 다른 비밀도 있지만) 비법이라 해도 과언이 아니다.

코드 정리하기

이제 오류를 처리하는 방법을 알았으므로 제타이의 오류 관리를 개선할 수 있다. 구체적인 예로 허브에서 오류 처리를 하는 방법을 살펴보자. 앞 장에서는 허브 메서드가 널이 될 수 있는 결과를 반환해서 오류인 경우를 처리했다.

```
interface ZettaiHub {
    fun getList(user: User, listName: ListName): ToDoList?
    fun getLists(user: User): List<ListName>?
    fun handle(command: ToDoListCommand): ToDoListCommand?
}
```

이 모든 반환 타입을 Outcome으로 변환하려고 한다. 따라서 편의상 몇 가지 새로운 오류 클래스와 타입 별명을 새로 만들어보자.

```
sealed class ZettaiError: OutcomeError
data class InvalidRequestError(override val msg: String): ZettaiError()
data class ToDoListCommandError(override val msg: String) : ZettaiError()
...
typealias ZettaiOutcome<T> = Outcome<ZettaiError, T>
```

이제 모든 메서드의 시그니처에서 결과 타입을 Outcome으로 감싸고 널 가능성 표시를 제거한 형태로 변경한다.

```
interface ZettaiHub {
    fun getList(user: User, listName: ListName): ZettaiOutcome<ToDoList>
    fun getLists(user: User): ZettaiOutcome<List<ListName>>
    fun handle(command: ToDoListCommand): ZettaiOutcome<ToDoListCommand>
}
```

허브 구현은 이전과 같이 커맨드 핸들러를 호출해야 하지만, 이제는 transform을 사용해 이벤트를 이벤트 영속화기(persister)로 전달한다.

```
class ToDoListHub(...): ZettaiHub {
    ...
    override fun handle(command: ToDoListCommand) =
        commandHandler(command)
            .transform(persistEvents)
            .transform { command }
}
```

이 방식에서, 커맨드가 어떤 이유로든 실패하면 영속화할 이벤트를 보내지 않는다. 이 말은 또 커맨드 핸들러가 이제는 널이 될 수 있는 커맨드 대신 자세한 오류 정보가 포함된 Outcome을 반환해야 한다는 뜻이다.

```
typealias ToDoListCommandOutcome = ZettaiOutcome<List<ToDoListEvent>>

class ToDoListCommandHandler(...): (ToDoListCommand)->ToDoListCommandOutcome
...
    override fun invoke(command: ToDoListCommand): ToDoListCommandOutcome =
        when (command) {
            is CreateToDoList -> command.execute()
...
private fun CreateToDoList.execute(): ToDoListCommandOutcome
```

목록의 상태가 커맨드와 호환되지 않는 경우, 이제는 null 대신 커맨드와 잘못된 상태에 대한 세부 정보가 들어 있는 InconsistentStateError를 반환할 수 있다.

```kotlin
    private fun CreateToDoList.execute(): ToDoListCommandOutcome {
        val listState = entityRetriever.retrieveByName(user, name) ?: InitialState
        return when (listState) {
            is InitialState ->
                ListCreated(ToDoListId.mint(), user, name).asCommandSuccess()
            is ActiveToDoList,
            is OnHoldToDoList,
            is ClosedToDoList -> InconsistentStateError(this, listState).asFailure()
        }
    }


    data class InconsistentStateError(
                    val command: ToDoListCommand,
                    val state: ToDoListState): ZettaiError() {
        override val msg ="Command $command cannot be applied to state $state"
    }


    fun ToDoListEvent.asCommandSuccess(): ZettaiOutcome<List<ToDoListEvent>> =
        listOf(this).asSuccess()
```

또한 편의를 위해 작은 확장 함수인 asCommandSuccess()를 만들었다.

마지막으로 HTTP 핸들러가 허브를 어떻게 사용하는지 살펴볼 수 있다. 목록에 새 항목을 추가하는 메서드를 살펴보자. 다음 코드는 이전에 만들었던, 널이 될 수 있는 타입과 let을 연쇄한 코드다.

```kotlin
    private fun addNewItem(request: Request): Response {
        val user = request.extractUser()
        val listName = request.extractListName()
        return request.extractItem()
            ?.let { AddToDoItem(user, listName, it) }
            ?.let(hub::handle)
            ?.let { Response(Status.SEE_OTHER)
                .header("Location", "/todo/${user.name}/${listName.name}") }
            ?: Response(Status.BAD_REQUEST)
    }
```

이제 펑터의 변환을 사용해 더 나은 오류를 제공할 수 있다.

❶
```kotlin
    private fun addNewItem(request: Request): Response {
        val user = request.extractUser()
```

```
❷          .recover { User("anonymous") }
      val listName = request.extractListName()
❸          .onFailure { return Response(Status.BAD_REQUEST).body(it.msg) }
      val item = request.extractItem()
           .onFailure { return Response(Status.BAD_REQUEST).body(it.msg) }
❹      return hub.handle(AddToDoItem(user, listName, item))
           .transform { Response(Status.SEE_OTHER)
                .header("Location", "/todo/${user.name}/${listName.name}") }
❺          .recover { Response(Status.UNPROCESSABLE_ENTITY).body(it.msg) }
      }
```

❶ 시그니처가 똑같이 유지돼야 하므로 모든 Outcome을 반드시 Response로 변환해야 한다.

❷ 임시 조치로 요청 경로에서 사용자가 누락된 경우 디폴트 사용자를 생성한다.

❸ 새로운 extractListName 함수를 사용하면 실패 시 구체적인 오류 응답을 즉시 반환할 수 있다.

❹ 허브가 Outcome을 반환하고, 허브의 결과를 성공적인 응답으로 변환한다.

❺ recover를 사용해 허브 오류를 자세한 오류 응답으로 변환한다.

개선의 여지는 분명 있지만 적어도 이제 더 정확한 오류 메시지를 제공한다. 다음 장에서는 오류 메시지를 더 우아하고 읽기 쉽게 만들 것이다.

자세한 오류 정보가 필요한 모든 곳에서 Outcome 타입을 활용할 것이다. 구체적 오류 상세 정보가 필요하지 않은 경우에는 결과를 널이 될 수 있는 타입으로 남겨두면 된다.

결과 테스트하기

Outcome을 반환하는 함수를 테스트하는 방법을 살펴보자. 먼저 두 가지 특별한 단언문, 즉 긍정적인 결과와 부정적인 결과를 검사하는 단언문을 정의한다.

```
fun <E : OutcomeError, T> Outcome<E, T>.expectSuccess(): T =
    onFailure { error -> fail { "$this expected success but was $error" } }

fun <E : OutcomeError, T> Outcome<E, T>.expectFailure(): E =
    onFailure { error -> return error }
        .let { fail { "Expected failure but was $it" } }
```

이런 새로운 단언문을 사용하면 아주 간단히 Outcome을 반환하는 함수를 테스트할 수 있다. 예를 들어 이제는 사용자가 같은 이름의 목록을 두 개 만들 수 없는지 확인할 수 있을 뿐만 아니라 정확한 오류가 반환되는지도 확인할 수 있다.

```
@Test
fun `Add list fails if the user has already a list with same name`() {
    val cmd = CreateToDoList(user, name)
    val res = handle(cmd).expectSuccess().single()

    expectThat(res).isA<ListCreated>()

    val duplicatedRes = handler(cmd).expectFailure()
    expectThat(duplicatedRes).isA<InconsistentStateError>()
}
```

7.6 / 요약

이 장에서는 함수형 프로그래밍의 고급 개념을 살펴봤다. 지금까지 잘 따라 왔다면 이제 더 이상 함수형 프로그래밍 초보자가 아니다!

펑터 데이터 구조가 어떻게 다양한 방식으로 사용할 수 있는 강력한 도구인지 분석했다. 이는 함수적 방식으로 효과적으로 디자인하기 위한 매우 기본적인 단계다.

펑터는 일부 프로퍼티를 보존하면서 타입을 변환할 수 있게 해준다. 이 변환을 통해 함수적 효과를 얻을 수 있다. 예를 들어 오류와 성공을 분리하는 것은 Outcome 펑터의 효과다.

그런 다음, 펑터를 사용해 오류 메시지를 개선하고 예외를 사용하지 않으면서도 함수를 합성 가능하게 유지하는 방법을 자세히 살펴봤다.

다음 장에서는 여러 가지 방법으로 데이터를 질의하기 위해 이벤트를 투영하는 데 펑터를 사용해 볼 것이다.

7.7 / 연습 문제

이 장의 연습 문제는 함수와 오류에 초점을 맞춘다.

다시 강조하지만, 함수형 프로그래밍은 코드를 읽는 것만으로는 배울 수 없다. 가장 좋은 방법은 연습하는 것이다. 책 코드 저장소의 exercises 폴더에서 시작점을 찾고, 몇 가지 힌트를 얻을 수 있을 것이다.

연습 문제 7.1: 펑터 합성하기

상수 펑터(Holder)를 만드는 방법을 살펴봤으므로, 이제 상수 펑터에 대한 몇 가지 메서드를 정의 해보자. combine 메서드를 사용하면 파라미터를 두 개 받는 함수를 전달해 두 Holder를 결합할 수 있다.

이 연습 문제는 다음과 같은 시그니처를 사용해 combine 메서드를 구현하는 것으로 이뤄진다.

```
fun combine(other: Holder<T>, f: (T, T) -> T): Holder<T> =
    TODO()
```

이 메서드를 사용하면 다음과 같은 코드를 작성할 수 있다.

```
val h = Holder("hello")
val w = Holder("world")
h.combine(w){a,b -> "$a $b"} // "hello world"
```

Holder 생성자를 직접 사용하지 않고 combine을 구현할 수 있는가?

연습 문제 7.2: 펑터 법칙 검증하기

펑터 법칙이 Holder에 대해 성립하는 것을 확인했다.

이 연습 문제에서는 Outcome 펑터 인스턴스에 대한 법칙을 확인해보자.

속성 기반 테스트에 대해 배울 때 논의했던 내용대로, 난수 생성기를 사용해 1,000개의 난수 값으로 각 법칙을 검증해보라.

연습 문제 7.3: 실패 변환하기

Outcome에서 성공적인 경우의 타입을 변경하는 transform 메서드가 있으므로, 결과의 오류 타입을 다른 타입으로 변환하는 새로운 메서드를 정의해보자.

```
fun <F : OutcomeError> transformFailure(f: (E) -> F): Outcome<F, T> = TODO()
```

이 메서드는 특정 오류 타입을 반환하려 하지만, 다른 종류의 오류를 반환하는 함수를 사용해야 할 때 유용하다.

다음과 같이 어떤 함수 안에서 오류를 다른 타입의 오류로 변환할 때 이 메서드를 사용할 수 있다.

```
fun sendEmail(fileName: String): Outcome<EmailError, Unit> =
    readFile(fileName)
        .transformFailure { EmailError(it.msg) }
        .onFailure { return@sendEmail it.asFailure() }
        .let(::sendTextByEmail)

class FileError(override val msg: String) : OutcomeError
class EmailError(override val msg: String) : OutcomeError

fun readFile(fileName: String): Outcome<FileError, String> = ...

fun sendTextByEmail(text: String): Outcome<EmailError, Unit> = ...
```

연습 문제 7.4: 예외 잡아내기

Outcome 클래스에 추가할 만한 또 다른 유용한 메서드는 다음과 같이 예외를 실패로 변환하는 try...catch와 비슷한 메서드다.

```
fun <T> tryAndCatch(block: () -> T): Outcome<ThrowableError, T> = TODO()

data class ThrowableError(val t: Throwable) : OutcomeError {
    override val msg: String = t.message.orEmpty()
}
```

이 연습 문제에서는 다음 코드가 작동하도록 tryAndCatch 메서드를 구현해보자.

```
fun todayGreetings(dateString: String) =
    tryAndCatch { LocalDate.parse(dateString) }
        .transform { "Today is $it" }
        .recover { "Error parsing the date ${it.msg}" }

println(todayGreetings("12/9/2024")) // 오류

println(todayGreetings("2024-09-12")) // 오늘 날짜
```

8^장

펑터를 사용해
이벤트 투영하기

"루크, 우리가 집착하는 많은 진실이 우리 자신의 관점에 크게 의존한다는 것을 알게 될 거다."

— 오비완 케노비(〈스타 워즈〉의 등장 인물)

앞 장에서 펑터에 대해 배웠다. 다음 단계로 제타이 애플리케이션을 계속 진행하면서 변경 가능한 Fetcher를 제거하고, 대신 이벤트를 '투영하는' 데이터에 대한 커스텀 뷰를 생성할 것이다. 이런 뷰를 투영(projection)이라고 부르며, 애플리케이션에 대한 읽기 전용 모델로 작동한다.

펑터를 사용하여 리소스 유출의 위험 없이 타입 안전한 방식으로 순수 함수를 그냥 합성해 투영에 대한 질의를 수행할 수 있는지 살펴볼 것이다.

마지막으로 이 모든 것을 종합하여 애플리케이션의 '다음에 할 일'을 구현해보겠다.

8.1 이벤트 투영하기

이벤트를 사용해 시스템에 대한 모든 변경 사항을 기록하기 때문에 커맨드(쓰기 모델)뿐 아니라 질의(읽기 모델)에도 이벤트를 사용해야 한다. 이런 방식으로 마지막 남은 '임시 꼼수', 즉 ToDoListFetcherFromMap을 제거할 수 있다.

문제는 '이벤트를 어떻게 질의할 수 있을까?'다. 각 이벤트는 엔터티의 전체 정보를 포함하지 않고 변경된 내용만 포함하기 때문에, 이벤트 스토어에 대해 직접 질의를 실행하기는 매우 어렵다.

그 대신 데이터베이스 테이블처럼 질의할 수 있는 상태가 있는 데이터 구조에 이벤트를 투영할 것이다. 더 좋은 점은 필요에 따라 다양한 속성의 여러 가지 **투영**을 만들 수 있다는 점이다.

투영을 영속성 계층에 저장하거나 애플리케이션이 시작될 때마다 메모리에 다시 생성할 수 있다. 이 장에서는 인메모리 투영만 고려하지만 다음 장에서는 투영을 사용하는 코드에 영향을 주지 않으면서 투영을 데이터베이스에 저장하는 방법을 알아볼 것이다.

투영은 항상 이벤트 스토어에 이미 존재하는 정보에 대한 일종의 중복이 될 수밖에 없다. 투영은 검색을 쉽게 해줄 뿐이다. 어떤 이유로든 투영이 손상되면 언제든지 이벤트를 처음부터 다시 재생하면 된다. 이런 성질은 투영을 변경하고 싶을 때도 매우 편리하다. 투영을 마이그레이션하기 위한 스크립트가 필요하지 않고, 이벤트만 다시 재생하면 되니까 말이다.

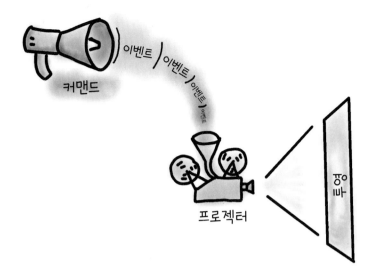

첫 번째 투영 정의하기

투영은 데이터베이스 테이블에 비유할 수 있다. 데이터베이스 테이블은 질의할 수 있는 레코드(행(row)이라고도 부름)의 컬렉션이다. 투영의 가장 큰 장점은 우리에게 필요한 데이터만으로 구성하거나, 비정규화하거나 집계를 내는 등 질의하기에 더 편리한 방식으로 재단할 수 있다는 점이다. 이때 투영은 읽기 전용이기 때문에 데이터 갱신 문제를 신경 쓸 필요가 없다.

투영은 두 가지 타입에 의존한다.

1. 투영을 생성할 이벤트의 타입

2. 저장된 상태, 더 간단히 말하면 투영 행의 타입

이 두 가지 타입을 제네릭 타입 파라미터로 하며 마지막 갱신 후 발생한 모든 이벤트를 사용해 투영을 갱신하는 update 메서드를 제공하는 인터페이스를 만들자.

```
   interface Projection<ROW: Any, EVENT: EntityEvent> {
❶      val eventFetcher: FetchStoredEvents<EVENT>

❷      fun lastProjectedEvent(): EventSeq

❸      fun update() {
           eventFetcher(lastProjectedEvent())
               .forEach{ TODO("project events here") }
       }
   }
```

❶ 새 이벤트, 즉 마지막 갱신 이후에 생성된 이벤트들을 가져오는 함수다. 다음 절에서 정의한다.

❷ 이 함수는 마지막으로 투영된 이벤트를 반환한다.

❸ 이 메서드는 새 이벤트를 가져와서 투영을 갱신한다.

어떤 이벤트가 처리됐는지 추적하려면 각 이벤트에 연결된 진행 순서를 나타내는 수가 필요하다. 이렇게 하면 각 투영은 마지막으로 처리된 이벤트를 기억하고 그 이벤트의 다음 이벤트부터 읽기를 시작할 수 있다.

이벤트의 진행 순서를 나타내는 이 수를 저장하기 위해 EventSeq 타입을 생성한다. 또 새로운 제네릭 타입인 StoredEvent⟨E⟩도 정의해서 이벤트와 진행률을 함께 보관한다.

```kotlin
data class EventSeq(val progressive: Int) {
    operator fun compareTo(other: EventSeq): Int =
        progressive.compareTo(other.progressive)
}

data class StoredEvent<E: EntityEvent>(val eventSeq: EventSeq, val event: E)
typealias FetchStoredEvents<E> = (EventSeq) -> Sequence<StoredEvent<E>>
```

행 다루기

이벤트에서 투영을 만들려면 어떻게 해야 할까? 물론 이벤트 프로젝터(projector)를 사용한다!

프로젝터는 각 이벤트와 현재의 투영 상태를 고려해 투영 행을 갱신하는 함수다. 행의 갱신을 표현하는 타입을 선언해야 한다.

다시 말해, 프로젝터는 이벤트 스트림을 가져와서 그에 상응하는 (행들로 이뤄진) 테이블을 생성한다. 각 이벤트는 행을 갱신하거나 행을 삭제하거나 새 행을 생성한다.

생각해보면 SQL 명령어인 갱신(UPDATE), 삽입(INSERT), 삭제(DELETE) 명령과 비슷한데, 이는 프로젝터가 SQL 인터프리터처럼 작동하기 때문이다.

이런 방식으로 작동하기 위해, 프로젝터는 각 이벤트에서 DeltaRow를 생성한다. 이 클래스에는 이벤트의 콘텐츠로부터 투영을 갱신하기 위한 필요한 모든 정보가 들어 있다. 즉, 이벤트 이전과 이후의 투영 사이의 차이(델타)를 나타낸다.

코드에서 이를 모델링하려면 각 경우별로 하위 클래스가 있는 봉인된 클래스를 사용한다.

```
❶ typealias ProjectEvents<R, E> = (E) -> List<DeltaRow<R>>
❷ data class RowId(val id: String)
  sealed class DeltaRow<R: Any>
  data class CreateRow<R: Any>(val rowId: RowId,
❸                             val row: R): DeltaRow<R>()
❹ data class DeleteRow<R: Any>(val rowId: RowId): DeltaRow<R>()
  data class UpdateRow<R: Any>(val rowId: RowId,
❺                             val updateRow: R.()-> R): DeltaRow<R>()
```

❶ 프로젝터의 타입 별명을 정의한다. 프로젝터는 이벤트에서 DeltaRow의 리스트를 생성한다.

❷ 투영의 각 행에 대해 고유 식별자가 필요하다. 이 식별자는 엔터티 키와 동일하거나 더 복잡할 수 있다.

❸ 새 행을 만들기 위한 정보를 저장한다.

❹ 행을 삭제할 때는 행 ID만 있으면 된다.

❺ 행을 갱신하려면 행을 파라미터로 받아서 새로운 행을 돌려주는 함수를 제공해야 한다.

방금 정의한 DeltaRow를 사용해 투영 인터페이스의 update 메서드를 완성할 수 있다.

```
typealias FetchStoredEvents<E> = (EventSeq) -> Sequence<StoredEvent<E>>
typealias ProjectEvents<R, E> = (E) -> List<DeltaRow<R>>
```

```
❶ interface Projection<R: Any, E: EntityEvent> {
❷     val eventProjector: ProjectEvents<R, E>
❸     val eventFetcher: FetchStoredEvents<E>
      fun lastProjectedEvent(): EventSeq
      fun update() {
          eventFetcher(lastProjectedEvent())
              .forEach{ storedEvent ->
                  applyDelta(storedEvent.eventSeq,
❹                     eventProjector(storedEvent.event))
              }
      }
      fun applyDelta(eventSeq: EventSeq, deltas: List<DeltaRow<R>>)
  }
```

❶ 각 투영은 두 가지 타입 파라미터, 즉 이벤트 타입과 투영 행 타입을 받는다.

❷ 프로젝터 메서드는 투영 로직에만 의존하며 순수 함수일 수 있다. 따라서 이 메서드를 투영의 추상 메서드로 정의하는 것보다 외부에서 주입받는 것이 더 편리하다.

❸ eventFetcher 메서드도 외부에서 주입받는다.

❹ 갱신을 적용하는 방법은 투영의 기술적 구현에 따라 달라지므로 여기서는 추상 메서드로 남겨
둔다.

맵에서 이벤트 투영하기

투영 인터페이스의 좋은 점은 아주 제네릭하며 모든 종류의 투영에서 작동할 수 있다는 것이다.
이제 첫 번째 구체적인 투영을 구현해보자. 이 투영은 해시맵을 사용해 행 목록을 메모리에 저장
한다. 다음 장에서는 데이터베이스 영속성을 사용하는 다른 구현을 살펴볼 것이다.

```
interface InMemoryProjection<R: Any, E: EntityEvent> : Projection<R, E> {
    fun allRows(): Map<RowId, R>
}


data class ConcurrentMapProjection<R: Any, E: EntityEvent>(
    override val eventFetcher: FetchStoredEvents<E>,
    override val eventProjector: ProjectEvents<R, E>
) : InMemoryProjection<R, E> {

    private val rowsReference: AtomicReference<Map<RowId, R>> =
        AtomicReference(emptyMap())

    private val lastEventRef: AtomicReference<EventSeq> =
        AtomicReference(EventSeq(-1))

    override fun allRows(): Map<RowId, R> = rowsReference.get()

    override fun applyDelta(eventSeq: EventSeq, deltas: List<DeltaRow<R>>) {
        deltas.forEach { delta ->
            rowsReference.getAndUpdate { rows ->
                when (delta) {
                    is CreateRow -> rows + (delta.rowId to delta.row)
                    is DeleteRow -> rows - delta.rowId
                    is UpdateRow -> rows[delta.rowId]?.let { oldRow ->
                        rows - delta.rowId +
                                (delta.rowId to delta.updateRow(oldRow))
                    }
                }
            }
        }
```

```
        }.also { lastEventRef.getAndSet(eventSeq) }
    }

    override fun lastProjectedEvent(): EventSeq = lastEventRef.get()
}
```

첫 번째 구현일 뿐이므로 특별히 성능에 신경 쓰지는 않는다. 하지만 큰 투영을 메모리상에서 다루는 것은 시스템의 전반적인 성능에 상당한 영향을 미칠 수 있다.

메모리상의 투영 작업에서 빠진 마지막 부분은 프로젝터다. 이제는 이벤트를 받아 투영의 행을 갱신하는 함수가 필요하다. 프로젝터에 대해 언급했지만, 이제 우리가 정의한 첫 번째 투영의 행이 어떻게 보일지 정의해야 할 필요가 있다.

첫 번째 투영

잠시 시간을 내서 우리 제타이 애플리케이션에 투영이 필요한 이유를 다시 한번 생각해보자. 우리의 목표는 검색하고, 필터링하고, 분석을 위해 집계할 수 있는 행의 컬렉션을 만드는 것이다. 각행은 할 일 목록을 모든 세부 사항과 함께 나타내야 한다.

할 일 목록은 이벤트 스토어의 주요 엔터티이기도 하므로, 이런 투영은 이벤트를 투영하는 자연스러운 방법이 된다. 다시 말해, 이벤트 소싱 대신 전통적인 접근 방식을 사용한다면 이 투영과 비슷한 데이터베이스 테이블이 존재했어야 할 것이다.

> **Note ≣ 이벤트 소싱 투영 다시 만들기**
>
> 이벤트 소싱은 기존 데이터베이스에 비해 몇 가지 장점이 있다. 이제는 이벤트에 더 많은 정보를 저장할 수 있고, 어떤 일이 발생했는지 정확히 관찰하고 임의의 시점으로 시스템 상태를 재구성할 수 있다.
>
> 또 다른 이점은 원할 때마다 이벤트에서 투영을 다시 만들 수 있다는 것이다. 이를 통해 나중에 데이터에 대해 다른 뷰가 필요할 때 투영을 수정할 수 있다. 또 필요에 따라 특정 작업에 대한 투영을 만들 수 있다.

먼저 행 타입을 만드는 것을 시작으로, 행의 수정된 복사본을 만들어내는 몇 가지 유틸리티 메서드를 쉽게 작성할 수 있다.

```
data class ToDoListProjectionRow(val user: User,
                                 val active: Boolean,
                                 val list: ToDoList) {
```

```kotlin
    fun addItem(item: ToDoItem): ToDoListProjectionRow =
        copy(list = list.copy(items = list.items + item))

    fun removeItem(item: ToDoItem): ToDoListProjectionRow =
        copy(list = list.copy(items = list.items - item))

    fun replaceItem(prevItem: ToDoItem, item: ToDoItem): ToDoListProjectionRow =
        copy(list = list.copy(items = list.items - prevItem + item))

    fun putOnHold(): ToDoListProjectionRow = copy(active = false)

    fun release(): ToDoListProjectionRow = copy(active = true)
}
```

참고로 이 투영 행은 항목 컬렉션을 포함한 전체 ToDoList가 하나의 필드 안에 있다. 따라서 관계형 데이터베이스 테이블이라기보다는 문서 데이터베이스에 더 가깝다. 그러나 항상 그런 것은 아니며, 우리가 어떻게 사용하기를 원하는지에 따라 달라진다. 우리에게는 각 이벤트로부터 행을 변경해야 한다는 제약만 있을 뿐이다.

이제 프로젝터 함수를 정의해야 한다. 이는 우리 투영의 핵심으로, 각 이벤트에 대한 갱신 목록을 생성할 순수 함수다. 이 투영의 행은 엔터티와 정확히 일치하므로 (카디널리티가 같다) 한 이벤트마다 하나씩 갱신을 생성한다.

```kotlin
fun eventProjector(e: ToDoListEvent): List<DeltaRow<ToDoListProjectionRow>> =
    when (e) {
        is ListCreated -> CreateRow(e.rowId(),
            ToDoListProjectionRow(e.owner, true, ToDoList(e.name, emptyList())))
        is ItemAdded -> UpdateRow(e.rowId()) { addItem(e.item) }
        is ItemRemoved -> UpdateRow(e.rowId()) { removeItem(e.item) }
        is ItemModified -> UpdateRow(e.rowId()) {replaceItem(e.prevItem, e.item)}
        is ListPutOnHold -> UpdateRow(e.rowId()) { putOnHold() }
        is ListReleased -> UpdateRow(e.rowId()) { release() }
        is ListClosed -> DeleteRow(e.rowId())
    }.toSingle()

private fun ToDoListEvent.rowId(): RowId = RowId(id.toString())

fun <T : Any> DeltaRow<T>.toSingle(): List<DeltaRow<T>> = listOf(this)
```

264

투영 질의하기

드디어 모든 투영을 정의했다. 투영에 대한 질의는 어떻게 할까? 최적의 디자인을 도출해내기 위해 먼저 몇 가지 단위 테스트를 작성해보자. 원하는 것은 몇 가지 이벤트를 생성하고, 투영을 갱신하고, 질의를 실행하고, 결과를 확인하는 것이다.

```kotlin
  @Test
❶ fun `findAll returns all the lists of a user`() {
      val user = randomUser()
      val listName1 = randomListName()
      val listName2 = randomListName()
❷     val events = listOf(
          ListCreated(ToDoListId.mint(), user, listName1),
          ListCreated(ToDoListId.mint(), user, listName2),
          ListCreated(ToDoListId.mint(), randomUser(), randomListName())
      )
❸     val projection = events.buildListProjection()

      expectThat(projection.findAll(user))
❹         .isEqualTo(listOf(listName1, listName2))
  }

  private fun List<ToDoListEvent>.buildListProjection(): ToDoListProjection =
      ToDoListProjection { after ->
          mapIndexed { i, e ->
              StoredEvent(EventSeq(after.progressive + i + 1), e) }
                  .asSequence()
      }.also(ToDoListProjection::update)
```

❶ 테스트 이름에는 질의 이름, 즉 투영 방법과 예상되는 작업을 명시해야 한다.

❷ 투영을 질의할 수 있는 상태로 만들기 위해 처리할 이벤트 목록을 준비한다.

❸ 이벤트를 투영하는 투영을 구축한다.

❹ 마지막으로 질의 결과가 예상과 일치하는지 확인한다.

이 테스트는 현재 작동하지 않는다. 왜냐하면 아직 투영에 findAll 메서드를 추가하지 않았기 때문이다. 어디서부터 시작해야 할까? 인메모리 투영을 사용하고 있으므로, 모든 행이 포함된 맵인 allRows에 접근할 수 있다. 이렇게 하면 이전에 본 ToDoListFetcherFromMap과 유사한 방식으로 필요한 질의 메서드를 쉽게 구현할 수 있다.

```kotlin
class ToDoListProjection(eventFetcher: FetchStoredEvents<ToDoListEvent>):
    InMemoryProjection<ToDoListProjectionRow, ToDoListEvent>
        by ConcurrentMapProjection(eventFetcher, ::eventProjector) {
    fun findAll(user: User): List<ListName>? =
        allRows().values
            .filter { it.user == user }
            .map { it.list.listName }
}
```

InMemoryProjection이 ToDoListProjection을 상속하는 것이 아니라 위임(**부록 B 위임을 통한 구현** 참고)을 사용한다. 이렇게 하면 ToDoListProjection이 ConcurrentMapProjection의 내부 동작을 알 필요가 없어진다.

마찬가지로 하나의 할 일 목록을 검색하는 findList 메서드를 구현할 수 있다. 이때 테스트를 먼저 정의하여 가능한 모든 경우를 테스트할 수 있다. 역시 이 책의 저장소에서 전체 코드를 찾을 수 있다.

모든 것이 올바르게 작동하는지 증명하기 위해 앞에서 정의한 투영에 대한 테스트를 실행하면 다음 그림처럼 모두 작동하는 것을 확인할 수 있다.

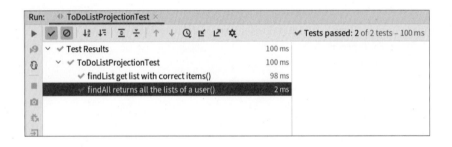

이제 허브에 ToDoListProjection을 추가하면 이전의 fetcher가 필요하지 않다.

```kotlin
override fun getList(user: User, listName: ListName):
                                    ZettaiOutcome<ToDoList> =
    listProjection.findList(user, listName)
        .failIfNull(
            InvalidRequestError("List $listName of user $user not found!"))

override fun getLists(user: User): ZettaiOutcome<List<ListName>> =
    listProjection.findAll(user)
        .failIfNull(InvalidRequestError("User $user not found!"))
```

아쉽지만 이 코드는 아직 제대로 작동하지 않는다. 질의하기 전에 투영을 갱신하는 것을 기억해야 하기 때문이다.

또 투영은 하나가 아니라 여럿이 필요하므로, 모든 투영을 허브에 추가하는 것은 이상적이지 않다. 우리는 모든 투영을 함께 유지하고 필요할 때 갱신할 책임이 있는 새로운 컴포넌트를 디자인하고 싶다.

이전 장에서는 커맨드를 처리하는 CommandHandler를 만들었다. 이번에는 질의를 실행해야 한다. 따라서 새 컴포넌트의 이름을 QueryRunner라고 짓겠다.

8.2 펑터에서 질의 실행하기

목표는 QueryRunner를 받아서 임의의 타입 T의 결과를 반환하는 함수를 만드는 것이다. 그러나 함수가 호출될 때 QueryRunner가 적절한 상태에 있는지 확인하기 위해서는 안전한 방식으로 함수적 효과로 실행해야 한다. 이를 위해 (QueryRunner)->T 타입의 ProjectionQuery라는 이름의 펑터를 생성한다.

펑터를 사용하면 몇 가지 장점이 있다. 첫째, 질의 실행 시점을 제어할 수 있다. 우리는 질의가 올바른 경우에만 질의를 실행하고 싶고, 최소한 투영이 최신 상태인지를 보장하고 싶다. 나중에는 추가 점검이 필요할 수도 있다. 펑터를 사용하면 기술적인 인프라의 관심사와 비즈니스 요구 사항을 깔끔하고 체계적으로 분리할 수 있다.

함수형 디자인 측면에서, 펑터를 결과로 사용하면 질의를 실행할 때 컨텍스트가 변경되었다는 메시지를 전달할 수 있고, 정의된 컨텍스트 외부에서 질의를 실행하는 것을 제한할 수 있다.

코틀린 DSL 기능을 조금 가지고 놀아보면, 러너는 러너 자신을 수신 객체로 갖는 함수 f 함수를 받아들이고, ProjectionQuery 펑터로 계산을 감싼다. 이렇게 하면 실제 질의를 실행하는 방법과 시기를 계속 제어할 수 있다.

먼저 QueryRunner를 살펴보자.

```
❶  interface QueryRunner<Self : QueryRunner<Self>> {
       operator fun <R> invoke(f: Self.() -> R): ProjectionQuery<R>
   }
❷  class ToDoListQueryRunner(eventFetcher: FetchStoredEvents<ToDoListEvent>):
                                           QueryRunner<ToDoListQueryRunner> {
❸     internal val listProjection = ListProjection(eventFetcher)

       override fun <R> invoke(f: ToDoListQueryRunner.() -> R) =
❹     ProjectionQuery(setOf(listProjection)) { f(this) }
   }
```

❶ 인터페이스를 제네릭으로 유지하되, 러너의 특정 인스턴스에서 invoke를 호출할 수 있도록
  Self라는 제네릭 파라미터를 사용한다.

❷ 할 일 목록에 대한 구현에서는 이벤트 eventFetcher를 생성자에게 전달한다.

❸ 러너 내부에서는 DSL에서 볼 수 있게 필요한 모든 투영을 internal로 선언한다.

❹ invoke는 ProjectionQuery와 함수에 투영을 전달한다. 여기서 f의 수신 객체는 제네릭
  QueryRunner가 아닌 ToDoListQueryRunner라는 점에 유의하라.

지연 계산 활용하기

ProjectionQuery에 펑터를 사용하면 얻을 수 있는 또 다른 이점은 지연 계산이다. 투영으로 수천
개의 엔터티를 처리해야 하는 시나리오를 생각해보자. 안일한(naive) 구현에서는 데이터베이스로
부터 모든 데이터를 읽어와서 메모리에 리스트로 보관하고, 각각의 계산에 대해 이 리스트들을 복
사해야 한다.

코틀린의 시퀀스(**부록 B 시퀀스** 참고)를 사용하면 이런 (복사) 작업을 생략하고 각 계산이 한 번만
수행되도록 할 수 있다. 하지만 한 가지 문제가 있다. 시퀀스를 사용할 때 리소스를 제어하기가 매
우 어렵다는 점이다. 예를 들어 처음에 파일이나 데이터베이스에 대한 연결을 열었는데 시퀀스를
전혀 읽지 않으면 연결이 열린 상태로 남아 있을 수 있다. 펑터를 사용하면 지연 계산과 외부 리소
스 사용 방법을 모두 제어할 수 있다. 그뿐 아니라 펑터를 서로 쉽게 합성할 수 있다. 이에 대해서
는 다음 장에서 살펴보겠다.

결과를 하나로 합치기

투영에 대해 질의를 실행하는 새 펑터를 작성해보자.

```
    data class ProjectionQuery<T>(
            val projections: Set<Projection<*, *>>,
❶           val runner: () -> T) {
        fun <U> transform(f: (T) -> U): ProjectionQuery<U> =
❷           ProjectionQuery(projections) { f(runner()) }

❸       fun runIt(): T {
            projections.forEach(Projection<*, *>::update)
            return runner()
        }
    }
```

❶ 생성자에게 투영 집합과 이를 사용할 runner 함수를 전달한다.

❷ 변환은 기존 runner의 결과에 대해 f를 실행하는 새 ProjectionQuery를 반환한다.

❸ 이 부분은 구체적인 펑터를 정의하는 메서드다. 먼저 투영을 갱신한 다음에 runner 함수를 실행한다.

이 타입은 함수를 적용해 새로운 제네릭 타입(타입 파라미터는 달라도 ProjectionQuery라는 점은 동일함)을 내놓는 transform 메서드를 제공하는 제네릭 타입이므로, 펑터를 다루고 있다고 추측할 수 있다. 하지만 이 코드가 어떻게 작동할까? 투영에 이 클래스를 연결하기 전에 작은 예제를 시도해보자.

```
    val naturalNumbers: ProjectionQuery<Sequence<Int>> =
        ProjectionQuery(emptySet()){
            println("Generate a sequence of natural numbers")
            generateSequence(1) { it + 1 }
        }

    val padded = naturalNumbers
        .transform { it.map(Int::toString) }
        .transform { it.map{ it.padStart(5, '0') } }

    println("still nothing happened here!")

    padded
```

```
        .runIt()
        .drop(5)
        .take(5)
        .forEach(::println)

    println("done")
```

출력을 보면 runIt 메서드를 호출하기 전까지 시퀀스가 호출되지 않았음을 알 수 있다.

```
still nothing happened here!
Generate a sequence of natural numbers
00006
00007
00008
00009
00010
done
```

코틀린 시퀀스 덕분에 함수를 변경하지 않고도 필요한 원소 개수를 결정할 수 있다. drop과 take 메서드를 사용하면 필요하지 않은 원소를 처리하지 않아도 된다. 이런 기능은 페이지 처리 기능 등을 구현할 때 유용하다.

fetcher 제거하기

이제 러너를 허브 안에 넣고, 마지막으로 fetcher를 제거한 다음에 메서드를 투영과 연결하자.

새로운 행동을 도입하는 것이 아니므로 새로운 테스트를 작성할 필요가 없다. 모든 것이 이전과 똑같이 작동해야 하며, 테스트를 실행해 이를 검증할 수 있다.

```
class ToDoListHub(
    val queryRunner: ToDoListQueryRunner,
    val commandHandler: ToDoListCommandHandler,
    val persistEvents: EventPersister<ToDoListEvent>
) : ZettaiHub {
    // 다른 메서드들
    override fun getList(user: User, listName: ListName):
            ZettaiOutcome<ToDoList> =
        queryRunner {
```

```
            listProjection
                .findList(user, listName)
                .failIfNull( InvalidRequestError(
                    "List $listName of user $user not found!"))
        }.runIt()

    override fun getLists(user: User): ZettaiOutcome<List<ListName>> =
        queryRunner {
            listProjection.findAll(user)
                .failIfNull(InvalidRequestError("User $user not found!"))
        }.runIt()
  }
```

현재 모든 것이 어떻게 작동하는지 시각화하려면 다이어그램이 유용하다. 그림에서 볼 수 있듯이
프로젝터와 투영은 허브 내부에서 읽기 모델로 작동한다.

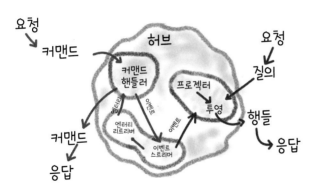

8.3 펑터 관점에서 생각하기

지금까지 펑터 사용법을 몇 가지 살펴봤다. 다음 장에서는 펑터에 더 크게 의존하므로 이를 잘 이
해하는 것이 중요하다. 펑터를 사용한 디자인에 대해 몇 가지 규칙을 추상화할 수 있고, 그로부터
무엇을 얻을 수 있을까? 이러한 질문에 답하기 위해 다음과 같은 상황에서 펑터가 유용하다는 사
실을 고려해볼 수 있다.

1. 다른 무언가에 '바인딩된' 데이터(**예** 숫자 리스트의 숫자, 결과와 실패)가 있다.

2. 컨텍스트는 무시하고 데이터에 대한 연산을 수행하고 싶다.

펑터를 사용하면 위에 나온 서로 다른 두 가지 문제를 분리할 수 있다. 즉, 순수한 함수에 어떤 종류
의 효과를 추가할 수 있다. 이것이 바로 함수형 효과와 비함수형 부수 효과를 구분하는 기준이다.

지금까지는 펑터의 가능성을 피상적으로 살펴봤을 뿐이다. 이후에는 **8장 모나드의 힘 살펴보기**나
11장 순차적 적용 등에서 다양한 방식으로 펑터를 결합하는 방법을 살펴본다. 펑터 합성을 활용해
애플리케이션을 모델링하는 것은 객체 지향 사고방식에서 함수형 사고방식으로 전환하는 데 있어
매우 중요한 단계다. 펑터에 대해 확실히 이해하면 고급 데이터 구조가 어떻게 작동하는지 살펴볼
때 많은 도움이 될 것이다.

마지막으로 한 가지 조언을 덧붙인다. Holder, List, Outcome은 모두 어떤 컨테이너처럼 보이지만
모든 펑터가 그런 것은 아니다. ProjectionQuery와 같은 다른 펑터를 컨테이너로 쉽게 생각할 수
는 없다. 그렇기 때문에 펑터를 어떤 래퍼로 생각하기보다는 여러 다른 카테고리 간의 관계로 생
각하는 편이 더 좋다[1].

'다음에 할 일' 페이지 만들기

지금까지 이 장에서는 많은 코드를 리팩터링했지만, 애플리케이션을 더 발전시키지는 않았다. 이
제 새로운 스토리를 구현할 차례다!

1장 목업 준비하기에서 정의한 세 번째 스토리는 사용자에게 아직 보류 중인 가장 긴급한 항목이
있는 페이지를 표시하는 것이다.

이미 구현한 것부터 진행해보자. 스토리의 가능한 성공 시나리오를 표현하는 DDT를 작성하는 것
부터 시작한다.

```
@DDT
fun `What's next show the items in order of urgency`() = ddtScenario {
    setup {
        alice.`starts with some lists`(mapOf(
            gardenList to gardenTasks,
            partyList to partyTasks)
```

---

1 https://byorgey.wordpress.com/2009/01/12/abstraction-intuition-and-the-monad-tutorial-fallacy/

```
            )
        }.thenPlay(
            alice.`can see that #itemname is the next task to do`(""),
            alice.`can add #itemname to the #listname due to #duedate`(
                "buy present", partyList, LocalDate.now().plusDays(2)),
            alice.`can see that #itemname is the next task to do`("buy present"),
            alice.`can add #itemname to the #listname due to #duedate`(
                "water plants", gardenList, LocalDate.now().plusDays(1)),
            alice.`can see that #itemname is the next task to do`("water plants")
        )
    }
```

이제 TDD를 사용하여 HTTP 핸들러, 허브 등에서 메서드를 구현할 수 있다. 모든 코드를 저장소에서 찾을 수 있지만 다른 스토리에서 작성한 것과 아주 비슷하기 때문에 여기서는 설명하지 않겠다.

하지만 허브 메서드를 작동시키려면 새로운 투영을 정의해야 한다. 이 경우 투영의 카디널리티가 이벤트 스토어 엔터티와 다르므로 자세히 살펴보자. 이 새로운 투영에서는 마감일이 있는 항목에 대한 행이 필요하다. 따라서 목록에 마감일이 있는 항목이 하나도 없으면 목록에 연결된 행이 없을 수도 있고, 목록에 같은 마감일에 해당하는 항목이 여럿 있으면 연결된 행이 여럿일 수도 있다.

먼저 프로젝터의 생김새를 살펴보자.

❶ `data class ItemProjectionRow(val item: ToDoItem, val listId: EntityId)`

```
    fun eventProjector(e: ToDoListEvent): List<DeltaRow<ItemProjectionRow>> =
        when (e) {
❷          is ListCreated -> emptyList()
           is ListPutOnHold -> emptyList()
           is ListReleased -> emptyList()
           is ListClosed -> emptyList()
❸          is ItemAdded -> CreateRow(
               e.itemRowId(e.item),
               ItemProjectionRow(e.item, e.id)).toSingle()
❹          is ItemRemoved -> DeleteRow(e.itemRowId(e.item)).toSingle()
❺          is ItemModified -> listOf(
               DeleteRow(e.itemRowId(e.prevItem))
               CreateRow(e.itemRowId(e.item), ItemProjectionRow(e.item, e.id)),
           )
        }
```

```
private fun ToDoListEvent.itemRowId(item: ToDoItem): RowId =
    RowId("${id}_${item.description}")
```

❶ 항목 투영을 위한 행에는 항목과 목록 ID가 있기 때문에 이를 올바른 목록에 연결할 수 있다.

❷ 투영은 목록에서 항목과 관련 없는 이벤트는 무시하므로, 빈 목록을 반환한다.

❸ 항목을 추가하면 항목 투영에 새 행이 생성된다.

❹ 항목을 제거하면 해당 행이 제거된다.

❺ 항목을 수정하면 이전 행이 제거되고 새 행이 만들어진다.

이제 이전의 투영에서 했던 것과 비슷하게 ToDoItemProjection 클래스를 작성할 수 있다. 새로운 질의 메서드인 findWhatsNext는 두 가지 파라미터, 즉 반환할 최대 항목 수와 현재 사용자의 목록의 ID를 받는다. 시퀀스를 직접 정렬할 수 없으므로(지연 계산으로 인해), 이를 리스트로 변환해야 한다.

```
class ToDoItemProjection(eventFetcher: FetchStoredEvents<ToDoListEvent>):
    InMemoryProjection<ItemProjectionRow, ToDoListEvent> by
    ConcurrentMapProjection(
        eventFetcher,
        ::eventProjector
    ) {
    fun findWhatsNext(maxRows: Int, lists: List<EntityId>):
            List<ItemProjectionRow> =
        allRows().values
            .filter { it.listId in lists }
            .filter { it.item.dueDate != null
                    && it.item.status == ToDoStatus.Todo }
            .sortedByDescending { it.item.dueDate }
            .take(maxRows)
}
```

이제 허브에서 새 메서드를 완성할 수 있다. 먼저 목록 투영을 사용해 현재 사용자의 모든 목록을 찾은 다음, 이를 항목 투영으로 전달해서 가장 긴급한 항목을 찾는다. 이 모든 작업은 펑터 변환을 사용해 수행한다.

```
class ToDoListHub(...)
...
    override fun whatsNext(user: User): Outcome<ZettaiError, List<ToDoItem>> =
        queryRunner {
            listProjection.findAllActiveListId(user)
                .failIfEmpty(InvalidRequestError("User $user not found!"))
                .transform { ul -> itemProjection.findWhatsNext(10, ul) }
                .transform { it.map(ItemProjectionRow::item) }
        }.runIt()
```

기능을 완료했으며, 다음 그림에서 볼 수 있듯이 새 DDT가 잘 작동한다.

✓ Test Results	123 ms
✓ SeeWhatsNextDDT	123 ms
✓ What's next show the items in order of urgency()	123 ms
✓ DomainOnlyInterpreter	32 ms
✓ HttpInterpreter	91 ms
✓ Http local - Setting up the scenario	1 ms
✓ Http local - Alice can see that is the next task to do	69 ms
✓ Http local - Alice can add buy present to the list party with due date 2020-09-30	9 ms
✓ Http local - Alice can see that buy present is the next task to do	5 ms
✓ Http local - Alice can add water plants to the list gardening with due date 2020-09-29	2 ms
✓ Http local - Alice can see that water plants is the next task to do	5 ms

8.4 커맨드와 질의 책임 분리(CQRS)

투영에 이벤트 및 질의가 있는 커맨드를 사용해 커맨드와 질의 책임 분리(Command and Query Responsibility Segregation, 줄여서 CQRS[2])라는 아키텍처 디자인 패턴을 구현했다. 이름에서 알 수 있듯이, CQRS 패턴의 기본 개념은 데이터를 읽는 데 사용하는 모델(질의)과 쓰는 데 사용하는 모델(커맨드)을 분리하는 것이다.

---

2 https://martinfowler.com/bliki/CQRS.html

이벤트 소싱과 CQRS를 함께 사용하는 경우가 자주 있지만, 둘 중 하나만 채택할 수도 있다. 하지만 두 접근 방식은 자연스러운 시너지 효과가 있어서 함께 사용하기 매우 좋다.

특히 함수형 접근 방식은 CQRS 및 이벤트 소싱에서 중요한 도전 과제인 두 가지 개별적인 모델을 작성하고 관리하고 이벤트를 처리해야 하는 점을 해결한다. 내 경험에 따르면, CQRS와 이벤트 소싱은 복잡한 애플리케이션 개발에 매우 효과적이며, 장기적으로 기존 접근 방식에 비해 시간과 노력이 덜 든다.

참고로 이 책의 코드 예제는 구체적인 작업에 따라서는 지나치게 복잡해 보일 수도 있다. 이렇게 작성한 이유는 더 복잡한 프로젝트에 유용한 참고 자료가 될 수 있기 때문이다.

8.5 요약

이 장에서는 이벤트 스트림을 활용해 읽기 전용 모델로 작동하는 이벤트 투영을 만드는 방법, 사용자 인터페이스의 데이터와 이벤트의 불일치를 제거하는 방법을 배웠다. 투영을 통해 우리 애플리케이션의 킬러 기능인 '다음에 할 일' 페이지를 구현할 수 있었다.

또 이런 투영을 질의하고 질의와 투영을 서로 결합하지 않고 질의 결과를 사용하는 방법에 대해서도 논의했다. 펑터를 사용하면 최대한으로 투영 갱신을 미룰 수 있다.

다음 장에서는 계속해서 펑터의 기능을 살펴보고, 이들을 어떻게 결합하면 또 다른 가능성이 열릴지 살펴볼 것이다. 펑터의 기능을 잘 활용해 애플리케이션의 또 다른 중요한 단계인 외부 데이터베이스를 사용해 상태를 영속화하면서도 모든 함수를 순수하고 합성성 있게 유지하는 것을 달성할 것이다.

8.6 / 연습 문제

이 장의 연습 문제에서는 지연 시퀀스와 투영에 중점을 둔다.

다시 강조하지만, 함수형 프로그래밍은 코드를 읽는 것만으로는 배울 수 없다. 가장 좋은 방법은 연습하는 것이다. 책 코드 저장소의 exercises 폴더에서 시작점을 찾고, 몇 가지 힌트를 얻을 수 있을 것이다.

연습 문제 8.1: 지연 계산

첫 번째 연습 문제는 지연 계산과 코틀린 시퀀스에 관한 것이다(**부록 B 시퀀스**). 두 양수 사이의 모든 홀수의 제곱을 합하고 싶다. 명령형 코드를 사용하면 다음과 같이 for 루프로 작성할 수 있다.

```
fun Long.isOdd(): Boolean =
    this % 2 != 0L

fun sumOfOddSquaresForLoop(numbers: List<Long>): Long {
    var tot = 0L
    for(i in numbers){
        if (i.isOdd()) tot += i*i
    }
    return tot
}
```

이 코드를 리스트를 사용해 다시 작성하면 속도가 매우 느려지고 메모리가 부족해질 수도 있다. 리스트 대신 시퀀스를 사용해 코드를 다시 구현하라.

세 가지 구현 방식(for 루프, 리스트, 시퀀스)의 성능을 비교할 수도 있다. 변수를 갱신하는 for 루프 방식이 여전히 가장 빠를 가능성이 높다.

연습 문제 8.2: 상태가 있는 함수

NextFunction이라는 호출 가능한 클래스를 만들고 싶다. 이 클래스의 객체는 상태가 있는 함수로 작동한다. 근본적으로 이 말은 이 객체가 여러 번에 걸친 함수 호출을 통해 리스트 원소를 순회시킬 수 있다는 뜻이다.

```
data class NextFunction<T>(val list: List<T>): () -> T? {
    override fun invoke(): T = TODO()
}
```

여기서 '상태가 있음'이란 말은 함수 호출과 호출 사이에 이 클래스가 자신의 상태(예를 들어 리스트의 현재 위치)를 기억하는 기능을 제공한다는 뜻이다.

이 연습 문제에서는 클래스를 올바르게 구현해 다음과 같이 사용할 수 있도록 해보자.

```
val names = listOf( "Ann", "Bob", "Charlie", "Dorothy")

val nextName = NextFunction(names)

expectThat( nextName() ).isEqualTo("Ann")
expectThat( nextName() ).isEqualTo("Bob")
expectThat( nextName() ).isEqualTo("Charlie")
expectThat( nextName() ).isEqualTo("Dorothy")
expectThat( nextName() ).isEqualTo(null)
```

연습 문제 8.3: 엘리베이터 투영

이벤트 장에서 다룬 엘리베이터 예제에 이어지는 문제로, 여러 대의 엘리베이터가 동시에 작동한다고 가정해보자. 각 엘리베이터의 현재 상태를 추적하기 위해 투영을 만들려고 한다.

투영의 행은 다음과 같다.

```
data class ElevatorProjectionRow(val elevatorId: Int,
                                 val floor: Int,
                                 val state: ElevatorState)
```

이 연습 문제에서는 ID를 포함하도록 엘리베이터 이벤트를 수정하고 수정한 이벤트를 처리해 투영을 생성해보자. 투영에는 각 엘리베이터에 대한 행을 포함해야 하며, 제타이 애플리케이션에서 사용한 것과 동일한 패턴을 따라야 한다.

연습 문제를 단순화하기 위해, 이벤트 영속성을 구현할 필요 없이 다음 인터페이스만 구현하면 된다.

```kotlin
interface ElevatorProjection: {
    fun allRows(): List<ElevatorProjectionRow>
    fun getRow(elevatorId: Int): ElevatorProjectionRow?
}
```

또 몇 가지 단위 테스트를 추가해 투영이 예상대로 작동하는지 확인해야 한다.

이벤트 투영하기

9 장

모나드를 사용해 데이터를 안전하게 영속화하기

"내 기억에 의존할 수 없어요."

– 레이첼(〈블레이드 러너〉의 등장 인물)

이 장에서는 함수형 프로그래밍의 가장 강력한 개념 중 몇 가지를 살펴보겠다. 여러 가지 고급 펑터 타입을 살펴보고, 모나드로 여러 펑터를 하나로 엮는 방법을 살펴본다.

또 PostgreSQL에 대해 알아보고 코틀린에서 Exposed 라이브러리로 이를 효과적으로 사용하는 방법도 알아본다. 그리고 객체 지향 라이브러리를 함수형 코드에 적용해 사용하는 방법도 배운다.

마지막으로 함수적 관점을 잃지 않으면서 외부 데이터베이스를 사용해 이벤트 스토어를 영속화하는 방법을 살펴본다. 모나드를 사용하면 코드의 합성성을 유지하면서 (데이터베이스) 연결을 커밋하거나 롤백하는 일을 잊지 않고, 더 나아가 연결을 외부로 유출하는 방지할 수도 있다.

9.1 / 안전하게 영속화하기

FROM OBJECTS TO FUNCTIONS

우리의 애플리케이션 제타이의 현재 상태를 살펴보면, 실질적으로 앱을 사용하기 전에 넘어야 할 마지막 큰 장애물이 있다. 바로 여전히 상태가 영속화되지 않고 있다는 점이다. 상태가 유지되지 않으므로 애플리케이션이 시작될 때마다 사용자도 없고 목록도 없다. 이 상황은 분명 새로운 서비스를 출시할만한 상태가 아니다!

가능한 해결책으로 넘어가기 전에 정확히 무엇이 문제인지 자세히 살펴보자. 해결해야 할 한 가지 문제는 어떤 상태도 손실되지 않도록 하는 것이다. 따라서 애플리케이션이 다시 시작되거나 문제가 생겨 중단되더라도 데이터가 손실되지 않아야 하며, 애플리케이션은 중단된 위치에서 계속 실행을 재개할 수 있어야 한다.

로컬에서는 파일 시스템을 사용하여 정보를 저장하는 등 아주 쉽게 해결할 수 있다. 하지만 이것만으로는 충분하지 않다. 데이터를 안전하게 저장해야 할 뿐만 아니라(하드웨어 고장에도 살아남아야 한다는 의미), 여러 서비스 인스턴스 간에 데이터를 공유해야 하기 때문이다. 배포 단위에 대해 다루는 13장의 뒷부분에서 분산 아키텍처에 대해 자세히 설명할 것이다. 또 필요할 때 애플리케이션을 확장할 수 없는 상황은 절대 피해야 한다.

이러한 이유로 원하는 수준의 안전성을 제공할 수 있는 별도의 서비스에 정보를 저장해야 한다. 우리 애플리케이션은 이를 원격으로 호출하여 데이터를 저장하고 읽어온다.

다시 말해 데이터베이스가 필요하다! 다행히 훌륭한 선택지가 많지만, 어떤 종류의 데이터베이스를 사용할지 결정해야 한다. 다양한 종류의 데이터베이스의 장단점을 논의하는 것은 그 자체로도 책 한 권이 되기에 충분한 주제이지만(『세븐 데이터베이스: 만들면서 파악하는 NoSQL』[Red18]), 여기서는 가장 일반적인 두 가지 유형의 데이터베이스만 살펴보겠다. 바로 관계형 데이터베이스와 문서 기반 데이터베이스다.

데이터베이스의 종류

관계형 데이터베이스와 문서 기반 데이터베이스는 무엇이 다를까? 관계형 데이터베이스는 데이터베이스에 저장할 내용에 대한 정확한 설명과 함께 각 정보에 대한 스키마를 정의해야 한다. 모든 정보는 레코드에 저장되어야 하며, 비슷한 레코드의 모음을 테이블이라고 한다. 관계형 데이터베이스를 사용하면 테이블 간의 관계를 사용해 매우 정교한 방식으로 데이터를 질의할 수 있지만, 테이블의 모든 레코드에 대해 똑같이 적용할 수 있는 정확한 정의에 따라 데이터를 미리 구조화해야 한다.

반면에 문서 데이터베이스를 사용하면 원하는 만큼 복잡한 중첩 구조의 **문서**를 만들 수 있으며, 모든 문서의 구조가 동일할 필요는 없다. 하지만 내부 데이터를 질의하는 방법에는 한계가 있다.

제타이를 살펴보면 이벤트를 저장하는 쓰기 모델의 경우 문서 데이터베이스가 더 적합할 수 있다는 것을 알 수 있다. 중첩된 구조일 수 있고 복잡한 질의가 필요하지 않기 때문이다. 반면 읽기 모델, 즉 투영의 경우 관계형 데이터베이스가 더 나아 보인다. 행이 동일한 구조를 공유할 수 있고 질의가 매우 정교할 수 있기 때문이다. 선택에 영향을 미치는 또 다른 원소는 데이터베이스 트랜잭션의 개념과 관련이 있다.

이 책의 예제에서는 PostgreSQL을 사용한다[1]. PostgreSQL은 안정성과 성능으로 정평이 났을 뿐만 아니라 최고의 기능을 제공하는 오픈 소스 데이터베이스다.

특히 관계형 데이터베이스이지만 스키마 없이 문서를 저장하고 문서 데이터베이스처럼 질의를 수행할 수 있다. 이벤트를 저장할 때 이 기능을 활용하는 방법을 살펴본다(**9장 이벤트 스토어용 테이블 스키마** 참고).

어떤 데이터베이스를 선택하든, 프로젝트에 사용해야 할 데이터베이스로 어떤 데이터베이스가 지정되든, 데이터베이스를 함수적으로 사용하는 방법을 아는 것이 중요하다. 원칙을 이해하고 나면 이번 장에서 배울 규칙과 기술을 모든 종류의 데이터베이스에 적용할 수 있다.

하지만 어떤 데이터베이스를 사용해야 할지 잘 모르겠다면 PostgreSQL을 적극 추천한다. PostgreSQL은 가장 안정적이고 다재다능한 제품 중 하나이며, 오픈 소스이고 무료다.

조에게 묻는다 NoSQL 데이터베이스란 무엇인가?

2000년대 초반에는 관계형 데이터베이스가 완전히 지배적이었다. 그러다가 고정된 스키마 없이 데이터를 저장하고 검색해야 할 필요성이 대두됐다. 처음에 이런 '새로운 데이터베이스'를 통칭 NoSQL이라고 불렀다. 관계형 데이터베이스의 일반적인 질의 언어인 SQL을 사용하지 않기 때문이다.

하지만 오늘날에는 그 차이가 매우 모호해졌다. 일부 NoSQL 데이터베이스는 SQL을 사용하며, 일부 관계형 데이터베이스는 스키마 없는 데이터를 허용한다. 이제 NoSQL은 'SQL만은 아님(Not Only SQL)'을 의미한다.

---

1 https://www.postgresql.org/

PostgreSQL과 통합 테스트하기

2장에서 Http4k를 소개했던 것처럼, 몇 가지 코드를 작성하면서 사용 방법을 살펴보고, 그 후에 나머지 애플리케이션과 통합하는 방법을 살펴볼 것이다.

평소와 마찬가지로 테스트부터 시작한다. 추가할 테스트는 특히 지금까지 진행해 온 프로젝트에는 없던 새로운 종류의 테스트, 즉 **통합 테스트**다.

지금까지 작성한 모든 테스트는 단일 동작 단위(클래스 또는 함수)를 테스트하거나 전체 시스템을 종단간(end to end)으로 테스트(DDT)했다. 반면에 통합 테스트는 코드와 외부 시스템이라는 두 가지의 통합에 초점을 맞추고 있다. 여기서는 PostgreSQL 어댑터를 테스트할 것이다. 다른 일반적인 통합 테스트는 이메일 서비스, 아파치 카프카(Apache Kafka[2]), 회사에서 사용하는 다른 종류의 미들웨어에 대한 테스트 등이 있다.

통합 테스트의 목표는 외부 서비스 API를 올바르게 사용하고 있는지 확인하는 것이다. 코드를 시작하기 전에 통합 테스트를 작성하면 프로덕션 환경뿐만 아니라 로컬 시스템에서 외부 시스템에 접근하는 방법도 처음부터 고려할 수 있다. 이렇게 하면 선택한 기술을 쉽게 테스트할 수 있는지 여부와 어떻게 테스트할 수 있는지 방법도 평가할 수 있다.

로컬에서 PostgreSQL을 실행하는 것은 간단하다. PostgreSQL을 컴퓨터에 설치하거나 도커 컨테이너에 넣은 다음 테스트를 실행하기만 하면 된다[3].

컨테이너는 시스템 침입성이 적고 설정이 쉽기 때문에 널리 쓰이고 있다. 도커를 배우는 것은 이책의 범위를 벗어나지만, 이 예제에서는 다음과 같은 도커 컴포즈(Docker compose) 파일을 정의하는 것만으로도 충분하다.

```
version: '3'
services:
  database:
    image: "postgres:13.1"
    env_file:
      - postgresql.env # configure postgres
    ports:
      - "6432:5432"
    volumes:
      - pg-volume:/var/lib/postgresql/data/
```

---

2 https://kafka.apache.org/

3 https://www.docker.com/

```
      # 컨테이너가 종료될 때 데이터를 영속화할 경로
  db-test:
    image: "postgres:13.1"
    env_file:
      - postgresql-test.env
    ports:
      - "6433:5432"
    # 테스트에 볼륨을 설정할 필요가 없다.
    volumes:
      pg-volume: #
```

이 파일(책 저장소의 scripts 디렉터리에서 찾을 수 있음)은 데이터베이스를 두 개 정의한다. 하나는 애플리케이션을 위한 것이고 다른 하나는 테스트를 위한 것으로 매번 재설정된다. 포트 6432와 6433을 통해 볼 수 있으며, 다른 포트를 원하면 이 값을 변경할 수 있다.

이제 환경 파일에 사용자, 데이터베이스, 비밀번호를 다음과 같이 정의해야 한다.

```
# postgresql.env
POSTGRES_USER=zettai_admin
POSTGRES_PASSWORD=zettai!
POSTGRES_DB=zettai_db
```

이러한 자격 증명은 로컬에서 PostgreSQL을 실행하기 위한 것이므로 소스 제어 저장소에 저장해도 보안상 문제가 되지 않는다. 프로덕션 환경에서는 외부의 데이터베이스 클러스터에 연결한다.

마지막으로 로컬 데이터베이스를 시작하고 중지하는 스크립트가 필요하다. 다음 예제는 bash를 사용하고 있지만 다른 스크립트 언어에도 쉽게 적용할 수 있다.

```
start-pg.sh

# 볼륨이 있으면 삭제한다.
docker volume rm pg-volume || true
# 새 볼륨을 만든다.
docker volume create pg-volume

(docker-compose --file ${BASE_DIR}/bin/docker-compose-local-pg.yml up)
```

이 스크립트를 실행하기 위한 유일한 요구 사항은 컴퓨터에 도커가 설치되어 있어야 한다는 것이다. 흥미로운 기술인 도커에 대해 더 자세히 알고 싶다면, 온라인 도커 심층 강좌를 참고하라[4].

모든 것이 올바르게 설정되었는지 확인하려면 도커 컨테이너를 시작한 후 다음과 같이 명령줄 클라이언트를 사용한다.

```
psql -h localhost -p 6432 --username=zettai_admin --dbname=zettai_db

zettai_db=# \conninfo
>You are connected to database "zettai_db" as user "zettai_admin"
 on host "localhost" (address "::1") at port "6432".

zettai_db=# select * from pg_tables;
```

> **Note** ≡　**(옮김)** 처음에 psql로 시작되는 줄 전체를 명령줄에서 입력하고 Enter 를 누르면 PostgreSQL 쉘 프롬프트('zettai_db=#')가 표시된다.
>
> \conninfo와 select * from pg_tables;는 각각 psql 메타 명령어와 SQL 명령어로, 입력 후 Enter 를 눌러야 한다. 나머지 부분은 PostgreSQL 쉘이 출력한 결과다.)

모든 것이 올바르게 구성되었다면 시스템 테이블 목록이 보일 것이다.

FROM OBJECTS TO FUNCTIONS

9.2 　코틀린으로 데이터베이스에 연결하기

코틀린으로 데이터베이스에 접근하기 위해 Exposed 라이브러리[5]를 사용한다. Exposed는 많은 데이터베이스를 지원하는 오픈 소스 라이브러리다. 이 라이브러리는 다음과 같이 의존관계를 추가하기만 하면 사용할 수 있다.

```
implementation "org.jetbrains.exposed:exposed-core:${exposedVersion}"
implementation "org.jetbrains.exposed:exposed-jdbc:${exposedVersion}"
implementation "org.jetbrains.exposed:exposed-java-time:${exposedVersion}"
```

4　https://acloudguru.com/course/docker-deep-dive

5　https://github.com/JetBrains/Exposed

Exposed 외에 PostgreSQL 드라이버와 JSON 파싱을 위한 라이브러리를 추가해야 하는데, 이에 대해서는 나중에 자세히 설명하겠다.

```
implementation "org.postgresql:postgresql:${postgresqlVersion}"
implementation "com.beust:klaxon:${klaxonVersion}"
```

Exposed를 사용하는 이유는 자바와 데이터베이스 사이의 낮은 수준의 세부 상호작용을 처리할 수 있는 멋진 라이브러리이고, 함수형 코드 안에서 기존의 비함수형 라이브러리를 사용하는 방법을 보여주는 예제이기 때문이다.

가능한 모든 작업에 바로 사용할 수 있는 함수형 라이브러리가 있으면 좋겠지만, 아직 거기까지 도달하지 못했다. 그렇게 될 때까지는 함수형 코드에서 객체 지향 라이브러리를 현명하게 재사용 해야 한다. 하지만 관심이 있는 독자는 나에게 연락하기 바란다. 현재 함수형 데이터베이스 라이브러리를 만들고 있는 중이니 말이다.

이벤트 스토어용 테이블 스키마

이제 Exposed에서 제공하는 DSL을 사용하여 이벤트와 투영을 저장할 테이블을 정의할 수 있다.

여기서는 PostgreSQL의 문서 기능을 활용해 이벤트와 관련된 모든 정보를 'jsonb' 필드에 저장 하겠다. 이렇게 하면 모든 이벤트를 동일한 테이블에 저장할 수 있다. 게다가 테이블에는 이벤트 타입에 대한 구체적인 정보가 없기 때문에 여러 이벤트 타입에 대해 구조는 같지만 서로 다른 테이블을 사용해 같은 데이터 클래스를 재사용할 수 있다.

각 데이터베이스 컬럼은 Table 클래스의 필드로 표현된다. 이를 자세히 살펴보자.

```
❶  data class PgEventTable(override val tableName: String) : Table(tableName) {
❷      val id = long("id").autoIncrement()
        override val primaryKey = PrimaryKey(id, name = "${tableName}_pkey")
        val recorded_at = timestamp("recorded_at")
❸          .defaultExpression(CurrentTimestamp)
❹      val entity_id = uuid("entity_id")
❺      val event_type = varchar("event_type", 100)
❻      val event_version = integer("event_version")
❼      val event_source = varchar("event_source", 100)
❽      val json_data = jsonb("json_data")
    }
```

❶ 이벤트를 저장할 테이블은 열린 클래스 Table을 상속하며, 데이터베이스의 테이블 이름을 지정한다.

❷ 이벤트 진행률 ID를 저장하는 필드로 이벤트 오프셋이라고도 한다. 데이터베이스에 의해 자동으로 증가하므로 이 값을 전달할 필요는 없다. 또 데이터베이스의 기본 키로 정의되어 있으므로 동일한 ID를 가지는 두 개의 이벤트가 있을 수 없다.

❸ 이 필드를 통해 이벤트가 기록된 시간을 데이터베이스에 저장한다.

❹ 엔터티의 ID, 즉 각 할 일 목록의 고유 ID 필드다.

❺ 이 필드에 이벤트 타입을 문자열로 저장하면 나중에 JSON 필드에서 데이터를 올바르게 추출할 수 있다.

❻ 모든 이벤트는 처음에 버전 1이 적용된다. 필드를 추가하거나 필드를 제거해야 하는 경우, 버전을 증가시켜서 올바른 역직렬화기를 사용할 수 있도록 한다. **10장 이벤트 마이그레이션과 버전 관리**를 참고하라.

❼ 이벤트 소스(예 서버 IP, 기타 식별자)를 저장한다. 디버깅할 때 유용하다.

❽ 모든 이벤트에 대한 공통 스키마를 사용하지 않고 이벤트 세부 정보를 JSON 형식으로 저장하는 필드다. PostgreSQL을 사용하면 데이터를 모두 같은 방법으로 질의할 수 있다.

이벤트 id 필드는 entity_id와 같은 일반 UUID일 수 없다는 점에 유의하라. 투영을 생성하려면 특정 시점까지의 모든 이벤트를 처리할 수 있어야 한다. 따라서 데이터베이스에서 보장하는 프로그레시브 ID를 채택할 것이다. 별도의 타임스탬프 필드를 사용해 유사한 로직을 구현할 수도 있지만 그럴 경우 고유성을 보장하기 어렵다[6].

Exposed 라이브러리에는 jsonb 필드를 제외한 필요한 모든 필드 타입이 정의되어 있다. 우리에게 필요한 새 필드 타입을 만들려면 JsonBColumn이라는 JSON을 변환할 수 있는 새 컬럼 타입을 만든 다음, registerColumn 함수를 호출해야 한다.

```
fun <T : Any> Table.jsonb(name: String,
                          fromJson: (String) -> T,
                          toJson: (T) -> String): Column<T> =
    registerColumn(name, JsonBColumn(fromJson = fromJson, toJson = toJson))
```

6　역주 UUID 버전 7를 사용하면 타임스탬프를 제공하는 정렬 가능하며 단조증가하는 UUID를 사용할 수 있다. 다만 시간 정밀도가 밀리초 수준이라는 점에 유의해야 한다.

JsonBColumn의 구현은 라이브러리 세부 사항에 따라 달라지므로 여기서는 다루지 않지만, 전체 코드(약 50줄)를 저장소에서 찾을 수 있다.

이벤트를 JSON으로 변환하기

이제 데이터베이스와 메모리 사이에서 이벤트를 변환하는 작업이 남았다. 먼저 타입과 그에 대한 다른 표현(**예** JSON 문자열) 사이를 변환하기 위한 제네릭 인터페이스가 필요하다. 이 데이터 클래스에는 두 개의 함수가 필요한데, 하나는 타입을 표현으로 렌더링하는 함수이고 다른 하나는 표현을 파싱하는 함수다.

```
data class Parser<A, S>(
    val render: (A) -> S,
    val parse: (S) -> Outcome<OutcomeError, A>
) {
    fun parseOrThrow(encoded: S) =
        parse(encoded).onFailure { error("Error parsing $encoded ${it.msg}") }
}
```

데이터베이스 안에 이벤트를 표현하려면 데이터베이스에 기록할 모든 필드가 포함된 타입이 필요하다.

```
data class PgEvent(
    val entityId: EntityId,
    val eventType: String,
    val jsonString: String,
    val version: Int,
    val source: String
)
```

이제 ToDoListEvent에서 PgEvent로 변환하고 또 반대로 변환해야 하는데, 먼저 이에 대한 테스트를 작성해야 한다. 테스트는 매우 간단하다. 무작위 이벤트를 많이 생성한 다음, 그 이벤트를 PgEvent로 변환한 후 다시 역변환하는 것이다. 그런 다음 마지막에 새로 변환된 이벤트가 원래 이벤트와 같은지 확인한다.

```
class ToDoListEventParserTest {
    val eventParser = toDoListEventParser()
```

```kotlin
    @Test
    fun `convert to and from event`() {
        eventsGenerator().take(100).forEach { event ->
            val conversion = eventParser.render(event)
            val newEvent = eventParser.parse(conversion).expectSuccess()

            expectThat(newEvent).isEqualTo(event)
        }
    }
}


fun randomEvent(): ToDoListEvent =
    when (val kClass = ToDoListEvent::class.sealedSubclasses.random()) {
        ListCreated::class -> ListCreated(
            ToDoListId.mint(), randomUser(), randomListName())
        ItemAdded::class -> ItemAdded(ToDoListId.mint(), randomItem())
        ItemRemoved::class -> ItemRemoved(ToDoListId.mint(), randomItem())
        ItemModified::class -> ItemModified(
            ToDoListId.mint(), randomItem(), randomItem())
        ListPutOnHold::class -> ListPutOnHold(
            ToDoListId.mint(), randomText(20))
        ListReleased::class -> ListReleased(ToDoListId.mint())
        ListClosed::class -> ListClosed(ToDoListId.mint(), Instant.now())
        else -> error("Unexpected class: $kClass")
    }

fun eventsGenerator(): Sequence<ToDoListEvent> = generateSequence {
    randomEvent()
}
```

아직 파서를 구현하지 않았으므로 테스트는 실패할 것이다. JSON 변환의 경우 테이블의 이벤트 타입 필드에서 이벤트 클래스를 읽는 Klaxon 라이브러리를 사용하겠다.

```kotlin
fun toDoListEventParser(): Parser<ToDoListEvent, PgEvent> =
    Parser(::toPgEvent, ::toToDoListEvent)


fun toPgEvent(event: ToDoListEvent): PgEvent =
    PgEvent(
        entityId = event.id,
        eventType = event::class.simpleName.orEmpty(),
        version = 1,
        source = "event store",
```

```kotlin
                    jsonString = event.toJsonString()
        )

    fun toToDoListEvent(pgEvent: PgEvent): ZettaiOutcome<ToDoListEvent> =
        Outcome.tryOrFail {
            when (pgEvent.eventType) {
                ListCreated::class.simpleName ->
                    klaxon.parse<ListCreated>(pgEvent.jsonString)
                ItemAdded::class.simpleName ->
                    klaxon.parse<ItemAdded>(pgEvent.jsonString)
                ItemRemoved::class.simpleName ->
                    klaxon.parse<ItemRemoved>(pgEvent.jsonString)
                ItemModified::class.simpleName ->
                    klaxon.parse<ItemModified>(pgEvent.jsonString)
                ListPutOnHold::class.simpleName ->
                    klaxon.parse<ListPutOnHold>(pgEvent.jsonString)
                ListClosed::class.simpleName ->
                    klaxon.parse<ListClosed>(pgEvent.jsonString)
                ListReleased::class.simpleName ->
                    klaxon.parse<ListReleased>(pgEvent.jsonString)
                else -> null
            } ?: error("type not known ${pgEvent.eventType}")
        }.transformFailure { ZettaiParsingError(
            "Error parsing ToDoListEvent: ${pgEvent} with error: $it ") }
```

Klaxon은 리플렉션을 활용해 코틀린 클래스를 JSON으로 변환한다. 이는 임시적인 해결책이 될 수 있다. 함수형에서 직렬화 및 역직렬화를 처리하는 더 광범위한 문제에 대해서는 **12장 JSON을 함수형으로 만들기**에서 다루겠다.

투영을 위한 테이블 스키마

이벤트 테이블에서 했던 것과 같은 방식으로 제네릭 투영을 정의하고, 테이블을 정의한 다음 JSON 필드 안에 투영 행을 저장할 수 있다.

투영에 필요한 테이블의 종류는 이벤트용 테이블보다 더 간단하다. 마지막 갱신의 타임스탬프와 RowId를 행 데이터가 있는 jsonb 필드와 함께 저장하면 된다. 모든 행은 동일한 타입이므로, 봉인된 클래스 계층 구조가 필요하지 않으며, 투영 행을 JSON 문자열로 직렬화하거나 역직렬화할 수 있다.

```kotlin
   data class PgProjectionTable<ROW : Any>(
       override val tableName: String,
❶     val parser: Parser<ROW, String>): Table(tableName) {

❷     val id = varchar("id", 50)

       override val primaryKey = PrimaryKey(id, name = "${tableName}_pkey")
       val updated_at = timestamp("recorded_at")
❸          .defaultExpression(CurrentTimestamp)
       val row_data = jsonb("row_data",
           parser::parseOrThrow,
❹          parser::render.get())
   }
```

❶ 생성자에게 테이블 이름과 행에 대한 파서를 직접 전달한다.

❷ 이 필드에는 투영에서 고유해야 하는 행 ID를 지정하고, 이를 기본 키로 선언한다.

❸ 행의 마지막 갱신 타임스탬프를 이 필드에 저장한다. 디버깅 목적으로만 사용한다.

❹ 실제 행 데이터를 저장하는 필드로, JSON 형식을 사용한다. 파서 함수를 열에 전달해서 투영을 직접 검색할 수 있다.

마지막으로 각 투영에서 마지막으로 처리한 이벤트에 대해 순차적으로 증가하는 카운터를 저장할 테이블도 필요하다. 이 테이블에는 하나의 필드만 필요하며, 읽기에서 필요한 각 투영에 대한 행이 하나씩 있다.

```kotlin
   data class PgLastEventTable(override val tableName: String): Table(tableName) {
       val last_event_id = long("last_event_id")
       val updated_at = timestamp("recorded_at")
               .defaultExpression(CurrentTimestamp)
   }
```

> **조에게 묻는다** **왜 각 투영마다 별도의 테이블을 사용해야 하나?**
>
> 물론 테이블을 하나만 사용해 모든 투영의 마지막 이벤트에 대한 정보를 저장할 수도 있다. 하지만 두 가지 이유로 별도의 테이블에 보관하기로 결정했다.
>
> 첫째, 기술적인 관점에서 볼 때 PostgreSQL은 테이블의 어느 한 행을 잠그는 것보다 더 효율적으로 테이블 전체를 잠글 수 있다.
>
> 둘째, 실용적인 관점에서 보면 새 투영을 만들거나 기존 투영을 제거할 때 행을 삽입하거나 삭제하는 것보다 테이블을 만들거나 삭제하는 것이 더 쉽다.

데이터베이스 준비

이제 테이블 데이터 클래스에게 테이블 이름을 전달하기만 하면 테이블을 만들 수 있다.

```kotlin
val toDoListEventsTable = PgEventTable(
    "todo_list_events")

val toDoListProjectionTable =
    PgProjectionTable(
        "todo_list_projection", toDoListProjectionParser)

val toDoListLastEventTable = PgLastEventTable(
    "${toDoListProjectionTable.tableName}_last_processed_event")
```

Exposed를 통해 테이블이 없을 때 데이터베이스에 테이블을 매우 쉽게 만들 수 있고 원할 때 쉽게 삭제할 수 있다.

```kotlin
fun resetDatabase(datasource: DataSource) {
❶    val db = Database.connect(datasource)
❷    transaction(db) {
❸        addLogger(StdOutSqlLogger)
         dropTables()
         prepareDb()
    }
}
fun prepareDatabase(datasource: DataSource) {
    val db = Database.connect(datasource)
    transaction(db) {
        addLogger(StdOutSqlLogger)
        prepareDb()
    }
}
private fun Transaction.prepareDb() {
❹    SchemaUtils.createMissingTablesAndColumns(
        toDoListEventsTable,
        toDoListProjectionTable,
        toDoListLastEventTable
    )
}
private fun dropTables() {
❺    SchemaUtils.drop(
        toDoListEventsTable,
```

```
            toDoListProjectionTable,
            toDoListLastEventTable)
  }
```

❶ 먼저 DataSource를 전달해 데이터베이스 연결을 만든다.

❷ 그런 다음 트랜잭션 블록 안에서 작업을 호출할 수 있다.

❸ 로깅 콘솔에서 실제 SQL 명령을 보기 위한 것이다.

❹ 빠진 테이블을 만들거나, 기존 테이블에 빠진 컬럼을 만들려면 테이블 객체를 전달하기만 하면 된다.

❺ 테이블을 드롭(DROP), 즉 삭제할 수 있다.

이 코드에서는 함수형 관점에서 Exposed를 사용할 때 주요 문제점을 확인할 수 있다. 반드시 트랜잭션 블록 안에서 SchemaUtils 함수를 호출해야 하며, 그렇지 않으면 런타임에 java.lang.IllegalStateException: No transaction in context 오류가 발생한다. 안타깝게도 컴파일 시에는 이를 강제할 수 없지만, 해결할 수는 있다.

효과와 부수 효과

내부적으로 Exposed는 스레드 지역 변수를 사용해 트랜잭션 관리자를 저장해 '뒤에서 알아서' 트랜잭션을 찾을 수 있게 한다. 곧 설명하겠지만, 이런 종류의 마법은 함수형 프로그래밍에서는 잘 작동하지 않는다. 함수를 합성하거나 재사용하기 어렵기 때문이다. 우리의 목표는 트랜잭션을 전달하는 것을 잊어버리면 소프트웨어가 컴파일에 실패하는 것이다. 실행 시점에 오류가 발생하면 많은 골칫거리가 생길 수 있기 때문이다.

라이브러리가 함수형 스타일로 작성되었는지 여부는 중요하지 않다. 잘 작동하기만 한다면 **으스스한 원거리 작용**[7]만 없으면 된다.

이 개념을 더 잘 이해하기 위해 순수 함수(**부록 A 함수를 순수하게 유지하라** 참고)의 반환 값이 효과인 경우를 생각해보자. 이 함수가 순수하지 않고 다른 효과가 있는 경우, 예를 들어 현재 스레드의 트랜잭션 관리자를 변경하는 등의 효과가 있다면 이러한 효과를 부수 효과[8], 또는 때로 '원거리

---

7 역주 영어로 spooky action at a distance라고 하며, 원래는 아인슈타인이 양자 얽힘을 부를 때 쓴 말이다.

8 역주 영어로 'side effect'이며, 부작용이라고 번역하기도 한다. 이 책에서는 부정적 의미를 일부러 제거하기 위해 부수 효과라는 단어로 번역했다.

작용'이라고 한다. 그 이유는 이러한 효과들이 마치 양자역학처럼 명백한 연결 없이 시스템의 다른 부분에 변화를 일으키기 때문이다.

다음 절에서는 부수 효과를 사용하지 않고도 트랜잭션 생명 주기를 관리할 수 있는 더 나은 방법에 대해 알아보겠다. 하지만 지금은 Exposed 라이브러리의 함수에 명시적으로 현재 트랜잭션을 전달하는 방법을 살펴보자.

좋은 소식이 있다. Exposed가 완전히 오픈 소스이기 때문에 명시적 트랜잭션에서 작동하는 데 초점을 맞춘 작은 함수를 작성할 수 있다! Exposed는 고도로 모듈화되어 있고 확장이 자유롭기 때문에 아주 쉽다.

일반적으로 소스 가용성과 모듈화는 프로젝트에 타사 라이브러리를 채택할 때 고려해야 할 중요한 요소다.

테이블에 읽고 쓰기

우리에게 필요한, 트랜잭션 기능에 집중한 작은 함수를 모델링하는 가장 좋은 방법은 Exposed의 기존 함수를 사용해 몇 가지 테스트를 작성한 다음, 리팩터링해서 트랜잭션을 명시적으로 전달한 뒤 만족스러운 결과가 나올 때까지 조정하는 것이다. 코틀린에서는 Exposed의 Table 클래스에 대한 확장을 작성할 수 있으므로, 새 함수를 일반 메서드처럼 보이게 만들 수 있다.

모든 테스트는 이 책의 저장소에서 찾을 수 있다. 읽기와 쓰기 이벤트에 대한 테스트를 살펴보자.

❶
```
val dataSource = pgDataSourceForTest()

@Test
fun `can read and write events from db`() {

    val db = Database.connect(dataSource)
```

❷
```
    transaction(db) {
        val listId = ToDoListId.mint()
        val event = ListCreated(listId, user, list.listName)
```

❸
```
        val pgEvent = toPgEvent(event)
```

❹
```
        val eventId = toDoListEventsTable.insertIntoWithReturn(this, stored(event))
            { newRow ->
                newRow[entity_id] = pgEvent.entityId.raw
```

```
                      newRow[event_source] = pgEvent.source
                      newRow[event_type] = pgEvent.eventType
                      newRow[json_data] = pgEvent.jsonString
                      newRow[event_version] = pgEvent.version
                  }.eventSeq
```

❺   `expectThat(eventId.progressive).isGreaterThan(0)`

```
          val row = toDoListEventsTable.selectWhere(this,
```
❻
```
              toDoListEventsTable.id eq eventId.progressive)
          .single()
```

❼   `expectThat(row.get(toDoListEventsTable.entity_id)).isEqualTo(listId.raw)`
```
      }
  }
```

❶ 먼저 테스트 데이터베이스의 데이터 소스가 필요하다.

❷ 데이터베이스에서 세션을 열고 트랜잭션을 시작하려면 이 블록을 사용해야 한다.

❸ 이벤트를 생성한 다음 PgEvent로 변환한다.

❹ 데이터베이스에 데이터를 저장하고 자동 생성된 ID를 읽기 위해서 새로운 insertIntoWith Return 함수를 사용한다.

❺ ID가 올바르게 반환됐는지 확인한다.

❻ Exposed에서 코틀린 DSL로 간단한 질의를 작성하게 해주는 selectWhere를 사용해 테이블에서 데이터를 읽는다.

❼ 마지막으로 우리가 시작한 ListId가 올바르게 저장됐는지 확인한다.

Exposed 확장 프로그램

Exposed 라이브러리 코드를 보면 구현을 작성하는 것이 어렵지 않다. 기존 메서드와 클래스를 대부분 재사용할 수 있다. 실제 (완성된) 코드는 그다지 중요하지 않으며, 다른 디자인으로 완성할 수도 있다. 여기서 중요한 부분은 그다지 함수형에 친화적이지 않은 라이브러리로 작업하는 방법이다.

우리는 라이브러리와 함께 작동하는 함수형 API를 제공하는 새로운 함수를 만들고 싶다. 여기서 함수형이라는 말은 **부록 A 사상으로 생각하기**에서 설명한 것처럼 참조적으로 투명한 함수를 의미한다.

이 특별한 경우 Exposed가 선호하는 숨겨진 싱글턴에 의존해 트랜잭션을 관리하는 방식 대신 항상 명시적으로 트랜잭션을 전달해야만 한다.

```kotlin
fun Table.selectWhere(
    tx: Transaction,
    condition: Op<Boolean>?,
    orderByCond: Column<*>? = null
): List<ResultRow> =
    tx.exec(
        Query(this, condition).apply {
            orderByCond?.let { orderBy(it) }
        }
    )?.asSequence { toResultRow(this@selectWhere.realFields) }?.toList()
        ?: emptyList()


fun queryBySql(tx: Transaction, fields: List<Expression<*>>,
               sql: String): List<ResultRow> =
    tx.exec(SqlQuery(sql))
        ?.asSequence { toResultRow(fields) }?.toList()
        ?: emptyList()


fun ResultSet.toResultRow(fields: List<Expression<*>>): ResultRow {
    val fieldsIndex = fields.distinct().mapIndexed { i, field ->
        val value = (field as? Column<*>)
            ?.columnType
            ?.readObject(this, i + 1)
            ?: getObject(i + 1)
        field to value
    }.toMap()
    return ResultRow.createAndFillValues(fieldsIndex)
}


fun <T, Self: Table> Self.insertIntoWithReturn(
    tx: Transaction,
    postExecution: InsertStatement<Number>.() -> T,
    block: Self.(InsertStatement<Number>) -> Unit
): T =
    InsertStatement<Number>(this).apply {
```

```
        block(this)
        execute(tx)
    }.let { postExecution(it) }

fun <Self: Table> Self.insertInto(
    tx: Transaction,
    block: Self.(InsertStatement<Number>) -> Unit
) {
    insertIntoWithReturn(tx, {}, block)
}

fun Table.updateWhere(
    tx: Transaction,
    where: Op<Boolean>? = null,
    block: Table.(UpdateStatement) -> Unit
) {
    UpdateStatement(targetsSet = this, limit = null, where = where).apply {
        block(this)
        execute(tx)
    }
}
```

마지막으로 주의할 점이 있다. Exposed의 향후 버전이 이 해법을 망가뜨릴 수도 있다는 점을 염두에 둬야 한다. 반면 (적절한 함수형 라이브러리가 없어서) 함수형 원칙을 포기하지 않기 위해 어쩔 수 없이 함수형 데이터베이스 라이브러리를 처음부터 다시 작성해야만 한다면, 이런 방식이 좋은 타협이 될 수 있다.

이제 데이터베이스에서 읽고 쓰는 방법을 알았으니, 항상 트랜잭션을 전달하는 것보다 더 나은 방법이 필요하다. 매번 트랜잭션을 전달하는 것은 지루한 일이며 실수하기도 쉽기 때문이다.

우리의 목표는 추가 로직 없이도 트랜잭션 내부에서 함수가 안전하게 작동할 수 있는 시스템을 구현하는 것이다. 본질적으로 트랜잭션 자체를 추상화해서 보이지 않게 하고 데이터 읽기 및 쓰기를 쉽게 할 수 있는 '컨텍스트'를 제공하는 메커니즘을 만드는 것이다.

9.3 함수형 방식으로 원격 데이터에 접근하기

이제 함수형으로 원격 데이터에 안전하게 접근하는 방법을 이해해야 한다. 이는 HTTP와 같이 단순히 상태가 없는 요청을 원격으로 전송하는 것보다 더 어려운 문제다. 왜냐하면 연산들이 원자적으로 실행되어야 하는데 우리 데이터와 연관된 호출에 대해 같은 세션과 트랜잭션을 계속 사용해야 하기 때문이다.

단순한 호출은 작동하지 않고 실제 데이터베이스 트랜잭션을 추상화해야 하므로, 해결책은 데이터베이스 작업을 안전하게 실행하고 전달할 수 있는 어떤 종류의 컨텍스트에 넣는 것이다. 이런 식으로 문제를 생각해보면 펑터가 적합해 보인다.

정의에 따르면 펑터(**7장 펑터와 카테고리 배우기**)는 한 카테고리를 다른 카테고리로 변환하는 것이므로, 데이터에 접근하기 위한 호출을 원격 데이터 저장소의 트랜잭션 내부에서 데이터에 접근하기 위한 호출로 변환하는 것으로 볼 수 있다. 다시 말해 우리에게 필요한 것은 '원격으로' 읽고 쓸 수 있는 방법이다.

몇 가지 의사 코드를 가지고 조금 놀아보자. 일반적인 경우로, 우리는 다음 코드처럼 값을 읽고 그 값에서 새 값을 계산한 후 저장하고 싶다.

```
a = readA(id)          // 순수하지 않은 연산
b = calculateB(a)      // 순수 함수
writeB(b)              // 순수하지 않은 연산
```

코드는 쉽게 읽힌다. 하지만 쉽다고 생각하면 오산이다. readA와 writeB 연산이 순수 함수가 아니라는 것은 분명하지만, 이들이 실제로 어디에서 데이터를 가져오는지는 분명하지 않다. 따라서 함수형 스타일에 따르면서, 어떤 종류의 저장소를 사용하고 있다는 사실을 명시하고 싶다. 이를 위해 읽기와 쓰기를 허용하는 제네릭한 Context 파라미터를 다음과 같이 도입해보자.

```
val context = remoteStorageContext("config")    // 순수하지 않은 계산
val a = readA(context::read, id)                 // 순수 함수
val b = calculateB(a)                            // 순수 함수
writeB(context::write, b)                        // 순수 함수
```

이 코드는 함수적 관점에서 훨씬 더 나은데, 이제 readA와 writeB가 순수 함수가 될 수 있기 때문이다. 하지만 여전히 코드를 읽기가 쉽지 않다. 또 다른 문제는 원격 접근이 여러 가지 이유로 실패할 수 있는데, 무엇이 실패할 수 있고 왜 실패하는지에 대한 표시가 없다는 것이다.

고차 함수는 인자가 순수 함수일 때 참조 투명성을 유지하면 순수 함수가 된다(3장 **고차 함수 사용하기** 참고). 다시 말해, 우리는 언젠가 불순한 입력, 즉 context::read와 함께 readA를 사용하게 되더라도 readA 자체는 계속 순수 함수로 유지하고 싶다는 뜻이다.

컨텍스트 리더

지금은 첫 번째 문제, 즉 매번 명시적으로 컨텍스트를 전달하지 않는 방법에 집중하고 오류 처리는 나중에 다루도록 하자. 컨텍스트를 읽는 제네릭 펑터 ContextReader를 만드는 방법을 살펴보자. 이 펑터는 다음과 비슷하게 작동해야 한다.

```
fun readA(id: String): ContextReader<CTX, A> =...

fun calculateB(a: A): B = ...

fun writeB(b: B): ContextReader<CTX, Unit> =...

reader = readA(id)
    .transform{ a -> calculateB(a) }
    .transform{ b -> writeB(b) }

reader.runWith{ TODO("Here we need the context") }
```

아이디어는 컨텍스트가 필요한 모든 계산을 ContextReader로 감싸고 마지막에 컨텍스트와 함께 모든 계산을 실행하는 것이다.

사실, 두 번째 변환 즉 writeB 주위의 변환에는 문제가 있지만, 이 문제를 아직 발견하지 못한 척 해보자. 곧 문제점을 알게 될 것이다.

이 접근 방식은 특정 컨텍스트에 얽매이지 않는다. 이 방식은 데이터베이스 연결이나 변경하려는 CSV 파일, 메모리의 어떤 구조에 대해서든 잘 작동한다. 이를 다른 방식으로 보면, 변환 체인에 컨텍스트를 주입하기 위해 펑터를 사용하는 것으로 살펴볼 수도 있다.

```
❶  data class ContextReader<CTX, out T>(val runWith: (CTX) -> T) {
❷      fun <U> transform(f: (T) -> U): ContextReader<CTX, U> =
                ContextReader { t -> f(runWith(t)) }
   }
```

❶ CTX는 제네릭 컨텍스트의 타입이고, T는 우리가 원하는 결과의 타입이다. CTX 타입의 컨텍스트에서 T 타입의 값을 읽을 수 있는 함수가 필요하다.

❷ transform 메서드를 실행하기 위해, 새 함수를 runWith에 적용하는 새로운 함수를 만들고, 방금 만든 함수를 새로운 리더 안에 넣는다.

지금까지 살펴본 대부분의 펑터와 리더의 가장 큰 차이점은 리더가 값이 아니라 함수를 감싸고 있다는 점이다. **8장 펑터에서 질의 실행하기**에서 사용했던 것과 비슷하지만, 이제는 좀 더 일반적인 접근 방식을 취하고 있다.

처음에는 이 펑터를 이해하기가 조금 더 어려울 수 있지만, 흥미로운 가능성도 많이 열린다. 곧 살펴볼 것이다.

이 예제를 끝내려면 컨텍스트를 제공하는 방법이 필요하므로 ContextProvider를 생성해보자.

```
❶  interface ContextProvider<CTX> {
❷      fun <T> tryRun(reader: ContextReader<CTX, T>): Outcome<ContextError, T>
   }
```

❶ 프로바이더도 컨텍스트에 대해 제네릭이어야 한다. CTX 파라미터가 작동하려면 프로바이더와 리더의 파라미터가 일치해야 한다.

❷ 프로바이더마다 이 함수를 다르게 구현해야 한다.

ContextProvider는 ContextReader에게 컨텍스트를 제공하고, 결과로 Outcome을 반환한다. 이렇게 하면 프로바이더는 예외를 유출하지 않고 실패 케이스까지 처리할 수 있다.

프로바이더의 주된 임무는 실패 시에도 컨텍스트를 올바르게 처리하는 것이다. 예를 들어 파일 디스크립터를 닫거나, 데이터베이스에 대한 연결을 해제하는 등의 작업을 수행한다.

잘될 것 같아 보이므로 펑터를 구현하고 이를 사용해 투영을 저장해보자.

데이터베이스에 투영 저장하기

앞의 예시를 좀 더 구체적으로 바꿔보자. 방금 정의한 ContextReader를 사용해 투영의 행을 갱신하는 방법을 살펴보겠다. ToDoListProjectionRow에 대해 readA와 writeB에 해당하는 함수가 필요하고, 일종의 컨텍스트(예 Transaction 타입)도 필요하다. 당장은 구현은 제외하고 타입 시그니처에만 신경 쓰자.

```
fun readRow(id: String):
        ContextReader<Transaction, ToDoListProjectionRow> = TODO()

fun writeRow(row: ToDoListProjectionRow):
        ContextReader<Transaction, Unit> = TODO()

val remoteStorageProvider: ContextProvider<Transaction> = TODO()
```

readRow는 ToDoListProjectionRow를 반환하는 대신 내부에 행이 있는 ContextReader를 반환한다는 점에 유의하라. writeRow도 마찬가지로 컨텍스트 리더로 감싼 Unit을 반환한다. 지금은 이런 함수를 어떻게 함께 합성할 수 있는지에 집중하고 있으니 아직 구현에 대해서는 신경 쓰지 말자. 하지만 원한다면 **10장 모나드로 데이터베이스에 접근하기**를 참고할 수 있다.

앞에서 본 의사 코드 예제는 다음과 같이 코틀린 코드 예제로 변환된다.

```
❶  val listUpdater = readRow("myRowId")
❷      .transform { r-> r.copy(active = false) }
❸      .transform { r -> writeRow(r) }
❹  remoteStorageProvider.tryRun(listUpdater).expectSuccess()
```

❶ 방금 정의한 함수를 사용해 주어진 ID를 가진 행을 읽기 시작한다.

❷ 다음으로 활성 플래그를 false로 설정한 행 복사본을 만들어서 행을 비활성화한다.

❸ 비활성화된 새 행을 저장하고 새 컨텍스트 리더를 반환한다.

❹ 마지막으로 트랜잭션에서 리더를 실행해 실제로 데이터베이스를 변경하고, 연산이 성공했는지 확인한다.

이 코드는 컴파일되지만 생각한대로 작동하지 않는다. listUpdate의 타입이 ContextReader<Transaction, Unit>이기를 원했지만 실제로는 ContextReader<Transaction, ContextReader<Transaction, Unit>>다. 컨텍스트 리더가 너무 많다!

303

Outcome에 대해 합성을 수행할 때도 같은 문제가 발생했다(**7장 실패 시 끝내기** 참고). 이제 이 문제를 해결하는 방법을 살펴볼 차례다. 그러려면 새로운 타입의 데이터 구조가 필요하다. 유명한(또는 악명 높은) 모나드에 대해 살펴보자.

FROM OBJECTS TO FUNCTIONS

9.4 모나드의 힘 살펴보기

모나드라는 용어를 들어본 적이 있을 것이다. 더글러스 크록포드(Douglas Crockford)의 유명한 기조 연설에서는 모나드를 다음과 같이 저주받았다고 언급했다[9].

> 모나드는 유용할 뿐만 아니라 저주받은 존재이기도 하다. 모나드의 저주는 '아, 이게 모나드구나!'라는 깨달음을 얻고 나면 그 즉시 다른 사람에게 설명할 수 있는 능력을 잃게 된다는 것이다.

모나드는 본질적으로 서로 '합성'할 수 있는 특수한 유형의 펑터이기 때문에, 일단 펑터를 이해하고 나면 자연스럽게 모나드를 따라갈 수 있다. 펑터를 잘 이해하지 못했다면 모나드를 이해하기 어려울 수 있다. 나는 '저주'의 대부분이 펑터를 완전히 이해하지 못한 상태에서 모나드를 이해하려 했기 때문이 아닌가 하고 생각한다. 그럼 다시 펑터로 돌아가보자.

> **Note ≡ 펑터란 무엇인가?**
>
> 펑터는 프로그래머 관점에서 함수를 사용해 변환할 수 있는 타입 생성자, 즉 제네릭 타입이라고 이해할 수 있다.
>
> 다음과 비슷한 시그니처의 메서드가 있는 Foo<T>라는 제네릭 타입이 있다고 하자.
>
> ```
> Foo<T>.bar(f: (T) -> U): Foo<U>
> ```
>
> 이런 경우 여러분이 보고 있는 타입이 펑터일 가능성이 높거나, 적어도 펑터가 될 가능성이 있는 타입일 가능성이 높다.
>
> 펑터가 되려면 몇 가지 조건도 충족해야 한다. 그에 대해서는 이전 장에서 설명했지만, 그 조건이 펑터의 핵심이다.

---

9   https://www.youtube.com/watch?v=dkZFtimgAcM

펑터를 살펴볼 때 '펑터를 다른 펑터 안에 넣으면 어떤 일이 생길까?' 하는 문제를 해결하지 않은 과제로 남겨뒀다. 예를 들어 파일을 읽는 함수와 이메일을 보내는 함수가 있고 두 가지 모두 Outcome을 반환한다면 이들을 단순히 조합할 수는 없다.

```
fun readFile(fileName: String): Outcome<FileError, String> = TODO()
fun sendEmail(text: String): Outcome<EmailError, Unit> = TODO()
fun processEmailFile(fileName: String): Outcome<OutcomeError, Unit> =
    readFile(fileName)
        .transform { text -> sendEmail(text) } // 컴파일러 오류!
```

간단한 우회로는 다음과 같이 오류인 경우 비지역 반환을 강제로 쓰는 것이다.

```
fun processEmailFile(fileName: String): Outcome<OutcomeError, Unit> =
    readFile(fileName)
        .transform { text -> sendEmail(text)
            .onFailure{ return@processEmailFile it.asFailure() }}
```

하지만 두 함수를 다음과 같이 한 펑터로 '바인딩'할 수 있으면 쓸모가 많을 것이다.

```
fun Outcome<ERR, T>.bind(f: (T)-> U): Outcome<ERR, U> = TODO()

fun processEmailFile(fileName: String): Outcome<OutcomeError, Unit> =
    readFile(fileName)
        .bind { text -> sendEmail(text) }
```

이것이 바로 모나드를 통해 우리가 할 수 있는 일이다. 더 정확하게는, 하나의 펑터를 (같은 타입의) 다른 펑터와 조합할 수 있다면 이 펑터가 모나드를 형성한다고 말할 수 있다.

> **Note ≡ 모나드란 무엇인가?**
>
> 프로그래머의 관점을 유지할 때, 모나드는 한 함수를 사용해 두 펑터를 함께 바인딩할 수 있는 메서드를 제공하는 펑터라고 할 수 있다.
>
> 다시 말해, Foo<T>라는 제네릭 타입에 다음과 같은 시그니처의 메서드가 있는 경우라면,
>
>   Foo<T>.barbar(f: (T) -> Foo<U>): Foo<U>
>
> 모나드를 다루고 있을 가능성이 높다.
>
> 하지만 (이런 타입이 모나드가 되기 위해) 반드시 지켜야 하는 규칙이 있다. 이에 대해서는 곧 자세히 살펴볼 것이다.

결국 그렇게 어렵지 않은 것 같다! 더 자세한 설명을 원하면 **부록 C 카테고리 이론**에서 모나드를 어떻게 정의하는지 살펴볼 수 있다.

하지만 모나드를 사용할 때 염두에 두어야 할 몇 가지 미묘한 점이 있다. 그 이유를 알아보기 위해, 펑터의 작동 방식을 좀 더 자세히 살펴보겠다.

엔도펑터

우리는 제네릭스를 사용해 펑터를 구현했다. 이 말은 펑터의 제네릭 타입의 파라미터가 또 다른 펑터일 수 있다는 뜻이다. 따라서 언제든지 기존 펑터를 기반으로 펑터를 만들 수 있다. 예를 들어 List<Int>로부터 List<List<Int>>를 만들거나 Outcome<MyError, List<Int>>를 만들 수 있다.

> **조에게 묻는다** bind 함수를 flatmap이라고 불러야 하지 않나?
>
> 스칼라와 같은 일부 언어에서는 모나드 합성을 flatmap이라고 부르지만, 모든 코틀린 컬렉션에는 이미 map과 flatmap 메서드가 들어 있다. 따라서 함수 합성과 모나드 합성을 서로 다른 이름으로 부르면 구분하기 쉽고 이해하기도 쉽다.
>
> 다른 언어에서는 collect라고 부르지만 작동 방식은 같다. 확실하지 않을 때는 시그니처를 보면 이름과 상관없이 어떤 언어에서든 같음을 알 수 있다.

따라서 여기서 설명하는 펑터는 코틀린 타입 시스템에서 임의의 타입을 매핑하는 것이다(자세히 살펴보면 카테고리를 형성함을 알 수 있다). 펑터를 두 카테고리 간의 매핑으로 정의했는데, 여기서는 그 두 카테고리가 같은 카테고리다. 어떤 카테고리를 그 자체로 매핑하는 펑터를 엔도펑터(endofunctor)라고 한다.

단순화를 위해 이를 계속 펑터라고 부르겠지만, 두 가지 카테고리가 같을 때만 그 둘을 합성할 수 있기 때문에 이 사실(우리가 다룰 펑터가 엔도펑터라는 사실)이 중요하다. 모나드는 두 개의 펑터를 결합해야 하므로, 엔도펑터에서만 모나드를 만들 수 있다.

모나드란 무엇인가?

따라서 우리에게는 어떤 엔도펑터가 필요하고, 그 엔도펑터의 두 인스턴스를 합성해야 한다. 여기서 이들이 같은 타입(같은 종류의 펑터)이어야 한다는 점에 유의하라. 즉, List<List<Int>>나

Outcome<E, Outcome<E,Int>>를 평탄화(flatten)할 수는 있지만, 일반적인 경우 List<Outcome<E, Int>>를 하나의 결과로 평탄화할 수는 없다. 기껏해야 두 펑터를 <Outcome<E, List<Int>>로 전환할 수 있을 뿐이다(11장 **시퀀스** 참고).

이제 EF가 엔도펑터이고 T가 임의의 타입일 때, (T)->EF<T>라는 함수의 카테고리를 살펴보자. 이런 함수들을 서로 합성할 수 있을까? 다시 말해 이 카테고리에는 모노이드 인스턴스가 있을까? 모노이드 인스턴스가 있다면(있는지 여부는 실제로는 우리가 선택할 엔도펑터의 종류에 따라 달라진다) EF도 모나드다. 기억할지 모르겠지만, 화살표의 카테고리는 그들을 모두 함께 결합할 수 있는 경우에만 모노이드다(5장 **모노이드 알아보기** 참고).

> 모나드는 그저 엔도펑터들의 카테고리에서 정의된 모노이드일 뿐인데, 뭐가 문제지?
>
> —필립 와들러의 농담[10]

'모나드'라는 용어가 '모노이드'와 비슷하다는 것을 눈치챘을 것이다. 그러나 방금 살펴본 것처럼 모노이드는 함수에 대해 작동하고 모나드는 펑터에 대해 작동한다. 다시 말해, 모나드는 서로 합성될 수 있는 펑터다.

시각적으로 확인해보자. 다이어그램을 통해 transform과 bind가 어떻게 작동하는지 살펴보라.

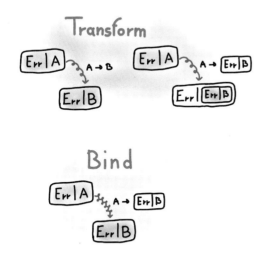

모나드를 종종 '프로그래밍 가능한 세미콜론'으로 설명하는데, 이는 모나드가 효과를 포함하는 일련의 변환을 가능하게 한다는 의미. 여기서 '프로그래밍 가능'이란 각 모나드가 사용되는 구체적인 컨텍스트에 따라 그 동작을 결정할 수 있다는 뜻이다. 예를 들어 Outcome의 체인에서는 어떤 바인딩 연산이 실패하면 그 뒤에 오는 바인딩 연산이 실행되지 않는다.

모나드가 아닌 것

지금까지 살펴본 모든 펑터는 모나드지만 항상 그런 것은 아니다. 모나드가 무엇인지 더 잘 이해하기 위해, 모나드가 아닌 펑터의 예를 살펴보자. 어떤 값과 그 값이 왜 생겼는지 가리키는 태그를 유지하는 펑터를 생각해보자.

```
enum class ValueOrigin {internal, external, generated}

data class TaggedValue<T>(val value: T, val tag: ValueOrigin){
    fun <U> transform(f:(T) -> U): TaggedValue<U> = TaggedValue(f(value), tag)
}
```

이러한 펑터를 사용하면 어떤 값이든 태그를 붙이고 이를 다른 값으로 변환할 수 있다. 하지만 다음 결과는 무엇일까?

```
TaggedValue(5, internal)
    .bind{ x -> TaggedValue(x*2, external) }
```

이 값은 TaggedValue(10, internal)이거나 TaggedValue(10, external)일 수 없다. 더군다나 TaggedValue(10, generated)가 된다면 더욱 더 혼란스러울 것이다.

이 문제를 해결할 수 있는 합리적인 방법은 없다. 이런 경우는 매우 드문 경우이긴 하지만(우리에겐 다행이다), 그래도 모나드가 합법적인 모나드인지 확인할 방법이 필요하다. 그러기 위해서 모나드는 세 가지 간단한 법칙을 따라야 한다[11].

---

11 [역주] 모나드의 정의나 모나드의 세 가지 법칙은 물론 잘 알아두면 좋지만, List, Outcome 등의 모나드 인스턴스를 사용하는 사용자 입장에서는 모나드를 제공하는 쪽에서 검증해서 제대로 작동한다고 생각하고 코딩해도 큰 문제가 없다(만약 구현이 제대로된 모나드가 아니라면 bind로 몇 가지 값을 합성하다 보면 결과가 어긋나는 경우가 생겨서 이를 발견할 수밖에 없다). 그렇다면 모나드의 세 가지 규칙이 어떤 쓸모가 있을까? 여러분이 어떤 제네릭 타입을 만들면서 그 타입 안에 bind나 flatmap 같은 함수를 제공해야 하는 경우(이때 함수 이름이 중요한 것이 아니고 시그니처가 중요하다는 점에 유의하라)에는 이런 모나드 특성을 제대로 갖추고 있는지 꼭 검증해야 한다.

모나드 법칙

첫 번째 법칙은 **왼쪽 항등원**(left identity)으로, 어떤 모나드를 어떤 초기 값에 적용한 후 새로운 모나드를 만들어내는 함수를 바인딩한 결과는 초기 값에 (새로운 모나드를 만들어내는) 이 함수를 적용한 값과 같다는 것이다.

List와 Outcome을 사용한 두 가지 예를 살펴보자. 컬렉션에서 bind에 해당하는 것은 flatmap 메서드다.

```
val a = Random.nextInt()

fun `List left identity`(){
    val f: (Int) -> List<Int> = {x -> listOf(x * 2) }
    val ma = listOf(a).flatMap(f)
    expectThat(ma).isEqualTo(f(a))
}

fun `Outcome left identity`(){
    val f: (Int) -> Outcome<OutcomeError, Int> = { (it * 2).asSuccess() }
    val ma = a.asSuccess().bind(f)
    expectThat(ma).isEqualTo(f(a))
}
```

두 번째 법칙은 **오른쪽 항등원**(right identity)으로, 어떤 모나드 값에 대해 모나드 자체를 반환하는 함수를 바인딩한 결과는 초기의 모나드 값과 같다는 것이다.

동일한 두 가지 예제를 통해 어떻게 작동하는지 살펴보자.

```
val a = randomText(10)

fun `List right identity`() {
    val ma = listOf(a).flatMap { listOf(it) }
    expectThat(ma).isEqualTo(listOf(a))
}

fun `Outcome right identity`() {
    val ma = a.asSuccess().bind { it.asSuccess() }
    expectThat(ma).isEqualTo(a.asSuccess())
}
```

세 번째 법칙은 **결합 법칙**(associativity)으로, 여러 함수의 연쇄가 있다면 이를 어떤 순서로 합성하는지는 중요하지 않다는 것이다.

예제를 살펴보자.

```
val a = Random.nextInt()

fun `List associativity`(){
    val f: (Int) -> List<Int> = { listOf(it * 2) }
    val g: (Int) -> List<Int> = { listOf(it + 5) }
    val ma1 = listOf(a).flatMap(f).flatMap(g)
    val ma2 = listOf(a).flatMap{ x -> f(x).flatMap(g) }
    expectThat(ma1).isEqualTo(ma2)
}

fun `Outcome associativity`(){
    val f: (Int) -> Outcome<OutcomeError, Int> = { (it * 2).asSuccess() }
    val g: (Int) -> Outcome<OutcomeError, Int> = { (it + 5).asSuccess() }
    val ma1 = a.asSuccess().bind(f).bind(g)
    val ma2 = a.asSuccess().bind{ x -> f(x).bind(g) }
    expectThat(ma1).isEqualTo(ma2)
}
```

예를 들어 바인딩할 때마다 콘솔에 무언가를 쓰는 ImpureMonad는 이 법칙을 위반한다.

앞의 TaggedValue 펑터도 마찬가지다. 우리가 (값의 기원을 조합하는) 어떤 임의의 관례에 동의한다고 해도 그렇다.

 조에게 묻는다 TaggedValue로 모나드를 만들 수 있을까?

태그가 모노이드 인스턴스가 있는 타입이 아니라면 TaggedValue로 모나드를 만들 수 없다.

가능한 방법은 태그를 enum이 아니라 enum의 리스트로 변경하는 것이다. 이렇게 하면 bind 함수에서 태그를 합성할 수 있다.

Outcome 모나드

이론 이야기는 그만 하고 코드를 작성해보자! Outcome 펑터부터 모나드로 만들어보자. 앞에서 살펴본 것처럼 두 Outcome을 결합해야 한다. 두 가지 경우를 고려하자. 어떤 결과를 새로운 결과를 반환하는 함수와 결합해 새로운 결과를 반환하는 경우(bind 함수에 해당), 그리고 다른 결과 안에 중첩된 여러 결과를 평탄화해서 펼치는 경우다. 후자를 join 연산이라고 부른다.

다음은 테스트 코드다.

```
val genericFail = DivisionError("generic error").asFailure()
val divFail = DivisionError("You cannot divide by zero").asFailure()

❶ private fun divide100by(x: Int): Outcome<DivisionError, Int> =
      if (x == 0)
          divFail
      else
          (100 / x).asSuccess()

  @Test
  fun `binding two outcome together`() {
      val valid = 5.asSuccess()
❷     expectThat(valid.bind(::divide100by)).isEqualTo(20.asSuccess())

      val invalid = DivisionError("generic error").asFailure()
❸     expectThat(genericFail.bind(::divide100by)).isEqualTo(invalid)

      val zero = 0.asSuccess()
❹     expectThat(zero.bind(::divide100by)).isEqualTo(divFail)
  }

  @Test
  fun `joining two outcome together`() {
      val valid = 10.asSuccess().asSuccess()
❺     expectThat(valid.join()).isEqualTo(10.asSuccess())

      val invalid = genericFail.asSuccess()
❻     expectThat(invalid.join()).isEqualTo(genericFail)
  }
```

❶ 성공이나 실패를 반환할 수 있는 함수가 있다.

❷ 두 가지 성공을 함께 바인딩하면 하나의 성공이 된다.

❸ 실패와 성공을 바인딩해도 실패로 남는다.

❹ 성공을 실패에 바인딩하면 실패가 된다.

❺ 두 가지 성공을 join하면 하나의 성공을 얻는다.

❻ 그러나 성공에 실패가 포함되어 있으면 결과는 실패가 된다.

bind 구현은 매우 우아하다.

```
inline fun <T, U, E : OutcomeError>
        Outcome<E, T>.bind(f: (T) -> Outcome<E, U>): Outcome<E, U> =
    when (this) {
        is Success -> f(value)
        is Failure -> this
    }
```

현재 결과가 성공이면 그 값으로 f 함수를 실행한다. 현재 결과가 실패면 그 실패를 반환한다.

심지어 join 구현은 더 간단하다.

```
fun <T, E : OutcomeError> Outcome<E, Outcome<E, T>>.join(): Outcome<E, T> =
    bind { it }
```

어떻게 작동하는지 이해하기 어려울 수 있지만, 내포된 결과에서 내부의 값이 또 다른 결과이므로 이를 직접 바인딩할 수 있다. 직접 디버깅하면서 이를 완전히 이해하는 것이 좋다.

 조에게 묻는다 이제 onFailure를 사용하지 말아야 할까?

바인딩 메서드는 중첩된 펑터를 함께 결합하는 우아한 방법이지만, 앞으로 살펴볼 것처럼 코드를 더 가독성 있게 만들 수 있는 상황도 여전히 존재한다.

중요한 것은 이론적인 완벽함을 추구하기보다는 코드를 간결하고 읽기 쉽게 유지하는 것이다.

리더 모나드

이제 이 장 초반에 던진 질문에 답할 수 있다. 두 ContextReader를 어떻게 합성할 수 있을까?

먼저 다이어그램을 통해 어떻게 작동해야 하는지 살펴보자.

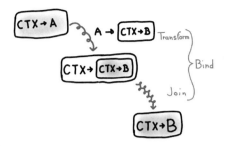

bind가 제대로 작동하려면 함수 f의 입력으로 원래의 runWith를 실행한 결과를 넘기고, 이렇게 적용한 f의 결과를 새로운 runWith로 실행해야 한다.

```
data class ContextReader<CTX, out T>(val runWith: (CTX) -> T) {
    fun <U> transform(f: (T) -> U): ContextReader<CTX, U> =
        ContextReader { ctx -> f(runWith(ctx)) }

    fun <U> bind(f: (T) -> ContextReader<CTX, U>): ContextReader<CTX, U> =
        ContextReader { ctx -> f(runWith(ctx)).runWith(ctx) }
}
```

이름에 대해 설명하면, ContextReader를 리더 모나드나 환경 모나드라고 부른다.

타입 클래스와 인터페이스

제타이로 돌아가기 전에 마지막으로 고려해야 할 내용이 있다. 우리가 다룬 모든 펑터를 살펴보면, 다음과 같이 펑터와 모나드 자체에 대한 인터페이스를 추출하고 싶을 것이다.

```
interface Functor<T> {
    fun <U> transform(f: (T) -> U): Functor<U>
}

interface Monad<T>: Functor<T> {
    fun <U> bind(f: (T) -> Monad<U>): Monad<U>
}
```

안타깝게도 (이 인터페이스를 구현한 펑터 클래스에서) 반환 타입이 제네릭 인터페이스가 될 수 없고 인터페이스를 구현하는 구체적인 클래스가 되야 하기 때문에 이런 방식으로는 그다지 멀리 갈 수가 없다. 예를 들어 우리가 살펴본 간단한 펑터 Holder가 이 인터페이스를 구현하면 다음과 같은 결과를 얻을 수 있다.

```kotlin
data class Holder<T>(val value: T): Monad<T> {
    override fun <U> transform(f: (T) -> U): Functor<U> =
        TODO("Not yet implemented")
    override fun <U> bind(f: (T) -> Monad<U>): Monad<U> =
        TODO("Not yet implemented")
}
```

하지만 이건 우리가 원하는 것이 아니다. transform은 제네릭 펑터가 아니라 Holder<U>를 반환해야 하며, bind도 비슷하다. 우리가 실제로 원하는 건 이들을 공통 인터페이스로 추상화하는 것이 아니라, 몇몇 메서드를 포함하는 타입들로 이뤄진 그룹을 정의하는 방법이다.

이러한 종류의 추상화를 타입 클래스(type class)라고 하며, 코틀린에서는 이를 정의할 수 있는 방법이 없다.

따라서 컴파일러 검사보다는 자체적인 규율에 의존해 각 펑터와 모나드에 메서드를 수동으로 추가해야 한다. 안타까운 일이지만, 몇 가지 함수만 다루면 되기 때문에 큰 부담은 아니다.

모나드에 대한 마지막 한마디

모나드에 관해 신비로운 의미를 떠올리는 건 적어도 모나드가 어떻게 작동하는지에 대해 이해가 부족한 탓도 있다고 생각한다.

이제 모나드가 순수하지 않은 것을 순수하게 만드는 마법적인 실체가 아니라 코드를 순수하지 않은 코드처럼 편리하게 만들면서도 순수함과 합성성을 살려주는 함수형 코드를 만드는 데 유용한 도구라는 점이 분명해졌길 바란다. 다시 말해 모나드는 프로그래머가 타이핑해야 하는 내용과 코드 중복을 줄여줄 뿐이지 본질적으로 코드를 더 함수형으로 만들어주지는 못한다. 모나드에 대한 주요 옹호자 중 한 사람의 말을 빌리면 다음과 같다.

순수 함수형 언어로 평가기(evaluator)를 작성한다고 가정해보자.

- 오류 처리를 추가하려면 모든 재귀 호출이 오류를 확인하고 적절히 처리하도록 수정해야 한다. 예외가 있는 순수하지 않은 언어를 사용했다면 이런 재구성이 필요하지 않았을 것이다.

- 평가기가 수행한 작업의 수를 추가하려면, 모든 재귀 호출이 수행한 작업의 개수를 제대로 전달하도록 수정해야 한다. 전역 변수를 사용했다면 이런 재구성이 필요하지 않았을 것이다.

- 실행 트레이스를 추가하려면 모든 재귀 호출이 적절히 트레이스를 전달하도록 수정해야 한다. 만약 부수 효과로 출력을 수행할 수 있는 순수하지 않은 언어를 사용했다면 이런 재구성이 필요하지 않았을 것이다.

아니면 모나드를 사용할 수도 있다.

—필립 와들러, 『함수형 프로그래밍을 위한 모나드[12]』

FROM OBJECTS TO FUNCTIONS

9.5 요약

이 장에서는 많은 내용을 다뤘다!

데이터베이스에 대해 살펴보고, 특히 이벤트와 투영을 저장하고 검색하는 방법을 살펴봤다. 또 함수형이 아닌 라이브러리인 젯브레인즈의 Exposed를 프로젝트에 채택하고, 이를 더 함수형에 친화적으로 적응시키는 방법도 배웠다.

그런 다음 모나드의 속성과 모나드를 사용해 문제를 해결하는 방법을 살펴봤다. 모나드는 연산의 조합을 가능케 하며, 순수 함수를 조합하는 다양한 방법을 제공한다. 또 모나드가 '프로그래밍 가능한 세미콜론'이라고 불리는 이유도 알아봤다.

다음 장에서는 지금까지 배운 내용을 실제로 적용해 제타이 애플리케이션이 이벤트를 영속화하고 읽어올 수 있게 만들 것이다.

---

12 https://homepages.inf.ed.ac.uk/wadler/papers/marktoberdorf/baastad.pdf

9.6 연습 문제

이 장의 연습 문제는 모나드를 사용하는 방법을 주로 다룬다.

다시 강조하지만, 함수형 프로그래밍은 코드를 읽는 것만으로는 배울 수 없다. 가장 좋은 방법은 연습하는 것이다. 책 코드 저장소의 exercises 폴더에서 시작점을 찾고, 몇 가지 힌트를 얻을 수 있을 것이다.

연습 문제 9.1: ContextReader에 대한 모나드 법칙

Outcome과 List에 대한 모나드 법칙을 검증하기 위해 몇 가지 테스트를 작성했다. 이 연습 문제에서는 ContextReader 모나드에 대해 동일한 세 가지 테스트를 작성해보자.

연습 문제 9.2: join을 가지고 bind 구현하기

본문의 모나드에서는 bind를 통해 join을 구현했다. 하지만 반대 방향으로 구현할 수도 있다. 이 연습 문제에서는 ContextReader.join을 bind를 사용하지 않고 구현한 후, join을 사용하여 bind를 구현해보자.

```
fun <U> ContextReader<CTX, T>
        .bind(f: (T) -> ContextReader<CTX, U>): ContextReader<CTX, U> = TODO()

fun <CTX, T> ContextReader<CTX, ContextReader<CTX, T>>
        .join(): ContextReader<CTX, T> = TODO()
```

10^장

커맨드 처리를 위해 컨텍스트 읽기

고정은 죽음의 길이다. 유동성은 삶의 길이다.

– 미야모토 무사시, 『오륜서』

앞 장에서는 리더 모나드가 외부 컨텍스트의 데이터에 의존하는 계산을 실행하는 데 어떻게 도움이 되는지 살펴봤다.

이 개념을 이벤트 스토어와 투영에 영속성을 포함시키기 위해 적용할 것이다. 이런 연산은 컨텍스트와 분리되어 있기 때문에 요구 사항에 따라 투영을 메모리에 보관하거나 데이터베이스에 저장할 수 있다. 가장 좋은 점은 프로젝터의 코드를 수정할 필요가 없다는 것이다.

마지막에는 이벤트 소싱 시스템을 디자인하고 변경 사항을 관리하는 방법에 대한 좋은 실천 방법을 몇 가지 살펴볼 것이다.

10.1 / 모나드로 데이터베이스에 접근하기

앞에서 시작한 데이터베이스 라이브러리에 모나드를 적용할 때다. 이전 장에서 작성한 ContextReader를 사용해 읽기와 쓰기 작업을 같은 트랜잭션에서 결합할 수 있다.

```
val listUpdater = readRow("myRowId")
    .transform { r-> r.copy(active = false) }
❶    .bind { r -> writeRow(r) }
❷ runInTransaction(listUpdater).expectSuccess()
```

❶ bind 메서드를 사용해 writeRow 호출을 컴파일하고 비지역 반환을 사용하지 않고 제대로 작동하게 할 수 있다.

❷ 우리가 ContextReader를 트랜잭션에서 실행할 때까지, ContextReader는 데이터베이스에서 수행하려고 하는 작업의 기록만 유지하고 실제로 수행하지는 않는다. 실제 데이터베이스 호출은 이 줄에서 이루어진다.

이제 데이터베이스에 접근하는 함수가 생겼고, 안전하고 함수형 프로그래밍에 적합한 방식으로 읽고 쓸 수 있는 방법이 생겼으므로, 이를 모두 합쳐야 한다.

먼저 트랜잭션과 함께 작동하는 `ContextReader`를 사용해 `readRow`와 `writeRow` 함수를 구현해야 한다.

```kotlin
❶  typealias TxReader<T> = ContextReader<Transaction, T>

❷  fun readRow(id: String): TxReader<ToDoListProjectionRow> = TxReader { tx ->
❸      toDoListProjectionTable.selectWhere(tx, toDoListProjectionTable.id eq id)
           .map { it[toDoListProjectionTable.row_data] }
❹          .single()
   }

❺  fun writeRow(row: ToDoListProjectionRow): TxReader<Unit> = TxReader { tx ->
❻      toDoListProjectionTable.insertInto(tx) { newRow ->
           newRow[id] = row.id.toRowId()
           newRow[row_data] = row
       }
   }
```

❶ 일단 편의상 타입 별명을 정의한다.

❷ `readRow`의 결과를 트랜잭션 리더로 감싼다.

❸ 요청된 ID와 같은 ID를 가지는 모든 행을 투영 테이블에서 선택한다.

❹ 마지막으로 질의가 단일 행을 반환하는지 확인한다.

❺ 동일한 방식으로 `writeRow`를 리더로 감싼다.

❻ 리더의 트랜잭션을 사용해 투영 테이블에 새 행을 삽입한다.

작업을 완료하려면 트랜잭션에 대한 `ContextProvider`를 구현해야 한다. 목표는 오류 발생 시 트랜잭션을 롤백하고 항상 데이터베이스 연결을 닫도록 데이터베이스가 트랜잭션을 사용하는 방식을 제어하는 것이다. 또 리더를 실행할 때마다 사용할 격리 수준을 결정하려 한다.

```kotlin
   data class TransactionProvider(
           private val dataSource: DataSource,
           val isolationLevel: TransactionIsolationLevel
       ): ContextProvider<Transaction> {
       override fun <T> tryRun(
           reader: ContextReader<Transaction, T>): Outcome<ContextError, T> =

❶      inTopLevelTransaction(
❷          db = Database.connect(dataSource),
```

```
                transactionIsolation = isolationLevel.jdbcLevel) {
❸        addLogger(StdOutSqlLogger)
         try {
❹            reader.runWith(this).asSuccess()
         } catch (t: Throwable) {
❺            rollback()
                TransactionError("Transaction rolled back: ${t.message}", t)
                    .asFailure()
            }
        }
    }
```

❶ Exposed의 inTopLevelTransaction이 우리에게 필요한 것을 정확히 수행한다.

❷ 생성자에서 데이터베이스 연결, 격리 수준, 최대 시도 횟수 파라미터를 전달한다.

❸ Exposed는 모든 SQL 명령을 콘솔에 로그로 기록한다.

❹ try...catch 블록 안에서 리더를 실행한다. runWith는 ContextReader의 메서드가 아니라 함수를 저장한 필드다.

❺ 예외가 발생하면 트랜잭션을 롤백한다.

이제 실제 데이터베이스에서 실행할 수 있는 코드로 투영 행에 대한 전체 테스트를 성공적으로 실행할 수 있다.

```
class TxContextReaderTest {
    @Test
    fun `write and read from a table`() {

        val user = randomUser()
        val expectedList = randomToDoList()
        val listId = ToDoListId.mint()
        val row = ToDoListProjectionRow(listId, user, true, expectedList)

        val listReader: TxReader<ToDoList> =
            writeRow(row)
                .bind { readRow(listId.toRowId()) }
                .transform { row -> row.list }

        val list = transactionContextForTest().tryRun(listReader)
            .expectSuccess()
```

```
        expectThat(list).isEqualTo(expectedList)
    }
  }
```

테스트를 실행하기 전에 PostgreSQL 도커 컨테이너나 다른 데이터베이스 인스턴스를 시작해야 한다. 그렇지 않으면 테스트가 실패한다.

모두 제대로 설정되었다면 다음 그림처럼 테스트가 성공하고, 콘솔에서 생성된 SQL 명령을 볼 수 있다.

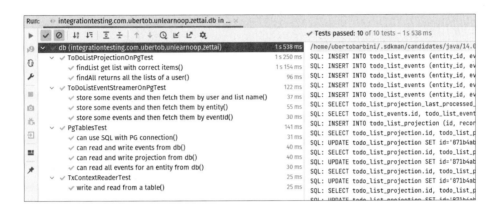

EventStreamer와 ContextReader

필수 원소가 모두 준비되었으므로 이제 이벤트 스토어를 메모리 맵 대신 데이터베이스에서 실행할 수 있다. 또한 우리의 영속성 프레임워크는 ContextReader 안에서 통합할 수 있는 한 메모리나 데이터베이스나 그 외의 다른 영속성 솔루션을 사용해도 잘 작동할 수 있도록 디자인됐다.

다시 말해 함수형 효과를 사용해 시스템의 영속성을 관리하는 데이터와 함수의 대수를 정의했다.

현재 상황을 간략하게 요약해보자. 어떤 형태로든 영속성을 필요로 하는 모든 도메인 작업은 ContextReader를 반환해야 한다. 그런 다음 이를 결합할 수 있으며, 작업을 완료하는 데 필요한 충분한 조각을 조립하고 나면 ContextProvider에서 이를 실행해 최종 결과나 자세한 오류를 얻을 수 있다.

모든 도메인 로직은 실제로 사용되는 컨텍스트를 무시해야 한다. 왜냐하면 컨텍스트가 외부 어댑터에 의해 주입되는 것이기 때문이다(3장 **인프라에서 도메인 분리하기** 참고).

EventStreamer 인터페이스를 다시 살펴보자. 이 인터페이스의 역할은 이벤트를 스토어에 읽고 쓰는 것이다. 엔터티나 나머지 모델에 대해 알 필요는 없다.

```
interface EventStreamer<E : EntityEvent, NK: Any> {
    fun fetchByEntity(entityId: EntityId): List<E>?
    fun fetchAfter(eventSeq: EventSeq): Sequence<StoredEvent<E>>
    fun retrieveIdFromNaturalKey(key: NK): EntityId?
    fun store(newEvents: Iterable<E>): List<StoredEvent<E>>
}
```

일반적으로 각 엔터티는 유일해야 하는 **자연 키**를 가진다. 예를 들어 제타이에서는 사용자와 목록 이름의 조합이 이에 해당한다. 현실적으로 데이터베이스에서 자연 키를 사용해 이벤트를 검색하는 메서드를 추가하는 것을 고려할 수 있다. 이를 위해 투영을 사용할 수도 있지만, 이벤트를 직접 질의하는 것이 더 빠르고 안전하다.

 조에게 묻는다 투영을 사용하는 것이 왜 안전하지 않은가?

문제는 투영이 커맨드 핸들러에 의해 생성된 이벤트를 관찰해 생성된다는 것이다. 따라서 투영이 항상 완전한 최신 상태가 아닐 위험이 있다.

이를 최종 일관성(eventual consistency)이라고 하며, 일반적으로 읽기 모델에서는 문제가 되지 않지만 이벤트 스토어에서는 문제가 될 수 있다. 도메인에 따라 이런 위험이 매우 작거나 중요하지 않을 수 있다. 그러나 일반적으로 쓰기 모델이 투영에 의존하지 않도록 하는 편이 더 낫다.

이제 모나드에 대해 배운 것을 실천할 때가 됐다! 인터페이스를 변경해 EventStreamer를 컨텍스트에 대해 제네릭한 타입으로 만들고, ContextReader를 반환해야 한다.

```
interface EventStreamer<CTX, E : EntityEvent, NK : Any> {
    fun fetchByEntity(entityId: EntityId): ContextReader<CTX, List<E>>
    fun fetchAfter(eventSeq: EventSeq): ContextReader<CTX, List<StoredEvent<E>>>
    fun retrieveIdFromNaturalKey(key: NK): ContextReader<CTX, EntityId?>
    fun store(newEvents: Iterable<E>): ContextReader<CTX, List<StoredEvent<E>>>
}
```

인메모리 이벤트 스트리머 다시 작성하기

데이터베이스를 위해 새로운 데이터베이스 이벤트 스트리머를 처음부터 작성하기보다는, 작업을 두 부분으로 나누는 것이 더 바람직하다. 먼저 현재의 스트리머를 변환해 메모리의 이벤트 목록과 함께 작동하는 ContextReader를 사용하게 만들고, 그다음 이를 외부 데이터베이스로 마이그레이션한다.

이런 식으로 진행하면 각 단계를 별도로 검증할 수 있고 오류 가능성을 최소화할 수 있다.

이를 위해서는 이벤트 목록을 인메모리 이벤트 스트리머에서 인메모리 이벤트용 ContextProvider로 이동시켜야 한다.

```kotlin
    typealias ToDoListInMemoryRef = AtomicReference<List<ToDoListStoredEvent>>
❶  typealias InMemoryEventsReader<T> = ContextReader<ToDoListInMemoryRef, T>
    class InMemoryEventsProvider() : ContextProvider<ToDoListInMemoryRef> {
❷      val events = AtomicReference<List<ToDoListStoredEvent>>(listOf())
        override fun <T> tryRun(reader: InMemoryEventsReader<T>) =
            try {
❸              reader.runWith(events).asSuccess()
            } catch (e: Exception) {
                ToDoListEventsError("Operation failed: ${e.message}", e)
❹                  .asFailure()
            }
    }
```

❶ 먼저 인메모리 이벤트 리더의 별명을 정의한다.

❷ 이제 이벤트 목록이 인메모리 프로바이더에 있으며, 모든 리더와 공유된다.

❸ 트랜잭션 프로바이더 내부에서와 같이 try...catch 블록 안에서 리더를 실행한다. 이렇게 하면 예외가 외부로 누출되지 않음을 확신할 수 있다.

❹ 예외가 발생할 경우, 예외 세부 정보를 포함하는 실패를 반환한다.

또 비공개 필드 대신 컨텍스트에서 가져온 목록을 사용하도록 EventStreamerInMemory를 수정해야한다. 나머지는 매우 비슷하므로 store 메서드만 살펴보자.

```kotlin
    class EventStreamerInMemory : ToDoListEventStreamer<ToDoListInMemoryRef> {
        override fun store(newEvents: Iterable<ToDoListEvent>) =
            InMemoryEventsReader { events ->
                newEvents.toSavedEvents(events.get().size.toLong())
                    .also { ne -> events.updateAndGet { it + ne } }
            }
        //... 나머지 메서드들도 비슷하게 변경한다.
    }
```

데이터베이스에 저장된 이벤트 스트림

이제 데이터베이스와 트랜잭션과 함께 작동하는 EventStreamer 인터페이스의 새로운 구현이 필요하다. 이를 EventStreamerTx라고 부르자. fetchByEntity 메서드에 대한 테스트부터 작성한다. 테스트는 몇 가지 이벤트를 저장한 다음에 EntityId를 사용해 가져오는 방식으로 이뤄진다.

```
❶   fun transactionProviderForTest() = TransactionProvider(
          pgDataSourceForTest(), ReadCommitted)

❷   fun createToDoListEventStreamerOnPg(): EventStreamerTx = TODO()

    class ToDoListEventStreamerOnPgTest {

        val user = randomUser()

        val streamer = createToDoListEventStreamerOnPg()

        private val txProvider = transactionProviderForTest()

        @Test
        fun `store some events and then fetch them by entity`() {
            val newList1 = randomListName()
            val newList2 = randomListName()
            val newList3 = randomListName()
            val listId1 = ToDoListId.mint()
            val listId2 = ToDoListId.mint()
            val listId3 = ToDoListId.mint()
            val item1 = randomItem()
            val item2 = randomItem().copy(dueDate = LocalDate.now())

            val eventsToStore = listOf(
                ListCreated(listId1, user, newList1),
                ListCreated(listId2, user, newList2),
                ItemAdded(listId2, item1),
                ItemAdded(listId2, item2),
                ListCreated(listId3, user, newList3)
            )

❸           val storeAndFetch = streamer.store(
                eventsToStore
            ).bind {
❹               streamer.fetchByEntity(listId2)
```

```
            }

❺          val events = txProvider.tryRun(storeAndFetch).expectSuccess()

❻          expectThat(events).isEqualTo(
               listOf(
                   ListCreated(listId2, user, newList2),
                   ItemAdded(listId2, item1),
                   ItemAdded(listId2, item2)
               )
           )
   }
```

❶ 이 메서드는 테스트 데이터베이스에서 작업할 수 있는 컨텍스트를 제공한다.

❷ 여기에서 새로운 스트리머를 생성한다.

❸ 세 가지 목록을 만드는 이벤트 리스트를 저장한다.

❹ store 호출을 fetchByEntity 호출에 바인딩해서 동일한 트랜잭션에서 실행되게 한다.

❺ 테스트 데이터베이스에서 리더를 실행하고 성공적으로 실행되는지 확인한다.

❻ 마지막으로 올바른 엔터티의 이벤트를 모두 가져왔는지, 다른 엔터티의 이벤트는 아무것도 가져오지 않았는지 확인한다.

테스트를 컴파일하려면 EventStreamerTx를 구현해야 하고, PgEventTable에 몇 가지 커스텀 메서드를 추가해야 한다. Exposed는 커스텀 테이블에 메서드를 추가할 수 있는 멋진 기능이 있다. 예를 들어 테이블 레코드를 도메인 이벤트로 직접 변환할 수 있다.

```
fun PgEventTable.queryEvents(
        condition: Op<Boolean>): TxReader<List<StoredEvent<PgEvent>>> =
    TxReader { tx ->
        selectWhere(tx, condition, id).map(::rowToPgEvent)
    }
```

이제 EventStreamerTx 클래스를 작성할 수 있다. 생성자에 몇 가지 파라미터를 전달해서 todo_list_events뿐만 아니라 다른 일반적인 이벤트 테이블에 대해서도 작동할 수 있게 한다.

```
class EventStreamerTx<E : EntityEvent, NK : Any>(
        private val table: PgEventTable,
❶        private val eventParser: Parser<E, PgEvent>,
```

```kotlin
                private val naturalKeySql: (NK) -> String
    ) : EventStreamer<Transaction, E, NK> {
        private fun pgEventsToEvents(pgEvents: List<StoredEvent<PgEvent>>) =
            pgEvents.map {
                StoredEvent(it.eventSeq, it.storedAt,
                    eventParser.parseOrThrow(it.event))
            }

❷       override fun fetchByEntity(entityId: EntityId): TxReader<List<E>> =
            table.queryEvents(table.entity_id eq entityId.raw)
            .transform { pgEvents ->
                pgEventsToEvents(pgEvents).map(StoredEvent<E>::event) }

        override fun fetchAfter(
❸               eventSeq: EventSeq): TxReader<List<StoredEvent<E>>> =
            table.queryEvents(table.id greater eventSeq.progressive)
                .transform(this::pgEventsToEvents)

❹       override fun retrieveIdFromNaturalKey(key: NK): TxReader<EntityId?> =
            table.getEntityIdBySql(naturalKeySql(key))

❺       override fun store(events: Iterable<E>): TxReader<List<StoredEvent<E>>> =
            table
                .insertEvents(events.map { eventParser.render(it) })
                .transform(this::pgEventsToEvents)
    }
```

❶ 생성자에게는 사용할 테이블, 이벤트를 위한 파서, 자연 키 검색에 사용할 구체적 SQL을 전달한다.

❷ 주어진 EntityId를 가진 모든 이벤트를 질의한다.

❸ 투영이 사용하는 호출이며, eventSeq 파라미터보다 진행 번호가 큰 모든 이벤트를 가져온다.

❹ 자연 키 검색을 위해, EntityId를 가져오는 SQL을 전달한다.

❺ insertEvents 메서드는 데이터베이스에서 자동 생성된 ID와 타임스탬프도 가져온다.

PostgreSQL JSON 질의를 사용해 이벤트에서 목록의 엔터티 ID를 가져오는 방법은 다음과 같다.

```kotlin
typealias ToDoListEventStreamerTx =
    EventStreamer<Transaction, ToDoListEvent, UserListName>
fun createToDoListEventStreamerOnPg(): ToDoListEventStreamerTx =
    EventStreamerTx(toDoListEventsTable, toDoListEventParser()) { natKey ->
    """
    SELECT entity_id
    FROM    todo_list_events
    WHERE  event_type = 'ListCreated'
            AND json_data ->> 'owner' = '${natKey.user.name}'
            AND json_data ->> 'name' = '${natKey.listName.name}'
    """.trimIndent()
}
```

마찬가지 방식으로 이제 이벤트 스트리머의 다른 메서드에 대한 테스트도 작성할 수 있다. 전체
코드를 이 책의 저장소에서 볼 수 있다.

FROM OBJECTS TO FUNCTIONS

10.2 컨텍스트 리더를 사용해 커맨드 처리하기

이제 커맨드 핸들러 내부에서 이벤트 스트리머를 작동시킬 때가 됐다. 이벤트 스토어 구현에서 다
음과 같이 책임을 분할한다.

- EventStreamer는 이벤트를 (분명히) 알고 있으며, 데이터베이스(또는 인메모리 목록)를 알
  고, 그 안에서 데이터를 검색하는 방법을 알지만, 도메인 엔터티에 대해서는 모른다.

- EventStore는 이벤트를 엔터티로 변환하는 방법과 이벤트 스트리머를 사용하는 방법을 알
  고 있다. 실제 영속화에 대해서는 모르며, 두 스트리머 모두와 함께 작업할 수 있지만, 커맨
  드에 대해서는 알지 못한다.

- CommandHandler는 논리적 트랜잭션을 관리하며, 이벤트 스토어를 사용하는 방법을 알고 있
  지만 스트리머에 대해서는 아무것도 모른다.

327

이를 시각화해보자.

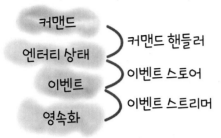

커맨드
엔터티 상태
이벤트
영속화

커맨드 핸들러
이벤트 스토어
이벤트 스트리머

컨텍스트를 다루기 위해서는 CommandHandler에 생성자를 통한 의존관계로 전달되는 컨텍스트 프로바이더와 이벤트 스토어가 필요하다. 이들이 함께 작동해야 하므로 CommandHandler는 컨텍스트 타입에 대해 제네릭이어야 한다.

Command::execute 메서드는 ContextReader를 반환할 것이므로, 작업이 끝날 때 이벤트를 저장하는 연산과 함께 바인딩돼야 한다.

```
class ToDoListCommandHandler<CTX>(
    private val contextProvider: ContextProvider<CTX>,
❶   private val eventStore: ToDoListEventStore<CTX>
) : (ToDoListCommand) -> ToDoListCommandOutcome {

    override fun invoke(command: ToDoListCommand): ToDoListCommandOutcome =
        contextProvider.tryRun(
            when (command) {
                is CreateToDoList -> command.execute()
                is AddToDoItem -> command.execute()
❷           }.bindOutcome(eventStore)
❸       ).join()
            .transform { storedEvents -> storedEvents.map { it.event } }
❹           .transformFailure { it as? ZettaiError
                                ?: ToDoListCommandError(it.msg) }

❺   private fun CreateToDoList.execute() =
        eventStore.retrieveByNaturalKey(UserListName(user, name))
            .transform { listState ->
                when (listState) {
                    null -> ListCreated(ToDoListId.mint(),
                            user, name).asCommandSuccess()
```

```
                    else -> InconsistentStateError(this, listState).asFailure()
                }
            }

    private fun AddToDoItem.execute() =
        eventStore.retrieveByNaturalKey(UserListName(user, name))
            .transform { listState ->
                when (listState) {
                    is ActiveToDoList ->
                        if (listState.items.any {
                                it.description == item.description })
                            ToDoListCommandError("two items with same name!")
                                .asFailure()
                        else {
                            ItemAdded(listState.id, item).asCommandSuccess()
                        }
                    else -> InconsistentStateError(this, listState).asFailure()
                }
            }
    }
```

❶ 생성자에게 같은 CTX에 대한 컨텍스트 프로바이더와 이벤트 스토어를 전달한다.

❷ 두 연산, 즉 엔터티를 읽어오는 연산과 이벤트를 저장하는 연산의 조합을 바인딩하되 커맨드
가 성공적인 경우에만 바인딩한다. 곧 이 함수에 대해 더 자세히 분석할 것이다.

❸ 이제 커맨드를 실행한 결과와 컨텍스트 리더를 실행한 결과, 두 가지가 중첩되어 있으므로 이
를 함께 join한다.

❹ 연습 문제 7.3에서 다룬 transformFailure를 사용해 데이터베이스 오류를 커맨드 오류로 보
고한다.

❺ 기존 커맨드를 변환해 컨텍스트 리더와 함께 작동하도록 만드는 것은 아주 간단하다.

모나드 변환기

bindOutcome은 매우 흥미로운 함수다. 왜냐하면 이 함수가 모나드 변환기(transformer)로 작동하기
때문이다.

```
fun <CTX, E : OutcomeError, T, U> ContextReader<CTX, Outcome<E, T>>
        .bindOutcome(f: (T) -> ContextReader<CTX, U>):
                                ContextReader<CTX, Outcome<E, U>> =
    ContextReader { ctx ->
        val outcome = runWith(ctx)
        when (outcome) {
            is Success -> f(outcome.value).runWith(ctx).asSuccess()
            is Failure -> outcome
        }
    }
```

앞에서 서로 다른 두 모나드를 합성할 수 없다고 설명했다. 즉 Outcome을 ContextReader에 바인딩할 수 없다고 설명했는데, 여기서는 정확히 그렇게 하고 있다! 어떻게 가능할까?

'일반적으로' 서로 다른 타입의 모나드를 결합하는 것은 불가능하지만, 이와 같이 특별한 임의의 함수를 작성할 수는 있다. 이런 함수를 모나드 변환기라고 부르며, 합성하려는 각 모나드 쌍마다 하나씩 작성해야만 한다.

커맨드를 동시에 실행하기

읽기 모델과 데이터베이스를 사용하는 방법으로 넘어가기 전에, 두 커맨드가 동시에 도착하고 커맨드 핸들러가 이를 병렬로 처리하기 시작하면 어떻게 되는지 생각해보자.

동시 작업을 수행할 때 우리의 제약 조건은 무엇일까? 이벤트를 살펴보면 커맨드 핸들러의 시작 부분에서 엔터티를 가져오기 전에 트랜잭션을 시작하고, 이벤트를 내보낸 후에 트랜잭션을 커밋하거나 커맨드가 실패하면 롤백하는지 확실히 해야 한다.

> Note ≣ **커맨드 동시성**
>
> 다른 엔터티에 대한 여러 커맨드를 동시에 처리하는 것이 가능하고 바람직하지만, 같은 엔터티 키에 대한 두 커맨드를 병렬로 처리하는 것은 피해야 한다. 이는 기술적인 제약이 아니라 비즈니스적 제약이다.
>
> 서비스의 여러 인스턴스가 다른 컴퓨터에서 실행되더라도 같은 엔터티에 대한 두 개의 커맨드를 동시에 처리하지 않도록 해야 한다. 이를 어기면 이벤트의 흐름이 손상되고 엔터티가 일관성 없는 상태로 남을 수 있다.

이 제약을 준수하도록 만드는 가장 쉬운 방법은 데이터베이스 격리 수준을 Serializable로 설정하는 것이다. 이렇게 하면 PostgreSQL이 'Serializable한 트랜잭션 집합의 어떤 동시 실행도 순서대로 한 번에 하나씩 실행하는 것과 동일한 효과를 보장'[1]한다. 즉, PostgreSQL이 이를 처리해 주므로 동시성에 대해 걱정할 필요가 없다. 유일한 단점은 서비스에 매우 높은 트래픽이 있을 경우 병목 현상이 발생할 수 있다는 점이다.

이런 경우에는 더 고급 잠금 시스템을 구현해 다른 엔터티에 대한 커맨드를 동시에 실행할 수 있어야 한다. 일반적인 전략 중 하나는 동일한 엔터티의 이벤트에 대해 낙관적 잠금을 사용하는 것이다. 트랜잭션을 커밋할 때 엔터티에 대한 새로운 이벤트가 발생하지 않았는지 확인할 수 있고, 새로운 이벤트를 감지하면, 이를 다시 로드하고 커맨드를 다시 처리한다.

모두 함께 엮기

모든 구성 원소가 준비되었다. 이제 메인 함수에서 함께 연결할 수 있다. 허브에 EventStore의 다른 구현을 전달하기만 하면 모든 것이 작동할 것이기 때문에 간단하다.

```kotlin
fun main() {
    val dataSource = prepareProductionDatabase()

    val streamer = createToDoListEventStreamerOnPg()
    val eventStore = ToDoListEventStore(streamer)
    val txProvider = TransactionProvider(dataSource,
                            TransactionIsolationLevel.Serializable)
    val commandHandler = ToDoListCommandHandler(txProvider, eventStore)
    // ...
}
```

초기 데이터 설정 단계를 제거했으므로, 애플리케이션을 실행해 모든 것이 올바르게 작동하는지 확인할 수 있다. 목록을 생성하고 삭제할 수 있고, 중간에 앱을 중지하고 다시 시작해도 이제 제타이는 모든 데이터를 기억한다.

또 다음 그림과 같이 데이터베이스 테이블을 확인해 목록이 이벤트 스트림으로 저장된 것도 볼 수 있다.

---

1 https://www.postgresql.org/docs/current/transaction-iso.html

todo_list_events   *Enter a SQL expression to filter results (use Ctrl+Space)*

	id	recorded_at	entity_id	event_type	event	event_source	json_data
1	1	2021-02-07 16:10:00	6af09975-d3ac-426a-ad92-7fccf3128e3a	ListCreated	1	event store	{"id": "6af09975-d3ac-426a-ad92-7fccf3128e3a",
2	2	2021-02-07 16:10:00	6af09975-d3ac-426a-ad92-7fccf3128e3a	ItemAdded	1	event store	{"id": "6af09975-d3ac-426a-ad92-7fccf3128e3a",
3	3	2021-02-07 16:10:00	6af09975-d3ac-426a-ad92-7fccf3128e3a	ItemAdded	1	event store	{"id": "6af09975-d3ac-426a-ad92-7fccf3128e3a",
4	4	2021-02-07 16:10:00	6af09975-d3ac-426a-ad92-7fccf3128e3a	ItemAdded	1	event store	{"id": "6af09975-d3ac-426a-ad92-7fccf3128e3a",
5	5	2021-02-07 16:10:00	fd85d826-0c06-43de-9d2a-b7da25e8912	ListCreated	1	event store	{"id": "fd85d826-0c06-43de-9d2a-b7da25e8912
6	6	2021-02-07 16:10:00	56c2f799-afc0-4ee5-9b55-e66d4e92882(	ListCreated	1	event store	{"id": "56c2f799-afc0-4ee5-9b55-e66d4e92882(
7	7	2021-02-07 16:10:00	35b1ed94-99d5-4551-ab72-7ac588165c81	ListCreated	1	event store	{"id": "35b1ed94-99d5-4551-ab72-7ac588165c81
8	8	2021-02-07 16:10:00	133cb017-b9da-46c2-8f3a-d394362dd41	ListCreated	1	event store	{"id": "133cb017-b9da-46c2-8f3a-d394362dd41
9	9	2021-02-07 16:10:00	7ed7e35b-ca64-474e-9d92-fe3aa0d20af:	ListCreated	1	event store	{"id": "7ed7e35b-ca64-474e-9d92-fe3aa0d20af:
10	10	2021-02-07 16:10:00	7ed7e35b-ca64-474e-9d92-fe3aa0d20af:	ItemAdded	1	event store	{"id": "7ed7e35b-ca64-474e-9d92-fe3aa0d20af:
11	11	2021-02-07 16:10:00	7ed7e35b-ca64-474e-9d92-fe3aa0d20af:	ItemAdded	1	event store	{"id": "7ed7e35b-ca64-474e-9d92-fe3aa0d20af:
12	12	2021-02-07 16:10:00	bfefa30b-ede9-4472-bbd9-5f88dec72fc5	ListCreated	1	event store	{"id": "bfefa30b-ede9-4472-bbd9-5f88dec72fc5
13	13	2021-02-07 16:10:01	34b26473-86c8-4c71-b065-aaf4c2009318	ListCreated	1	event store	{"id": "34b26473-86c8-4c71-b065-aaf4c2009318
14	14	2021-02-07 16:10:01	e13579b3-5af4-42ab-afc7-c32a38119b39	ListCreated	1	event store	{"id": "e13579b3-5af4-42ab-afc7-c32a38119b39"
15	15	2021-02-07 16:10:01	4c71bbda-ec65-4249-89fd-abf4276f67d9	ListCreated	1	event store	{"id": "4c71bbda-ec65-4249-89fd-abf4276f67d9
16	16	2021-02-07 16:10:01	71707b22-2073-41a2-a6b4-2aa7ec3dcbe3	ListCreated	1	event store	{"id": "71707b22-2073-41a2-a6b4-2aa7ec3dcbe3
17	17	2021-02-07 16:10:01	71707b22-2073-41a2-a6b4-2aa7ec3dcbe3	ItemAdded	1	event store	{"id": "71707b22-2073-41a2-a6b4-2aa7ec3dcbe3

DDT에서 HttpActions에는 테스트 데이터베이스를, DomainOnlyActions에는 인메모리 이벤트 스토어를 사용할 수 있다. 보다시피 인메모리 이벤트 스토어를 설정하는 것은 매우 간단하다.

```
val streamer = EventStreamerInMemory()
val eventStore = ToDoListEventStore(streamer)
val inMemoryEvents = InMemoryEventsProvider()
val cmdHandler = ToDoListCommandHandler(inMemoryEvents, eventStore)
```

이로써 커맨드 처리를 마쳤다. 다음 단계는 투영을 데이터베이스에 저장하는 것이다.

FROM OBJECTS TO FUNCTIONS

10.3 데이터베이스에서 투영 질의하기

데이터베이스에 투영을 저장하는 방법을 알아보기 전에, 투영을 메모리에 유지할지 여부를 먼저 생각해보아야 한다.

이벤트의 경우, 애플리케이션을 라이브로 출시하기 전에 데이터베이스에 저장해야 하므로 선택의 여지가 없다. 그러나 투영의 경우에는 최종 애플리케이션에서 이를 메모리에 유지하는 선택지도 있다.

메모리에 유지하는 경우, 애플리케이션이 시작될 때 처음부터 모든 이벤트를 데이터베이스에서 읽어서 재생하면서 투영을 생성하고, 각각의 질의를 처리하기 전에 데이터베이스에서 새로운 이벤트를 읽어와 투영을 항상 최신 상태로 유지해야 한다.

투영을 메모리에 유지할 때의 장점은 접근 속도와 유연성이다. 메모리에서 데이터를 읽는 것은 원격 데이터베이스에서 가져오는 것보다 몇 배나 빠르다. 일부 애플리케이션에서는 메모리에서 데이터를 가져오는 것이 주요 요구 사항이기도 하다. 또 메모리 구조에서 복잡한 검색을 수행하는 것이 SQL을 사용하는 것보다 더 쉽다.

반면 인메모리 투영은 상당한 양의 메모리를 사용하며, 클라우드 제공업체의 RAM 요금제에 따라서는 비용이 많이 들 수도 있다.

또 다른 가장 큰 제약은 시작 시간이다. 이벤트가 많으면 모두 읽는 데 몇 분이 걸릴 수도 있다. 애플리케이션에 따라 이런 상황이 허용될 수도 있고, 아닐 수도 있다. 또 일부 투영의 경우 모든 이벤트를 읽을 필요가 없을 수도 있다. 예를 들어 지난 달에 생성된 할 일 목록만을 포함하는 특별한 투영을 생성할 수도 있다.

반면 데이터베이스 투영도 나름대로 장점이 있다. 보고서의 기반 데이터로 사용하거나, 일반적인 관계형 데이터베이스의 테이블처럼 다른 테이블과 조인할 수 있다. 모든 투영이 최신 상태가 아니면 약간의 불일치 문제가 발생할 수 있지만, 예를 들어 일괄 보고 같은 경우에는 이를 허용할 수 있다.

투영은 이벤트로부터 생성되기 때문에, 도메인 모델(이벤트)에 영향을 주지 않고 변경할 수 있으며, HTTP API를 작성해 노출시킬 필요 없이 애플리케이션 사이에 직접 공유할 수 있다.

그럼 인메모리 투영과 데이터베이스 투영 중 어느 것이 더 나을까? 이는 시스템 요구 사항에 따라 다르다. 아키텍처와 관련해 이런 미묘한 결정을 해야 하는 경우가 종종 있다.

이제는 두 투영 중 하나는 데이터베이스를 사용하도록 변환하고, 다른 하나는 메모리에 남겨두어 두 가지 방식을 모두 사용하는 방법을 살펴볼 것이다.

투영 영속화

ToDoListProjection 인터페이스는 update와 질의 메서드만 포함하므로 변경할 필요가 없다. 프로젝터도 영속성 세부 사항과는 독립적인 로직을 가지고 있기 때문에 변경할 필요가 없다. 우리는 올바른 SQL을 사용해 질의를 실행하는 새로운 투영 구현만 작성하면 된다.

투영의 메모리 버전에 대한 테스트가 이미 있으므로, 새로운 테스트를 작성하는 대신 실제 투영 구현에 대해 추상화할 것이다. 따라서 동일한 테스트가 두 번, 즉 처음에는 인메모리 투영에 대해, 그다음에는 데이터베이스 투영에 대해 실행된다.

```
❶ abstract class ToDoListProjectionAbstractTest {
      abstract fun buildListProjection(
❷                       events: List<ToDoListEvent>): ToDoListProjection


      val user = randomUser()


      @Test
      fun `findAll returns all the lists of a user`() {
          val listName1 = randomListName()
          val listName2 = randomListName()
❸        val projection = buildListProjection(
              listOf(
                  ListCreated(ToDoListId.mint(), user, listName1),
                  ListCreated(ToDoListId.mint(), user, listName2),
                  ListCreated(ToDoListId.mint(), randomUser(), randomListName())
              )
          )
❹        expectThat(projection.findAll(user).expectSuccess())
              .isEqualTo(listOf(listName1, listName2))
      }
      // 다른 테스트들...


}


❺ internal class ToDoListProjectionOnPgTest : ToDoListProjectionAbstractTest() {
      val dataSource = pgDataSourceForTest()
      val txProvider = TransactionProvider(dataSource,
                          TransactionIsolationLevel.ReadCommitted)
      val streamer = createToDoListEventStreamerOnPg()
      val projection = ToDoListProjectionOnPg(txProvider)
❻                  { txProvider.tryRun(streamer.fetchAfter(it)) }
      override fun buildListProjection(events: List<ToDoListEvent>) =
          projection.apply {
❼            txProvider.tryRun(streamer.store(events)).expectSuccess()
❽            update()
          }
}
```

❶ 이 추상 클래스는 모든 테스트를 포함한다. 이는 ToDoListProjectionOnPgTest와 그와 동등한
역할을 하는 인메모리 투영에 대한 클래스에 의해 확장된다. 간결함을 위해 여기에서는 하나
의 테스트만 나열했다.

❷ 이 추상 메서드는 구체적인 클래스에 의해 재정의되어야 한다. 이벤트 목록을 받아 투영을 반환한다.

❸ 각 테스트는 buildListProjection 메서드를 호출해 투영을 얻는다.

❹ 실제 테스트 대상인 투영 메서드를 호출하고 예상되는 결과를 검증한다.

❺ 데이터베이스 투영에 대한 구체적인 클래스다. 테스트는 포함하지 않고, 추상 메서드 구현만 포함한다.

❻ 이제 스트리머에서 이벤트를 가져오는 메서드를 txProvider 안에서 실행해야 한다.

❼ 테스트를 위한 투영을 준비하려면, 먼저 이벤트를 데이터베이스에 저장해야 한다.

❽ 그런 다음 투영을 갱신한다. 이제 사용할 준비가 되었다.

데이터베이스에서 투영 갱신

새로운 테스트를 추가했으므로, Projection 인터페이스가 ContextReader 및 ContextProvider와 함께 작동하도록 변경해야 한다.

```kotlin
typealias FetchStoredEvents<E> =
        (EventSeq) -> Outcome<OutcomeError, List<StoredEvent<E>>>

typealias ProjectEvents<R, E> = (E) -> List<DeltaRow<R>>
```

❶ ```kotlin
interface Projection<CTX, R : Any, E : EntityEvent> {
```

❷ ```kotlin
    val contextProvider: ContextProvider<CTX>
    val eventProjector: ProjectEvents<R, E>
    val eventFetcher: FetchStoredEvents<E>
```
❸ ```kotlin
    fun readRow(rowId: RowId): ContextReader<CTX, R?>
    fun saveRow(rowId: RowId, row: R): ContextReader<CTX, Unit>
    fun deleteRow(rowId: RowId): ContextReader<CTX, Unit>
    fun updateRow(rowId: RowId, updateFn: (R) -> R): ContextReader<CTX, Unit>
    fun lastProjectedEvent(): ContextReader<CTX, EventSeq>
    fun updateLastProjectedEvent(eventSeq: EventSeq): ContextReader<CTX, Unit>
```

❹ ```kotlin
    fun update() {
        contextProvider.tryRun { ctx ->
```
❺ ```kotlin
            eventFetcher(lastProjectedEvent()
                .runWith(ctx))
```
```

```
                        .transform {
                            it.onEach { storedEvent ->
❻                               applyDelta(eventProjector(storedEvent.event))
                                    .runWith(ctx)
                            }.lastOrNull()?.apply {
❼                               updateLastProjectedEvent(eventSeq)
                                    .runWith(ctx)
                            }
                        }
                    }.recover {
❽                       println("Error during update! $it")
                    }
                }

            fun applyDelta(deltas: List<DeltaRow<R>>): ContextReader<CTX, Unit> =
❾               deltas.fold(ContextReader {}) { reader, delta ->
❿                   reader composeWith delta.transformation()
                }

❶❶          fun DeltaRow<R>.transformation() =
                when (this) {
                    is CreateRow -> saveRow(rowId, row)
                    is DeleteRow -> deleteRow(rowId)
                    is UpdateRow -> updateRow(rowId) { oldRow -> updateRow(oldRow) }
                }
        }
```

❶ 이제는 Projection 인터페이스도 컨텍스트에 대해 제네릭이다.

❷ 각 투영이 각각 데이터베이스 트랜잭션을 관리할 것이므로, contextProvider가 필요하다. 이는 인메모리 행 목록을 대체한다.

❸ 행을 수정하는 모든 함수와 마지막으로 변경된 이벤트에 대한 카운터는 ContextReader를 반환해야 한다. 그래야 한 트랜잭션으로 결합할 수 있다.

❹ 갱신 작업은 인터페이스에 의해 구현되며, 추상 메서드를 호출한다.

❺ 먼저 트랜잭션을 열고 마지막 변경 이후의 모든 이벤트를 가져온다.

❻ 그 후 각 이벤트에 대해 applyDelta 메서드를 사용해 투영을 갱신한다.

❼ 마지막 작업으로, 맨 마지막으로 투영된 이벤트의 카운터를 갱신하고 트랜잭션을 닫는다.

❽ 오류가 발생하면 예외를 던지지 않고 로그를 남긴다. 전체 호출을 실패시키기보다는 약간 시간이 지난 투영으로라도 질의를 실행하는 것이 더 낫기 때문이다.

❾ 델타를 적용하기 위해 ContextReader의 fold를 사용해 최종적으로 하나의 리더를 얻는다.

❿ 두 리더를 함께 구성하기 위한 새로운 중위 함수를 만든다.

⓫ 행 변환을 더 쉽게 읽을 수 있도록 확장 함수로 추출한다.

ContextReader의 새 함수 composeWith는 단순히 두 작업이 모두 성공하는지 여부에만 관심이 있을 때 첫 번째 리더에서 전달된 값을 무시하는, bind 작업을 단축한 표현이다.

```
infix fun <CTX, T> ContextReader<CTX, T>.composeWith(
                        other: ContextReader<CTX, T>) = bind { other }
```

조에게 묻는다 **투영 갱신은 언제 해야 할까?**

아주 좋은 질문이다!

인메모리 투영의 경우, 서비스의 다른 인스턴스가 데이터베이스에 새 이벤트를 저장했을 수 있기 때문에 각 질의 전에 투영을 갱신해야 한다. 단, 실행 중인 인스턴스가 하나뿐임을 확신하지 못할 때만 그렇다.

데이터베이스 투영의 경우, 데이터베이스에 이벤트를 저장한 직후에 투영을 갱신하는 옵션도 있다. 가장 좋은 해법은 무엇일까? 항상 그렇듯, 상황에 따라 다르다. 애플리케이션 질의 성능이 매우 중요하다면 이벤트를 저장할 때 투영을 갱신하는 것이 좋은 생각일 것이다. 이 경우 다른 트랜잭션을 사용해야 한다. 투영 갱신 실패가 새 이벤트까지 롤백해서는 안 되기 때문이다.

또 다른 접근 방식은 타이머를 사용해 몇 분 또는 몇 시간마다 정기적으로 투영을 갱신하는 것이다. 이렇게 하면 시스템의 작업 부하를 줄이는 데 도움이 될 수 있지만, 투영이 항상 최신 데이터를 반영하지 않을 수 있다는 단점이 있다. 하지만 유스케이스에 따라서는 문제가 되지 않을 수도 있다.

unaryPlus 연산자를 사용한 DSL

update 메서드를 보면 runWith(ctx) 호출이 세 번 있다. 이상적으로는 bind나 join을 사용해 모든 ContextReader를 함께 결합하는 것이 좋다. 이렇게 하면 코드를 선언적 상태로 유지할 수 있고, 제어 흐름을 작성하지 않고도 결합 방법을 지정할 수 있다.

하지만 때로는 명령형 접근 방식이 특정 논리를 표현하는 가장 간단한 방법일 때가 있다. 예를 들어 갱신 호출에서 fold를 사용하려고 시도했지만, 선언적 코드는 너무 복잡해서 기대만큼 잘 되지 않았다.

runWith를 여러 번 호출하고 임시 변수를 사용하는 것은 함수형 명령형 접근 방식의 예다. 함수의 순수성을 유지하는 한 이런 접근 방식도 괜찮다.

그럼에도 코틀린 DSL 기능을 활용해 코드를 좀 더 읽기 쉽게 만들 수 있다. doRun 메서드를 사용하면(**부록 B** 참고), ContextProvider가 단항 연산자를 사용해 현재 컨텍스트를 잡아낼 수 있는 ContextWrapper를 전달해준다.

```kotlin
interface ContextProvider<CTX> {
    fun <T> tryRun(reader: ContextReader<CTX, T>): Outcome<ContextError, T>

    fun <T> doRun(block: ContextWrapper<CTX>.() -> T) =
        tryRun(ContextReader { ctx -> block(ContextWrapper(ctx)) } )
}

data class ContextWrapper<CTX>(val context: CTX) {
    operator fun <T> ContextReader<CTX, T>.unaryPlus(): T = runWith(context)
}
```

이렇게 하면 runWith(ctx) 대신 작은 + 기호를 사용해 update 메서드를 다시 작성할 수 있다.

```kotlin
fun update() {
    contextProvider.doRun {
        eventFetcher(+lastProjectedEvent())
            .transform {
                it.onEach { storedEvent ->
                    +applyDelta(eventProjector(storedEvent.event))
                }.lastOrNull()?.apply {
                    +updateLastProjectedEvent(eventSeq)
                }
            }
    }.recover {
        println("Error during update! $it")
    }
}
```

이 방식이 더 나은가? 반드시 그렇지는 않다. 개인적인 취향의 문제이지만, 기법 자체는 흥미롭다. 다른 연산자를 사용하는 것보다 unaryPlus 연산자를 사용하면 이 연산자를 다른 용도로 사용할 가능성이 없다는 장점이 있다.

SQL로 질의 작성하기

마지막으로 투영을 완성하기 위해 SQL로 질의를 구현해야 한다. 데이터베이스에서 findAll 질의가 어떻게 작동하는지 살펴보자. 다른 질의 메서드들도 모두 비슷하다.

```kotlin
class ToDoListProjectionOnPg(
    txProvider: ContextProvider<Transaction>,
    readEvents: FetchStoredEvents<ToDoListEvent>
) : ToDoListProjection,
    Projection<Transaction, ToDoListProjectionRow, ToDoListEvent> by
            PgProjection(
                txProvider,
                readEvents,
                ToDoListProjection.Companion::eventProjector,
                projectionTable = toDoListProjectionTable,
                lastEventTable = toDoListLastEventTable
            ) {

    override fun findAll(user: User): Outcome<OutcomeError, List<ListName>> =
        contextProvider.tryRun(
            toDoListProjectionTable.selectRowsByJson(findAllByUserSQL(user))
    ).transform { it.map { row -> row.list.listName } }

    private fun findAllByUserSQL(user: User): String =
        """SELECT *
        FROM ${toDoListProjectionTable.tableName}
        WHERE row_data ->> 'user' = '${user.name}'
        """.trimIndent()
    // 다른 메서드들 ...
}
```

❶ 생성자로부터 ContextProvider를 가져온다.

❷ 이벤트는 투영과 다른 컨텍스트를 사용할 수 있기 때문에 readEvents를 별도로 가져와야 한다 (예 데이터베이스 이벤트와 인메모리 투영을 사용하는 경우).

❸ 대부분의 메서드를 제네릭 PgProjection에게 위임한다.

❹ PostgreSQL의 JSONB 질의 기능을 사용해 올바른 행을 찾는다.

❺ Exposed는 JSONB 질의에 도움을 주지 않으므로 전체 SQL을 문자열로 작성해야 한다.

질의 핸들러 작성하기

이제 이벤트 스트리머가 데이터베이스를 사용하도록 변환했으므로, 투영에 필요한 fetcher 함수가 꽤 번거로워졌다.

```
val fetcher = { lastEvent ->
        txProvider.tryRun(streamer.fetchAfter(lastEvent)) }
```

이를 개선하기 위해 할 수 있는 것은 어떤 구체적 입력, 이 경우 lastEvent로부터 생성된 리더를 실행하는 메서드를 ContextProvider 인터페이스에 추가하는 것이다. 이 메서드를 runWith라고 부를 수 있다.

```
fun <A, T> runWith(readerBuilder: (A) -> ContextReader<CTX, T>):
    (A) -> Outcome<ContextError, T> =
        { input -> tryRun( readerBuilder( input )) }
```

이제 메인 메서드에서 질의 핸들러를 아주 잘 끼워 맞춘다.

```
fun main() {
    val dataSource = prepareProductionDatabase()

    val streamer = createToDoListEventStreamerOnPg()
    val eventStore = ToDoListEventStore(streamer)
    val txProvider = TransactionProvider(dataSource, Serializable)

    val commandHandler = ToDoListCommandHandler(txProvider, eventStore)

    val fetcher = txProvider.runWith(streamer::fetchAfter)

    val queryHandler = ToDoListQueryRunner(
        ToDoListProjectionOnPg(txProvider, fetcher),
        ToDoItemProjection(fetcher)
    )

    val hub = ToDoListHub(queryHandler, commandHandler)

    Zettai(hub).asServer(Jetty(8080)).start()
}
```

제타이는 이제 완전한 영속성을 포함하며, 아직 완성되지는 않았지만 완벽히 사용 가능한 애플리케이션이 됐다. 만세!

전체 애플리케이션 디자인이 어떻게 생겼는지 다이어그램으로 시각화해보자. 이 다이어그램은 이벤트 스트리머와 투영이 컨텍스트 리더를 사용해 상태를 영속화하는 모습을 보여준다.

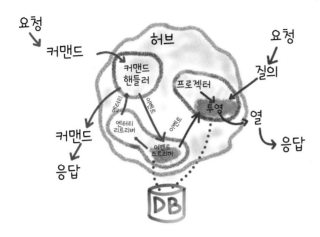

10.4 이벤트 소싱을 통한 도메인 모델링

이 책은 함수형 프로그래밍에 관한 것이지만, CQRS와 이벤트 소싱을 기반으로 견고한 시스템을 만들기 위한 몇 가지 모범 사례는 검토할 가치가 있다. 이제 이벤트 소싱을 기반으로 시스템을 구축하는 방법을 이해하기 위한 모든 요소를 갖췄지만, 이런 시스템을 어떻게 디자인해야 할까?

상태 기계 정의하기

첫 번째 고려 사항은 각 이벤트와 각 커맨드가 단일 엔터티(즉, 애그리게이트)에 대해 작동해야 한다는 것이다. 이러한 이유로 이벤트 소싱 모델의 엔터티는 **트랜잭션 영역**과 일치해야 하며, 이를 통해 항상 단일 트랜잭션 내에서 변경할 수 있어야 한다.

이러한 트랜잭션 엔터티를 식별하는 것이 모델을 디자인할 때 첫 번째이자 가장 중요한 작업이다. 이벤트 스토밍 기법은 이러한 엔터티와 해당 엔터티에 전달해야 하는 커맨드를 식별하는 데 매우 유용하다.

두 번째 단계는 요구 사항을 완료하는 데 필요한 모든 커맨드를 나열하는 것이다. 커맨드를 통해 엔터티의 모든 가능한 상태를 식별할 수 있다. 각 상태는 하나의 행동, 즉 엔터티가 입력에 반응하는 서로 다른 방식을 나타내야 한다. 경험상 좋은 규칙은 서로 다른 행동이 서로 다른 상태에 매핑되어야 한다는 것이다. 즉, 코드에 동일한 상태에서 내부 속성에 따라 다른 작업을 수행하는 if 문이 없어야 한다. 대칭적으로 동일한 행동은 동일한 상태에 매핑되어야 한다.

때로는 이전에 발생한 일에 따라 동일한 행동에 대해 다른 상태를 사용하고 싶을 수 있지만, 행동에 변화가 없다면 엔터티의 과거 이력과 관계없이 같은 상태를 사용하는 것이 더 낫다. 상태는 이전에 발생한 일에 의해 결정돼서는 안 되며, 이후에 발생할 수 있는 일, 즉 그들의 행동에 의해 결정되어야 한다.

세 번째 단계는 각 엔터티에 대한 상태 다이어그램을 그리고, 계속 갱신하는 것이다. 팀 전체가 코드를 작성하거나 요구 사항을 논의할 때 이를 빠르게 참고할 수 있다. 다이어그램에서는 상태가 화살표로 연결되며, 이는 이벤트에 해당한다. 각 이벤트는 목적지를 하나만 가져야 하지만, 출발점은 여러 개일 수 있다. 즉 화살표는 팬인(fan in) 할 수 있지만 팬아웃(fan out) 해서는 안 된다.

마지막으로 커맨드, 상태, 이벤트의 이름을 짓는 것이 어려울 수 있다. 커맨드는 반드시 명령형으로 이름을 지어야 한다. TryToPublish나 EnsureCorrectPayment 같은 소극적인 커맨드는 피하고, 그냥 Publish나 ProcessPayment라고 부르면 된다. 상태는 명확한 행동이 있는 상황이다. 특정 상황에 적합한 명사가 없다면 동사+ing 형태로 표현할 수 있다. 예를 들어 'waiting for xxx'나 'listening at xxx' 같은 식이다.

이벤트 마이그레이션과 버전 관리

이벤트가 데이터베이스에 저장된 다음에 타입을 변경하면(예 필드를 추가하거나 제거) 문제가 될 수 있다. 좋은 방법은 데이터베이스 테이블에 각 이벤트의 버전을 저장하는 것이다. 이렇게 하면 이벤트를 역직렬화할 때 최신 버전으로 즉시 마이그레이션할 수 있다. 이에 대해 더 자세히 알고 싶다면 그렉 영(Greg Young)의 책 『Versioning in an Event Sourced System[2]』을 추천한다.

---

2 https://leanpub.com/esversioning

이벤트를 새로운 버전으로 마이그레이션할 수 없는 경우, 새로운 이벤트를 완전히 새로운 타입으로 간주하고, 이전 이벤트는 사용하지 않고 하위 호환성을 위해서만 유지하는 것이 좋다.

투영의 경우, 인메모리 투영은 언제든지 문제없이 수정할 수 있다. 그러나 데이터베이스에 영속화된 투영은 쉽게 변경할 수 없다. 하지만 투영 테이블을 마이그레이션하는 대신 처음부터 이벤트를 재생해 투영을 재생성할 수 있기 때문에, 변경된 투영을 위한 새로운 테이블을 생성하고 이런 변경으로부터 새로운 스키마로 투영을 처음부터 재생성하도록 하는 것이 더 쉽다.

10.5 요약

이 장에서는 리더 모나드를 사용해 함수형 프로그래밍의 이점을 잃지 않고 시스템이 데이터베이스와 상호작용하는 방법을 살펴봤다.

다음으로 이를 실제로 적용해 제타이 애플리케이션이 함수형 접근 방식의 이점을 잃지 않고 데이터베이스에서 이벤트를 영속화하고 검색할 수 있게 만들었다.

마지막으로 인메모리 투영과 영속적 투영의 장단점을 분석하고, 한 타입에서 다른 타입으로 쉽게 전환하는 방법을 배웠다.

다음 장에서는 애플리케이션을 계속 진행하면서 사용자 입력을 더 잘 검증하고 애플리커티브 펑터의 강력함을 탐구하는 방법을 살펴볼 것이다.

10.6 연습 문제

이 장의 연습 문제는 다양한 유형의 모나드를 집중적으로 다뤄본다.

다시 강조하지만, 함수형 프로그래밍은 코드를 읽는 것만으로는 배울 수 없다. 가장 좋은 방법은 연습하는 것이다. 책 코드 저장소의 exercises 폴더에서 시작점을 찾고, 몇 가지 힌트를 얻을 수 있다.

연습 문제 10.1: 로거 모나드

TaggedValue 펑터는 태그 타입에 모노이드 인스턴스가 없는 한 모나드가 될 수 없다는 점을 살펴 봤다. 이제 비슷한 상황을 고려해 태그 enum을 우리가 작업 로그로 사용하려는 문자열 리스트로 교체한다.

이 연습 문제에서는 로거 모나드를 구현하고, 이 로거 모나드가 모나드의 법칙을 준수하는지 증명 하기 위한 테스트를 추가하라.

```
data class Logger<T>(val value: T, val log: List<String>) {
    fun <U> transform(f: (T) -> U): Logger<U> = TODO()
    fun <U> bind(f: (T) -> Logger<U>): Logger<U> = TODO()
}
```

연습 문제 10.2: 콘솔 모나드

임의의 스트림을 읽고 쓰는 메서드를 가진 인터페이스 ConsoleContext에 대해 생각해보자.

```
interface ConsoleContext {
    fun printLine(msg: String): String
    fun readLine(): String
}
```

이 연습 문제에서는 ConsoleContext를 구현하는 SystemConsole을 작성해 다음 프로그램이 작동하 도록 해보자.

```
fun contextPrintln(msg: String) =
    ContextReader<ConsoleContext, String>{ ctx -> ctx.printLine(msg) }

fun contextReadln() =
    ContextReader<ConsoleContext, String>{ ctx -> ctx.readLine() }

fun main() {
    contextPrintln("Hello, what's your name?")
        .bind { _ -> contextReadln() }
        .bind { name -> contextPrintln("Hello, $name") }
        .runWith(SystemConsole())
}
```

코드가 명령줄에서 작동하는지 확인해야 하고, 스트림을 리디렉션하기 위해 System.setOut()과 System.setIn() 메서드를 사용해 단위 테스트도 작성해야 한다.

연습 문제 10.3: 콘솔 모나드 RPN 계산기

2장 연습 문제에서 RPN(역폴란드 표기법) 계산기를 만들었다. 이 연습 문제에서는 같은 계산기 코드를 사용하되, ConsoleContext를 사용해 IO를 관리하면서 다시 구현하라.

내부 루프에서 재귀를 사용해 사용자가 새로운 계산을 수행할지 묻는 기능을 구현하면 추가 점수를 얻을 수 있다.

11장

애플리커티브로
데이터 검증하기

실패를 했다고 인정하는 것이 약한 행동이라고 생각하지 않는다. 실패를 인정하기 위해서는 강인함이 필요하다.

– 테리 프라쳇(Terry Pratchett[1])

이 장에서는 애플리커티브(Applicative)라는 새로운 유형의 펑터를 살펴본다. 여러 파라미터를 가진 함수나 여러 펑터를 결합해야 할 때 특히 유용하다.

목록의 이름을 변경하는 새로운 스토리를 작업하면서 애플리커티브를 발견하게 될 것이다. 그 후 양식에 대한 사용자 입력을 검증할 때 다시 애플리커티브를 만나게 된다. 애플리커티브 펑터의 개념을 살펴보고, 그 사용법을 깊게 탐구해보겠다. 애플리커티브를 사용하면 함수 결과를 새로운 방식으로 조합할 수 있어서 새로운 종류의 문제를 해결하는 데 편리하게 사용할 수 있다.

이제는 꽤 정교한 함수형 프로그래밍 개념까지 다루고 있다. 우리 코드가 점점 익숙한 형태에서 멀어지겠지만, 시간이 지나면 간결함과 명확성에 감사하게 될 것이다.

책을 읽으면서 여러분은 함수형 프로그래밍을 모르던 초보자에서 중급자까지 성장했으며, 이제 꽤 고급 주제로 들어갈 것이다. 처음에는 구체적인 지시를 하나하나 따르는 방식으로 진행했지만, 이제 실제로 디자인 과정이 어떻게 이루어지는지 살펴볼 것이다. 따라서 마지막 두 장에서는 가능한 대안에 대해 더 많은 시간을 논의할 것이다.

이 장의 마지막 부분에서는 더 나은 사용자 경험을 제공하기 위해 HTML 페이지를 개선하는 방법을 살펴본다. 이를 위해 간단한 템플릿 엔진을 작성해야 한다. 이는 지금까지 배운 함수형 디자인에 대한 내용을 실제로 적용해보고 그 이점을 활용하는 좋은 기회가 될 것이다.

11.1 목록 이름 변경하기

애플리케이션이 완전히 작동하며 전체 이벤트 소싱 인프라가 완료됐다. 이제 **1장의 사용자 스토리 정의하기**에서 정의한 사용자 스토리 중 하나를 선택해 진행할 수 있다.

---

1 [역주] 풍자 코미디 판타지 소설인 〈디스크월드(discWorld)〉 시리즈의 작가로 유명한 영국 소설가다.

이 과정은 익숙할 것이다. DDT가 구현 과정을 안내할 것이다. 이번에 다룰 스토리는 목록 이름을 변경하는 것이다. 그래서 새로운 DDT를 작성하기 시작하고, 새로운 액터 벤(Ben)을 소개하려고 한다. 벤은 사야 할 채소 목록이 있고, 이 목록의 이름을 변경하려고 한다.

```kotlin
    @DDT
    fun `the list owner can rename a list`() = ddtScenario {
        setup {
❶          ben.`starts with a list`("shopping", emptyList())
            }.thenPlay(
                ben.`can add #item to the #listname`("carrots", "shopping"),
❷          ben.`can rename the list #oldname as #newname`(
                origListName = "shopping",
                newListName = "grocery"
            ),
                ben.`can add #item to the #listname`("potatoes", "grocery"),
❸          ben.`can see #listname with #itemnames`(
                    "grocery", listOf("carrots","grocery")
                )
❹      ).wip(LocalDate.of(2023,12,31))
    }
```

❶ 'shopping'이라는 빈 목록으로 시작한다.

❷ 항목을 추가하고 목록 이름을 'grocery'로 변경한다.

❸ 항목을 하나 더 추가하고 목록에서 두 항목을 모두 볼 수 있는지 확인한다.

❹ 테스트가 통과할 때까지 진행 중으로 설정한다.

컴파일하려면 액터에게 목록 이름 변경 단계를 만들고 ZettaiActions에 다음과 같이 renameList 메서드를 만들어야 한다.

```kotlin
    interface ZettaiActions : DomainActions<DdtProtocol> {
        //... 다른 메서드들
        fun renameList(user: User, oldName: ListName, newName: ListName)
    }
```

목록 이름 변경 커맨드

도메인 전용 액션의 구현은 간단하다. 목록 이름을 변경하기 위한 새로운 커맨드를 정의하기만 하면 된다. 이때 기존 목록 이름과 새 목록 이름을 모두 지정해야 한다.

```
data class RenameToDoList(
    val user: User,
    val oldName: ListName,
    val newName: ListName): ToDoListCommand()
```

커맨드를 생성하면 컴파일러가 ToDoListCommandHandler 내부에서 이에 대한 경우를 처리해야 한다고 알려줄 것이다. 일단 TODO()를 남겨두고, DomainOnlyActions에 새 메서드를 구현해서 새로운 커맨드를 허브로 전달한다.

```
class DomainOnlyActions: ZettaiActions {
// 다른 메서드들...
    override fun renameList(
            user: User,
            oldName: ListName,
            newName: ListName) {
        hub.handle(RenameToDoList(user, oldName, newName))
    }
}
```

HTTP 액션을 위해서는 새로운 웹 양식을 만들어서 새로운 목록 이름을 입력하고 데이터를 전달해야 한다.

```
data class HttpActions // 다른 메서드들...

    private fun renameListForm(newName: ListName): Form =
        listOf("newListName" to newList.name)

    override fun renameList(
            user: User,
            oldName: ListName,
            newName: ListName) {
        val response = submitToZettai(
                renameListUrl(user, oldName), renameListForm(newName))
        // 성공한 경우 같은 페이지로 리디렉션한다.
        expectThat(response.status).isEqualTo(Status.SEE_OTHER)
    }
```

DDT에서 웹 애플리케이션으로, 그리고 도메인으로 진행하고 있다. 선호도에 따라 DDT를 시작하기 전이나 완료한 후에 HTML 페이지를 완성할 수 있다. 우리는 사용자 인터페이스를 마지막으로 남겨둘 것이다.

이제 요청을 커맨드와 연결하기 위해 웹 서버에 새로운 경로를 추가해야 한다. 한 목록 위치 아래에 rename이라는 새로운 경로 세그먼트를 사용한다.

```
"/todo/{user}/{listname}/rename" bind POST to ::renameList,
```

renameList 어댑터 함수가 HTTP 요청을 커맨드로 변환하는 것을 처리한다. 먼저 이 함수를 다른 함수와 마찬가지로 작성해보자.

```
private fun renameList(request: Request): Response {
    val user = request.extractUser()
        .onFailure { return Response(BAD_REQUEST).body(it.msg) }
    val listName = request.extractListName()
        .onFailure { return Response(BAD_REQUEST).body(it.msg) }
    val newListName = request.form("newlistname")
        ?.let(ListName.Companion::fromUntrusted)
        ?: return Response(BAD_REQUEST).body("missing new listname in form")
    return hub.handle(RenameToDoList(user, listName, newListName))
        .transform { Response(SEE_OTHER)
            .header("Location", todoListPath(user, newListName))}
        .recover { Response(UNPROCESSABLE_ENTITY).body(it.msg) }
}
```

목록 이름 변경을 위해 HTML 양식을 사용할 것이므로 메서드는 POST가 되며, 경로에서 기존 목록 이름을 얻고 양식에서 새로운 목록 이름을 얻을 수 있다. 이렇게 하면 HTML에서 사용자 인터페이스를 쉽게 구현할 수 있다.

이제 커맨드 핸들러에 남겨둔 TODO()를 제거하고, RenameToDoList 처리를 구현할 수 있다.

```
private fun RenameToDoList.execute(): CommandOutcomeReader<CTX> =
    eventStore.retrieveByNaturalKey( UserListName(user, oldName) )
        .transform { listState ->
            when (listState) {
                is ActiveToDoList -> {
                    ListRenamed(listState.id, user, newName).asCommandSuccess()
                }
                null -> ToDoListCommandError("list $oldName not found").asFailure()
```

```
            else -> InconsistentStateError(this, listState).asFailure()
        }
    }
```

테스트가 필요하다는 메모를 남겼다. 나도 안다. 전혀 TDD스럽지 않다는 것을! 고수준의 테스트 (DDT)를 통과시키기 위해 코드를 작성하다 보면, 테스트가 필요할 만큼 중요하고 복잡한 로직을 작성하게 될 때가 있다. 이상적으로는 중간에 멈추고 테스트를 작성한 후에 진행해야 하지만, 나는 때로는 멈추지 않고 현재 작업을 먼저 끝내는 쪽을 선호한다.

다음으로 새로운 이벤트를 정의하고 컴파일 가능하게 해보자.

목록 이름 변경 이벤트

새로운 이벤트를 작성하고 필요한 필드를 결정한다.

```
data class ListRenamed(
    override val id: ToDoListId,
    val owner: User,
    val newName: ListName): ToDoListEvent()
```

커맨드에 기존 이름과 새 이름을 모두 넣었지만, 이벤트에서는 새 이름만 필요하다. 목록 ID가 있으므로 새 이름만 있으면 되기 때문이다. 커맨드에서는 올바른 목록을 찾기 위해 기존 이름을 사용했지만, 이벤트에는 이미 해당 정보가 있다.

더 흥미로운 점은 이벤트에 소유자를 추가했다는 것이다. 엄밀히 말해 상태를 재구성하는 데는 이 정보가 필요하지 않지만 말이다. 목록 이름과 소유자는 고유해야 하며, 한 이벤트 안에 유지하면 데이터베이스에서 빠르게 확인하기가 더 쉬워진다.

일반적으로, 이상적인 세상에서는 데이터베이스 요구 사항에 따라 이벤트를 디자인하지 않는 것이 좋다. 그러나 현실 세계에서는 둘 사이에서 적절한 균형을 찾아야 한다. 소유자와 목록 이름을 함께 유지하는 것은 대체로 나쁜 타협이 아니다. 목록 이름만으로는 목록을 식별하기에 충분하지 않기 때문이다.

새 이벤트를 투영하는 방법을 알지 못하므로 투영을 컴파일할 수 없다. 임시로 TODO()를 넣자. 나중에 돌아오기로 약속하겠다.

이제 모든 것이 컴파일되고, 테스트는 새로운 이벤트에 대한 toToDoListEvent 함수에 새로운 경우를 추가하라고 상기시켜 줄 것이다. 그런 다음, 이벤트에 대한 접기가 의도한 대로 작동하는지 확인하기 위한 테스트가 필요하다.

```
@Test
fun `renaming the list`() {
    val newName = randomListName()
    val events: List<ToDoListEvent> = listOf(
        ListCreated(id, user, name),
        ItemAdded(id, item1),
        ListRenamed(id, user, newName)
    )
    val list = events.fold()
    expectThat(list)
        .isEqualTo(ActiveToDoList(id, user, newName, listOf(item1)))
}
```

테스트가 실패한 이유는 ActiveToDoList에 ListRenamed 이벤트인 경우를 추가하지 않았기 때문이다. 이를 수정하려면 when 절에 새로운 경우를 처리하는 코드를 넣고, 목록 이름이 변경됐을 때 목록 상태를 수정하는 새 함수를 추가해야 한다.

```
fun ActiveToDoList.rename(newName: ListName) = copy(name = newName)
```

이름 변경 이벤트 투영하기

이제 이벤트를 제대로 접었으므로, (몇 페이지 전에 그렇게 하기로 약속했듯이) 다시 투영으로 돌아가야 한다. 두 가지 투영이 있으므로 하나씩 살펴보자.

먼저 ToDoItemProjection 행에는 목록 ID와 항목 세부 정보라는 필드 두 개만 있으므로, 목록 이름 변경 이벤트에 관심이 없다. 즉, ListRenamed 이벤트를 처리하면 DeltaRow의 빈 목록을 반환해야 한다. 목록이 변경되더라도 이 투영에서는 아무 것도 변경할 필요가 없기 때문이다.

반면 ToDoListProjection은 이름 변경을 고려해야 하므로, 새로운 이벤트를 올바르게 처리할 수 있는지 확인하는 테스트를 추가해야 한다.

테스트는 다음과 같다.

```
@Test
fun `findList get a renamed list`() {
    val listName = randomListName()
    val id = ToDoListId.mint()
    val item1 = randomItem()
    val newListName = randomListName()
    val projection: ToDoListProjection = buildListProjection(
        listOf(
            ListCreated(id, user, listName),
            ItemAdded(id, item1),
            ListRenamed(id, user, newListName)
        )
    )
    expectThat(projection.findList(user, listName).expectSuccess())
        .isNull()
    expectThat(projection.findList(user, newListName).expectSuccess())
        .isNotNull()
        .isEqualTo(ToDoList(newListName, listOf(item1)))
}
```

테스트를 통과시키려면 프로젝터에서 새 이벤트를 처리하는 방식을 변경해야 한다.

```
data class ToDoListProjectionRow(
    val id: ToDoListId,
    val user: User,
    val active: Boolean,
    val list: ToDoList) {
    // ... 다른 메서드들이 여기 있음 ...
    fun rename(newName: ListName): ToDoListProjectionRow =
        copy(list = list.copy(listName = newName))
}

interface ToDoListProjection {

    companion object {
        fun eventProjector(e: ToDoListEvent) =
            when (e) {
                // ... 다른 이벤트들이 여기 있음 ...
                is ListRenamed -> UpdateRow(e.rowId()) { rename(e.newName) }
            }.toSingle()
    }
}
```

이제 인메모리 투영과 영속화된 투영 모두에 대해 모든 투영 테스트가 통과된다.

잘못된 이름 변경 오류

아직 끝나지 않았다. 지금까지는 성공적인 경우만 고려했으므로, 이제는 발생할 수 있는 오류를
확인해야 한다. 이름 변경이 실패할 수 있는 경우는 무엇일까?

한 가지 경우는 이미 사용 중인 이름을 선택한 경우다. 커맨드 핸들러에서 이를 위한 테스트를 빠
르게 추가할 수 있다.

```
@Test
fun `Rename list fails if a list with same name already exists`() {
    handler(CreateToDoList(user, name)).expectSuccess()
    val newName = randomListName()
    handler(CreateToDoList(user, newName)).expectSuccess()
    val res = handler(RenameToDoList(user, name, newName)).expectFailure()
    expectThat(res).isA<ToDoListCommandError>()
}
```

지금까지 이 경우를 고려하지 않았기 때문에 (CreateToDoList 커맨드를 구현할 때 새 이름이 이미
사용 중인지 고려하지 않았다!) 테스트가 실패해도 놀랄 일은 아니다. 우리가 해야 할 일은 데이터
베이스에서 기존 이름을 가진 목록과 새 이름을 가진 목록을 모두 검색하는 것이다. 그리고 전자
는 존재하고 후자는 존재하지 않는 경우에만 커맨드를 진행하면 된다.

그렇지 않으면 오류를 반환할 것이다.

```
    fun RenameToDoList.execute(): CommandOutcomeReader<CTX> =
❶     retrieveOldAndNewListName()
❷         .transform { (listState, newNameList) ->
            when (listState) {
                is ActiveToDoList -> {
❸                   if (newNameList != null)
                        ToDoListCommandError("list $newName already exists")
                            .asFailure()
                    else
                        ListRenamed(listState.id, user, newName)
❹                           .asCommandSuccess()
                }
```

```
                    null -> ToDoListCommandError("list $oldName not found")
                        .asFailure()
                    else -> InconsistentStateError(this, listState).asFailure()
                }
            }

    fun RenameToDoList.retrieveOldAndNewListName():
            ContextReader<CTX, Pair<ToDoListState?, ToDoListState?>> =

        eventStore.retrieveByNaturalKey(UserListName(user, oldName))
            .bind { currList ->
                eventStore.retrieveByNaturalKey(UserListName(user, newName))
❺                    .transform { currList to it }
            }
```

❶ retrieveOldAndNewListName이라는 새로운 함수를 만든다.

❷ 이 함수는 널이 될 수 있는 목록 상태의 쌍을 반환한다. 첫 번째는 현재 상태이고, 두 번째는
   새로운 이름을 가진 목록의 상태다. 해당 이름이 존재하면 두 번째 목록을 통해 반환된다.

❸ 다른 목록에서 새 이름을 이미 사용 중인 경우, 실패를 반환한다.

❹ 성공한 경우, 새로운 이벤트를 반환한다.

❺ 여기서 리더 두 개를 쌍으로 만들어야 한다. 이 함수에 대해서는 다음 절에서 더 자세히 살펴
   보겠다.

DDT 통과시키기

이제 DDT가 통과할 것이라고 꽤 확신할 수 있으므로, 실행해보자. 어라! 실제로는 마지막 단계
에서 실패한다.

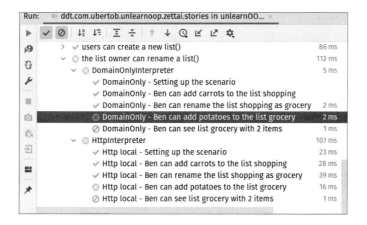

다음과 같은 오류 메시지가 나온다.

```
org.opentest4j.AssertionFailedError: Failure(error=ToDoListCommandError(msg=list List-
Name(name=grocery) not found)) expected success but was ToDoListCommandError(msg=list
ListName(name=grocery) not found)
```

목록 이름을 변경한 후, 커맨드가 새 이름의 목록을 찾지 못하는 것 같다. HTTP와 도메인 전용
프로토콜 양쪽 모두 실패하는 것으로 보아 도메인 로직에 오류가 있는 듯하다. 이 경우 디버깅이
더 쉽고 실행 속도가 빠른 도메인 전용 버전을 사용해 조사하는 것이 좋다.

어디를 찾아봐야 하는지 알았으니, 기존 코드를 살펴보면 문제가 이름 변경 이벤트를 추가한 후에
도 로직을 변경하지 않았기 때문이라는 점이 명확해진다.

```kotlin
override fun retrieveIdFromNaturalKey(key: UserListName) =
    InMemoryEventsReader { events ->
        events.get()
            .map(ToDoListStoredEvent::event)
            .firstOrNull { it == ListCreated(it.id, key.user, key.listName) }
            ?.id
    }
```

이 코드를 작성할 당시에는 처음의 ListCreated 이벤트에서 목록 이름만 고려했다.

그래서 먼저 문제를 강조해서 보여주면서 실패하는 단위 테스트를 작성한다.

```kotlin
@Test
fun `RetrieveIdFromNaturalKey considers the most recent ListName`() {
    handler(CreateToDoList(user, name)).expectSuccess()
```

```
    val newName = randomListName()
    handler(RenameToDoList(user, name, newName)).expectSuccess()
    val newNewName = randomListName()
    handler(RenameToDoList(user, name, newNewName)).expectSuccess()

    handler(AddToDoItem(user, name, randomItem())).expectFailure()
    handler(AddToDoItem(user, newName, randomItem())).expectFailure()
    handler(AddToDoItem(user, newNewName, randomItem())).expectSuccess()
}
```

그런 다음, ListCreated와 ListRenamed 이벤트를 모두 고려하고, 각 목록의 마지막 이름 변경을 기준으로 필터링하도록 retrieveIdFromNaturalKey를 다시 작성한다.

```
override fun retrieveIdFromNaturalKey(key: UserListName) =
    InMemoryEventsReader { events ->
        events.get()
            .mapNotNull {
                when (val e = it.event) {
                    is ListCreated -> if (e.owner == key.user)
                        e.id to e.name else null
                    is ListRenamed -> if (e.owner == key.user)
                        e.id to e.newName else null
                    else -> null
                }
            }
            .groupBy({ it.first }, { it.second })
            .filter { it.value.lastOrNull() == key.listName }
            .keys.singleOrNull()
    }
```

이제 새로운 테스트와 도메인 전용 DDT는 통과했지만, HTTP DDT는 여전히 실패한다. 이 시점에서는 SQL 질의에 문제가 남아 있을 가능성이 크다. 평소처럼 코드를 수정하기 전에, SQL 통합에 대해 이전 테스트와 동일한 테스트를 작성해보자.

```
@Test
fun `RetrieveIdFromNaturalKey considers the most recent name of a list`() {

    val name = randomListName()
    val newName = randomListName()
    val newNewName = randomListName()
```

```
        val listId = ToDoListId.mint()

        val eventsToStore = listOf(
            ListCreated(listId, user, name),
            ListRenamed(listId, user, newName),
            ListRenamed(listId, user, newNewName)
        )

        transactionProvider.doRun {
            +streamer.store(eventsToStore)

            expectThat(
                +streamer.retrieveIdFromNaturalKey(UserListName(user, name))
            ).isNull()

            expectThat(
                +streamer.retrieveIdFromNaturalKey(UserListName(user, newName))
            ).isNull()

            expectThat(
                +streamer.retrieveIdFromNaturalKey(UserListName(user, newNewName))
            ).isEqualTo(listId)
        }.expectSuccess()
    }
```

새로운 테스트가 실패한다. 투영 추상 테스트(**10장 투영 영속화**)를 작성했던 것과 같은 방식으로 커맨드 테스트를 작성해서 먼저 스텁을 사용한 인메모리 버전으로 실행하고, 실제 데이터베이스에서 실행했다면 좋았을 것이다. 어쨌든 향후 리팩터링을 위한 좋은 아이디어다!

이 테스트를 통과시키기 위해, ListRenamed 이벤트를 고려하고 각 목록의 가장 최근 이름 변경을 선택하는 더 정교한 SQL을 사용할 것이다. 이 로직은 인메모리 버전과 동일하지만, 코틀린이 아니라 SQL로 작성한다.

```
fun createToDoListEventStreamerOnPg(): ToDoListEventStreamerTx =
    EventStreamerTx(toDoListEventsTable, toDoListEventParser()) { """
SELECT entity_id
FROM todo_list_events INNER JOIN (
    SELECT MAX(id) as maxid
    FROM todo_list_events
    WHERE json_data ->> 'owner' = '${it.user.name}'
        AND event_type in ('ListCreated', 'ListRenamed')
    GROUP BY entity_id) lastRename ON id = lastRename.maxid
```

359

```
    WHERE
        json_data ->> 'owner' = '${it.user.name}'
        AND (json_data ->> 'name' = '${it.listName.name}'
            OR json_data ->> 'newName' = '${it.listName.name}')
""".trimIndent()
    }
```

마침내 모든 테스트를 통과했다. DDT도 통과된다. 만세!

이 과정의 좋은 점은 컴파일러와 DDT가 다음에 무엇을 해야 하는지 안내해준다는 것이다. 이렇게 하면 새로운 기능을 빠르고 안전하게 추가할 수 있다. 모든 DDT가 최종적으로 통과되면 애플리케이션이 의도한 대로 작동하고 있다는 확신이 든다.

11.2 / 파라미터가 두 개인 함수 변환

이 장의 주요 주제는 함수들을 함께 합성하는 방법을 알아보는 것이다. 첫 번째 예제로, 방금 작성한 함수인 retrieveOldAndNewListName을 생각해보자. 다음 코드는 두 리더를 결합하고 그 결과를 튜플로 반환한다.

```
// retrieveOldAndNewListName
eventStore.retrieveByNaturalKey(UserListName(user, oldName))
    .bind { currList ->
        eventStore.retrieveByNaturalKey(UserListName(user, newName))
            .transform { newList -> currList to newList }
    }
```

여기서 추출할 수 있는 더 제네릭한 것이 있을까? 좋은 기법을 하나 보여주겠다. 각 펑터와 결합 함수를 담을 지역 변수를 사용해보자.

```
// retrieveOldAndNewListName
val cr1: ContextReader<CTX, ToDoListState?> =
    eventStore.retrieveByNaturalKey(UserListName(user, oldName))
val cr2: ContextReader<CTX, ToDoListState?> =
    eventStore.retrieveByNaturalKey(UserListName(user, newName))
```

```
    val f: (ToDoListState?, ToDoListState?) ->
                         Pair<ToDoListState?, ToDoListState?> = ::Pair
    return cr1.bind { v1 ->
        cr2.transform{ v2 -> f(v1, v2) }
    }
```

마지막 줄을 보면, 꽤 제네릭한 것을 발견한 것 같다. 두 입력 파라미터를 가진 함수를 사용해 새로운 ContextReader를 만들었다. 계속해서 마지막 줄을 새로운 함수로 추출해 transform2라고 부를 수 있다. 이 함수는 두 펑터를 결합해 새로운 펑터로 변환하는 함수다.

```
fun <CTX, A, B, R> transform2(
    first: ContextReader<CTX, A>,
    second: ContextReader<CTX, B>,
    f: (A, B) -> R
): ContextReader<CTX, R> =
    first.bind { a ->
        second.transform { b ->
            f(a, b)
        }
    }
```

이 함수에서 bind를 인라이닝하면 코드가 더 명확해진다.

```
fun <ERR : OutcomeError, A, B, R> transform2(
    first: Outcome<ERR, A>,
    second: Outcome<ERR, B>,
    f: (A, B) -> R
): Outcome<ERR, R> =
    when (first){
        is Failure -> first
        is Success -> second.transform {b -> f(first.value, b) }
    }
```

비교를 위해, transform을 멤버 함수가 아닌 순수 함수로 작성하면 이 둘의 시그니처가 얼마나 비슷한지 알 수 있다.

```
// transform
(Outcome<ERR, A>, f: (A)-> R) -> Outcome<ERR, R>
// transform2
(Outcome<ERR, A>, Outcome<ERR, B>, f: (A,B)-> R) -> Outcome<ERR, R>
```

이 장에서 여러 번 transform2로 돌아올 것이므로, 이 사실을 기억해두자.

지금 당장은 retrieveOldAndNewListName의 리팩터링을 마치자.

```
private fun RenameToDoList.retrieveOldAndNewListName() =
    transform2(
        eventStore.retrieveByNaturalKey(UserListName(user, oldName)),
        eventStore.retrieveByNaturalKey(UserListName(user, newName)),
        ::Pair
    )
```

결과가 더 명확해졌으므로, 지금은 이 정도로 만족한다.

사용자 입력 검증

펑터를 결합하는 또 다른 예로, 검증을 생각해보자. 모든 애플리케이션에는 사용자 입력 검증이 필요하다. 검증의 목표는 애플리케이션 사용자가 입력한 데이터를 처리하기 전에 가로채서 올바른지 확인하는 것이다.

새 목록의 이름을 검증하는 것부터 시작하자. 이는 새 목록을 생성할 때와 이름을 변경할 때 모두 유용하다. 확인해야 할 요구 사항은 다음과 같다.

1. 목록 이름은 3 글자 이상이어야 한다.

2. 목록 이름은 30 글자를 초과해서는 안 된다.

3. URL에 공백, 슬래시 등 유효하지 않은 문자를 포함해서는 안 된다.

요구 사항을 모두 검증하는 함수를 작성할 수 있지만, 각 규칙마다 하나씩 작은 함수로 나누어 각 각의 검증을 독립적으로 수행할 수 있다면 더 읽기 쉽고 사용하기도 쉬울 것이다.

이렇게 하면 코드가 깔끔해질 뿐만 아니라, 사용자에게 모든 오류를 함께 보여줄 수 있어서 (사용자가 기껏) 이름 길이를 수정한 다음에, 유효하지 않은 문자가 포함됐다는 사실을 발견하는 일이 없도록 할 수 있다.

오류 수집

다음은 현재 목록 이름을 검증하는 검사 코드다.

```kotlin
fun fromUntrusted(name: String): ListName? =
    if (name.matches(pathElementPattern) && name.length in 1..40)
        fromTrusted(name) else null
```

이를 검증하는 테스트를 이미 작성했지만, 일반적인 null 대신 실패의 구체적인 이유를 포함한
Outcome을 반환하고 싶다. 이를 위한 테스트를 작성해보자.

```kotlin
@Test
fun `Names longer than 40 chars are not valid`() {
    stringsGenerator(validCharset, 41, 200)
        .take(100)
        .forEach {
            val failure = ListName.fromUntrusted(it).expectFailure()
            expectThat(failure.msg).contains("is too long")
        }
}
```

어디서부터 시작해야 할까? 먼저 검증을 더 작은 함수로 나눠야 한다.

기억하겠지만, **4장 연습 문제 4.1**에서 Boolean 조건이 거짓인 경우 null을 반환하는 discardUnless
라는 작은 함수를 정의했다.

```kotlin
fun <T> T.discardUnless(predicate: T.() -> Boolean): T? =
    takeIf { predicate(it) }
```

이 함수를 failIfNull과 함께 사용하면, 우리 함수를 더 간결하고 더 명확한 방식으로 다시 작성
할 수 있다.

```kotlin
fun nameTooShort(name: String): Outcome<ValidationError, String> =
    name.discardUnless { length >= 3 }
        .failIfNull(ValidationError("Name is too short!"))

fun nameTooLong(name: String): Outcome<ValidationError, String> =
    name.discardUnless { length <= 40 }
        .failIfNull(ValidationError("Name ${name} is too long"))
```

```
fun nameWithInvalidChars(name: String): Outcome<ValidationError, String> =
    name.discardUnless { matches(pathElementPattern) }
        .failIfNull(
            ValidationError(
                "Name ${name} contains illegal characters:" +
                        " only letters, digits, and hyphen are allowed"
            )
        )
```

어느 것이 더 나은가? if 문을 사용할지 discardUnless 구문을 사용할지는 개인적인 취향과 익숙함의 문제다. 개인적으로는 이 경우에 한해서는 조건을 검사하고 실패를 처리하는 흐름이 자연스러운 스타일이 더 읽기 쉽다고 생각한다. 중요한 것은 여러분에게 선택지가 있다는 것이며, 두 가지 선택지를 모두 시도해보고 코드에 더 잘 맞는 것을 선택하는 편이 항상 좋다.

11.3 검증을 통한 유효성 검사

할 일 목록의 이름을 검증하는 것으로 돌아가서, 이 함수들을 어떻게 결합할 수 있을까? 원하는 것은 각 함수를 동일한 입력에 적용한 다음, 모든 오류를 함께 결합하거나 오류가 없는 경우 성공을 반환하는 것이다.

오류를 결합하는 것은 아직 해보지 않은 일이다. 지금까지 Outcome을 살펴볼 때마다 우리는 성공 사례에 집중했으며, 이것이 더 자연스럽다. 하지만 이번처럼 성공적인 결과에 특별히 신경쓰지 않고, 오류 구성에 집중하고 싶은 경우도 있다.

 조에게 묻는다 왜 failIf 함수를 사용하지 않는가?

discardUnless와 failIfNull을 결합한 단일 함수를 사용하는 것도 물론 가능하지만, 때로는 각각 하나의 파라미터를 가진 두 개의 함수를 사용하면 코드를 더 쉽게 읽을 수 있다. 이 경우 두 가지 파라미터를 가진 특수한 함수는 잘 작동하지 않는다고 생각한다.

물론 여러분이 동의하지 않을 수도 있다. 실험하고 가능한 방법을 탐구하는 것이 중요하다. 더 나은 해결책을 찾으면 알려주기 바란다.

어떻게 이러한 함수를 제네릭하게 작성할 수 있을까? 함수형 프로그래밍에서 유용한 기법은 원하는 시그니처로 함수를 작성한 다음, 구현을 시도해보고 얼마나 멀리 갈 수 있는지 확인하는 것이다. 여기서는 두 결과를 결합하려 한다. 두 결과를 결합할 수 있다면, 리스트를 하나의 결과로 쉽게 줄일 수 있다.

실패에 집중할 것이므로, 이를 combineFailures라고 부르자.

```
fun <E: OutcomeError, T> combineFailures(
        first: Outcome<E, T>,
        second: Outcome<E, T>): Outcome<E, T> =
    when (first) {
        is Success<*> -> second
        is Failure<E> -> when (second) {
            is Success<*> -> first
            is Failure<E> -> ??? a failure with first.error + other.error
        }
    }
```

모든 경우를 처리하기 위해 두 내포된 when을 작성하는 것으로 쉽게 시작했다. 그러나 두 개의 오류가 발생하면 어떻게 해야 할지 막히고 만다. 오류를 결합할 일반적인 방법이 없기 때문이다. 더 진행하기 위해서는 두 오류를 결합하는 함수를 새로운 입력 파라미터로 추가해야 한다. 이렇게 하면 호출자가 오류를 어떻게 결합할지 결정하게 된다.

잠깐! 우리는 이미 거의 같은 시그니처를 가진 함수, 즉 두 개의 Outcome과 하나의 함수를 가진 함수가 있다.

```
fun <A, B, R, ERR : OutcomeError> transform2(
    first: Outcome<ERR, A>,
    second: Outcome<ERR, B>,
    f: (A, B) -> R
)
```

주된 차이점은 이제 두 성공 값 대신 두 오류를 결합해야 한다는 것이다. 그러나 제네릭 타입이 어떻게 변했는지 주목하라. 성공인 경우 transform2에서 두 성공 타입은 달라질 수 있지만, 오류는 일관되게 유지되어야 한다. 반대로 이 경우에는 성공 타입이 일정하게 유지되는 반면 오류는 서로 다를 수 있다.

애플리케이트로 데이터 검증하기

따라서 동일한 파라미터를 가진 두 결과의 실패에 변환 함수를 적용하는 더 제네릭한 transform2
Failures 함수를 작성해보겠다.

```
fun <ER : OutcomeError, E1 : ER, E2 : ER, T> transform2Failures(
    first: Outcome<E1, T>,
    second: Outcome<E2, T>,
    f: (E1, E2) -> ER
): Outcome<ER, T> =
    when (first) {
        is Success<*> -> second
        is Failure<E1> -> when (second) {
            is Success<*> -> first
            is Failure<E2> -> f(first.error, second.error).asFailure()
        }
    }
```

오류의 타입 E1과 E2가 ER을 상속해야 한다는 점에 주목하라. 왜 그런지 알겠는가?

다음 단계는 모든 실패를 수집하는 reduceFailures와 그 실패를 저장할 수 있는 구체적인
ValidationError를 정의하는 것이다.

```
fun <E : OutcomeError, T> List<Outcome<E, T>>
        .reduceFailures(f: (E, E) -> E): Outcome<E, T> =
❶    reduce { acc, r -> transform2Failures(acc, r, f) }

data class ValidationError(val errors: List<String>) : ZettaiError() {
❷    constructor(error: String) : this(listOf(error))

❸    override val msg: String = errors.joinToString()

     fun combine(other: ValidationError): ValidationError =
❹        ValidationError(errors + other.errors)
}
```

❶ reduce는 컬렉션의 첫 번째 원소와 같은 타입의 결과를 반환하는 접기다.

❷ 주 생성자는 오류 목록을 받는다. 편의를 위해 오류를 하나만 받는 보조 생성자도 만든다.

❸ 모든 오류를 연결해 최종 오류 메시지를 생성한다.

❹ 오류 리스트를 병합함으로써 두 개의 검증 오류를 결합한다.

더 나아가 validateWith 제네릭 함수를 추출해 다른 곳에서 재사용할 수 있도록 할 수 있다.

```kotlin
fun <T, E: OutcomeError> T.validateWith(
        validations:List<(T) -> Outcome<E, T>>,
        combineErrors: (E, E) -> E): Outcome<E, T> =

    validations
        .map { it(this) }
        .reduceFailures(combineErrors)
```

이제 reduceFailures를 사용해 목록 이름을 검증하는 함수들과 함께 사용할 수 있으며, 원래의 fromUntrusted 함수(널일 수 있는 결과를 반환)를 새로운 함수로 대체할 수 있다.

```kotlin
typealias ListNameValidation = (String)->Outcome<ValidationError, String>

typealias ListNameOutcome = Outcome<ValidationError, ListName>

data class ListName internal constructor(val name: String) {
    companion object {
        // 다른 메서드들...
        fun fromUntrusted(name: String): ListNameOutcome =
            name.validateListName(
                ::nameTooShort,
                ::nameTooLong,
                ::nameWithInvalidChars)
    }
}

fun String.validateListName(vararg validations: ListNameValidation) =
    validateWith(validations.toList(), ValidationError::combine)
        .transform { ListName.fromTrusted(it) }
```

새 메서드는 이전 메서드와 비슷하게 작동하지만, 이름이 여러 가지 이유로 유효하지 않은 경우 모든 오류에 대한 설명을 반환한다. 그리고 올바른 오류를 생성하는지 확인하기 위한 테스트도 있다.

오류를 사용자에게 반환하기

더 나은 사용자 경험을 위해 오류를 양식에 직접 표시하는 방법은 **11장의 더 나은 검증 오류 표시**에서 나중에 다룰 것이다. 지금은 실패한 검증을 오류 페이지에 표시한다. 하지만 먼저 경로의 extractListNameFromForm 함수가 널이 될 수 있는 값 대신 Outcome을 반환하도록 변경해야 한다.

```kotlin
private fun Request.extractListNameFromForm(formName: String) =
    form(formName)
        .failIfNull(InvalidRequestError("missing list name in form!"))
        .bind { ListName.fromUntrusted(it) }

private fun createNewList(request: Request): Response {
    val user = request.extractUser()
        .onFailure { return Response(BAD_REQUEST).body(it.msg) }

    val listName = request.extractListNameFromForm("listname")
        .onFailure { return Response(BAD_REQUEST).body(it.msg) }

    hub.handle(CreateToDoList(user, listName))
        .transform { allListsPath(user) }
        .transform { Response(SEE_OTHER).header("Location", it) }
        .recover { Response(UNPROCESSABLE_ENTITY).body(it.msg) }
}
```

그렇다면 ListName 검증을 통해 얻은 것은 무엇일까? 사용자에게 입력이 왜 올바르지 않은지 그 이유를 훨씬 더 자세하게 보여줄 수 있다. 이는 사용자 경험 측면에서 매우 중요할 수 있다.

> **Note** ≡ 그러나 오류가 발생했을 때 null을 반환하는 것만으로 충분할 수 있다. 검증을 함께 결합하는 것은 강력한 기술이지만, 상당히 복잡하기도 하다. 애플리케이션에서는 항상 단순함과 강력한 기능 사이의 균형을 찾아야 한다.

renameList도 비슷한 방식으로 진행할 수 있다. 요청 경로에서 기존 목록 이름을 추출하고, 웹 양식에서 새로운 목록 이름을 추출한다. 나머지는 아주 비슷하다.

```kotlin
private fun renameList(request: Request): Response {
    val user = request.extractUser()
        .onFailure { return Response(BAD_REQUEST).body(it.msg) }
    val listName = request.extractListName()
        .onFailure { return Response(BAD_REQUEST).body(it.msg) }
    val newListName = request.extractListNameFromForm("newListName")
```

```
            .onFailure { return Response(BAD_REQUEST).body(it.msg) }
    return hub.handle(RenameToDoList(user, listName, newListName))
        .transform { Response(SEE_OTHER)
            .header("Location", todoListPath(user, newListName)) }
        .recover { Response(UNPROCESSABLE_ENTITY).body(it.msg) }
    }
```

이 정도면 만족스러운가? 이 코드는 나쁘지 않지만, 비지역 반환을 사용하는 onFailure가 반복되면서 코드를 다소 읽기 어렵게 만든다. 이제 결과를 더 나은 방식으로 결합할 때다.

비지역 반환 제거하기

코드를 개선하려면 의도를 더 정확하게 표현하고 중복을 제거해야 한다. 목표는 단순히 코드의 줄수를 줄이는 것이 아니라 코드의 신호 대 잡음 비율을 향상시키는 것이다. 코드에 같거나 거의 같은 부분이 포함되어 있으면, 뇌는 이를 건너뛰기 쉽고 따라서 실수를 할 수 있다.

이는 단순한 디자인의 네 가지 규칙[2] 중 두 가지에 해당하며, 나머지 두 가지는 테스트 통과와 코드 요소 최소화에 초점을 맞춘다. 이 규칙들은 객체 지향 코드든 함수형 코드든 상관없이 적용된다.

그렇다면 중복을 제거하기 위해 무엇을 할 수 있을까? 한 가지 방법은 모든 결과를 제네릭한 곱 타입(product type)에 함께 넣는 것이다(**부록 C 곱 타입과 쌍대곱 타입** 참고). 이 경우 코틀린 표준 라이브러리의 Triple을 사용할 수 있다.

```
val triple: Triple<ZettaiOutcome<User>,
        ZettaiOutcome<ListName>,
        ZettaiOutcome<ListName>> =
    Triple(
        request.extractUser(),
        request.extractListName(),
        request.extractListNameFromForm("newListName")
    )
```

좋다. 이건 쉬웠다. 그러나 이제 세 가지 결과를 가진 Triple이 생겼으니 그리 크게 개선한 건 아니다.

---

2 https://martinfowler.com/bliki/BeckDesignRules.html

우리가 원하는 것은 이 중 하나라도 오류가 있으면 실패를 반환하고, 오류가 없으면 세 값을 Triple로 반환하는 것이다. 이를 달성하기 위해 모든 결과를 하나의 새로운 결과로 통합한다.

```
val outcome: Outcome<ZettaiError, Triple<User, ListName, ListName>> =
    triple.first.bind { a ->
        triple.second.bind { b ->
            triple.third.transform { c ->
                Triple(a, b, c)
            }
        }
    }
```

잘될 것 같아 보인다. 우리가 한 일은 Triple<ZettaiOutcome<User>, ZettaiOutcome<ListName>, ZettaiOutcome<ListName>>를 Outcome<ZettaiError, Triple<User, ListName, ListName>>로 변환한 것이다. 즉, 본질적으로 Outcome과 Triple의 위치를 바꾼 것이다.

이 코드를 더 개선해 제네릭으로 만들 수 있다.

```
❶ fun <A, B, C, ERR: OutcomeError> swapOutcomeAndTriple(
        first: Outcome<ERR, A>,
        second: Outcome<ERR, B>,
        third: Outcome<ERR, C>): Outcome<ERR, Triple<A, B, C>> =
❷ first.bind { a ->
    second.bind { b ->
❸        third.transform { c ->
            Triple(a, b, c)
        }
    }
  }
```

❶ 호출하는 코드를 단순화하기 위해 Triple을 입력으로 받는 대신 세 파라미터를 받는다.

❷ 그 후 연산의 결과 안에서 첫 번째와 두 번째 파라미터를 bind한다.

❸ 마지막으로 세 번째 파라미터를 Triple 생성으로 변환한다.

이제 함수형으로 생각하는 방법을 연습할 시간이다. 타입 시그니처를 자세히 보자. 최초의 Triple을 제거했으면서 마지막에 Triple을 유지하는 이유는 무엇인가? 아마도 다른 함수가 이 Triple을 입력으로 받을 것이므로, 이를 세 개의 파라미터를 받는 함수로 대체할 수 있기 때문일 것이다. 그렇게 한 시그니처는 다음과 같다.

```
( Outcome<ERR, A>,
  Outcome<ERR, B>,
  Outcome<ERR, C>,
  f: (A,B,C)-> R) -> Outcome<ERR, R>
```

잠깐, 이 함수는 우리가 앞서 **11장의 파라미터가 두 개인 함수 변환**에서 봤던 transform2와 똑같지만, 파라미터를 두 개가 아니라 세 개를 받는다. 이를 같은 방식으로 쉽게 구현할 수 있다.

```
fun <A, B, C, R, ERR : OutcomeError> transform3(
    first: Outcome<ERR, A>,
    second: Outcome<ERR, B>,
    third: Outcome<ERR, C>,
    f: (A, B, C) -> R
): Outcome<ERR, R> =
    first.bind { a ->
        second.bind { b ->
            third.transform { c ->
                f(a, b, c)
            }
        }
    }
```

더 흥미로운 점은, 이를 transform2와 부분 적용을 사용해 구현할 수 있다는 것이다.

```
fun <ERR : OutcomeError, A, B, C, R> transform3(
    first: Outcome<ERR, A>,
    second: Outcome<ERR, B>,
    third: Outcome<ERR, C>,
    f: (A, B, C) -> R
): Outcome<ERR, R> =
    transform2(first,
        transform2(second, third) { b, c -> f.partial(c).partial(b) })
            { a: A, fa: (A) -> R -> fa(a) }
```

이제 모든 것을 합치면 다음과 같다.

```
private fun renameList(request: Request): Response =
    transform3(
        request.extractUser(),
        request.extractListName(),
        request.extractListNameFromForm("newListName"),
```

```
            ::RenameToDoList
    ).bind { cmd ->
        hub.handle(cmd)
            .transform { Response(SEE_OTHER)
                .header("Location", todoListPath(cmd.user, cmd.newName)) }
    }.recover { Response(UNPROCESSABLE_ENTITY).body(it.msg) }
```

이제 전체 메서드가 하나의 식으로 변환됐다. 더 개선되었지만 여전히 transform3에 의존하고 있다. 만약 파라미터가 네 개 있다면, 새로운 함수가 필요할 것이다. 이를 더 제네릭하게 만들 방법이 있는지 살펴보자.

11.4 애플리커티브 펑터 결합하기

지금까지 무엇을 알아냈는가? 지금까지 우리는 하나의 파라미터만 받는 함수를 사용하려고 노력했는데, 이런 함수를 더 쉽게 합성할 수 있기 때문이다. 그러나 이제 여러 파라미터를 받는 함수를 변환할 수 있는 유형의 펑터를 갖게 됐다. 이런 작업을 수행할 수 있는 펑터를 **애플리커티브 펑터**(applicative functor)라고 한다.

애플리커티브 펑터의 본질을 더 탐구하기 위해, 앞서 **11장의 검증을 통한 유효성 검사**에서 했던 작업을 되돌아보자. 우리는 Outcome을 반환하는 함수 목록을 시작으로 하여 오류 목록이 포함된 하나의 Outcome을 반환했다. transform2와 비슷하다는 점을 이미 알아차렸는가? 못 알아차렸다 해도 걱정하지 마라. 지금부터 자세히 살펴볼 것이다.

순회

validateWith에서 한 일은 모든 검증 함수를 동일한 입력, 즉 목록 이름에 매핑하고, 모든 실패를 결합해 하나의 Outcome을 얻는 것이었다. 성공이든 실패의 조합이든 하나의 Outcome을 반환했다. 다시 말해 우리는 펑터 빌더의 컬렉션을 시작으로 그것을 순회하면서 내부에 컬렉션이 있는 하나의 펑터를 생성했다. 결과 대신 실패를 수집한 것은 세부 사항일 뿐이다. 이는 Outcome의 어느 쪽에 집중하는지에 달려 있다.

이런 작업을 **순회**(traverse)라고 하며, 이를 지원하는 타입을 순회 가능(traversable)이라고 한다. Functor가 제네릭 펑터일 때 순회의 시그니처는 다음과 같다.

```
fun <A,B> Iterable<A>.traverse(f: (A) -> Functor<B>): Functor<List<B>>
```

이 함수가 컬렉션을 순회하는 map과 매우 비슷하다는 사실을 알 수 있다. 여기서 (매핑 함수의) 반환 타입은 Functor<B>이다.

```
fun <A,B> Iterable<A>.map(f: (A) -> Functor<B>): List<Functor<B>>
```

유일한 차이점은 두 타입이 마지막(함수 전체의 반환 타입)에 어떻게 교환되는지에 있다! 이는 우리가 검증에서 했던 것과 매우 비슷하다.

이제 **7장 코드에서 펑터 정의하기**에서 사용한 간단한 Holder 펑터에 대해 traverse를 정의해볼 것이다. 먼저 transform2를 구현해보자.

```
data class Holder<T>(private val value: T) {
    fun <U> transform(f: (T) -> U): Holder<U> = Holder(f(value))
    companion object {
        fun <A, B, R> transform2(
            first: Holder<A>,
            second: Holder<B>,
            f: (A, B) -> R
        ): Holder<R> =
            Holder(f(first.value, second.value))
    }
}
```

transform2를 사용해 컬렉션의 원소를 내부에 리스트가 있는 Holder로 접을 수 있다.

```
❶ fun <A, B> Iterable<A>.traverse(f: (A) -> Holder<B>): Holder<List<B>> =
❷     fold(Holder(emptyList())) { acc, e ->
❸         transform2(acc, f(e)) { list, el -> list + el }
    }
```

❶ 어떤 타입의 컬렉션에서 시작해, 거기에 펑터를 적용한다. 여기서는 Holder가 그 펑터다.

❷ 펑터 내부에 빈 리스트를 담은 것을 누적값으로 시작해 원소들을 접는다.

❸ transform2를 사용해 누적값과 함수 f에 의해 생성된 새로운 펑터 인스턴스를 결합한다.

여기서 Iterable<A>를 트리, 시퀀스 등 모든 접을 수 있는 구조로 일반화할 수 있다. 순회 가능 값 자체는 펑터여야 하며, 더 정확히는 애플리커티브여야 한다. 왜냐하면 값을 결합하기 위해 transform2 메서드가 필요하기 때문이다.

시퀀스

앞서 살펴본 것처럼 map과 traverse의 차이는 결과인 List<Functor<A>>와 Functor<List<A>>이다. 첫 번째 결과를 이미 가지고 있는데 두 번째 결과를 원할 때는 어떻게 할지 스스로에게 질문할 수 있다.

다시 말해 컬렉션과 펑터의 위치를 교환하는 제네릭 함수를 정의하려 한다.

```
(List<Functor<A>>) -> Functor<List<A>>
```

이런 연산을 하스켈에서는 **시퀀스**(sequence)라고 부른다. 하지만 코틀린 표준 라이브러리에는 이미 sequence라는 함수가 있기 때문에, 같은 이름의 코틀린 sequence() 함수를 만들면 혼란스러울 수 있다. 따라서 이 함수를 swapWithList()라고 부를 수 있고, 이는 펑터 내부의 리스트 위치를 펑터 자신와 교환한다는 사실을 강조한다.

traverse 함수가 이미 있다면 swapWithList를 구현하는 것은 간단하다. 간단한 Holder 펑터로 구현한 모습을 살펴보자.

```
fun <A> Iterable<Holder<A>>.swapWithList(): Holder<List<A>> =
    traverse { it }
```

놀랐는가? 처음에는 이것이 어떻게 작동하는지 이해하기 어려울 수 있다. 작동 방식을 이해하려면 직접 실행해보는 것이 최고의 방법이다.

Outcome의 경우도 마찬가지다. swapWithList를 하나의 함수로 구현할 수 있지만, 로직을 두 개의 더 작은 함수로 나누면 유연성이 높아진다.

```
fun <T, ERR: OutcomeError, U> Iterable<T>.foldOutcome(
    initial: U,
    operation: (acc: U, T) -> Outcome<ERR, U>
): Outcome<ERR, U> =
    fold(initial.asSuccess() as Outcome<ERR, U>)
    { acc, el -> acc.bind { operation(it, el) } }
```

```
fun <E: OutcomeError, T, U> Iterable<T>.traverseOutcome(
    f: (T) -> Outcome<E, U>
): Outcome<E, List<U>> =
    foldOutcome(emptyList()) { list, e ->
        f(e).transform { list + it }
    }

fun <E: OutcomeError, T> Iterable<Outcome<E, T>>.swapWithList(
): Outcome<E, List<T>> =
    traverseOutcome {it}
```

두 함수를 map과 traverse의 다이어그램과 비교해보자.

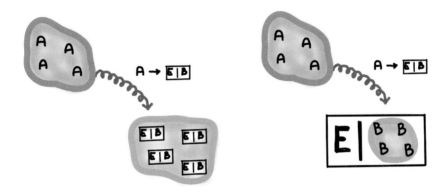

swapWithList 함수는 왼쪽의 결과를 오른쪽의 결과로 직접 변환한다.

마지막으로 일반적인 고려 사항이 있다. 모든 펑터는 접기 가능하므로, 안쪽의 펑터가 순회 가능인 경우(대부분은 그렇다) 두 펑터의 위치를 교환하는 함수를 작성할 수 있다. 예를 들어 ContextReader<CTX, Outcome<ERR, T>> 값을 Outcome<ERR, ContextReader<CTX, T>>로 변환할 수 있다. 이런 교환 가능성은 컬렉션에만 국한되지 않는다.

성능에 대한 경고

traverseOutcome 구현의 성능에 대해 언급할 내용이 있다. 리스트 + 원소를 반복적으로 추가하면 수천 개 이상의 원소가 있는 컬렉션의 경우 성능에 큰 영향을 미칠 수 있다. 이는 리스트를 수천 번 할당하고 복사하기 때문이다. 이 경우 불변성을 유지하는 대신 가변 리스트를 사용해 구현하는 편이 더 낫다.

```
fun <E: OutcomeError, T, U> Iterable<T>.traverseOutcome(
    f: (T) -> Outcome<E, U>
): Outcome<E, List<U>> =
    foldOutcome(mutableListOf()) { list, e -> f(e).transform { list.add(it) } }
```

덜 우아하지만 훨씬 빠르다!

순차적 적용

지금까지 transform2와 traverse를 살펴봤지만, 애플리커티브의 본질을 무엇보다 잘 보여주는 더 근본적인 함수가 있다. 바로 **순차적 적용**(sequential application)이다. 다음은 제네릭한 Applicative 를 사용한 그 시그니처다.

```
typealias sequentialApplication<A,B> =
    (Applicative<(A)->B>) -> (Applicative<A>) -> Applicative<B>
```

이 타입 별명은 매우 우아하며, 이를 통해 애플리커티브가 화살표를 보존하는 펑터라는 사실을 알 수 있다.

그럼에도 불구하고, 그렇게 유용해 보이지는 않는다. 그렇지 않은가? 그러나 겉모습은 진실을 왜곡할 수 있다.

이 함수는 A에서 B로의 함수를 포함하는 펑터를 받아서 A의 펑터를 받아들여 B의 펑터를 반환하는 새로운 함수를 반환한다. 어떤 면에서 이 함수는 원래의 펑터에서 함수를 추출해 펑터 인스턴스들과 직접 상호작용할 수 있게 해준다.

곧 알게 되겠지만, 이런 기능은 흥미로운 함수적 효과를 생성할 수 있는 기능을 제공한다.

애플리커티브라는 이름 자체는 이 응용에서 유래됐다. 〈효과를 통한 애플리커티브 프로그래밍 (Applicative Programming with Effects)〉이라는 논문[3]에서 애플리커티브가 처음 설명됐으며, 수학적으로는 느슨한 모노이드 펑터(lax monoidal functors)라고 한다. 여기서 그 전체 의미를 설명하기에는 너무 복잡하지만, 관심이 있다면 바르토시 밀레프스키(Bartosz Milewski)의 블로그에서 설명을 읽어볼 수 있다[4].

---

3   http://www.staff.city.ac.uk/~ross/papers/Applicative.pdf

4   https://bartoszmilewski.com/2017/02/06/applicative-functors

이름에서 직관적으로 알 수 있듯이 애플리커티브는 모노이드와 관련이 있다. 더 정확히 말하면 모노이드 펑터는 모노이드 카테고리의 모든 구조를 보존하는 펑터다. **5장 모노이드 알아보기**에서 본 것처럼 모두 화살표를 구성하는 것과 관련이 있으며, 직관적으로 모노이드 카테고리는 펑터를 여러 모핑에 대해 작동시킬 수 있는 카테고리로 상상할 수 있다. 그래서 transform2에서 본 것처럼 여러 파라미터를 가진 함수를 매핑할 수 있다.

순차적 적용으로 돌아가서, 이제 어떤 펑터에 대해 이를 구현해야 한다. 이름을 선택해야 하는데, 코틀린 표준 라이브러리에 이미 apply라는 함수가 있으므로, 우리 함수를 andApply라고 불러서 순차적으로 사용할 수 있다는 아이디어를 표현하겠다. List 펑터로 시작해보자.

```
fun <A,B> List<(A)->B>.andApply(a: List<A>): List<B> = flatMap { a.map(it) }
```

작동 방식을 보기 위해 Int를 String으로 변환하는 간단한 함수를 시도해보고, 이 함수를 문자열 리스트에 적용해보자.

```
val l = listOf(Int::toString)
    .andApply( listOf(1,1,2,3,5,8) )

println(l.joinToString()) // 1, 1, 2, 3, 5, 8
```

음, 그다지 유용하지는 않은 것 같지만 잘 작동한다. 더 흥미롭게 만들기 위해 두 개의 파라미터를 받는 함수를 시도해보겠다. 이 함수의 파라미터를 하나씩 적용하기 위해 먼저 커링을 해야 한다.

커링을 기억하는가? **4장의 연습 문제 4.3**에서 커링을 다뤘다. 커링은 여러 파라미터를 받는 함수를 하나의 파라미터를 받는 여러 함수의 연쇄로 변환하는 기법이다. 코틀린에서는 커링을 이렇게 정의할 수 있다.

```
fun <A,B,R> ((A,B)->R).curry(): (A)->(B)->R =
    { a -> { b -> invoke(a, b) } }

fun <A,B,C,R> ((A,B,C)->R).curry(): (A)->(B)->(C)->R =
    { a -> { b -> { c -> invoke(a, b, c) } } }
// 등등
```

파라미터를 대여섯 개까지는 계속 사용할 수 있지만, 더 많은 파라미터를 받는 함수라면 애플리커티브와 함께 사용하는 것이 적절하지 않다. 파라미터를 쉽게 구분할 수 없기 때문이다.

두 문자열을 연결하는 함수를 커링하면, 이를 두 개의 별도 문자열 리스트에 적용할 수 있다.

```
val l = listOf( String::plus.curry() )
    .andApply( listOf("hmm", "ouch", "wow") )
    .andApply( listOf("?", "!") )
println(l.joinToString()) // hmm?, hmm!, ouch?, ouch!, wow?, wow!
```

상황이 점점 흥미로워지고 있다! 무슨 일이 일어나고 있는 걸까? 세 개의 원소가 있는 리스트에 적용한 후 두 개의 원소가 있는 리스트에 적용하면 여섯 개의 원소가 있는 리스트가 생긴다. 이는 모든 가능한 조합을 얻은 것이다. 바로 이번 장 앞부분에서 검증을 위해 수행했던 것과 비슷하다.

코드를 보면 애플리커티브를 사용하기 위해 커링한 함수를 리스트에 넣는 것은 무의미해 보인다. 더 나은 방법은 식이 들어 있는 리스트 중 하나를 시작으로 하여, 이를 제네릭한 펑터로 함수에 적용하는 것이다. 다음과 같다.

```
val l = listOf("hmm", "ouch", "wow")
    .map(String::plus.curry())
    .andApply( listOf("?", "!"))

println(l.joinToString()) // hmm?, hmm!, ouch?, ouch!, wow?, wow!
```

이 방법이 더 효율적이지만, 함수가 먼저 나오고 두 리스트가 뒤에 오는 예전 코드가 더 명확하다. 오른쪽 파라미터에 대해 펑터 변환을 수행하는 새로운 함수를 만들고, 펑터 변환 과정에서 커링도 수행할 수 있다. 이런 함수를 transformAndCurry라고 부르자. 오른쪽 파라미터에 대한 변환이기 때문이다. 두 개, 세 개, 네 개의 파라미터에 대해 각각 정의해보자.

```
fun <A, B, R> ((A, B) -> R)
        .transformAndCurry(other: List<A>): List<(B) -> R> =
    other.map { curry()(it) }

fun <A, B, C, R> ((A, B, C) -> R)
        .transformAndCurry(other: List<A>): List<(B) -> (C) -> R> =
    other.map { curry()(it) }

fun <A, B, C, D, R> ((A, B, C, D) -> R)
        .transformAndCurry(other: List<A>): List<(B) -> (C) -> (D) -> R> =
    other.map { curry()(it) }
```

모든 파라미터의 개수에 대해 다시 제네릭 함수를 선언해야 하지만, 최소한 모든 경우에 대해 (함수 본문의) 코드는 같다. 이제 우리의 작은 예제를 더 읽기 쉽게 다시 작성할 수 있다.

```
val l = String::plus
    .transformAndCurry( listOf("hmm", "ouch", "wow"))
    .andApply( listOf("?", "!"))

println(l.joinToString()) // hmm?, hmm!, ouch?, ouch!, wow?, wow!
```

중위 표기법

리스트와 함수가 더 중요하게 보이도록, 아주 짧은 기호를 중위 함수(infix function)로 정의할 수 있다. 이런 기법은 하스켈, 스칼라, F#과 같은 다른 함수형 언어에서 흔히 사용하는 관습이다. 익숙함과 개인적인 취향의 문제지만, 실험해 볼만한 가치가 있다고 생각한다[5].

애플리커티브에 대해서는 느낌표(!)와 애스터리스크(*)를 중위 함수로 선택했다. 이 기호가 마음에 들지 않는다면 다른 기호를 자유롭게 사용해도 된다.

```
infix fun <A, B, C, R>
        ((A, B, C) -> R).`!`(other: List<A>): List<(B) -> (C) -> R> =
    transformAndCurry(other)

infix fun <A, B> List<(A) -> B>.`*`(a: List<A>): List<B> =
    andApply(a)
```

이제 예제를 더 간결한 형태로 다시 작성할 수 있다. 아마 이 코드가 더 읽기 쉬울 것이다.

```
val l = String::plus `!` listOf("hmm", "ouch", "wow") `*` listOf("?", "!"))

println(l.joinToString()) // hmm?, hmm!, ouch?, ouch!, wow?, wow!
```

Outcome과 같은 다른 펑터에도 중위 애플리커티브 메서드를 구현할 수 있다. 다음 다이어그램으로 커리된 함수와 순차적 적용이 어떻게 함께 작동하는지 더 쉽게 볼 수 있다.

5　　역주 함수형 언어들은 기호를 조합한 <-->, <-> \<\ 등의 이름으로 정의된 중위 연산자 함수를 호출할 때 백틱(```)을 쓸 필요가 없지만 코틀린에서는 백틱을 꼭 써야 한다.

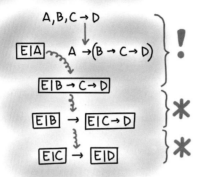

애플리커티브 법칙

요약하자면, 애플리커티브 펑터를 정의하려면 어떤 타입으로부터 애플리커티브를 생성할 수 있는 타입 생성자와 andApply나 transform2 구현이 필요하다. 펑터 변환 함수는 항상 transform2나 andApply로 정의할 수 있지만, 그 반대는 불가능하다. 모든 애플리커티브는 펑터지만, 모든 펑터가 애플리커티브는 아니기 때문이다.

애플리커티브의 함수들을 올바르게 구현하고 있는지 확인하려면, 펑터와 모나드의 경우처럼 애플리커티브 법칙을 준수하는지 검증해야 한다. 애플리커티브 법칙은 네 가지가 있다. 먼저 첫 번째와 두 번째 법칙인 항등원 법칙과 준동형사상(homomorphism) 법칙을 살펴보겠다.

항등원 법칙은 항등 함수와 함께 애플리커티브를 다른 애플리커티브에 적용하면 결과가 원래 애플리커티브와 같아야 한다는 것이다. 코드로 보면 더 쉽게 이해할 수 있을 것이다. 간결한 버전과 길게 적은 버전을 모두 참고하자.

```
val x = randomString(text, 1, 10)
val id: (String) -> String = { it }

@Test
fun `Identity law`() {
    expectThat(listOf(id) `*` listOf(x)).isEqualTo(listOf(x))
}
```

```kotlin
@Test
fun `Identity law verbose`() {
    expectThat(
        listOf(id).flatMap { f -> listOf(x).map(f) }
    ).isEqualTo(listOf(x))
}
```

준동형사상 법칙은 함수를 담은 애플리커티브를 값의 애플리커티브에 적용하면, 그 결과는 함수가 값에 적용된 애플리커티브와 같아야 한다는 것이다. 이를 코드로 다음과 같이 번역할 수 있다.

```kotlin
val f: (String) -> Int = { it.length }

@Test
fun `Homomorphism law`() {
    expectThat(listOf(f) `*` listOf(x)).isEqualTo(listOf(f(x)))
}
```

여기서 String과 Int, String::length 함수는 단지 예제일 뿐이다. 이 법칙이 유효하려면 모든 타입과 순수 함수의 조합에 대해 작동해야 한다.

마지막 두 가지 법칙은 상호 교환(interchange) 법칙과 합성 법칙이다. 이들은 동일한 개념, 즉 순차적 적용은 완전히 투명해야 한다는 점을 강제한다. 코드는 다소 복잡하여 여기서는 논의하지 않겠다. 하지만 이 책 저장소의 ApplicativeLawsTest.kt 파일에서 네 가지 법칙을 모두 검증하는 코드를 찾을 수 있다.

모나드와 애플리커티브

마지막으로 모나드와 애플리커티브의 비슷한 점과 다른 점을 생각해보자.

모나드를 사용하면 각 연산이 다음 연산에 영향을 미칠 수 있는 연산 체인을 만들 수 있다. 반면 애플리커티브는 연산을 독립적으로 실행한 다음 그 결과를 결합할 수 있다.

어떤 의미에서는 애플리커티브가 모나드보다 덜 강력하지만, 대신 장점을 동반한다. 모나드에서는 첫 번째 실패가 다른 실패를 방지하기 때문에 모나드로 검증을 수행할 수는 없을 것이다.

또한 **7장 함수적 효과**에서 설명한 것처럼, 우리 타입이 모나드 인스턴스와 함께 작동할 때는 모나드 효과에 대해 이야기하는 것이 일반적이다. 이 경우 연산이 차례로 적용되며 첫 번째 실패가 모든 연산을 실패하게 만든다. 애플리커티브 인스턴스와 함께 작동할 때는 각각의 연산이 독립적으로 적용되므로 애플리커티브 효과라는 용어가 사용된다.

마지막으로 애플리커티브와 모나드가 모두 펑터라는 점을 살펴봤는데, 둘이 어떻게 관련돼 있을까? 답은 모든 애플리커티브가 모나드인 것은 아니라는 것이다. 이 때문에 bind를 사용하지 않고도 andApply와 transform2 같은 함수를 구현할 수 있다. 반대로 이러한 함수들을 항상 bind를 사용해 구현할 수 있기 때문에 모든 모나드는 애플리커티브이기도 하다.

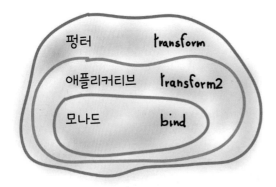

이제 제타이로 돌아갈 시간이다! 지금까지 배운 모든 것을 잘 활용해보자.

커맨드를 처리하는 패턴

우리는 transform3 함수를 사용하려고 renameList 함수를 남겨뒀다. 이를 중위 애플리커티브 형태로 사용하면 어떻게 보일지 살펴보자.

```
fun renameList(request: Request): Response =
    ( ::RenameToDoList `!` request.extractUser()
          `*` request.extractListName()
          `*` request.extractNewListName())
      .bind { cmd ->
          hub.handle(cmd)
              .transform { Response(SEE_OTHER)
                  .header("Location", todoListPath(cmd.user, cmd.newName)) }
      }.recover { Response(UNPROCESSABLE_ENTITY).body(it.msg) }
```

일단 익숙해지면, 중위 연산자 적용이 의도를 더 명확히 드러낸다. 다른 커맨드에 매핑해야 하는 모든 요청에 대해 동일한 패턴을 사용할 수 있다.

다른 요청을 살펴보면 커맨드를 처리하고, 이를 허브에 전달하고, 결과를 바인딩하는 편리한 함수를 추출할 수 있다.

```
fun <C: ToDoListCommand>
        executeCommand(command: ZettaiOutcome<C>): ZettaiOutcome<C> =
    command.bind(hub::handle)
```

마지막으로 코드를 더 개선하기 위해 가능한 모든 오류 응답을 중앙에서 처리하는 함수를 추출할 수 있다. ZettaiError에 대해 봉인된 클래스를 사용하면 여기서 가능한 모든 오류를 확실히 포착할 수 있다는 장점이 있다.

```
fun errorToResponse(referrer: String?): ZettaiError.() -> Response = {
    when (this) {
        is ValidationError -> Response(BAD_REQUEST).body(msg)
        is InvalidRequestError -> Response(NOT_FOUND).body(msg)
        is ZettaiParsingError -> Response(BAD_REQUEST).body(msg)
        is QueryError, is ToDoListCommandError,
        is InconsistentStateError, is ZettaiRenderError ->
            Response(UNPROCESSABLE_ENTITY).body(msg)
    }
}
```

다음은 renameList의 최종 버전이다.

```
fun renameList(request: Request): Response =
    executeCommand(
        ::RenameToDoList
                `!` request.extractUser()
                `*` request.extractListName()
                `*` request.extractListNameFromForm("newListName"))
        .transform { Response(SEE_OTHER)
            .header("Location", todoListPath(it.user, it.newName)) }
        .recover(errorToResponse(request.referer))
```

다른 모든 명령에도 같은 패턴을 사용할 수 있다. 예를 들어 createNewList는 다음과 같다.

```
fun createNewList(request: Request): Response =
    executeCommand(
        ::CreateToDoList
                `!` request.extractUser()
```

```
        `*` request.extractListNameFromForm("listname")
).transform { allListsPath(it.user) }
    .transform { Response(SEE_OTHER).header("Location", it) }
    .recover(errorToResponse(request.referer))
```

11.5 사용자 인터페이스 개선하기

이제 코드에 만족한다. 하지만 여전히 목록 이름 변경을 사용자 인터페이스와 연결해야 한다.

이 시점에서 사용자 인터페이스를 더 보기 좋게 만들 수 있다. 실제 프로젝트와 마찬가지로 외형적 요소를 개선하려면 애플리케이션에 하드코딩된 HTML 페이지에 계속 의존할 수는 없다. 대신 CSS 파일, 폰트, 스크립트 등을 포함한 정적 콘텐츠를 제공해야 한다.

또한 동적 콘텐츠를 생성하기 위해 HTML 템플릿을 사용해야 할 수도 있다. 우선, 애플리케이션의 리소스 폴더에 정적 콘텐츠를 제공하기 위해 새로운 /static 경로를 추가하자.

```
val httpHandler = routes(
    "/" bind GET to ::homePage,
    "/todo/{user}" bind GET to ::getAllLists,
    "/todo/{user}" bind POST to ::createNewList,
    "/todo/{user}/{listname}" bind GET to ::getTodoList,
    "/todo/{user}/{listname}" bind POST to ::addNewItem,
    "/todo/{user}/{listname}/rename" bind POST to ::renameList,
    "/whatsnext/{user}" bind GET to ::whatsNext,
    "/static" bind static(Classpath("/static"))
)
```

정적 콘텐츠를 리소스에 넣을 때의 장점은 항상 애플리케이션과 함께 배포되어 배포가 더 간단해진다는 것이다. 단점은 콘텐츠가 애플리케이션과 함께 배포되므로 콘텐츠만 독립적으로 변경할 수 없다는 점이다. 하지만 간단한 애플리케이션의 경우, 이 방법이 아마도 최선의 해결책일 것이다.

함수형 템플릿 엔진

> 모든 문제를 극도로 간단하게 해결할 수 있는 것처럼 다루라. 이 방법이 맞는 98%의 문제에서
> 시간을 절약하면 나머지 2%의 문제에 엄청난 리소스를 투입할 수 있다.
>
> — 폴 맥크레디 박사(Dr. Paul MacCready[6])

앞 장에서 함수형 템플릿 엔진을 구축하는 두 가지 연습을 했다. 매우 간단하지만, 문제를 해결하는 간단함은 그 자체로 가치가 있다. 이제 이를 활용해 HTML 페이지를 생성할 수 있다.

비슷한 문제에 대한 보다 완전한 해결책은 내 깃허브 저장소의 templatefun을 참고하라[7].

템플릿 엔진 인터페이스에 대한 기억을 다시 끌어내보자. 주요 함수는 renderTemplate이며, 템플릿 문자열과 템플릿의 특수 마커를 올바른 값으로 대체할 태그 맵을 파라미터로 받는다.

세 가지 종류의 태그가 필요하다. 간단한 문자열 치환을 위한 StringTag, 컬렉션을 처리하기 위한 ListTag, 텍스트 블록을 표시하거나 숨기기 위한 BooleanTag다.

❶ `typealias Template = CharSequence`

❷ `typealias TagMap = Map<String, TemplateTag>`

❸
```
sealed class TemplateTag
    data class StringTag(val text: String?) : TemplateTag()
    data class ListTag(val tagMaps: List<TagMap>) : TemplateTag()
    data class BooleanTag(val bool: Boolean) : TemplateTag()
```

❹
```
infix fun String.tag(value: String?): Pair<String, TemplateTag> =
    this to StringTag(value)
infix fun String.tag(value: List<TagMap>): Pair<String, TemplateTag> =
    this to ListTag(value)
infix fun String.tag(value: Boolean): Pair<String, TemplateTag> =
    this to BooleanTag(value)
```

❺
```
fun Template.renderTemplate(data: TagMap): TemplateOutcome =
    applyAllTags(data).checkForUnappliedTags()
```

---

❶ CharSequence는 문자열의 시퀀스를 나타내는 인터페이스다. 여기서는 Template이 String이나 StringBuilder가 될 수 있도록 CharSequence를 사용한다.

❷ 템플릿에서 어떤 문자열이 어떤 태그에 대응하는지 지정하는 방법이다.

❸ 우리가 사용하는 세 가지 태그 타입이 있는 봉인된 클래스다.

❹ 세 가지 중위 함수를 사용하면 태그가 있는 맵을 쉽게 만들 수 있다.

❺ 템플릿을 렌더링하는 메인 메서드다. 최종 텍스트나 오류가 포함된 Outcome을 반환한다.

> **조에게 묻는다 왜 바퀴를 다시 발명해야 하는가?**
>
> 사용할 수 있는 오픈 소스 템플릿 라이브러리가 많이 있지만, 두 가지 이유로 템플릿 라이브러리를 직접 작성할 것이다. 한 가지 이유는 함수형 원칙에 따라 간단한 라이브러리를 작성하고 사용하는 방법을 배우는 데는 교육적 가치가 있기 때문이다. 다른 이유는 문제를 50줄의 코드로 해결하는 것과 큰 복잡한 라이브러리를 가져와 배우는 것 중 하나를 선택해야 할 때, 내가 첫 번째 선택을 더 좋아하기 때문이다.
>
> 이는 바퀴를 다시 발명하려는 것이 아니라, 불필요하게 복잡한 기성품을 선택하는 대신, 우리의 구체적인 요구 사항에 맞는 맞춤형 해법을 조립하려는 것이다.

사용 방법을 살펴보자. 템플릿 텍스트가 애플리케이션 리소스 내부에 있으므로 파일 시스템 접근에 대해 너무 걱정할 필요는 없다.

```
fun renderTemplatefromResources( fileName: String,
                                 data: TagMap): ZettaiOutcome<Template> =
    TemplateTag::class.java.getResource(fileName)
        .failIfNull( TemplateError("Template not found $fileName"))
        .transform(URL::readText)
        .bind { it.renderTemplate(data) }
        .transformFailure { ZettaiRenderError(it) }
```

우리 페이지에는 세 가지 템플릿이 필요하다. 이 책은 HTML이나 자바스크립트 책이 아니므로, 새롭고 멋진 사용자 인터페이스에 대해 논의하지는 않을 것이다. 목표는 그래픽 작업과 통합하는 방법을 보여주는 것이지 웹 디자인을 잘해서 상을 받는 것이 아니다. 자바스크립트 코드의 양은 최소한이며, 실제 코드는 저장소에서 볼 수 있다.

페이지 템플릿을 사용하기 위해, 태그에 대한 중위 표기법을 활용해 렌더링 함수를 다음과 같이 다시 작성할 수 있다.

```
❶ fun renderListPage(
       user: User,
       toDoList: ToDoList,
       errors: String? = null
   ): ZettaiOutcome<HtmlPage> =
❷     mapOf(
           "user" tag user.name,
           "listname" tag toDoList.listName.name,
❸         "items" tag toDoList.items.toTagMaps(),
           "errors" tag errors,
           "if_error" tag (errors != null)
❹     ).renderHtml("/html/single_list_page.html")

❺ fun TagMap.renderHtml(fileName: String): ZettaiOutcome<HtmlPage> =
       renderTemplatefromResources(fileName, this)
           .transform(Template::toString)
           .transform(::HtmlPage)

❻ private fun List<ToDoItem>.toTagMaps(): List<TagMap> =
       map {
           mapOf(
               "description" tag it.description,
               "dueDate" tag it.dueDate?.toIsoString().orEmpty(),
               "status" tag it.status.toString()
           )
       }
```

❶ 하나의 목록 페이지를 렌더링하기 위해 사용자, 리스트, 오류 메시지(선택 사항)를 전달한다.

❷ 그런 다음 중위 함수를 사용해 태그가 포함된 맵을 생성한다.

❸ 항목의 경우 각 항목에 대한 태그 맵을 생성해야 한다.

❹ 리소스 내 템플릿 파일의 이름을 지정한다.

❺ 마지막으로 템플릿을 렌더링하고 이를 HTML 페이지로 변환한다.

❻ 이 함수는 항목 목록을 태그와 값이 포함된 해시맵의 리스트로 매핑한다. 이 해시맵의 리스트를 항목 렌더링에 사용한다.

실제 HTML과 CSS 디자인을 해준 내 친구 아사드 만지(Asad Manji)에게 고마움을 전한다. 사용자의 전체 목록 페이지가 다음과 같이 보인다.

이제 renderListsPage와 renderWhatsNextPage에 대해서도 같은 작업을 수행해야 한다. 코드 저장소에는 모든 것이 계속 작동하도록 마련한 테스트와 DDT 내부의 HTML 파싱 변경 사항도 찾을 수 있다.

더 나은 검증 오류 표시

마지막으로 사용자들이 양식을 벗어나지 않고 데이터를 올바르게 입력할 수 있도록 검증 오류를 더 나은 방식으로 표시해야 한다. 이를 위해 플래시 애트리뷰트(flash attribute)를 사용할 것이다.

플래시 애트리뷰트는 사용자에게 일회성 알림을 표시하려 할 때 유용하다. 플래시 애트리뷰트를 요청 쿠키 안에 설정하면 리디렉션 후 브라우저가 서버로 다시 보낼 수 있고, 그다음에는 삭제된다.

이를 활용하려면 경로 앞에 FlashAttributesFilter를 설정하기만 하면 된다.

```
val httpHandler = FlashAttributesFilter.then(
    routes( /* routes definition here */ ))
```

그리고 응답의 플래시 애트리뷰트 안에 오류 메시지를 포함시킨다.

```
fun errorToResponse(referrer: String?): ZettaiError.() -> Response = {
    when (this) {
        is ValidationError -> Response(SEE_OTHER)
            .header("Location", referrer)
            .withFlash("Validation error: $msg")
    // 나머지 오류들...
```

이를 검증하기 위해 할 일 목록의 이름을 변경할 때 잘못된 이름을 입력해보자.

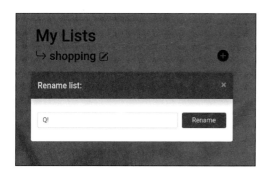

이제 오류를 볼 수 있다.

검증이 완전히 끝났을까? 솔직히 말해 아직 부족한 부분이 있다. 사용자 인터페이스에 자바스크립트를 추가한 뒤에는 HTML을 긁어와서 비교하면 안 되고, 사용자 인터페이스와 직접 상호작용해 자바스크립트 로직을 테스트해야 한다.

헤드리스 브라우저를 사용해 애플리케이션과 상호작용하는 새로운 DDT 프로토콜을 구현하는 것도 한 가지 방법이다. 그렇게 하면 HTML이나 자바스크립트 오류를 처리할 수 있지만, 빌드 과정이 길어질 것이다. 제타이와 같은 간단한 애플리케이션의 경우에는 과도할 수 있지만, 더 복잡한 애플리케이션에는 가능한 전략이다.

또 다른 방법은 모든 DDT를 HTTP 수준에서 유지하고, 자바스크립트 테스트를 사용해 백엔드 API의 스텁 버전 위에서 UI를 테스트하는 것이다.

11.6 요약

이 장은 새로운 사용자 스토리를 완전히 구현하는 것으로 시작했다. 몇 가지 실수를 저지르고 이를 수정하는 방법을 배우는 과정도 거쳤다. 함수형 접근 방식이 어떻게 버그를 찾는 과정을 단순화하고 수정하는 데 걸리는 시간을 단축해주는지 더 명확히 알았기를 바란다.

그런 다음 사용자 입력을 검증하는 방법을 살펴봤다. 이것은 순회 개념과 펑터와 펑터 내부의 컬렉션 위치를 교환하는 방법으로 이어졌다.

순회 가능 개념을 일반화하면서 애플리커티브 펑터 개념에 도달했다. 이는 함수형 방식으로 파라미터가 두 개 이상인 함수를 처리하는 데 아주 유용한 데이터 타입 패턴이다. 또 중위 함수를 사용해 코드를 더 읽기 쉽게 만드는 실험을 했고, 이를 제타이 경로에 적용했다.

마지막으로 이전 장의 연습 문제에서 만든 템플릿 엔진을 사용해 제타이에 더 나은 사용자 인터페이스를 적용했다.

다음 장에서는 운영을 모니터링하고 JSON을 함수형 방식으로 파싱하고 직렬화하는 방법을 살펴볼 것이다.

11.7 연습 문제

이 장의 연습 문제는 애플리커티브 펑터를 사용해 여러 결과를 결합하는 방법에 집중한다.

다시 강조하지만, 함수형 프로그래밍은 코드를 읽는 것만으로는 배울 수 없다. 가장 좋은 방법은 연습하는 것이다. 책 코드 저장소의 exercises 폴더에서 시작점을 찾고, 몇 가지 힌트를 얻을 수 있다.

연습 문제 11.1: 결과 축소하기

실패를 결합하기 위해 reduce를 정의했지만, 성공을 위해서도 사용할 수 있다. 이번 연습 문제에서는 모든 결과가 성공이면 모든 결과의 축소를 성공으로 반환하고, 최소 하나라도 실패하면 오류로 반환하는 방식으로 다음과 같은 함수를 구현해보자.

```
fun <E : OutcomeError, S, T: S> List<Outcome<E, T>>
        .reduceSuccess(f: (S, T) -> T): Outcome<E, S> = TODO()
```

연습 문제 11.2: 애플리커티브 컨텍스트 리더

우리는 Outcome과 List에 대해서만 애플리커티브를 정의했다. 이번 연습 문제에서는 Context Reader에 대해 !와 *를 구현한 다음 테스트해보자.

제타이의 retrieveOldAndNewListName() 함수를 bind와 transform 대신 !와 *를 사용해 다시 구현할 수도 있다.

연습 문제 11.3: 목록 항목 편집하기

애플리케이션을 완전히 작동시키려면 목록의 항목을 편집할 수 있어야 한다. 이번 연습 문제에서는 사용자가 목록의 항목을 편집할 수 있도록 새로운 스토리를 구현해보자.

먼저 DDT를 작성한 다음, 이 책에서 봐온 것처럼 작성한 DDT를 통과시키기 위해 시도하라.

EditToDoItem 커맨드가 있지만 주석 처리되어 있으므로 주석을 해제하고 컴파일할 수 있도록 해야 한다. 이 스토리를 위해 새로운 이벤트를 생성할 필요는 없으며, 올바른 순서로 이벤트를 발생시키기만 하면 된다.

스토리를 완료하려면 투영에 대한 테스트를 추가하고, 사용자용 HTML UI를 추가해야 한다.

연습 문제 11.4: 목록 항목 삭제하기

이 연습 문제에서는 목록에서 단순한 항목을 삭제하는 새로운 스토리를 구현해보자.

DDT로 시작해 앞의 연습 문제에서 설명한 대로 진행해야 한다.

12장

모니터링과 함수형 JSON

말 없이 구걸하는 사람들은 말 없이 굶주린다.

– 러디어드 키플링(Rudyard Kipling), 『킴(Kim)』

이 장에서는 애플리케이션을 완성하고 새로운 함수형 개념을 배울 것이다.

먼저 모니터링이 중요한 이유와 순수 함수형 스타일로 애플리케이션에서 좋은 로그를 생성하는 방법을 살펴본다.

그런 다음 허브의 모든 연산을 로깅하는 실습을 진행할 것이다. 함수형 접근 방식은 도메인에 영향을 주지 않고 중앙 집중식 코드를 최소화하면서 깨끗하게 로깅할 수 있게 해주며, 변경과 유지 보수도 쉽다.

다음으로 리플렉션과 예외를 사용하지 않고 JSON 형식을 사용해 타입들을 파싱하고 직렬화 하는 방법을 완전히 안전한 함수형 방식으로 살펴볼 것이다. 함수형 프로그래밍에서 프로펑터 (profunctor)를 사용하여 관계를 매핑하는 방법도 알아보겠다.

마지막으로 데이터베이스 계층에 대한 로그를 추가해서 제타이 애플리케이션을 완성할 것이다.

12.1 애플리케이션 모니터링하기

프로 개발자로서 단순히 애플리케이션이 작동하는 것만으로는 충분하지 않다는 것을 명심하자. 무엇이 진행되고 있는지 모니터링해야 하며, 이를 위해서 애플리케이션은 자신이 무엇을 하고 있는지 알려줘야 한다.

이러한 정보를 공개하는 과정을 일반적으로 로깅(logging)이라고 한다. 로깅을 위한 가장 간단한 해결책은 중요한 이벤트를 로컬 파일에 한 줄씩 추가하는 것이다. 이 파일이 바로 애플리케이션의 로그 파일이다. 과거에 애플리케이션이 한두 대의 서버에서만 실행되던 시절에는 직접 해당 파일에 접근해 정보를 탐색하는 것이 일반적이었다.

디버깅 활동은 주로 애플리케이션 코드와 로그 파일을 함께 살펴보며 문제 발생 지점을 파악하는 것으로 이뤄졌다. 문제의 원인이 명확하지 않은 경우, 코드에 더 많은 로깅 구문을 추가하고 문제 를 재현하려고 애플리케이션을 다시 실행하곤 했다.

로그 파일은 매우 커지는 경향이 있었고, 무슨 일이 일어났는지 이해하려는 작업은 시간이 많이 걸렸다. 특히 여러 스레드가 병렬로 로그를 기록할 때 더욱 그렇다.

클라우드 모니터링 플랫폼

로그를 실시간으로 읽어 관련 정보를 추출하는 일반적인 활동을 **모니터링**이라고 한다. 클라우드와 마이크로서비스 아키텍처의 등장으로 모니터링은 더 어려워졌는데, 단순히 하나의 로그 파일을 읽는 것만으로는 더 이상 충분하지 않고, 여러 대의 기계에서 로그를 수집해야 하기 때문이다.

다행히도 로그를 수집하는 것은 분산 아키텍처에서 흔한 문제이며, 이를 해결하기 위해 새로운 종류의 서비스가 등장했다. 지금 사용 가능한 솔루션이 여러 가지 있다. 솔루션은 모두 새로운 로그 행을 중앙 서버로 보내 해당 정보를 완전히 검색 가능한 어떤 데이터베이스에 저장하는 아이디어를 기반으로 한다.

엘크 스택(ELK-stack[1]) 같은 오픈 소스도 있고, 스플렁크(Splunk[2]) 같은 상업적인 솔루션도 있다. 이러한 솔루션들은 일반적으로 집계된 로그 데이터를 검색할 수 있을 뿐만 아니라, 로그된 정보로부터 경고, 보고서, 시각화를 생성할 수 있는 사용자 인터페이스를 제공한다.

이런 특성은 중요하다. 로그로부터 디버깅에 도움을 받는 것뿐 아니라 중요한 비즈니스 지표에 대해 지속적으로 갱신되는 정보를 얻을 수 있기 때문이다.

예를 들어 매일 몇 명의 새로운 사용자가 가입했는지, 얼마나 자주 애플리케이션을 사용하는지 측정할 수 있다. 보고서는 이해관계자에게 자동으로 전송되며 판매 전략, UI 변경 등을 평가할 수 있다.

마지막으로 시스템 성능이 좋은지 지속적으로 확인하기 위해 로그를 사용하고 시간을 기록할 수도 있다. 대시보드를 보면 시스템에 언제 문제가 발생했는지 알 수 있다. 아마도 과부하가 걸렸거나 마지막 커밋에 버그가 있었기 때문일 것이다. (그렇다. 함수형 코드베이스에서도 버그는 발생한다.)

이 책에서는 로그 집계기를 위한 모니터 플랫폼을 누군가 이미 구축했다고 가정하고, 우리 애플리케이션이 단순히 로컬 파일에 로그를 작성하도록 할 것이다. 모니터 플랫폼은 어떻게든 이 파일을 읽어서 중앙 대시보드에 통합하겠지만, 이 책에서 그 과정에 대해서는 다루지 않는다.

---

1   https://www.elastic.co/kr/what-is/elk-stack

2   https://www.splunk.com

함수형 로깅

함수형 프로그래밍 책에서 왜 모니터링에 대해 이야기하고 있을까? 로깅은 모든 애플리케이션에 매우 중요한 요구 사항이기 때문이고, 함수형 접근 방식에는 구체적인 방식의 해결책이 필요하기 때문이다. 우리는 두 가지, 즉 함수형 애플리케이션에서 로깅을 어디에 넣을 것인지와 함수형 로거를 어떻게 디자인하고 구현할 것인지에 대해 분석해야 한다.

하지만 함수형 해법을 디자인하기 전에, 소프트웨어 산업의 표준적인 로깅 접근 방식에서 특히 함수형 프로그래밍에 문제가 되는 점을 살펴보자.

전통적인 로깅

솔직히 말해서 대부분의 JVM 기반 애플리케이션에서 로깅이 구현되는 표준 방식은 내가 보기에 우리 업계에서 가장 나쁜 '모범 사례' 중 하나라고 생각한다.

내가 의미하는 바를 대표하는 예로, 로깅 라이브러리의 표준으로 간주되는 SLF4j를 살펴볼 수 있다. SLF4j는 웹 페이지에서 '자바용 간단한 로깅 파사드(SLF4J, The Simple Logging Facade for Java)는 다양한 로깅 프레임워크(예 java.util.logging, logback, log4j)에 대한 간단한 파사드나 추상화 역할을 하며 최종 사용자가 배포할 때 원하는 로깅 프레임워크를 끼워 넣을 수 있게 해준다'라고 설명되어 있다[3].

사용 예는 다음과 같다.

```
import org.slf4j.Logger;
import org.slf4j.LoggerFactory;

public class HelloWorld {
    public static void main(String[] args) {
        Logger logger = LoggerFactory.getLogger(HelloWorld.class);
        logger.info("Hello World");
    }
}
```

---

3   http://www.slf4j.org/manual.html

보다시피 이 접근 방식은 전달된 클래스(이 경우 HelloWorld 클래스)에 대한 로거 싱글턴을 반환하는 정적인 메서드 getLogger를 기반으로 한다. 로거는 로그의 심각도(severity: 디버그, 정보, 오류 등)에 따라 여러 기능을 제공한다. 로거는 호출된 클래스와 연관되어 있으므로, 패키지 계층에서 선택해서 로그 수준을 외부에서 구성할 수 있다.

이 접근 방식의 장점은 새로운 로거와 로그 메시지를 추가하는 것이 매우 쉽고, 일반적으로 XML 파일을 사용하는 외부 구성을 통해 각 로거의 로그 수준(기록할 메시지를 결정하는 심각도 임계값)을 설정할 수 있다는 점이다.

그러나 이 로깅 접근 방식에는 여러 가지 단점도 있다.

1. 로그 파일을 파싱하거나 테스트를 위해 특별한 구성을 사용하지 않는 한, 메서드가 올바른 로그를 생성하는지 테스트하는 쉬운 방법이 없다.

2. 구성이 매우 불투명할 수 있으며 실수를 저지르기 쉽다.

3. 모든 로그가 문자열 메시지이기 때문에 복잡한 데이터 구조를 로깅하는 것이 간단하지 않다.

4. 코드를 작성할 때 프로그래머가 로그 심각도 수준을 결정하지만, 그 결정이 애플리케이션을 실행했을 때 모니터링의 요구 사항과 맞지 않는 경우가 종종 있다.

5. 패키지 계층은 상당히 불투명하고, 세밀함이 떨어진다. 무엇을 활성화하고 비활성화할지 이해하기 어렵다.

6. 보안 문제도 있다. 많은 로거 라이브러리에는 악의적인 의도로 오용될 수 있는 잘 알려지지 않은 기능이 있다.

게다가 함수형 프로그래머에게는 또 다른 문제가 있다. 로거는 참조적으로 완전히 불투명하며, 모든 코드와 호출하는 함수의 코드를 확인하지 않고는 메서드가 로그를 기록할지 여부를 알 수 없다.

순수성 관점 외에도, 애플리케이션의 중요한 경로에서 로그 호출을 하면 심각한 성능 영향이 있을 수 있다. 또 중요한 작업의 로그를 놓치면 운영 문제를 디버깅하기 어렵게 된다. 함수형 프로그래머로서 이러한 종류의 놀라움은 달갑지 않다.

로거 함수가 어떻게 생겼으면 하는지 원하는 사항을 적어보자.

1. 전역 싱글턴을 참조하지 않아야 한다. 로거는 최상위 수준에서 생성되고 필요한 곳에 명시적으로 전달돼야 한다.

2. 각 로그 메시지는 단순히 문자열을 연결하는 식이 아니라 타입이 지정돼야 하며, 필요한 모든 데이터가 포함되어 있는지 확인해야 한다.

3. 로그 수준 대신 로그를 기록하는 이유를 정의하고 싶다(어떤 중요한 작업을 성공적으로 완료했는가? 이 오류에 대해 취해야 할 조치가 있는가?).

4. 오류 수준인 로그의 경우 문제의 원인을 재구성하는 데 유용한 모든 관련 데이터를 로그 항목에 첨부하고 싶다.

페퍼다인의 로깅 법칙

로깅 작업을 새로운 관점에서 생각해보면, 우리가 로그로 남기고자 하는 것은 두 가지뿐임을 알수 있다. 성공 사례(모든 것이 잘되었을 때 우리가 한 일)와 오류 사례(정확히 무엇이 잘못되었는지)다. 첫 번째 경우는 성능, KPI 등의 지표를 수집하기 위해 데이터를 로깅하고, 두 번째 경우는 오류를 통보받고 이를 수정하기에 유용한 모든 정보를 원하기 때문에 데이터를 로깅한다.

> 모든 일이 잘못되었을 때는 가능한 한 로그를 많이 남기고, 모든 일이 잘되었을 때는 최대한 로그를 적게 남겨라.
>
> – 커크 페퍼다인(Kirk Pepperdine)

커크 페퍼다인은 JVM 성능 튜닝의 최고 전문가 중 한 명이다. 그는 대규모 프로젝트에서 코드에 익숙해질 시간도 없이 버그와 성능 병목 현상을 신속하게 수정해야 하는 경우가 많다. 좋은 로그가 있으면 그의 작업이 훨씬 쉬워진다. 디버깅과 로그에 대해 논의할 때 그는 나에게 위에서 인용한 조언을 해주었고, 나는 여러 번 이 조언이 매우 유용하다는 것을 깨달았다.

이 원칙을 적용하려면 항상 어떤 일이 잘되었는지 잘못되었는지를 결정할 수 있어야 한다는 점을 근본적으로 가정해야 한다.

다행히 우리 애플리케이션에서는 Outcome을 사용하는 방식 덕분에 이 작업이 매우 쉽다. 이미 소스 코드에서 Outcome으로 필요한 정보를 잡아냈기 때문에 던져질 수 있는 예외 타입이나 그 중요성에 대해 걱정할 필요가 없기 때문이다.

또한 우리 오류는 봉인된 계층 구조를 이루고 있기 때문에, 필요하면 각 오류의 맥락을 충분히 알기 위한 추가 정보를 쉽게 추가할 수 있다.

테스트 주도 로깅

로깅이 애플리케이션의 중요한 요구 사항이라고 했으므로, 이를 테스트로 검사하고 싶다. 명령의 결과를 성공 사례와 오류 사례 모두에 대해 로깅하는지 확인하기 위해 몇 가지 테스트를 작성해 보자.

앞에서 여러 번 했던 것처럼, 이러한 테스트를 통해 기능을 디자인하는 최상의 방법을 결정하려 한다. 가장 간단한 테스트부터 시작하자.

```
  internal class LoggerTest {
❶     val failingHub = TODO()
❷     val logger = TODO()
❸     val logs: List<String> = emptyList()

      @Test
      fun `commands log when there is a failure`() {
          Zettai(failingHub, logger)
❹             .httpHandler(Request(Method.POST, "/todo/AUser"))
          expect {
              that(logs.size).isEqualTo(1)
❺             that(logs[0]).startsWith("error!")
          }
      }
  }
```

❶ 모든 메서드에 대해 오류를 반환하는 허브를 준비한다.

❷ 이 테스트의 목적은 logger 디자인을 안내하는 것이다.

❸ 여기서 로깅된 이벤트 목록을 찾을 것으로 예상한다.

❹ 허브에서 발생하는 오류를 시뮬레이션하기 위해 기존 경로를 호출한다.

❺ 오류가 로깅되었는지 확인한다.

이를 컴파일하려면 Zettai 클래스에 로거를 전달해야 한다. 이는 이미 중요한 디자인 결정이다. 즉, 우리는 로거를 허브 외부에 유지하기로 결정했다.

이유는 로깅이 비즈니스 도메인과 관련이 없기 때문이다. 사용자는 웹사이트가 잘 작동하는 한 모니터링이 잘되든 안 되든 신경 쓰지 않는다. 로깅은 운영이나 앞에서 논의한 모든 다른 용도를 위한 비기능적 요구 사항이므로, 허브로 표현되는 도메인에 포함되지 않아야 한다.

12

모나드와 함수형 JSON

허브 메서드는 항상 모든 오류 정보를 포함한 결과를 반환하므로, 외부에서 이를 로깅하는 것이 안전하다. 나중에 보겠지만 또 다른 장점은, 로그를 외부 어댑터(이 경우 HTTP)에 작성하면 허브 내부에서는 볼 수 없는 외부 기술 세부 정보를 더 많이 알 수 있다.

지금까지 논의한 내용을 고려할 때, 로거의 가장 간단한 정의는 Outcome을 받아 Unit을 반환하는 함수다. 즉, 로거는 아무것도 반환하지 않는 함수다.

다이어그램으로는 다음과 같다.

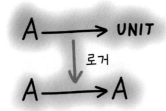

따라서 테스트를 컴파일하려면 로거 함수에 대한 타입 별명을 정의하고 이를 Zettai의 생성자에게 전달해야 한다.

```
typealias ZettaiLogger = (Outcome<*,*>) -> Unit

class Zettai(val hub: ZettaiHub, val logger: ZettaiLogger) : HttpHandler {
```

테스트를 컴파일하려면 실패하는 메서드를 가진 허브 인스턴스를 제공해야 한다.

```kotlin
val failingHub = object : ZettaiHub {
    override fun <C : ToDoListCommand> handle(command: C) =
        InvalidRequestError("failing test").asFailure()

    override fun getList(userListName: UserListName) =
        InvalidRequestError("failing test").asFailure()

    override fun getLists(user: User) =
        InvalidRequestError("failing test").asFailure()

    override fun whatsNext(user: User) =
        InvalidRequestError("failing test").asFailure()
}
```

그리고 결과에 따라 메시지를 출력하는 최소한의 구현을 추가할 수 있다.

```kotlin
val logs = mutableListOf<String>()

val logger: ZettaiLogger = {
    val msg = when(o){
        is Failure -> "error! $it"
        is Success -> "success! $it"
    }
    logs.add(msg)
}
```

이 시점에서 테스트는 컴파일되지만 실패한다. 따라서 다음 단계는 Zettai 클래스 내 로거를 잘 활용하는 것이다.

간단한 logIt() 메서드는 커맨드와 질의의 결과를 로거에 전달한다.

```kotlin
class Zettai(val hub: ZettaiHub, val logger: ZettaiLogger): HttpHandler {
    // 다른 메서드들...
    fun <C: ToDoListCommand> executeCommand(command: ZettaiOutcome<C>) =
        command.bind(hub::handle)
            .logIt()

    fun <QP, QR> executeQuery(
        queryParams: ZettaiOutcome<QP>,
        query: (QP) -> ZettaiOutcome<QR>
    ): ZettaiOutcome<Pair<QP, QR>> =
        queryParams.bind { qp -> query(qp).transform { qp to it } }
```

```
            .logIt()

    private fun <T> ZettaiOutcome<T>.logIt(): ZettaiOutcome<T> =
        also { logger(it) }
}
```

함수가 결과의 타입과 관계없이 작동할 수 있다는 점을 유의해야 한다. 현재로서는 결과를 출력하는 것에만 관심이 있기 때문이다.

이제 성공 사례와 질의에 대한 테스트를 추가할 수 있다(실패하는 커맨드에 대해 했던 것처럼 말이다).

허브 호출이 성공했는지 실패했는지에 대한 로그를 테스트하고자 하므로, 허브가 무엇을 반환할지 알아야 한다. 복잡한 목(mock)을 설정하거나 테스트 로직을 포함하는 FakeHub를 구축하는 대신, 모든 호출에 대해 실패를 반환하는 failingHub와 항상 성공을 반환하는 happyHub를 설정하는 편이 더 낫다.

그렇게 하면 테스트를 작성하고 이해하기가 더 쉬워진다. 다음은 happyHub이다.

```
val happyHub = object : ZettaiHub {
    override fun <C : ToDoListCommand> handle(command: C) =
        command.asSuccess()

    override fun getList(userListName: UserListName) =
        randomToDoList().asSuccess()

    override fun getLists(user: User) =
        listOf(randomListName()).asSuccess()

    override fun whatsNext(user: User) =
        randomToDoList().items.asSuccess()
}
```

이제 남은 테스트를 모두 작성하고, 이들이 모두 통과하는지 확인할 수 있다.

```
internal class LoggerTest {
    // 선언들
    @Test
    fun `commands log when there is a failure`() {
        Zettai(failingHub, logger)
            .httpHandler(Request(Method.POST, "/todo/AUser"))
```

```
      expect {
         that(logs.size).isEqualTo(1)
         that(logs[0]).startsWith("error!")
      }
   }


   @Test
   fun `commands always log successful calls`() {
      val times = Random.nextInt(5, 20)
      val zettai = Zettai(happyHub, logger)
      repeat(times) {
         zettai.httpHandler(
            Request(Method.POST, "/todo/AUser")
               .form("listname", "newList")
         )
      }
      expect {
         that(logs.size).isEqualTo(times)
         that(logs[0]).startsWith("success!")
      }
   }


   @Test
   fun `queries log when there is a failure`() {
      Zettai(failingHub, logger)
         .httpHandler(Request(Method.GET, "/todo/AUser"))
      expect {
         that(logs.size).isEqualTo(1)
         that(logs[0]).startsWith("error!")
      }
   }


   @Test
   fun `queries always log successful calls`() {
      val times = Random.nextInt(5, 20)
      val zettai = Zettai(happyHub, logger)
      repeat(times) {
         zettai
            .httpHandler(Request(Method.GET, "/todo/AUser"))
      }
      expect {
         that(logs.size).isEqualTo(times)
         logs.forEach {
```

12

모나드와 함수형 JSON

403

```
                    that(it).startsWith("success!")
                }
            }
        }
    }
```

실제 어떤 커맨드나 질의가 호출됐는지 자체는 중요하지 않다. 모든 가능한 경로에 대해 로그가
작동하는지 확인하는 테스트를 작성할 수도 있지만, 현재 우리의 목표는 기능을 철저히 테스트하
기보다는 로거의 디자인을 결정하는 것이므로, 지금으로서는 현재 테스트로도 충분하다.

 조에게 묻는다 시스템이 다운될 경우 모든 로그를 잃어버릴 위험이 있지 않을까?

당연한 질문이다. 우리는 도메인인 허브가 결과를 반환한 후에만 로그를 남긴다. 시스템이 처리 도중 다운되면 로그
를 남기지 못할 것이다.

그러나 실제로는 두 가지 이유로 크게 걱정할 필요 없다.

첫째, OutOfMemoryError와 같은 치명적인 충돌이 발생하면, 자체 로그에 의존하기보다는 JVM 로그와 스레드
덤프를 통해 문제를 조사하는 것이 더 좋다.

둘째, HTTP 요청, 데이터베이스 연결, 파일 시스템 접근과 같은 모든 외부 통신은 허브 외부에서 발생하며, 발생
즉시 이를 로그로 남겨야 한다.

마지막으로 이는 단지 경험에서 나온 법칙이라는 점을 명심해야 한다. 예를 들어 도메인 안에서 잠재적으로 위험한
작업을 수행하는 경우(예 큰 메모리 블록 할당), 즉시 로그를 남기는 것이 좋다.

스트림에 로그 남기기

로거가 호출되는 방식에 만족했으니, 이제 파일, 표준 출력과 같은 다양한 출력 스트림에 기록할
수 있는 로거를 구현할 수 있다.

이를 위해 스트림의 상태를 유지할 클래스를 만들어야 하며, 이 클래스는 우리가 정한 함수 타입
을 구현할 것이다. ZettaiLogger 타입 별명과 같은 시그니처의 invoke 메서드를 오버라이드해야
한다는 점에 유의해야 한다.

```
data class StreamLogger(val stream: OutputStream): ZettaiLogger {

    val writer = PrintWriter(stream, true)

    override fun invoke(outcome: Outcome<*,*>) {
```

```
        when (outcome) {
            is Success -> "success! ${outcome.value}"
            is Failure -> "error! ${outcome.error.msg}"
        }.let(writer::println)
    }
}
```

이 로거를 테스트하려면, 테스트 선언만 변경하고 다시 실행하면 된다.

```
val outputStream = ByteArrayOutputStream()
val logger = StreamLogger(outputStream)
val logs by lazy { outputStream.toString().trim().split('\n') }
```

작동은 하지만, 좋은 디자인은 아니다. StreamLogger 클래스는 비록 코드가 10줄에 불과하지만 너무 많은 일을 한다. 그러나 로그 메시지를 구성하는 로직과 출력 스트림에 쓰는 세부 사항을 분리하면 확장하기가 더 쉬울 것이다.

이를 위해 StreamLogger를 변경해 생성자가 로그 메시지의 포맷을 지정하는 함수를 받도록 할 것이다.

```
data class StreamLogger(
    val stream: OutputStream,
    val successFn: (Any?) -> String,
    val failureFn: (OutcomeError) -> String
) : ZettaiLogger {
    override fun invoke(outcome: Outcome<*, *>) {
        outcome.transform(successFn)
            .recover(failureFn)
            .let(stream::appendLine)
    }
}
```

그런 다음 위임을 사용해 SimpleLogger를 생성할 수 있다.

```
data class SimpleLogger(
    val stream: Appendable
) : ZettaiLogger by StreamLogger(
    stream = stream,
    successFn = { "success! ${it}" },
    failureFn = { "error! ${it.msg}" }
)
```

더 자세한 오류

실패 시 가능한 한 많은 정보를 로깅해서 이를 더 잘 조사할 수 있게 해야 한다는 원칙을 기억하자. 함수형 코드에서는 모든 실패가 OutcomeError로 잡히므로, 오류에 대한 더 많은 정보를 포획할 타입을 생성할 수 있다.

Zettai 라우터의 경우, 오류를 보고할 때 사용자의 전체 HTTP 요청을 포함하면 매우 유용할 것이다. 이렇게 하면 요청에 문제가 있는지 그렇지 않고 코드에 문제가 있는지 쉽게 확인할 수 있다.

```
data class LoggerError(
    val error: ZettaiError,
    val request: Request): OutcomeError {
    override val msg: String = "$error - processing request: ${request}"
}
```

그런 다음 logIt 메서드를 변경해 오류가 발생했을 때 더 많은 정보를 추가하자.

```
fun <T> ZettaiOutcome<T>.logIt(request: Request): ZettaiOutcome<T> =
    also { // 로거의 결과는 무시한다.
        logger(
            transformFailure {
                LoggerError(it, request) // 실패 시 요구를 로그에 남긴다.
            }
        )
    }
```

executeCommand 메서드 안에서는 요청을 사용할 수 없으므로, logIt 호출을 라우터의 각 경로로 이동해야 한다. 나중에 보겠지만, 이로 인해 다른 장점도 생긴다.

지금까지는 애플리케이션의 HTTP 어댑터에서만 로깅을 논의했다. 포트와 어댑터 아키텍처의 모든 어댑터에 로거를 두는 것은 좋은 아이디어다. 이렇게 하면 기술적인 계층에서 모든 정보를 잃어버리지 않고 로깅할 수 있기 때문이다. 이에 대해서는 나중에 데이터베이스 어댑터에 로깅을 추가할 때 더 논의하겠다.

함께 연결하기

이제 main 함수에서 로거를 실제 애플리케이션에 연결할 수 있다.

```kotlin
fun main() {
// ... 설정
   val zettai = Zettai(hub, stdOutLogger())
   zettai.asServer(Jetty(8080)).start()
   println("Server started at http://localhost:8080/todo/username")
}
```

표준 출력에 간단한 로거를 생성하는 함수를 정의했다.

```kotlin
fun stdOutLogger() = SimpleLogger(System.out)
```

 조에게 묻는다 여기서 모나드를 사용하지 않는 이유는 무엇인가?

그냥 Sysout에 로그를 쓴 것에 놀랄 수도 있다. 그렇게 하는 이유는 우리가 로거에 대해 정한 사용 방식 때문이다. 모나드를 사용하면 불필요한 복잡성을 추가하게 된다. 왜냐하면 순수하지 않은 로깅 함수를 단 한 번만 호출하기 때문이다.

반면 로거 호출과 호출 사이에 상태를 유지해야 한다면(파일 닫기, 연결 얻기 등), 데이터베이스 연결에서 했던 것처럼 모나드를 사용하는 것이 훨씬 더 의미가 있을 것이다.

일반적으로 모나드는 매우 강력하지만 다소 무거운 해법이므로 반드시 필요한 경우에만 사용하는 것이 좋다. 가능한 한 단순하게 코드를 작성하기 위해 노력하자.

되돌아보기

잠시 멈추고 지금까지 이룬 성과를 생각해보겠다. 함수형 디자인 원칙을 활용해 각 도메인 연산에 대한 로그를 함수로 추가했다.

우리 로그는 아주 단순하다. 아주 이해하기 쉬운 코드 몇 줄로 이뤄져 있다. 또 변환 체인의 끝에서 모든 로그가 발생하게 함으로써 로그를 일관되게 유지하고 변경하기 쉽게 만들었다.

마지막으로 오류가 발생했을 때 더 많은 정보를 추가했다. 전체 HTTP 요청을 포함시켜서 오류 원인을 이해하는 데 도움이 되도록 했다.

아주 좋다!

다음으로 할 일은 무엇일까? 지금까지는 단순한 문자열 스트림으로 정보를 기록했지만, 로그에 더 많은 구조를 추가하면 모니터링을 개선할 수 있다.

12.2 구조화된 로깅

정보를 더 잘 구조화하면 특정 세부 정보를 검색하기가 더 쉬워진다는 아이디어를 떠올렸다. 예를 들어 앞서 언급한 엘크나 스플렁크 로그 모니터링 제품을 사용하면 인덱스를 통해 로그 데이터를 검색하고 관련 지표를 그래프와 대시보드에 집계할 수 있다. 그러나 이를 활용하려면 로그를 JSON 형식으로 작성해야 한다.

더 중요한 것은 JSON 형식을 사용하면 일관성이 있는 스키마를 사용해 복잡한 구조화된 데이터를 저장하고 검색하는 것이 더 쉬워진다는 것이다.

LogEntry

로그할 세부 정보를 포함하는 LogEntry 타입을 정의하는 것부터 시작하자. 현재 시간, 머신의 호스트 이름, 로그 메시지를 기록할 수 있다. 물론 각 애플리케이션은 다른 세부 정보를 기록해야 한다.

여기서 도메인 관련 컨텍스트 데이터를 LogContext 타입으로(곧 정의할 것이다) 감싸 함께 기록할 수도 있다.

```
sealed interface LogEntry {
    val time: Instant
    val hostname: String
    val msg: String
    val logContext: LogContext
}
```

LogEntry를 봉인된 클래스 대신 봉인된 인터페이스로 정의한 이유는, 이 방식이 모든 봉인된 클래스에서 일부 필드들을 공유할 때 더 간단하기 때문이다.

이제 성공과 실패 사례에 대한 두 개의 데이터 클래스를 정의한다.

```
data class LogSuccess(
    override val time: Instant,
    override val hostname: String,
    override val msg: String,
    override val logContext: LogContext
) : LogEntry

data class LogFailure(
    override val time: Instant,
    override val hostname: String,
    override val msg: String,
    override val logContext: LogContext
) : LogEntry
```

LogEntry 타입을 사용하면 이 정보가 모든 로그 항목에 저장될 것이다.

LogContext

앞에서 도메인 컨텍스트도 로그로 남기려 한다고 언급했다. 도메인 컨텍스트를 로깅하는 것은 비즈니스 인텔리전스 정보를 수집할 때 특히 쓸모가 있다. 예를 들어 사용자가 애플리케이션을 얼마나 자주 사용하는지, 평균 세션 시간이 얼마나 되는지, 각 사용자가 몇 개의 목록을 생성하는지 등을 알 수 있다.

이런 데이터를 쉽게 수집할 수 있도록, OperationKind와 사용자와 목록 이름에 대한 필드를 포함하는 LogContext 타입을 정의한다. 경우에 따라서는 결정할 수 없는 경우도 있으므로 이 필드들을 널이 될 수 있는 타입으로 유지하자.

```kotlin
data class LogContext(
    val desc: String,
    val kind: OperationKind,
    val user: User?,
    val listName: ListName?)

enum class OperationKind { Command, Query }
```

LogContext를 사용하려면 ZettaiLogger 타입 별명과 StreamLogger 클래스를 변경해야 한다. 작업 결과로부터 타입을 추론할 수 없기 때문이다.

```kotlin
typealias ZettaiLogger = (Outcome<*,*>, LogContext) -> Unit
```

JsonLogger

이제 LogEntry를 사용할 수 있는 새로운 JSON 로거를 작성할 수 있다. 이 로거는 StreamLogger를 확장한다. 실제 JSON 직렬화 문제에 대해서는 나중에 다루도록 하겠다.

```kotlin
    data class JsonLogger(
❶       private val stream: OutputStream,
❷       private val clock: Clock,
❸       private val hostName: String
    ) : StreamLogger(stream) {

        override fun onSuccess(value: Any?, logContext: LogContext) =
❹           LogSuccess(
                clock.instant(),
                hostName,
                value.toString(),
                logContext
            ).toJson()

        override fun onFailure(error: OutcomeError, logContext: LogContext) =
❺           LogFailure(
                clock.instant(),
                hostName,
                error.toString(),
                logContext
            ).toJson()
```

```
❻        private fun LogEntry.toJson(): String = this.toString
    }
```

❶ 스트림을 StreamLogger에 전달한다.

❷ 이벤트 시간을 기록하기 위해 Clock을 사용한다.

❸ 요청과 요청 사이에 호스트 이름이 바뀌지 않으므로 생성자에게 호스트 이름을 전달한다.

❹ 성공 사례에 대한 구체적인 로그 항목 타입을 반환했다.

❺ 실패 사례에 대해서도 같은 조치를 취한다.

❻ 아직 JSON을 작성하는 방법을 모르기 때문에 임시로 toString을 사용한다.

데이터를 파일에 저장하는 로거를 생성하는 함수를 정의하는 것도 쉽다.

```
fun fileLogger(fileName: String) =
    JsonLogger(
        FileOutputStream(fileName),
        Clock.systemUTC(),
        getLocalHost().hostName
    )
```

컨텍스트 전달하기

컨텍스트와 작업에 대한 설명을 허브 메서드 각각에 전달해야 한다. 이렇게 하면 더 구체적인 정보를 넣을 수 있지만, executeCommand와 executeQuery 메서드에서 logIt을 호출하는 것보다 더 장황하다.

완벽한 해결책은 없다. 항상 그렇듯이 우리의 필요에 따라 선택이 달라진다. 더 자세한 로그를 원한다면, logIt 함수에 더 많은 파라미터를 추가해야 한다.

```
    private fun <T> ZettaiOutcome<T>.logIt(
❶        kind: OperationKind,
❷        description: String,
❸        request: Request,
❹        describeSuccess: (T) -> String
    ): ZettaiOutcome<T> =
        also {
            logger(
                transform(describeSuccess)
```

```
                .transformFailure {
                    LoggerError(it, request)
                },
❺          LogContext(
                description,
                kind,
                request.extractUser().orNull(),
                request.extractListName().orNull()
            )
        )
    }
```

❶ 로깅하는 연산의 종류를 나타내는 enum이다.

❷ 연산에 대해 더 긴 설명을 넣었다.

❸ 오류가 발생한 경우에만 전체 HTTP 요청을 로깅한다.

❹ 이 함수는 반환 값을 텍스트로 렌더링한다.

❺ 로거 호출에서 outcome 다음에 LogContext를 추가한다.

다음은 로거를 호출하는 방법을 몇 가지 메서드다.

```
    private fun getAllLists(request: Request): Response =
        executeQuery(
            request.extractUser(),
            hub::getLists
        ).logIt("getAllLists", request) { "Found ${it.second.size} lists" }


    private fun addNewItem(request: Request): Response =
        executeCommand(
            ::AddToDoItem
                `!` request.extractUser()
                `*` request.extractListName()
                `*` request.extractItem()
        ).logIt("addNewItem", request) { "Item added ${it.item}" }
```

로거 작업을 마쳤지만, 여전히 LogEntry를 JSON 형식으로 변환해야만 한다.

12.3 JSON을 함수형으로 만들기

이미 데이터베이스에 대한 장에서 라이브러리를 사용해 코틀린 객체를 JSON으로 렌더링하고 파싱했다. 잘 작동했지만 이상적인 해결책은 아니므로 이제 더 나은 방법을 시도해보겠다.

이전에 선택한 방법의 문제점을 생각해보자.

1. 리플렉션에 기반하기 때문에 클래스 이름을 변경하면 데이터베이스 계층이 깨질 수 있다.

2. 예외에 기반하므로 예외를 잡아내지만 이상적이지는 않다.

3. 코틀린 봉인된 클래스를 처리하지 않아서, 직접 직렬화기를 작성하거나 애너테이션을 사용해 등록해야 한다.

이제 이상적인 함수형 JSON 라이브러리를 어떻게 디자인할 수 있을지 살펴보자. 궁극적으로 우리가 원하는 것은 주어진 타입의 객체를 JSON 문자열로 직렬화하고 다시 파싱할 수 있는 능력이다. 이를 두 개의 함수로 시작하는 코드로 변환해보자.

```
fun toJson(value: T): String
fun fromJson(json: String): Outcome<JsonError, T>
```

주어진 JSON을 우리 타입으로 매핑하는 것이 불가능할 수 있기 때문에 파싱의 경우 Outcome을 사용한다. 대신 우리 타입을 JSON으로 직렬화하는 것은 항상 가능하다고 가정한다.

다음 단계는 작업을 위한 두 개의 인터페이스를 정의하고, 이를 출력 타입에 대해 제네릭하게 만드는 것이다(출력 타입은 문자열과 다를 수 있다).

```
interface ToJson<T, S> {
    fun toJson(value: T): S
}

interface FromJson<T, S> {
    fun fromJson(json: S): JsonOutcome<T>
}
```

따라서 JSON 변환기를 구현하려면 주어진 타입에 대해 이 두 가지 인터페이스를 모두 구현해야 한다. 이로부터 다음과 같은 인터페이스를 정의할 수 있다.

```
interface JsonConverter<T> : ToJson<T, String>, FromJson<T, String>
```

JsonConverter<LogEntry>를 구현하는 클래스는 LogEntry를 JSON으로 변환하거나 JSON을 LogEntry로 변환할 수 있는 타입이다.

각 타입에 대해 JSON을 파싱하고 생성하는 코드를 수동으로 작성하는 것은 꽤 번거로운 일일 것이다. 대신 코틀린 DSL 기능을 활용해 스키마를 알고 있는 타입으로부터 변환기를 자동 생성할 수 있다.

이런 라이브러리를 어떻게 작성할 수 있을까?

KondorJson 라이브러리

사실 나는 이미 어떤 프로젝트에서 도메인 객체를 다른 JSON 스키마로 매핑해야 하는 문제를 해결하기 위해 다른 팀원들의 도움을 받아 작성한 라이브러리가 있다.

매우 잘 작동했기 때문에 이 라이브러리를 오픈 소스로 만들었다. 이 책에서 소개하는 두 번째 라이브러리(다른 하나는 Pesticide)다. 소개하는 것이 조심스럽지만, 코틀린을 위한 완전히 함수형인 JSON 라이브러리가 없다는 점을 고려할 때, 함수형 JSON 변환기가 어떻게 생겼는지 보여주는 예로 쓸모가 있으리라 생각한다.

이 라이브러리의 이름은 KondorJson이며, 사용법에 대한 전체 문서가 깃허브 페이지에 있다[4]. 주요 장점은 다음과 같다.

1. 완전히 함수형이며 예외를 던지지 않고 명확한 오류 결과를 제공한다.

2. DTO와 애너테이션 없이 복잡한 JSON 스키마를 도메인 클래스에 직접 매핑하기 쉽게 해준다.

3. 리플렉션에 기반하지 않으므로 도메인 클래스 이름과 패키지를 변경해도 JSON 형식에 영향을 주지 않는다.

4. 동일한 도메인 타입에 대해 다른 JSON 스키마를 만들 수 있게 한다.

---

4 https://github.com/uberto/kondor-json

가장 큰 단점은 JSON으로 렌더링할 각 클래스에 대해 타입(보통은 싱글턴 객체)을 생성해야 한다는 것이다. 리플렉션을 사용해 이를 생성하는 도구가 있지만 여전히 수동으로 조정해야 할 수도 있다.

다행인 점은 이 작업은 한 번만 필요하다는 것이다. 또한 실제로 JSON 직렬화를 위한 전용 클래스(DTO, Data Transfer Objects)를 생성하거나 애너테이션과 커스텀 직렬화기를 추가하는 것보다 빠르다.

JSON 변환기

이제 변환기를 살펴보자. 먼저 문자열을 감싸는 작은 도메인 타입을 고려해보자. 이를 JSON 객체로 렌더링하는 대신 문자열처럼 직접 사용하고 싶다. Kondor는 이미 문자열을 렌더링하고 파싱하는 방법을 알고 있으므로, 도메인 타입을 문자열로 변환하는 두 개의 함수를 JStringRepresentable 클래스에게 제공하기만 하면 된다.

```
object JUser : JStringRepresentable<User>() {
    override val cons: (String) -> User = ::User
    override val render: (User) -> String = User::name
}

object JListName : JStringRepresentable<ListName>() {
    override val cons = ::ListName
    override val render = ListName::name
}
```

클래스에 커스텀 생성자나 비공개 필드가 있어도 문제가 없다. 아무 함수나 전달할 수 있다는 점을 기억하자.

다음 단계로 일반 데이터 클래스에 대한 변환기를 어떻게 만드는지 살펴보자.

```
❶   object JLogContext: JAny<LogContext>() {
❷       private val kind by str(LogContext::kind)
❸       private val description by str(LogContext::desc)
❹       private val user by str(JUser, LogContext::user)
        private val list_name by str(JListName, LogContext::listName)
❺       override fun JsonNodeObject.deserializeOrThrow() =
            LogContext(
                description = +desc,
```

```
            kind = +kind,
            user = +user,
            listName = +list_name
        )
    }
```

❶ 객체를 매핑하기 위해 JAny를 상속하고 JSON으로 변환하려는 타입을 지정한다.

❷ 각 JSON 필드에 대해 코틀린 DSL을 사용해 JSON 형식의 필드 이름과 타입을 지정한다. 이 경우 desc 속성을 문자열 필드를 사용하여 매핑한다. enum과의 변환은 자동으로 이뤄진다.

❸ 설명의 경우 JSON 필드에는 다른 이름을 사용한다.

❹ 속성이 객체인 경우 해당 객체의 변환기를 제공해야 한다. 변환기가 JStringRepresentable인 경우는 JSON 문자열로 매핑된다.

❺ 또 Kondor 변환기에 생성자 메서드를 제공해야 하며, 이를 위해 단항 + 연산자를 사용한다.

보통 봉인된 클래스(일반적으로는 클래스의 계층 구조)는 JSON으로 변환하기 어렵다. Kondor에는 변환 시 어떤 구체적인 클래스를 사용할지 파악하는, 구분자 필드를 사용하는 특별한 변환기가 있다.

다음은 LogEntry에 대한 변환기를 작성하는 방법이다.

```
❶ object JLogEntry : JSealed<LogEntry>() {

❷     override val discriminatorFieldName: String = "outcome"

❸     override val subConverters = mapOf(
           "success" to JLogSuccess,
           "failure" to JLogFailure
       )

❹     override fun extractTypeName(obj: LogEntry): String =
           when (obj) {
               is LogSuccess -> "success"
               is LogFailure -> "failure"
           }
    }

    object JLogSuccess : JAny<LogSuccess>() {

        private val hostname by str(LogSuccess::hostname)
```

```kotlin
        private val time by str(LogSuccess::time)

        private val log_context by obj(JLogContext, LogSuccess::logContext)

        private val log_message by str(LogSuccess::msg)

        override fun JsonNodeObject.deserializeOrThrow(): LogSuccess =
            LogSuccess(
                hostname = +hostname,
                logContext = +log_context,
                msg = +log_message,
                time = +time
            )
    }

    object JLogFailure : JAny<LogFailure>() {

        private val hostname by str(LogFailure::hostname)

        private val time by str(LogFailure::time)

        private val log_context by obj(JLogContext, LogFailure::logContext)

        private val error by str(LogFailure::msg)

        override fun JsonNodeObject.deserializeOrThrow(): LogFailure =
            LogFailure(
                error = +error,
                hostname = +hostname,
                logContext = +log_context,
                time = +time
            )
    }
```

❶ 봉인된 클래스나 인터페이스를 변환하려면 JSealed 변환기를 상속해야 한다.

❷ discriminatorFieldName을 오버라이드해서, JSON에서 구체적인 클래스와 연결된 레이블을 포함하는 필드의 이름을 지정할 수 있다.

❸ 여기서 변환기들을 레이블과 연관시킨다.

❹ 여기서 레이블을 타입과 연관시킨다. 레이블은 (변환기에 등록한 것과) 같아야 한다!

이제 변환기를 작성했으므로, 잘 형식화된 JSON으로 로그를 출력할 수 있다. 각 변환기는 FromJson과 ToJson 인터페이스를 구현하므로 JsonLogger에서 올바른 메서드를 호출하기만 하면 된다.

```
private fun LogEntry.toJson(): String = JLogEntry.toJson(this)
```

이제 애플리케이션을 사용하면 로그 파일에서 다음과 같은 JSON 항목들을 볼 수 있다.

```
{
    "hostname": "pop-os",
    "time": "2022-04-07T09:47:25.345322334Z",
    "log_context": {
        "kind": "Query",
        "description": "getToDoList",
        "user": "uberto",
        "list_name": "shopping",
    },
    "log_message": "Got list shopping",
    "outcome": "success"
}
```

마지막 개선 사항으로 JSON을 조금 더 단순화할 수 있다. Kondor를 사용하므로, 필드의 flatten 기능을 활용해 JSON의 log_context 부분을 없애자.

필드 타입을 이렇게 변경하면,

```
private val log_context by flatten(JLogContext, LogFailure::logContext)
```

다음과 같은 JSON 형식을 얻을 수 있다.

```
{
    "hostname": "pop-os",
    "time": "2022-04-07T09:47:25.345322334Z",
    "kind": "Query",
    "description": "getToDoList",
    "user": "uberto",
    "list_name": "shopping",
    "log_message": "Got list shopping",
    "outcome": "success"
}
```

Kondor 라이브러리 사용 방법에 대한 전체 소개는 홈페이지와 소스 코드에 포함된 단위 테스트를 참고하라[5].

12.4 / 프로펑터 소개

지금까지 이 책에서는 특정 문제에 대한 해결책으로 함수형 프로그래밍 개념을 제시했다. 하지만 이제 거의 마지막이므로, 한 번쯤은 더 이론적인 접근을 시도해보자. 문제를 일단 해결한 후에 추상화를 식별해보겠다!

이론적인 접근 방식은 불필요한 추상화를 도입할 수 있다는 위험이 있지만, 때로는 그것이 깨달음을 주고 장기적으로 매우 유용할 수 있다. 그러니 함께 즐기며 변환기에서 펑터를 도출해보자.

변환기를 두 함수의 합집합으로 정의했으며, 펑터는 transform 연산으로 정의된다는 것을 배웠다.

파싱 작업을 위한 펑터로 작동할 수 있는 타입, FromJsonF를 정의해보겠다. 한번 직접 시도해보라. 그렇게 어렵지 않다.

```
data class FromJsonF<T>(
    val parse: (String) -> JsonOutcome<T>): FromJson<T> {
    override fun fromJson(json: String): JsonOutcome<T> = parse(json)
    fun <U> transform(f: (T) -> U): FromJson<U> =
        FromJsonF { fromJson(it).transform(f) }
}
```

FromJsonF를 사용하는 구체적인 예로, JSON 파일을 파싱해 Customer 인스턴스를 반환하는 함수가 있다고 가정해보겠다. 그리고 Customer를 받아서 Address 타입을 반환하는 함수도 있다고 하자. 이 두 함수를 결합해 Customer JSON에서 Address를 반환하는 파서를 얻을 수 있다. 그다지 유용하지는 않지만 꽤 흥미롭다. 지금까지는 잘 진행되었다.

---

5 https://github.com/uberto/kondor-json

반공변 펑터

ToJson 함수에도 동일한 방법을 적용할 수 있을까? 동일한 방법을 시도해보자.

```
data class ToJsonF<T>(val serialize: (T) -> String) : ToJson<T> {
    override fun toJson(value: T): String = serialize(value)
    fun <U> transform(f: (T) -> U): ToJson<U> = ToJsonF { ??? }
}
```

흠, 여기서 막혔다. T에서 U로 변환하는 함수와 T에서 String으로 변환하는 함수를 결합할 방법이 없다. 사실 생각해보면 이는 말이 된다. 파서의 경우에는 파싱한 결과를 성공적으로 새로운 타입으로 변환할 수 있지만, 직렬화의 경우에는 문자열로 포맷을 변환한 후에 타입 변환을 수행할 수는 없다. 또한 임의의 U 타입을 직렬화하는 방법을 모르기 때문에 사전에 타입 변환을 적용할 수도 없다.

그렇다면 이것이 이야기의 끝일까? 그렇지 않다. 타입을 다시 보면 T에서 U로 변환하는 함수는 쓸모가 없지만, U에서 T로 변환하는 함수는 사용할 수 있다. 임의의 U에 이러한 함수를 적용해 T로 변환한 다음 이를 직렬화할 수 있다.

이러한 개념에도 이름이 있을까? 사실 지금까지 고려한 모든 펑터는 기술적으로 **공변 펑터** (covariant functor)라고 불린다. 변환이 반대로 작동하는 또 다른 유형의 펑터가 있는데 바로 우리가 ToJsonF에 원했던 펑터가 그런 펑터다. 이를 **반공변 펑터**(contravariant functor)라고 부른다.

두 펑터가 반대로 작동하는 방식을 다이어그램으로 보자.

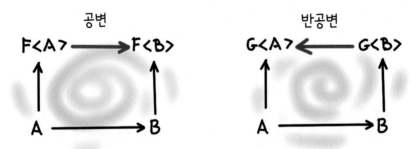

이 아이디어를 코드로 다음과 같이 표현할 수 있다.

```
data class ToJsonF<T>(val toJson: (T) -> String) : ToJson<T> {
    fun toJson(value: T): String = toJson(value)
    fun <U> contraTransform(f: (U) -> T): ToJson<U> = ToJsonF { toJson(f(it)) }
}
```

이름은 그리 중요하지 않지만, 반공변 펑터 개념은 꽤 유용하다.

직관적으로 공변 펑터는 다른 타입을 포함하거나 생성하는 것이다. 우리가 다룬 Outcome은 결과를 포함하고, ContextReader는 읽은 값을 생성한다.

반대로 반공변 펑터는 임의의 타입을 받아 주어진 타입을 생성하는 것이다. 직렬화기의 경우, 어떤 타입을 받아 문자열을 생성한다. 또 다른 예로는 필터에 쓰이는 Boolean을 반환하는 함수인 술어 함수(predicate)가 있다. 함수형 프로그램을 작성할 때 다른 유형의 반공변 펑터를 만날 수 있다.

JSON 변환기를 연구하면서 공변 펑터와 반공변 펑터라는 두 가지 서로 연관된 펑터를 마지막으로 살펴봤다. 그렇다면 이런 펑터로 우리는 무엇을 할 수 있을까?

프로펑터

공변 펑터와 반공변 펑터의 쌍은 카테고리 이론에서 아주 흔하게 나타난다. 물론 멋진 이름도 있다(당연하다!). 이를 **프로펑터**(profunctor)라고 한다.

프로펑터는 두 카테고리 사이의 관계로 작용하는 공변 펑터와 반공변 펑터로 구성되며, 카테고리 이론에서 매우 중요하다[6].

프로펑터의 특징은 dimap이라는 이중 매핑 함수다. Kondor에서는 다음과 같은 인터페이스로 정의된다.

```
interface Profunctor<A, B> {
    fun <S, T> dimap(contraMap: (S)->A, coMap: (B)->T): Profunctor<S, T>
    fun <S> lmap(f: (S)->A): Profunctor<S, B> =
        dimap(contraMap = f, coMap = { it })
    fun <T> rmap(g: (B)->T): Profunctor<A, T> =
        dimap(contraMap = { it }, coMap = g)
}
```

정의에 따라 프로펑터는 두 타입(여기서는 A와 B)을 파라미터로 받는다. A에 대해서는 반공변이고 B에 대해서는 공변이다. 구체적인 인스턴스를 정의하려면, 두 매핑 함수를 받아 새로운 타입(여기서는 S와 T)으로 된 새로운 프로펑터를 반환하는 dimap 함수를 정의해야 한다.

---

6 https://bartoszmilewski.com/2016/07/25/profunctors-as-relations

이제 우리 JSON 변환기를 어떻게 프로펑터로 취급할 수 있을까? 각 변환기에는 FromJson과 ToJson 함수가 있지만, 둘 다 같은 타입에 대해 동작한다. 그렇지 않다면 어떤 타입을 파싱하지만 다른 타입만 렌더링할 수 있는 변환기가 생긴다. 즉, 우리 JSON 변환기에서는 A와 B가 같은 타입(도메인 클래스)이며, S와 T도 같은 타입(JSON의 문자열 표현)이다.

더 정확하게 말하면 FromJson은 단순히 제네릭 T가 아니라 Outcome<T>를 반환한다. 그러나 코틀린이 고계 타입(higher-kinded type)을 지원하지 않기 때문에 Outcome<T>의 T를 <RESULT<T>>라는 제네릭 타입으로 만들 수 없다. 따라서 실용성을 위해 결과 타입을 무시할 것이다. 이에 따라 Kondor 변환기는 하나의 제네릭 파라미터 T를 받는 프로펑터로 정의된다.

```
interface JsonConverter<T, JN: JsonNode> :
    Profunctor<T, T>,
    ToJson<T>, FromJson<T> {...}
```

실제 변환기 인터페이스는 JSON 표현을 위한 JSON 노드의 종류에 대해서도 제네릭이다. 하지만 이 논의에서는 이를 무시할 수 있다.

모든 변환기는 dimap 메서드를 구현한다. 따라서 가능한 응용은 다음과 같다. 애플리케이션에서 BXT라는 외부 웹 서비스를 호출해 사용자 데이터를 얻어야 한다고 가정해보자. 그렇지만 BXT는 사용자마다 42개의 필드를 포함하는 과도하게 장황한 JSON 스키마를 사용한다.

이러한 필드를 모두 사용하지 않기 때문에, 우리 User 타입을 BxtUser 타입으로 변환하고 그 반대로 변환하는 몇 가지 함수를 정의할 수 있다.

그런 다음, JBxtUser를 정의한 후 dimap을 사용하여 BXT JSON 형식을 사용하지만 User를 파싱하고 렌더링하는 변환기를 생성할 수 있다.

```
val JUserForBxt = JBxtUser.dimap(
    User::toBxtUser,
    BxtUser::toUser
)
```

dimap을 사용하지 않고 사용자 정의 매핑으로도 같은 작업을 수행할 수도 있을 것이다. 그러나 dimap을 사용하면 나중에 BxtUser의 다른 필드를 사용해야 할 때에도 같은 기술을 재사용할 수 있는 유연성을 제공한다.

이 예제를 통해 우리는 User에서 BxtUser로 가는 방법과 그 반대로 가는 방법을 정의했다. 다시 말해 우리는 이 두 타입 간의 관계를 생성했다. 직관적으로 프로펑터는 관계에 대한 추상화라는 것을 알 수 있다.

하지만 이제 로깅으로 돌아갈 시간이다.

12.5 데이터베이스 호출 로깅

지금까지 우리는 HTTP 경로에서 허브로의 호출과 그 응답에 대한 로깅만 고려했다. 하지만 로깅은 HTTP 계층이나 수신 요청에만 국한되지 않는다. 외부 REST 서비스나 메시징 시스템과 같은 다른 유형의 외부 어댑터도 로깅해야 한다.

출력 어댑터의 예로, 데이터베이스 어댑터를 살펴보자. 우리는 이미 Exposed 라이브러리의 stdout 로거를 사용했지만, 이제 이를 JsonLogger로 교체하려 한다. 다행히도 Exposed에는 SqlLogger라는 아주 좋은 로깅 인터페이스가 있다.

먼저 우리가 만들었던 enum에 새 연산 유형인 SqlStatement를 추가하자.

```
enum class OperationKind { Command, Query, SqlStatement }
```

SqlLogger를 구현하고 호출을 ZettaiLogger로 변환하기만 하면 된다.

```
data class SqlJsonLogger(val logger: ZettaiLogger) : SqlLogger {
    override fun log(context: StatementContext, tx: Transaction) {
        logger(
            context.expandArgs(tx).asSuccess(),
            LogContext(
                "txId: ${tx.id} duration: ${tx.duration}",
                OperationKind.SqlStatement,
                null,
                null
            )
        )
    }
}
```

TransactionProvider 클래스에서 트랜잭션을 생성할 때 로거를 전달한다.

```
data class TransactionProvider(
    private val dataSource: DataSource,
    private val logger: SqlLogger,
    val isolationLevel: TransactionIsolationLevel
) : ContextProvider<Transaction> {
    override fun <T> tryRun(reader: TxReader<T>) =
        inTopLevelTransaction(
            db = Database.connect(dataSource),
            transactionIsolation = isolationLevel.jdbcLevel
        ) {
            addLogger(logger)
    //...나머지 메서드들
```

마지막으로 메인 메서드에 연결한다.

```
val logger = fileLogger("zettai-${System.currentTimeMillis()}.log")
val txProvider = TransactionProvider(
    dataSource = dataSource,
    logger = SqlJsonLogger(logger),
    isolationLevel = TransactionIsolationLevel.Serializable
)
```

이제 데이터베이스에 접근할 때마다 호출된 정확한 SQL과 트랜잭션 ID, 그리고 작업이 소요된 시간을 밀리초 단위로 기록한 항목이 로그 파일에 남는다.

```
{
    "hostname":"pop-os",
    "time":"2022-04-07T09:47:25.3365000578Z",
    "kind":"SqlStatement",
    "desc":"txId: 62ebb7ab-88ea-4374-a100-b92d53475f61 duration: 1",
    "msg":"SELECT * FROM todo_list_projection WHERE ...",
    "outcome":"success"
}
```

따라서 최종 로그는 SQL 문과 도메인 작업을 모두 잘 형성된 JSON 형식으로 보여준다.

zettai-1651540454419.log ×

1 {"hostname": "pop-os", "time": "2022-05-03T01:29:54.548554835Z", "kind": "SqlStatement", "description": "txId: 872
2 {"hostname": "pop-os", "time": "2022-05-03T01:29:54.584284539Z", "kind": "SqlStatement", "description": "txId: 7d262710-3
3 {"hostname": "pop-os", "time": "2022-05-03T01:29:54.597753963Z", "kind": "SqlStatement", "description": "txId: 6d4d0517-7
4 {"hostname": "pop-os", "time": "2022-05-03T01:29:55.228020974Z", "kind": "SqlStatement", "description": "txId: 680a3afd-d
5 {"hostname": "pop-os", "time": "2022-05-03T01:29:55.544086446Z", "kind": "Query", "description": "getAllLists", "user":
6 {"hostname": "pop-os", "time": "2022-05-03T01:29:58.851438541Z", "kind": "SqlStatement", "description": "txId: 23f08cad-2
7 {"hostname": "pop-os", "time": "2022-05-03T01:29:58.864009807Z", "kind": "SqlStatement", "description": "txId: 180bc790-c
8 {"hostname": "pop-os", "time": "2022-05-03T01:29:58.875405358Z", "kind": "SqlStatement", "description": "txId: 4bc55ab2-f
9 {"hostname": "pop-os", "time": "2022-05-03T01:29:58.880608215Z", "kind": "SqlStatement", "description": "txId: 3d042e56-9
10 {"hostname": "pop-os", "time": "2022-05-03T01:29:58.881688346Z", "kind": "Query", "description": "getAllLists", "user":
11 {"hostname": "pop-os", "time": "2022-05-03T01:30:09.038787765Z", "kind": "Command", "description": "createNewList", "user
12 {"hostname": "pop-os", "time": "2022-05-03T01:30:09.053833164Z", "kind": "SqlStatement", "description": "txId: f733466f-f
13 {"hostname": "pop-os", "time": "2022-05-03T01:30:09.091479861Z", "kind": "SqlStatement", "description": "txId: f733466f-f
14 {"hostname": "pop-os", "time": "2022-05-03T01:30:09.119594399Z", "kind": "SqlStatement", "description": "txId: fedcbfe8-6
15 {"hostname": "pop-os", "time": "2022-05-03T01:30:09.131368170Z", "kind": "SqlStatement", "description": "txId: ad0e5994-6
16 {"hostname": "pop-os", "time": "2022-05-03T01:30:09.152045851Z", "kind": "SqlStatement", "description": "txId: fedcbfe8-6
17 {"hostname": "pop-os", "time": "2022-05-03T01:30:09.158739398Z", "kind": "SqlStatement", "description": "txId: fedcbfe8-6
18 {"hostname": "pop-os", "time": "2022-05-03T01:30:09.171534377Z", "kind": "SqlStatement", "description": "txId: 1766e08e-a
19 {"hostname": "pop-os", "time": "2022-05-03T01:30:09.182325936Z", "kind": "SqlStatement", "description": "txId: cf1e88f1-1
20 {"hostname": "pop-os", "time": "2022-05-03T01:30:09.191058605Z", "kind": "Query", "description": "getAllLists", "user":
21 {"hostname": "pop-os", "time": "2022-05-03T01:30:12.625583564Z", "kind": "SqlStatement", "description": "txId: ecc31492-3
22 {"hostname": "pop-os", "time": "2022-05-03T01:30:12.640659922Z", "kind": "SqlStatement", "description": "txId: f4a1ce6e-8
23 {"hostname": "pop-os", "time": "2022-05-03T01:30:12.655256456Z", "kind": "SqlStatement", "description": "txId: f615549a-2
24 {"hostname": "pop-os", "time": "2022-05-03T01:30:12.660708300Z", "kind": "SqlStatement", "description": "txId: 60d509f5-5

12.6 요약

애플리케이션에 더 나은 가시성과 모니터링을 위해 로그를 추가하는 방법을 배웠다. 여기서 제시한 로깅 접근 방식은 전통적이지 않지만, 도메인 코드를 직접 수정하지 않고도 애플리케이션의 활동에 대한 대부분의 정보를 얻을 수 있다.

또 함수형 JSON 라이브러리가 어떻게 작동해야 하는지를 고려하고, 이를 JsonLogger에 채택하는 방법을 살펴봤다.

마지막으로 프로펑터와 반공변 펑터를 맛보고, 향후 프로젝트에 유용하게 사용할 수 있는 이론을 몇 가지 배웠다.

이 장은 우리 애플리케이션을 다루는 마지막 장이다. 우리는 긴 여정을 함께 걸어왔고 제타이는 잘 작동된다. 이제 함수형 패러다임을 따르면서 여러분 스스로 새로운 기능을 추가할 수 있을 것이다.

다음 장에서는 함수형 프로그래밍이 더 넓은 범위에서 아키텍처 결정에 어떻게 영향을 미치는지 살펴보고, 모듈화된 방식으로 분산 시스템을 개발하는 방법을 탐구할 것이다.

12.7 / 연습 문제

이 장의 연습 문제는 로깅과 새로운 스토리 완료에 초점을 맞출 것이다.

다시 강조하지만, 함수형 프로그래밍은 코드를 읽는 것만으로는 배울 수 없다. 가장 좋은 방법은 연습하는 것이다. 책 코드 저장소의 exercises 폴더에서 시작점을 찾고, 몇 가지 힌트를 얻을 수 있다.

연습 문제 12.1: 모니터링 개선

첫 번째 연습으로 로거에 더 많은 정보를 추가해보자. 사용자 HTTP 요청에서 사용자 브라우저 정보를 포함하는 헤더를 추출하고, 이를 허브 로그에 모두 추가하라.

연습 문제 12.2: Klaxon 제거하기

이 연습 문제에서는 데이터베이스 이벤트 직렬화와 역직렬화에 쓰는 Klaxon 라이브러리를 제거하고, 필요한 클래스에 대해 Kondor 변환기를 사용해 제타이에서 모든 리플렉션 사용을 제거해 보자.

마지막 단계는 그레이들 파일에서 다음 Klaxon 의존관계를 제거하는 것이다.

```
implementation "com.beust:klaxon:${klaxonVersion}"
```

연습 문제 12.3: 사용자가 항목 순서를 변경할 수 있게 하기

새로운 기능으로 사용자가 목록 내 항목의 순서를 변경할 수 있게 해보자. 이를 위해서는 새로운 DDT를 작성한 후, 백엔드 로직을 구현하고 사용자 인터페이스 변경을 완료해야 한다.

연습 문제 12.4: 새로운 목록 상태 도입

아직 구현하지 않은 두 가지 커맨드, FreezeToDoList와 RestoreToDoList가 있다. 이름에서 알 수 있듯이 이 커맨드들은 할 일 목록에 새로운 동결 상태를 도입하고, 목록을 동결 상태로 전환하거나 정상 상태로 되돌린다. 목록이 동결 상태에 있으면 수정할 수 없으며, 그 항목들은 보고서에 나타나지 않아야 한다. (아니면 다른 색상으로 표시할 수도 있다.) 정확한 요구 사항을 여러분이 직접 정의할 수 있다.

이 연습 문제에서는 지금까지 배운 모든 것을 복습해보자. 스토리를 정의하고, DDT를 작성한 다음 도메인에 새로운 상태를 구현하고 이를 지원하기 위해 사용자 인터페이스를 조정하라.

모나타입과 함수형 JSON

13^장

함수형 아키텍처 디자인하기

모든 것이 옳다는 사실이 드러날 것이다. 세계는 그 위에 이뤄져 있으니까.

– 미하일 불가코프(Mikhail Bulgakov), 『거장과 마르가리타』

이 장에서는 한 서비스나 하나의 API 집합으로는 담을 수 없는 큰 솔루션을 디자인할 때 함수형 접근 방식이 어떻게 도움이 되는지 살펴본다.

먼저 소프트웨어 아키텍처가 무엇이며 그 목표가 무엇인지 알아볼 것이다. 그런 다음 모듈화, 특히 함수형 모듈화가 소프트웨어를 쉽게 유지 관리할 수 있도록 해주는지에 초점을 맞춰 살펴본다. 이어서 애플리케이션을 모듈화하고 프로젝트를 설정하는 방법을 제안한다. 마지막으로 마이크로 서비스, 모놀리식, 서버리스 등의 배포 선택지를 살펴본다.

이 장에서는 코드 예제가 없지만, 복잡한 아키텍처를 점진적으로 구현하는 방법에 대한 예로 우리 애플리케이션인 제타이를 사용한다.

13.1 / 단순성 추구   FROM OBJECTS TO FUNCTIONS

소프트웨어 아키텍처란 무엇인가? 답은 의외로 고대 로마의 건축가 비트루비우스(Vitruvius)의 책에서 찾을 수 있다. 기원전 1세기에 그는 우리가 가지고 있는 가장 오래된 건축 예술에 관한 책을 쓰면서 건축을 튼튼함(firmitas), 유용성(utilitas), 아름다움(venustas)이라는 세 가지 목표를 달성하는 것으로 정의했다.

이 세 가지 목표는 소프트웨어 아키텍처의 본질적인 기둥이며, 특히 이해하기 쉽고 사용하기 즐거운 코드에서 아름다움까지 볼 수 있다면 더욱 그렇다. 다시 말해 소프트웨어 아키텍처는 부하를 감당할 수 있을 뿐만 아니라 팀 전체가 쉽게 이해할 수 있을 때만 효과적이라고 할 수 있다. 그렇지 않으면 요구 사항이 처음 변경될 때 쉽게 깨질 가능성이 높다.

시스템을 디자인할 때 미래의 변경 사항을 예측할 수는 없지만, 변경 사항이 많을 것이라는 점은 확실하다. 따라서 진정한 도전 과제는 현재 요구 사항에 완벽하게 작동하는 시스템을 디자인하는 것이 아니라, 필요할 때 쉽게 변경할 수 있도록 시스템을 디자인하는 것이다.

시스템이 성장하더라도 쉽게 변경할 수 있도록 디자인하려면 어떻게 해야 할까? 모든 조건이 동일하다면, 단순한 해법이 복잡한 해법보다 항상 변경하기 더 쉽다는 점을 기억해야 한다. 더 간단하게 말하면, 단순한 것이 언제나 영리한 것을 이긴다! 우리는 복잡한 방식으로 작성된 작은 애플리케이션을 머릿속에 담아둘 수 있다. 하지만 한 사람이 다 담아둘 수 없을 정도로 애플리케이션이 너무 커지면 단순함이 매우 중요해진다.

따라서 복잡한 것을 모델링하면서도 간단한 코드를 작성하는 것이 요령이다. 이는 쉽지 않을 수 있다. 여기서 함수형 프로그래밍이 도움이 될 수 있다. 문제를 작고 순수한 함수로 분해하는 것은 이미 올바른 방향으로 가는 단계이기 때문이다. 이 방향으로 계속 나가면, 명령형 스타일 대신 **부록 A의 선언형 스타일을 선호하라**에서 언급한 내용처럼, 복잡한 문제를 더 쉽게 해결할 수 있다. 일반적으로 가변 상태에 접근하는 명령형 코드를 작성하면 코드 작성은 쉬울 수 있지만, 각 단계가 이전 단계와 현재 상태에 의존하므로 나중에 읽고 변경하기가 훨씬 더 어렵다. 이 책에서 여러 번 봤듯이, 순수한 함수를 합성하는 것이 훨씬 더 쉽다.

 조에게 묻는다 음… 함수형 코드가 정말 읽기 쉬운가?

좋다. 충분히 나올 수 있는 질문이다! 훈련되지 않은 눈에는 이 책에 나오는 예제와 같은 함수형 코드가 이집트 상형문자처럼 보일 수 있다.

하지만 함수형 프로그래밍이 새로운 언어를 배우는 것과 같기 때문에 당연한 일이다. 함수형 프로그래밍에 유창해지면 그 단순함을 온전히 이해할 수 있다. 일단 익숙해지면 다양한 컴퓨터 언어에서 패턴을 쉽게 인식할 수 있고, 같은 일을 하는 명령형 코드보다 훨씬 더 명확하고 읽기 쉬울 것이다. 나를 믿어라.

또한 '너무 이른 단순화'라는 것은 없다는 것을 기억하라. 최소한 애플리케이션이 이미 작동하고 있다면 말이다. 아키텍처를 단순화할 기회가 생길 때마다 즉시 그 기회를 잡아야 한다. 그 결과는 그리 멀지 않은 미래에 나타날 것이다.

하지만 애플리케이션의 전체 아키텍처를 어떻게 단순화할 수 있을까? 바로 모듈화라는 강력한 도구를 사용할 수 있다.

모듈과 하위 도메인

이 책에서 '모듈'이라는 용어는 공통의 목표를 달성하기 위해 밀접하게 협력하며 독립적으로 컴파일하고 배포할 수 있는 함수와 데이터 구조의 그룹을 의미한다. 이상적인 경우, 모듈은 그 구성 원소들의 합보다 이해하기 쉬워야 하며, 다른 모듈이 호출할 수 있는 제한된 수의 공개 API를 노출해야 한다. 기술적으로는 그레이들 하위 프로젝트나 자바 모듈[1]일 수 있지만, 반드시 그래야 하는 것은 아니다. 팀의 모든 구성원이 공유하는 정책도 이런 기술적인 모듈만큼이나 효과적일 수 있다.

모듈이 어떻게 도움이 될 수 있는지 알아보기 위해 문제를 조금 더 깊이 분석해보자. 아키텍처의 모든 구성 원소를 기술한 다이어그램을 통해 아키텍처가 얼마나 복잡한지 시각화할 수 있다. 구성 원소가 많고 상호 연결이 복잡할수록 소프트웨어를 수정하고 이해하기가 더 어려워진다.

이 다이어그램은 전형적인 스파게티 코드다. 모든 구성 원소가 서로 연결되어 있다.

움직이는 몇몇 원소를 개별 블록, 즉 모듈로 그룹화하면 모든 세부 사항을 보지 않고도 애플리케이션이 어떻게 작동하는지 쉽게 이해할 수 있다. 필요할 경우 각 모듈에만 집중하고 나머지 애플리케이션은 잊어버릴 수 있다. 그러나 이 방법이 작동하려면 두 가지 규칙을 지켜야 한다.

1. 모듈 간의 연결이 아주 적고 매우 명확해야 한다. 모든 스파게티를 별도의 상자에 넣는 것만으로는 효과가 없다.

2. 모듈은 공통 데이터베이스를 공유하는 등의 방법이 아니라, 계약처럼 작동하는 명시적 API를 사용해 시스템의 나머지 부분과 통신해야 한다.

다음 다이어그램은 내부 연결을 감추는 세 모듈을 도입해 아키텍처를 단순화하는 방법이다. 더 이상 표시하지는 않았지만 여전히 존재하는 내부 연결이 있더라도, 연결을 열세 개가 아니라 여섯 개만 이해하면 된다.

---

1 https://www.manning.com/books/the-java-module-system

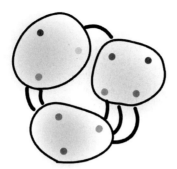

우리의 목표는 모듈 간의 통신 필요성을 최소화하는 자연스러운 경계를 찾는 것이다. 즉, 독립적으로 작동할 수 있는 애플리케이션의 가장 작은 블록을 찾고 싶다. 비즈니스 도메인을 고려하면, 이러한 블록을 애플리케이션의 하위 도메인이라고 부를 수 있다.

쉽게 들리지만, 실제로는 해결하기 매우 어려운 문제다. 처음에는 예를 들어 사용자(User) 엔터티와 관련된 모든 것을 함께 그룹화하려는 유혹을 느낄 수 있다. 그러나 이 접근 방식으로는 일반적으로 좋은 모듈을 생성할 수 없다. 이 접근 방식의 문제는 사용자 엔터티를 조작하는 모든 가능한 방법을 노출해야 할 가능성이 높으며, 결국 너무 크거나 모듈 간의 연결이 너무 많은 모듈이 되버릴 수 있다는 점이다.

더 나은 방법은 의도나 해결하려는 유스케이스에 주목하는 것이다. 하나 또는 몇 가지 관련된 유스케이스(예 인증)를 해결하는 데 필요한 모든 코드를 함께 유지하면, 모듈 간의 자연스러운 경계를 발견할 가능성이 높아진다.

사용자와 관련된 다른 유스케이스(예 구독 결제)는 다른 모듈을 형성하며, 인증 모듈과 공유하는 데이터도 적을 것이다.

또 다른 좋은 방법은 비즈니스 트랜잭션의 범위를 살펴보는 것이다. 원자적 트랜잭션이 모듈 사이에 퍼져서는 안 되므로, 이런 기준이 모듈을 식별하는 데 도움이 될 수 있다. 모듈은 하나 이상의 비즈니스 트랜잭션 범위를 포함할 수 있지만, 그 범위는 모듈 간에 공유될 수 없다. 다중 모듈에 걸쳐 있는 고수준 트랜잭션이 있을 수도 있지만, 이런 트랜잭션은 단일 트랜잭션의 연쇄로 처리되며 반대 방향의 트랜잭션으로 되돌릴 수 있어야 한다. 예를 들어 사가(Saga) 패턴[2]을 사용할 수 있다.

관련 원자적 트랜잭션 그룹을 매핑하는 모듈로 코드를 모델링하면, 다른 모듈 간의 호출을 크게 줄이고 모듈들이 서로 독립적으로 작동하게 할 수 있다.

---

2 https://www.infoq.com/articles/saga-orchestration-outbox

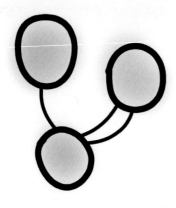

비즈니스 도메인의 구조를 반영하는 잘 정의된 모듈들이 있으면, 모듈 간의 연결 수를 더욱 줄이고 내부 부분을 완전히 숨길 수 있다. 대부분 이러한 모듈들은 도메인의 바운디드 컨텍스트(bounded context)와 일치한다.

> 바운디드 컨텍스트는 특정 용어, 정의 및 규칙이 일관되게 적용되는 소프트웨어에서 정의된 부분이다.
>
> – 에릭 에반스

이를 통해 시스템을 모듈이나 컴포넌트로 성공적으로 분할할 수 있으며, 이를 쉽게 조립하고 독립적으로 변경할 수 있다. 이는 시스템을 더 간단하게 볼 수 있게 해줄 뿐만 아니라 새로운 수준의 유연성을 제공해준다.

모듈로 빌드하기

애플리케이션을 별도의 모듈로 나누는 것은 생산성에도 중요한 영향을 미친다. 의외일 수 있지만, 익숙한 비유를 들면 레고 블록으로 무언가를 만드는 것과 같다. 모듈을 결합해 다양한 것을 만들 수 있고, 애플리케이션에 기능을 빠르게 추가하거나 제거할 수 있다.

 조에게 묻는다 모듈의 크기는 어느 정도가 적절한가?

모듈에 적절한 크기라는 것은 없다. 그러나 몇 가지 고려할 사항이 있다. 모듈이 유용하려면 전체 애플리케이션보다 훨씬 작아야 하며, 의미 있는 작업 단위를 나타낼 수 있을 만큼 커야 한다.

모듈 디자인의 또 다른 흥미로운 특성은 프랙탈적 특성이다. 더 큰 모듈은 더 작은 모듈로 구성될 수 있고, 작은 모듈들은 다시 더 작은 모듈로 나눌 수 있다.

하지만 아무리 신중하게 계획하더라도, 어느 시점에서는 모듈이 너무 작거나 너무 커질 것이다. 전자의 경우, 두 모듈을 합치는 것이 합리적이라면 쉽게 합칠 수 있으므로 문제가 없다. 반면 너무 큰 모듈을 분할하는 것은 더 복잡하고 시간이 많이 걸리므로, 작업을 시작하기 전에 분할이 꼭 필요한지 확인해야 한다.

> **Note ☰ 언제 모듈을 나눌 것인가?**
>
> 명확한 규칙은 없지만, 모듈이 너무 커졌다는 것을 알 수 있는 몇 가지 힌트가 있다.
>
> 하나는 모듈 내부에서 같은 이름을 다른 의미로 사용하면서 이름을 짓는데 문제가 생기는 경우다(참고로 다른 모듈 안에서 같은 이름을 사용하는 것은 괜찮다).
>
> 간단한 예로 모듈 안에 AuthenticatedUser와 NonAuthenticatedUser가 있지만 모듈의 다른 부분에서는 사용자가 인증되었는지 여부에 신경 쓰지 않는다면, 인증 로직을 추출해 별도의 작은 모듈로 만드는 편이 낫다.

모듈을 나누기 좋은 시점을 나타내는 또 다른 신호는 한 모듈이 여러 가지 다른 이유로 여러 모듈에 의해 사용될 때다. 어떤 모듈은 우리 모듈의 인증 API가 필요하고, 다른 모듈은 우리 모듈 API의 다른 부분 집합이 필요한 경우다. 처음에 최대한 모듈을 잘 정의하려 노력하고, 계속해서 갱신해나가야 한다. 조금 이따 **제타이 예제 사용하기**에서 처음에 모듈을 정의하는 좋은 접근 방법을 살펴볼 것이다.

함수형 모듈화

이제 모듈 디자인에서 가장 도전적인 문제 중 하나인 애플리케이션의 전역 상태 관리에 대해 이야기해보자. 우리는 완전히 독립적인 모듈을 원하기 때문에 모듈들이 서로 상태를 공유할 수는 없지만, 모듈 간의 상호작용이 너무 많아지는 것도 피하고 싶다.

다행히 함수형 프로그래밍 접근 방식이 여기에 도움이 될 수 있다. 기본으로 돌아가서, 모듈을 정의하는 특성은 코드를 통해 표현된 중요한 논리 덩어리를 작은 인터페이스 뒤에 숨기는 것이다. 이상적으로 함수형 관점에서 우리는 각 모듈이 단일 함수나 밀접하게 관련된 작은 함수들의 집합처럼 행동하길 원한다. 모듈 내부에서는 완전히 순수할 수도 있고(예를 들어 입력값으로부터 계산만 수행하는 경우) 아니면 메모이제이션(캐시)이나 전체 상태 기계를 구현하기 위해 외부 저장소를 사용할 수 있다.

중요한 것은 외부 관점에서 각 모듈의 내부 세부 사항에 신경 쓸 필요가 없고, 공개된 API를 서로 완전히 독립적인 것으로 취급할 수 있어야 한다는 점이다. 이는 특정 순서로만 호출되어야 하는 함수나 함수 간에 숨겨진 의존관계가 있어서는 안 된다는 사실을 의미한다.

이런 맥락에서, 이 책에서 완성한 전체 제타이 애플리케이션은 커맨드를 실행하는 함수 하나와 상태를 질의하는 함수 하나로 볼 수 있다.

이것이 바로 프랙탈 함수형 디자인이다. 배율을 낮춰 모든 커맨드를 단일 함수로 간주하거나, 각 커맨드에 대한 함수들을 확대해 볼 수 있다. 어떤 규모에서도 작은 규모의 세부 사항을 고려하지 않고 시스템의 그림을 이해할 수 있다.

예를 들어 사용자 인증을 고려해보자. 현재 상태를 부수 효과로 변경하고 아무 것도 반환하지 않는 authenticateUser(UserId)와 같은 공용 호출을 활용하는 대신, 인증을 NonAuthenticatedUser -> Outcome<AuthenticatedUser> 타입의 함수로 모델링할 수 있다. 그런 다음, 인증된 사용자가 필요한 모든 함수에서 AuthenticatedUser를 사용할 수 있으며, 어딘가에 변경 가능한 상태를 유지할 필요가 없다. 두 번째 경우, 시그니처를 보면 무슨 일을 하는지 명확하기 때문에 이 호출의 이름을 거의 알 필요가 없다.

이 예제는 단순해 보일 수 있지만, 호출 간에 숨겨진 의존관계가 없는 것의 중요성을 보여준다 (예 authenticateUser를 getUserLists 호출 전에 호출해야 함). 대신 타입 시스템을 사용해 API 호출 방법을 명확히 하는 것이 중요하다. 첫 번째 장점은 문서를 작성하고 읽을 필요가 훨씬 줄어든다는 점에서 생산성이 크게 향상된다는 것이지만, 다른 장점도 있다.

공유된 데이터 구조

데이터 구조는 모듈 시스템의 핵심 구성 원소다. 모듈 간 결합을 줄이기 위해 대부분의 데이터를 모듈 내부에 숨겨야 한다. 그러나 공개 함수에서 사용하는 타입은 노출이 불가피하다. 따라서 각 모듈이 API에서 사용하는 데이터 구조에 매우 신중해야 한다. 나중에 이를 변경하면 다른 모듈에 영향을 미치므로, 이 타입들을 '공개된' 것으로 간주하고 매우 신중하게 모델링해야 한다.

애플리케이션의 비즈니스 도메인에 따른 특별한 타입과 함수들은 아마도 모든 모듈에서 쓰일 것이므로, 모든 공통 로직을 그룹화하는 모듈을 만드는 것이 좋다. 그러나 이를 가능한 한 작게 유지하고, 추가할 때마다 모든 사항을 신중히 검토해야 한다. 특히 다양한 모듈에서 다른 의미를 가질 수 있는 일반적인 용어는 피해야 한다. 예를 들어 인증 모듈의 User는 결제 모듈의 User와는 상당히 다를 것이다. 필요에 따라 하나를 다른 것으로 변환하는 함수를 사용하는 편이 더 낫지, 모든 곳에서 사용할 수 있는 보편적인 User를 모델링하는 것은 좋지 않다.

동기적 프로토콜과 비동기적 프로토콜

마지막으로 이 책에서는 HTTP 프로토콜을 (Request) -> Response 형태의 함수로만 사용했지만, 이는 가능한 선택지 중 하나일 뿐임에 유의하자. 같은 원칙을 카프카[3], gRPC[4], 제로 MQ(ZeroMq[5]) 등 다른 통신 메커니즘에도 적용할 수 있다.

아키텍처 관점에서 보면, 입력을 출력으로 변환하는 형태로 표현할 수 있다면 어떤 프로토콜을 사용하는지는 중요하지 않다. 더 놀라운 것은 동기적 통신 방법을 사용하든 비동기적 통신 방법을 사용하든 상관없다는 점이다. 응답이 즉각적이든 나중에 오든 이는 고수준의 관점에서는 그다지 중요한 기술적 세부사항이 아니다.

물론 구현 단계에서는 프로토콜의 선택과 동기나 비동기적 통신 방법이 애플리케이션 성능과 안정성에 큰 차이를 만들 수 있다. 비동기 함수는 응답을 기다리는 무언가를 돌려받고, 계속 다른 일을 수행하는 것처럼 보일 수 있지만, 더 유용한 관점은 최종 결과에 집중하는 것이다. 근본적으로 비동기 함수는 지연된 효과를 가진 함수일 뿐이다. 또는 동기 함수를 단순히 지연 시간이 없는 비동기 함수로 간주할 수도 있다.

호출의 목적은 사용자에게 어떤 종류의 결과를 제공하는 것이므로, '응답을 기다리는 것'을 목표로 삼는 대신 최종 결과물(보고서? 이메일?)을 생성하는 데 집중해야 한다. 전체 흐름을 제각각 서로 통신하는 '독립적인 액터'로 보는 대신 단일한 계산으로 보아야 한다. 비동기로 만들면 작업을 완료하는 데 필요한 호출의 흐름을 변경할 수 있게 된다. 덕분에 우리 입장에서는 무엇보다도 시스템이 확장 가능해져서 수요가 급증해도 원활하게 처리할 수 있게 된다. 하지만 결과적으로 이러한 변경 때문에 함수의 본질이 바뀌지는 않는다.

비즈니스 로직과 일반 아키텍처를 변경하지 않으면서 통신 프로토콜을 변경하는 것은 언제나 가능하다. 일부 프로세스를 비동기로 만들어도 도메인 모델 코드에는 거의 영향을 주지 않고 기술적 어댑터에만 영향을 준다. 항상 좋은 접근 방법은 현재 프로젝트의 요구를 충족시킬 수 있는 가장 간단한 것을 먼저 시도하고, 미래에 더 복잡한 옵션에 대한 여지를 남겨두는 것이다. 이러한 원칙

---

3 https://kafka.apache.org

4 https://grpc.io

5 https://zeromq.org

에 따라 아키텍처를 정의하면, 배포를 작게 나눌지 크게 묶을지는 그다지 중요하지 않다. 일부 핸들러를 통합해 단일 (그다지 마이크로하지 않은) 서비스로 배포할 수 있다.

더 나아가 함수형 모듈은 서버리스 아키텍처 패턴과도 매우 잘 맞는다. 서버리스 컴퓨팅은 클라우드 제공업체가 부하에 따라 컴퓨팅 리소스를 인스턴스화하는 것을 처리하고, 개발자는 서버에 집중할 수 있다는 아이디어에 기반하고 있다. 서버리스는 새로운 기술이지만 전통적인 솔루션보다 경제적 장점 때문에 매우 유망한 모델이다.

이미 코드를 독립적인 함수로 구조화했다면 서버리스 모델을 매우 쉽게 도입할 수 있다.

13.2 / 전체 시스템 디자인하기

지금까지 이론은 충분히 살펴봤다. 함수형 모듈로 애플리케이션 아키텍처를 만드는 구체적인 예를 살펴보자. 지금까지 우리는 제타이의 핵심 서비스만 개발했지만, 제품으로 출시하려면 지원을 위한 다른 서비스도 만들어야 한다. 이러한 아키텍처를 디자인하고 개발하는 방법을 알아보겠다.

제타이 예제 사용하기

현재 단계에서 제타이는 아직 공개적으로 릴리즈할 준비가 되지 않은 상당히 미니멀한 애플리케이션이다. 그러나 이를 통해 사용자들에 대해 더 많이 배우고, 완전한 제품에 포함되기를 원하는 기능을 파악할 수 있다. 한 가지 접근 방식은 관심 있는 사용자에게 제타이의 현재 버전에 무료로 접근하여 기능을 테스트하고 탐색할 수 있는 이벤트를 진행하는 것이다. 사용자의 사용 통계와 인상에 대한 피드백을 수집해서, 제품을 개선하거나 어떤 아이디어를 완전히 포기하거나, 완전한 버전을 개발할 수 있다.

그래서 논의를 위해 이벤트가 고무적인 성공을 거뒀고 이제 제타이를 완전한 제품으로 만들기 위해 어떻게 해야 할지 알아봐야 한다고 가정해보자. **1장 이벤트 스토밍을 통해 스토리 검증하기**에서 이벤트 스토밍은 누락된 부분과 모듈 경계를 식별하는 데 사용하기 좋은 도구라고 설명했었다.

이벤트 스토밍 워크숍에 참여한 개발자는 여전히 필요한 기술적인 것을 모두 작성하고, 재무 책임자는 사용자 등록이나 구독 모델과 같은 수익을 가져오는 이벤트에 집중하며, 마케팅 팀은 트위터 공유나 외부 애플리케이션에서 목록을 가져오는 것과 같은 관련 이벤트에 관심을 가질 것이다. 보안 전문가도 인증이나 비밀번호 복구와 같은 이벤트를 작성할 것이다. 다시 말해 관련된 누구나 기여할 수 있다.

결국에는 혼란스러운 상태가 될 것이나 공통된 엔터티 주위에 이벤트를 재그룹화하면 다양한 모듈이 드러나기 시작한다. 물론 이는 고수준의 개요일 뿐이며, 세부 사항을 파고들면 변경해야 할 사항이 발견될 수 있다. 그래도 전체적으로 아키텍처에 대한 훌륭한 초안을 제공한다.

다음 다이어그램을 보자. 모든 가능성을 고려하면 인증 모듈, 사용자 지원을 위한 UI, 사용자 설정 페이지, 사용자 온보딩 과정, 여러 외부 애플리케이션(예 트위터, 슬랙 등)과의 통합이 필요하다.

또한 REST API와 통신할 모바일 버전이 필요하므로, 핵심 애플리케이션으로부터 HTML 렌더링을 추출하고 서버 측 렌더링 모듈을 가질 수 있으며, 미래에는 위키나 캘린더 같은 확장 기능을 추가할 수 있다. 그래서 작은 할 일 목록 애플리케이션이라도, 그리 단순하지 않은 모듈 시스템을 가지게 될 것이다.

기획 워크숍을 마치기 전에 중요한 단계가 하나 더 있다. 각 유스케이스를 설명하고, 이를 위해 필요한 모듈 간의 함수 호출을 모두 그려야 한다. 유스케이스가 완료되면, API의 대략적인 지도를 볼 수 있다. 특정 두 모듈 간의 연결이 너무 많다면 그 모듈들을 통합해야 할 수도 있다. 한 모듈과 연결된 모듈이 너무 많다면, 해당 모듈을 나눠야 할 수도 있다.

이 API 지도는 새로운 모듈이나 유스케이스를 추가할 때마다 갱신해야 하는 아주 유용한 다이어그램이다. 개발자와 이해관계자들이 문제와 개선 사항을 논의할 때도 이 다이어그램을 사용할 수 있다. 실제 사례로 이 책에서 논의한 접근 방식을 채택한 프로젝트에서 몇 차례의 이터레이션 후에 작성한 호출 지도를 다음과 같이 소개한다.

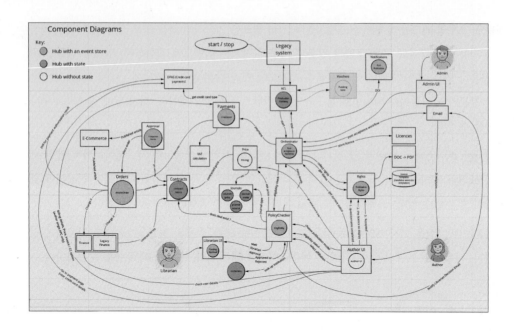

진화

현실적으로 모든 것을 동시에 구현할 리소스는 없다. 설령 리소스가 있다 하더라도, 애플리케이션을 한 단계씩 개발하고 각 단계마다 실제 사용자로부터 검증을 받은 후 다음 단계를 결정하는 편이 더 낫다.

따라서 큰 그림에서 나타난 모든 기능을 최종 제품에 포함하지 않을 가능성이 크다. 하지만 그럼에도 불구하고 위대한 전략가가 말했듯이, 계획을 세우는 것은 중요하다.

> 계획은 쓸모없지만, 계획하는 것은 필수적이다.

> – 드와이트 아이젠하워

다이어그램이 뒤쳐져서 쓸모 없어지면, 새로운 워크숍을 소집해 다이어그램을 갱신해야 한다. 중요한 것은 팀이 지금 당장 구축해야 하는 것을 우선 순위에 두고(다른 말로 백로그를 짧게 유지하는 것에 중점을 두고), 기능적으로 완벽하지는 않더라도 제대로 기능하는 제품으로 가능한 한 빨리 출시하는 것이다. 즉, 고객의 실제 문제를 해결할 수 있는 제품을 출시하고, 비록 사용하기에 약간 불편할지라도 계속해서 자주 소규모 릴리즈를 하면서 성공 가능성을 최대화해야 한다.

예를 들어 다음과 같은 계획을 세울 수 있다.

- 1 단계: 인증과 온보딩을 추가

- 2 단계: 지원을 위한 사용자 인터페이스 추가

- 3 단계: 별도의 백엔드와 모바일 애플리케이션 추가

- 4 단계: 여러 외부 서비스와의 통합

  등

하지만 각 릴리즈 후의 피드백은 계획에 영향을 미칠 수 있으며, 각 릴리즈는 새로운 기능을 추가할 뿐만 아니라 기존 기능을 변경하기도 한다는 점에 유의하라. 이러한 계획의 유용성은 팀이 다음에 제공할 기능에 집중하도록 하면서 고객을 더 잘 이해하게 되어 변화에 잘 대응할 수 있도록 해준다.

멀티 모듈 애플리케이션

제타이 애플리케이션을 구축할 때, 도메인을 어댑터와 분리하기 위해 각각을 다른 패키지에 넣었다. 이런 방식은 작은 애플리케이션에 적합하지만, 모듈을 사용하기 시작하면 각 하위 도메인과 각 어댑터를 다른 모듈에 넣어야 한다. 이렇게 하면 서로를 분리해 유지할 수 있으며, 그레이들 빌드 의존관계에서 도메인 모듈이 어댑터 모듈에 의존하지 않도록 강제할 수도 있다.

모듈은 JVM 생태계의 자르(jar) 아카이브처럼 컴파일되고 출시되는 엔터티와 유사하며, 독립적으로 작동할 수 있다. 그러나 자체적으로 완전한 애플리케이션은 아니다.

일반적으로, 독립적으로 작동하는 단일 배포 서비스는 하나 이상의 도메인 모듈, 필요한 모든 어댑터 모듈(HTTP, 데이터베이스 등), HTTP 라우팅 테이블과 같은 서비스별 구성 세부 정보를 포함하는 모듈로 구성된다.

각 서비스가 허브에 들어 있는 단일 하위 도메인만 포함하는 경우, 다른 하위 도메인과의 통신은 어댑터를 통해서만 가능하다. 다음 다이어그램을 참고해보자.

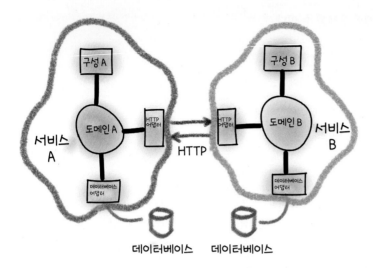

서비스 내에 하위 도메인 모듈이 둘 이상 있을 경우, 어댑터를 사용하지 않고 허브를 직접 연결할 수 있다. 다음 다이어그램을 참고해보자.

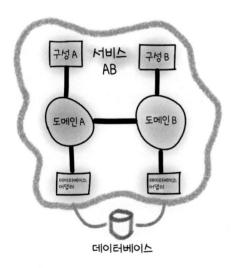

이 방법은 특히 개발 도중에 유용하다. 모든 모듈을 한 서비스에 모아서 IDE에서 전체 애플리케이션을 로컬에서 실행할 수 있기 때문이다. 이를 통해 도커나 가상 머신을 사용하지 않고도 개발할 수 있다. 또 어디서나 브레이크 포인트를 설정하고 디버깅 속도를 높일 수 있으며, 코드 변경 사항이 실시간으로 반영되도록 핫 디플로이(hot deploy)를 사용할 수 있다[6].

---

6 [역주] 이에 대한 자세한 내용을 다음 블로그 포스트를 참고하기 바란다. https://www.javaadvent.com/2020/12/composable-microservices-http4k.html

13.3 / 코드로 변환하기

이제 계획을 세웠으니, 구현을 시작하자.

계획을 코드로 변환하려면 어떻게 해야 할까? 코드 조직 방법, 지속적 통합과 빌드 파이프라인 설정 방법, 프로덕션에 배포하는 방법 등 몇 가지 선택을 해야 한다. 비록 이러한 주제가 함수형 프로그래밍과 직접적으로 관련이 있는 것은 아니지만, 여러 모듈로 작업하는 방법을 배우는 것은 유용하다.

코드 저장소부터 시작해보자.

모노리포

여러 모듈이 있는 애플리케이션을 구축할 때, 코드 저장소를 두 가지 방법으로 조직할 수 있다. 모든 모듈을 한 저장소에 유지하거나 각 모듈에 대해 다른 저장소를 사용하는 것이다. 첫 번째 방법에서는 테스트를 실행하면 모든 모듈이 각 커밋에서 올바르게 작동하는지 확인할 수 있다. 반면 독립적으로 빌드하는 것은 더 복잡해질 수 있다. 별도의 저장소를 사용하는 경우 각 모듈의 독립적인 빌드를 유지하기는 매우 쉽지만, 모든 종속 모듈의 올바른 버전을 지정하는 방법을 찾아야 한다.

모든 것을 고려하여 나는 대체로 첫 번째 접근 방식을 선호한다. 현대적인 지속적 통합 소프트웨어를 사용하면 독립 빌드를 구성하는 것이 어렵지 않다. 그러나 모든 모듈의 버전을 일치시키는 것은 훨씬 더 어려운 문제다. 게다가 이 접근 방식에는 다른 장점도 있다. 매일 로컬에서 모든 코드를 갱신하는 것이 더 빠르고, 새로 합류한 사람에게 애플리케이션을 설명하기가 더 쉬우며, DDT를 시작으로 여러 모듈에서 테스트를 실행하는 것이 매우 쉽다.

같은 프로젝트의 모든 모듈을 같은 저장소에 모아 두는 것을 보통 모노리포(monorepo) 접근 방식이라고 한다[7]. 애플리케이션의 여러 하위 도메인을 분리할 수 있을 뿐만 아니라, 아키텍처에 필요한 다양한 어댑터와 도메인 로직을 분리할 수도 있다. 가능한 경우 하위 도메인들이 서로 의존하지 않아야 하지만, 도메인 간의 통신에 사용되는 공유된 공개 인터페이스와 데이터 구조를 갖춘

---

7 https://monorepo.tools

공통 도메인 모듈이 필요할 것이다. 공통 부분을 가능한 한 작게 유지해 자주 변경할 필요가 없도록 하는 것이 중요하다. 공통 인터페이스에 대한 모든 변경은 모든 모듈의 전체 재빌드를 의미하기 때문이다.

어댑터도 도메인의 공통 부분을 볼 수 있지만, 하위 도메인은 어댑터에 의존해서는 안 된다. 예를 들어 HTTP 호출에서 JSON 표현을 변경하려면 HTTP 어댑터 모듈만 다시 빌드하면 된다. 마찬가지로 도메인 로직을 변경해야 할 경우 특정 하위 도메인만 재컴파일하면 된다. 이렇게 하면 모듈이 많은 큰 저장소에서도 컴파일 시간을 적절히 유지할 수 있다. 불변 타입과 상태가 없는 함수를 사용하는 함수형 접근 방식은 모듈 간의 결합을 최소화하고 단위 테스트 실행 시간을 줄이는 데도 도움이 된다.

전체 저장소 구조는 각 모듈의 역할을 이해하기 쉽게 만들어야 한다. 다음 다이어그램은 단일 소스 저장소 안에서 여러 모듈을 조직하는 방법이다.

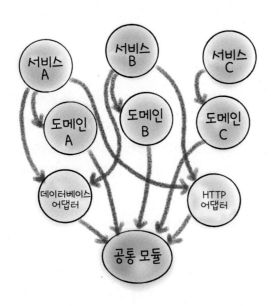

많은 현대적인 JVM 도구들이 모노리포에 최적화되어 있다. 특히 그레이들은 버전을 사용하지 않고 소스 수준에서 모듈 의존관계를 선언할 수 있고, 빌드 캐시를 활용해 컴파일 시간을 줄일 수 있다.

지속적 빌드와 통합

누군가가 공용 모듈 저장소에 새로운 코드를 커밋할 때마다 변경된 모듈과 해당 모듈에 의존하는 모든 모듈을 빌드하고, 모든 테스트를 실행하는 것은 좋은 관행이다. 빌드나 테스트가 실패하면 작성자에게 알리고 즉시 수정하게 해야 한다.

이 작업이 지속적 통합 시스템의 역할이다. 이 책의 범위를 넘어서는 주제이므로, 이에 대해 더 알고 싶다면 데이브 팔리(Dave Farley)의 『Continuous Delivery』라는 훌륭한 책을 추천한다[HF10].

여기서 강조하고 싶은 것은 파이프라인을 설정할 때, 각 모듈을 독립적으로 빌드한 후 최종적으로 전용 환경에서 인수 테스트(또는 DDT)를 실행해야 한다는 점이다. 이렇게 하면 각각의 커밋 후에 애플리케이션이 제대로 작동하는지 확인할 수 있다. 모든 중요한 유스케이스에 대해 DDT를 작성했다면 애플리케이션이 대체로 잘 작동한다고 확신할 수 있다. 우리가 생각하지 못한 코너 케이스와 문제들이 있을 수 있지만, 대부분의 사용자에게는 계속해서 잘 작동할 것이다. 각 커밋 후에 즉시 프로덕션에 배포하더라도 말이다. 이것이 목표가 되어야 한다.

이런 맥락에서 DDT가 일반적인 인수 테스트보다 특출난 점을 더 잘 이해할 수 있다. DDT는 도메인 전용 모드에서는 로컬에서 빠르게 실행되고, 로컬 HTTP 모드에서도 너무 느리지 않게 실행된다. 내가 아는 다른 모든 솔루션은 실행 속도가 느리고 설정하기 더 복잡하다.

지속적 통합 서버에서는 프로덕션과 동일한 인프라 설정을 사용하여 DDT를 실행해야 한다. 그래야만 모든 가능한 문제를 포착할 수 있다. 결국 파이프라인은 다음과 같은 형태로 구성될 것이다.

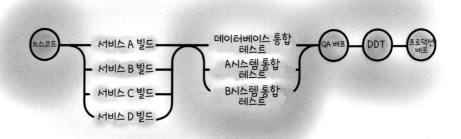

이제 모듈들을 어떻게 배포할지 간략히 논의해보자.

13

함수형 아키텍처 디자인하기

배포 단위

지금까지 나는 '마이크로서비스에 찬성하는가 반대하는가?'라는 논쟁적인 질문을 피할 수 있었다.

결정은 결국 우리의 모듈을 위해 몇 개의 서비스를 별도로 배포할 것인가에 달려 있다. 나는 애플리케이션을 여러 독립된 마이크로서비스로 나누는 것이 항상 최적의 해결책이라고 생각하지 않지만, 여러분의 구체적 상황에는 가장 적합한 방법일 수도 있다.

신중하게 접근하여 초기에는 서비스의 수를 최소화하려고 노력하고, 애플리케이션을 작은 모듈로 구성된 단일 모노리스로 배포하는 것도 괜찮다. 애플리케이션의 부하가 증가하면, 모노리스를 별도의 마이크로서비스로 분리하기 시작할 수 있다. 여러 서비스를 가지면 각각의 요구 사항을 세밀하게 조정할 수 있어서 리소스 사용과 플랫폼의 전반적인 신뢰성을 최적화할 수 있다는 장점이 있다. 몇 개의 인스턴스가 있을 때 마이크로서비스를 처리하는 것은 간단할 수 있지만, 수백 또는 수천 개의 서비스를 운영하려면 많은 작업과 비용이 필요하다.

> 계속 말하지만, 사람들이 모노리스를 제대로 만들 수 없다면, 마이크로서비스로 만든다고 해도 도움이 되지 않을 것이다.
>
> – 사이먼 브라운(Simon Brown)[8]

하지만 다시, 네트워크를 하위 도메인의 경계로 사용하면 팀들이 모듈성 측면을 적절히 생각하도록 강제할 수 있다. 그러나 결국 모듈성과 상태가 없는 접근 방식을 사용하면 선택을 쉽게 되돌릴 수 있기 때문에, (모노리스냐 마이크로서비스냐는) 어떤 배포 전략이 우리의 요구 사항에 더 잘 맞는지의 문제일 뿐이다.

더 극단적인 접근 방식은 모듈을 여러 독립된 상태가 없는 함수로 배포하는, 이른바 '서버리스' 아키텍처를 사용하는 것이다. 이론적으로 이 방식은 함수형 디자인에 매우 친화적이겠지만, 실제로는 각 회사의 접근 방식에 따른 제한이 있다. 한 가지 확실한 것은 상대적으로 낮은 부하의 애플리케이션에 대해 서버리스 접근 방식을 사용하면 클라우드 운영 비용이 훨씬 저렴하다는 것이다. 이 것만으로도 서버리스 방식을 채택할 충분한 이유가 될 수 있다.

결론적으로 모듈 디자인이 제공하는 주요 이점 중 하나는 마지막 순간에 배포 전략을 선택하고 나중에 아이디어를 변경할 자유를 준다는 것이다.

---

8 [역주] 소프트웨어 아키텍처에 대한 책(https://leanpub.com/b/software-architecture)도 쓰고, JSP 관련 책을 쓴 컴퓨터 엔지니어

13.4 / 마지막 고려 사항

소프트웨어 아키텍트가 해야 할 가장 중요한 일은 변화를 수용하는 것이라고 생각한다. 처음 애플리케이션을 작성하기 시작했을 때, 내 목표는 모든 모범 사례를 결합하고 모든 요구 사항을 하나의 궁극적인 디자인으로 정제해서 어떤 목적에도 맞출 수 있고 전적으로 미래의 변화에 대비할 수 있는 '완벽한' 애플리케이션을 작성하는 것이었다.

이제 이것은 불가능할 뿐만 아니라 근본적으로 잘못됐다고 생각한다. 우리는 가능한 한 적은 코드를 작성하고, 새로운 코드를 추가하기보다는 일부를 기꺼이 버리려는 자세를 가져야 한다. 소프트웨어 자체를 위해 소프트웨어를 작성하는 것이 아니라 사용자와 이해관계자가 목표를 달성하는 데 도움을 주는 것을 목표로 삼아야 한다.

내 경험에 따르면 소프트웨어를 작성할 때 완벽함이나 뛰어남을 추구하는 것보다 훨씬 더 중요한 품질은 유연성이다. 나는 매우 정교하고 똑똑한 프레임워크보다는 완벽하게 들어맞지는 않더라도 내가 원하는 대로 재배열할 수 있는 견고한 모듈을 선호한다.

더 일반적으로 말하면 적어도 내가 작업하는 유형의 애플리케이션에 대해서는 모든 것이 서로 연관되기 쉬운 객체 지향 디자인 접근 방식보다 타입 변환과 합성을 사용하는 함수형 접근 방식이 더 많은 자유와 생산성을 제공한다는 사실을 발견했다.

이제 우리의 여정이 끝났다. 여러분이 이 책에서 유용한 무언가를 찾았기를 바란다. 어쩌면 그 이상의 것을 찾았을 수도 있다. 작별하기 전에 내가 전하고 싶은 메시지는 '코딩을 계속하라. 어떤 권위도 신뢰하지 마라. 스스로 배우고 실험하라.'는 것이다.

13

함수형 아키텍처 디자인하기

13.5 연습 문제

책은 끝났지만 마지막 연습 문제가 있다.

연습 문제 13.1: 최종 연습 문제

함수형 접근 방식을 취하고 이 책에서 배운 교훈을 적용하면서 제타이와 비슷한 애플리케이션을 여러분이 좋아하는 프로그래밍 언어를 사용해 처음부터 만들어보라. 이 책의 모든 DDT를 유지하고 거기서 시작하라.

A

함수형 프로그래밍이란 무엇인가?

지금 큰 질문을 던지겠다. '함수형 프로그래밍이란 무엇인가?' 이를 더 잘 이해하기 위해서는 함수형 프로그래밍이 어디에서 왔고 언제 시작되었는지를 살펴봐야 한다. 모두들 최근에 와서야 함수형 프로그래밍을 이야기하는 것처럼 보이므로, 새로운 것이 아니라는 사실을 알게 되면 놀랄 수도 있다. 함수형 프로그래밍의 역사는 오래됐다.

부록 A에서는 함수형 프로그래밍이 실제로 어떻게 작동하는지 보여주려 한다. 객체 지향 스타일로 작성한 작은 애플리케이션을 함수형 패러다임으로 변경할 텐데, 이를 통해 두 가지 코드 작성 방식에 어떤 차이가 있는지 알 수 있다.

하지만 그 전에 먼저 함수형 프로그래밍의 역사로 들어가보자.

A.1 기원

'함수형 프로그래밍'이란 개념은 1950년대까지 거슬러 올라갈 수 있지만, 이 용어를 많은 사람들이 인식하도록 만든 사람은 존 배커스(John Backus)다. 1977년 튜링상 수상 강연 〈프로그래밍은 폰 노이만 스타일에서 해방될 수 있는가? 함수형 스타일과 프로그램에 대한 함수형 스타일의 대수학(Can Programming Be Liberated from the von Neumann Style? A Functional Style and Its Algebra of Programs)〉[1]을 통해서였다.

흥미로운 점은, 존 배커스는 최초의 고급 언어 중 하나인 포트란(FORTRAN) 언어를 발명한 사람인데, 자신의 창조물을 가장 강력하게 비평한 사람 중 한 명이 되었다는 사실이다. 그는 '폰 노이만 스타일' 언어(우리가 이제 비함수형 언어라고 부를 언어)들이 다음과 같은 네 가지 기본적인 결함을 가지고 있다고 말했다.

- 상태 전이와 의미론적으로 아주 밀접하게 결합되어 있다.
- 프로그래밍을 식(expression)으로 이뤄진 세계와 문(statement)으로 이뤄진 세계로 나눈다.

---

1 https://dl.acm.org/doi/pdf/10.1145/359576.359579

- 기존 프로그램에서 새로운 프로그램을 구축할 수 있는 강력한 결합 형식을 효과적으로 사용할 능력이 부족하다.
- 프로그램에 대해 추론하는 데 유용한 수학적 속성이 부족하다.

그는 수학과 비슷한 **대수**(algebra)를 사용하여 간단한 요소들을 조합해 프로그램을 생성할 수 있는, 수학적 아이디어에 기반한 새로운 스타일의 프로그래밍을 원했다.

존 배커스의 비전은 현대 함수형 프로그래밍이 우리에게 제공할 수 있는 것과 매우 비슷하다. 그의 아이디어가 주류가 되기까지 거의 50년이 걸렸다는 점은 여전히 인상적이다. 그의 논문은 통찰력이 풍부해 기회가 된다면 이 책을 다 읽은 후라도 읽어볼 만한 가치가 있다.

이 목록의 첫 번째 항목은 특히 흥미롭다. 배커스가 여기서 말하고 있는 것은 각 상태 변화에 구체적 의미, 즉 의미론적 값을 부여하면 상태 변화가 그 구체적 동작과 결합되기 때문에, 구성 원소를 새로운 프로그램에서 결합하고 재사용할 수 있는 유연성을 일부 잃게 된다는 것이다.

배커스가 한 말의 의미를 이해하기 위해, 전형적인 객체 지향 코드의 예로 밥 마틴의 볼링 카타[2]를 살펴보자[3].

```
public class Game {
    private int rolls[] = new int[21];
    private int currentRoll = 0;
    public void roll(int pins) {
        rolls[currentRoll++] = pins;
    }
    public int score() // roll의 결과로부터 점수를 계산하는 로직
}
```

이 클래스의 객체는 핀을 쓰러뜨린 횟수를 기록할 때마다 숨겨진 필드를 수정하면서 점수를 계속 계산한다. 코드가 잘 작동하고 의도가 비교적 명확하지만, 기본 논리는 도메인 상태의 변화와 밀접하게 연결되어 있다. 이처럼 강하게 연결되어 있기 때문에 코드를 독립적으로 수정하기가 어렵다. 예를 들어 5핀 볼링 게임의 점수를 계산하려고 할 때는 같은 코드를 쉽게 재사용할 수 없다. 이 코드를 함수형 접근 방식을 사용해 다시 작성하면, 게임의 상태와 독립적으로 규칙을 조작할 수 있다.

---

2 카타(kata)는 코딩 도장(code dojo)에서 사용하는 용어로, 일본어로 형태나 모양을 뜻하는 단어이며 태권도의 품새와 같다고 볼 수 있다. 코딩 도장은 프로그래밍 수련 방법으로 태권도장에서 품새를 반복 수련하듯 프로그래밍을 수련할 때도 미리 정해진 문제 풀이 과정을 보여주는 카타를 여러 번 재시도해보는 것을 통해 배워 나가면서 자신의 프로그래밍 기술을 더 가다듬게 된다.

3 http://www.butunclebob.com/ArticleS.UncleBob.TheBowlingGameKata

마지막 지적, 즉 소프트웨어에 대한 수학적 속성을 추론할 수 있는 능력은 함수형 프로그래밍을 채택하는 핵심 요소다. 지금은 이상하게 보일 수 있지만, 이 책을 다 읽고 나면 그렇지 않기를 바란다. 베커스가 의미한 바를 약간 이해하기 위해 람다 계산법과 카테고리 이론을 간략히 살펴보자.

람다 계산법

람다 계산법(lambda calculus)은 1930년대 수학자 알론조 처치(Alonzo Church)가 발명한 계산법이며, 계산을 수학적으로 분석할 수 있는 방식으로 표현하는 형식적인 방법[4]이다.

람다 계산이 중요한 이유는 함수형 프로그래밍의 기본 개념을 지지하는 확고한 이론적 기반이기 때문이다. 람다 계산이 어떻게 작동하는지에 대한 아이디어를 확인하기 위해, 모든 계산이 익명 함수의 연속으로 구성되고 변수들을 실제 값으로 대체해 계산한다고 상상해보자.

예를 들어 두 수의 곱에 1을 더하는 식으로 시작하겠다.

```
x*y + 1
```

람다 계산은 우리가 바인딩해야 할 변수를 선언하도록 요구한다. 여기서는 x와 y다. 변수를 함수에 바인딩하는 것을 표현하기 위해, 처치는 그리스 문자 람다(λ)를 선택했다. 그래서 위 식을 다음 그림과 같이 쓸 수 있다.

---

4 역주 수학에서 형식적(formal)이라는 말은 잘 정의된 언어를 잘 정의된 규칙에 의해 기계적으로 다루는 것을 뜻한다.

$$\lambda x . \lambda y . \; xy+1 \qquad \text{머리 - 선언} \quad \text{몸통 - 식}$$

$$\lambda y . \; 5y+1 \qquad \text{x를 5로 치환}$$

$$5 \cdot 6+1 \qquad \text{y를 6으로 치환}$$

$$31$$

같은 식을 코틀린에서는 다음과 같이 표현할 수 있다.

```
val lambda: (Int) -> (Int) -> Int = { x -> { y -> x*y + 1}}
// 사용법
val r = lambda(5)(6)
println(r) // 31
```

코틀린 람다 식에 익숙하지 않다면, **부록 B의 람다 변수**를 참고하라. 익명 함수를 구성하면 지역 변수가 전혀 필요 없다는 것을 알 수 있다.

람다 계산은 하위 식을 기본 계산에서 그 값으로 치환하는 베타 축약(beta reduction)이라는 과정을 통해 가장 복잡한 계산도 해결할 수 있다는 아이디어에 기반을 두고 있다. 이 개념은 수학적 정리와 증명으로 확장되는데, 이를 완전히 이해하지 않더라도 사용하는 데 지장은 없다.

배커스의 말을 들어보자. "영역의 중간에 변수의 값을 변경할 수 있는 대입문을 도입함으로써, 수학적 표기법의 기본 규칙을 깨뜨렸다. 프로그래밍 언어는 참조 투명하지 않고 참조 불투명하게 되었다."

참조 투명성

배커스가 언급한 '참조 투명성'이라는 개념은 언어 철학자 윌러드 밴 오먼 콰인(Willard Van Orman Quine)이 처음 사용한 용어로, 단어의 의미와 그 활용의 중요성을 가리킨다. 컴퓨터 과학자들은 이 용어를 즉시 받아들였고, 함수를 그 결과로 치환해도 전체 애플리케이션의 동작에 영향을 미치지 않는지를 나타내기 위해 사용했다.

생각해보면 코드가 참조 투명성을 가져야만 람다 계산의 축약을 적용할 수 있고, 참조 투명하지 않으면 예측할 수 없는 결과를 얻게 된다. 예를 들어 앞의 볼링 코드에서 roll(5) 호출을 어떤 값으로 대체할 수는 없다. 왜냐하면 아무런 값을 반환하지 않기 때문이다.

설령 roll() 메서드가 점수를 반환하도록 변경해도, 치환 원리를 사용할 수는 없다. 같은 입력으로 여러 번 호출해도 현재 점수에 따라 매번 다른 결과를 얻기 때문이다.

투명한 코드와 불투명한 코드를 구분하는 또 다른 유용한 기준이 있다. 전자는 여러 번 호출해도 동일한 입력에 대해 항상 동일한 결과를 반환하며, 시스템의 나머지 부분에 영향을 미치지 않아야 한다는 것이다.

 조에게 묻는다 여기서 '영향을 미치다'는 무엇을 의미하는가?

이상적인 컴퓨터에서는 참조 투명한 코드를 여러 번 호출해도 차이가 없어야 하지만, 실제로는 여러 번 호출하면 CPU 사용량과 메모리 소비에 영향을 미칠 수 있으며, 잠재적으로 시스템의 다른 부분에 영향을 미칠 수 있다. 그렇기는 해도 JVM은 이러한 위험을 최대한 줄이도록 최적화되어 있다.

중요한 원칙은 함수를 여러 번 호출해도 애플리케이션의 상태가 어떤 식으로든 변경되지 않아야 한다는 것이다.

카테고리 이론

수학으로 돌아가보자. 람다 계산이 함수형 프로그래밍이 무엇인지 정의해준다면, 카테고리 이론은 타입과 함수에 대해 생각하는 방식을 바꾸는 데 도움을 준다.

카테고리 이론은 '일반적인 추상적 무의미함'이라고 정의된다. 이는 구조의 실제 내용을 보지 않고 변환을 통해 구조가 어떻게 유지되는지에 대해서만 연구한다는 의미에서 나온 유머러스한 표현이다. 함수형 프로그래밍도 같은 목표, 즉 변환의 합성을 통해 소프트웨어를 정의하는 것을 추구한다.

이러한 변환을 **사상**(morphism)이라고 하며, 보통 화살표로 표현된다. 카테고리를 형성하려면 점을 연결하는 화살표가 필요하다. 그러나 아무 화살표나 되는 것은 아니며, 합성이 가능해야 한다. 두 화살표를 합성한다는 것은 첫 번째 화살표를 두 번째 화살표에 적용한 것과 동등한 새로운 화살표를 만드는 것을 의미한다.

카테고리 이론은 함수형 프로그래밍에 깊은 영향을 끼쳤다. **7장의 펑터와 카테고리 배우기**에서 이야기했고, **부록 C의 약간의 이론**을 다룰 때 더 자세히 설명하겠다.

이를 컴퓨터 프로그래밍으로 번역하면, 점은 타입(객체 인스턴스가 아니다. 이 점을 기억하라!)을 나타내며, 화살표는 타입을 다른 타입으로 변환하는 함수다. 정확히 말하면, 함수는 타입의 원소를 다른 타입의 원소로 변환한다. 사상과 마찬가지로, 두 함수 f와 g를 합성하는 것은 새로운 함수 h = g(f)를 만드는 것을 의미한다. 이를 시각적으로 표현하면 다음과 같다.

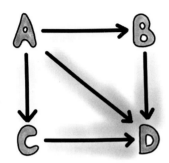

이 다이어그램에서는 네 개의 화살표가 네 가지 타입 A, B, C, D에 대한 연산을 나타내고 있다. 만약 A -> B와 B -> D 함수를 합성하면, 결과 함수는 A -> D 함수와 같게 된다. 마찬가지로 A -> C와 C -> D 함수를 합성해도 동일한 A -> D 함수를 얻게 된다. 이런 상황을 다이어그램이 '교환된다'라고 한다. A -> D 시그니처를 가진 함수는 여러 개 있을 수 있지만, 오직 하나만이 다이어그램을 교환되게 만든다는 점이 중요하다.

사상으로 생각한다는 것은 무슨 의미인가? 복잡한 애플리케이션을 마치 장난감 블록처럼 변환을 사용해 하나씩 쌓아 올리는 것을 상상해보라. 하지만 이 블록은 정적인 것이 아니라 변환기, 즉 함수들이며, 다른 변환기들도 변환할 수 있다. 따라서 더 어렵고 더 강력하다.

사상 관점으로 생각하는 것이 유연성과 강력함을 크게 증가시킬 수 있다는 것을 이해했을 것이다. 함수를 구성 원소로 사용하고, 함수들이 다른 함수들을 변환할 수 있도록 하면, 더 동적이고 적응력 있는 솔루션을 만들 수 있다.

그렇다면 이를 어떻게 실천할 수 있을까? 처음에는 불가능해 보일 수 있지만, 불가능하지 않다. 반대로 만약 사상 관점의 사고가 너무 쉬웠다면, 이 책을 쓸 필요도 없었을 것이다.

A.2 / 참조 투명성 달성하기

함수형 프로그래밍의 본질이 참조 투명성이라면, 이를 유지하기 위해 따라야 하는 쉬운 규칙이 있을까? 그렇다. 우리는 **순수성, 불변성, 전체성**이라는 세 가지 함수형 원칙을 따라야 한다.

'참조 투명성'과 '순수성'의 정확한 정의는 학술 문헌에서도 보편적으로 합의된 것은 아니다. 하지만 이 책의 목적상 참조 투명성을 달성하는 것이 함수형 프로그래밍의 주요 목표이다. 즉, 코드의 함수형 정도는 참조 투명성의 수준에 따라 측정할 수 있다.

내가 말하고자 하는 것은, 참조 투명성이 함수형 프로그래밍을 작동하게 만드는 요소라는 것이다. 만약 누군가가 순수한 함수를 사용하지 않고도 이를 달성하는 방법을 발견한다면, 나는 참조 투명성을 버릴 것이다. 마찬가지로 나는 불변성과 전체성을 참조 투명성을 유지하기 위한 중요한 원칙으로 간주하지만, 그것 자체가 목표는 아니다.

각각을 더 자세히 살펴보자.

함수를 순수하게 유지하라

순수성이 함수에 어떻게 적용되는가? 순수 함수는 수학적 함수처럼 작동하는 연산으로, 이해하기 쉽고 재사용하기 쉽다.

순수 함수는 두 가지 특성을 가진다. 첫째, 값을 반환해야 한다. 일부 언어에서는 값을 반환하는 함수(function)와 값을 반환하지 않고 계산을 실행하는 프로시저(procedure)를 구별한다. 자바에서는 프로시저가 void를 반환하는 메서드이고, 코틀린에서는 Unit을 반환하는 함수다(Unit에 대해 더 알고 싶다면 **부록 C의 Unit**을 참고하라).

Unit이 의도적으로 반환되는 유효한 값인 경우도 있지만, 여기서 말하는 것은 의미가 없는 값을 반환하는 경우다.

볼링 예제에서 roll 메서드는 내부 상태를 변경하지만 아무 것도 반환하지 않았다. 함수형 방식으로 BowlingGameFP 클래스를 작성하려면, roll 메서드에서 무언가를 반환해야 한다. roll이 게임의 상태를 변경하기 때문에, 가장 간단한 방법은 새로운 게임 상태를 반환하는 것이다.

```
data class BowlingGameFP(val rolls: List<Int>) {
    fun roll(pins: Int): BowlingGameFP = BowlingGameFP(rolls + pins)
    // 클래스의 나머지 부분
}
```

코틀린의 데이터 클래스 문법에 대해서는 **부록 C의 데이터 클래스**를 참고하라.

함수가 참조 투명하려면 함수 호출 부분을 함수의 결괏값으로 치환해도 프로그램의 동작이 변하지 않아야 한다는 정의를 기억하라. 치환이 불가능하다면 그 함수는 참조 불투명한 것이다.

새로운 roll이 참조 투명하다는 사실을 테스트로 쉽게 증명할 수 있다.

```
val g1 = BowlingGameFP(emptyList()).roll(5).roll(4)
val g2 = BowlingGameFP(listOf(5)).roll(4)
val g3 = BowlingGameFP(listOf(5,4))
assertEquals(g1, g2)
assertEquals(g1, g3)
```

더 정확히 말해 순수 함수는 반환 값 계산 외에 다른 효과를 만들 수 없다. 따라서 순수 함수는 전역 변수나 가변적인 싱글턴 같은 함수 외부의 상태를 수정할 수 없다. 반환 값이 함수의 효과라면 함수가 시스템에 미치는 다른 모든 변화는 부수 효과로 간주해야 하며, 이를 가능한 한 제한해야 한다.

> **Note ☰ 부수 효과**
>
> 함수형 프로그래밍을 논할 때 부수 효과라는 용어를 자주 듣게 된다. 이 말이 의학에서 흔히 말하는 '원치 않는 결과(부작용)'를 의미하지 않아서 의외일 수 있다[5].
>
> 컴퓨터 과학에서 이 용어는 함수의 명시적인 결과와 다른 시스템에 미치는 모든 영향을 포함한다. 예를 들어 println 함수의 부수 효과는 표준 출력에 쓰는 것이다. 왜냐하면 결괏값이 Unit이기 때문이다. 이 결괏값은 표준 출력과는 아무런 관련이 없다.
>
> 다른 일반적인 부수 효과로는 화면에 쓰기, 네트워크를 통한 데이터 전송, 파일 읽기나 쓰기 등이 있다.

순수 함수의 또 다른 특징은 결과가 입력에만 의존해야 한다는 것이다. 이 말은 결과를 계산하기 위해 함수의 입력(파라미터) 외에 다른 것을 사용해서는 안 된다는 의미다. 다시 말해 순수 함수 내에서 전역 변수, 싱글턴 상태 객체, 파일이나 네트워크 소켓 같은 외부 리소스를 읽거나 쓰는 것

---

5 **역주** 영어로는 side effect이며 일반적으로는 부작용이라고 번역한다. 이 책에서는 원치 않는 결과라는 부정적 의미를 줄이기 위해 부수 효과라고 번역했다. 프로그램의 부수 효과는 대부분 의도적으로 생긴 것이기 때문이다.

은 모두 부수 효과로 간주된다. 이런 부수 효과를 사용하면 같은 입력에 대해 다른 결과를 얻을 가능성이 생기기 때문에 참조 투명성 원칙을 위반하게 된다.

이 책에서는 순수 함수를 함수라고 부르고, 순수하지 않은 함수를 계산(computation)이라고 부를 것이다. 에릭 노먼드(Eric Normand)는 이를 각각 계산(calculation)과 행동이라고 불렀다[6]. 이름은 중요하지 않지만, 근본적인 차이를 기억하는 것이 중요하다.

> **조에게 묻는다** 애플리케이션을 부수 효과 없이 작성할 수 있는가?
>
> 물론이다. 아무런 작업도 수행하지 않는 애플리케이션을 작성하면 된다! 하지만 그다지 유용하거나 흥미롭지 않다. 농담은 제쳐 두고, 쓸모있는 프로그램에서 순수하지 않은 계산을 수행하는 것을 피할 수는 없지만 부수 효과를 피할 수는 있다.
>
> 이 책에서는 이러한 목표를 달성할 수 있는 다양한 기술을 탐구할 것이다. 본질적으로 이는 타입 시스템을 사용해 효과가 발생하는 시점을 명시적으로 표시하고, 이를 명확하게 드러내어 부수 효과를 함수형 효과로 변환한다는 뜻이다.

문법에 대한 마지막으로 알아둘 내용이 있다. 함수가 하나의 식으로만 이뤄진 경우, 코틀린에서는 함수 본문을 둘러싼 중괄호를 아예 생략하는 대신 함수 시그니처와 본문의 유일한 식 사이에 = 기호를 사용할 수 있다. 순수 함수를 작성할 때는 반환 값을 가지는 함수임을 더 명확하게 하기 위해 이 단일 식 함수 문법을 사용하는 것이 좋다. 자세한 내용은 **부록 C의 함수**를 참고하라.

가변 타입을 신뢰하지 마라

두 번째 원칙은 **불변성**이다. 전역 상태를 참조하지 않더라도 가변 데이터 구조를 사용하면 참조 투명성이 깨지게 된다.

수학적 엔터티, 예를 들어 수는 불변이지만 컴퓨터는 메모리 셀을 사용하므로 가변적이어야 한다. 저수준 프로그래밍은 하드웨어 작동 방식에 매우 가까워야 하므로 가변 구조를 사용해야 한다. 이것은 문제가 되지 않지만, 고수준 코드에서 참조 투명성을 유지하려면 모든 데이터를 불변으로 처리할 수 있는 방법이 필요하다.

---

6 **역주** 『쏙쏙 들어오는 함수형 코딩』 에릭 노먼드 저, 김은민 역, 제이펍, 2022

작은 예제를 통해 데이터가 불변이어야 하는 이유를 살펴보자. 볼링 카타에서는 데이터 클래스를 불변으로 만들었다. 그렇다면 가변 버전으로 작성하면 어떻게 될까?

```kotlin
data class BowlingGameMutable(private val rolls: MutableList<Int>) {
    fun roll(pins: Int): BowlingGameMutable {
        rolls.add(pins)
        return this
    }
    // 클래스의 나머지 부분
}
```

이 버전에서 roll 함수는 현재 인스턴스를 반환하며 내부의 가변 리스트 rolls를 변경한다. 이 코드는 여전히 이전 테스트를 통과한다. 왜냐하면 g1, g2, g3가 모두 같은 인스턴스이기 때문이다. 하지만 다음과 같은 또 다른 테스트를 작성할 수 있다.

```kotlin
val g1 = BowlingGameMutable(emptyList()).roll(5)
val expected = BowlingGameMutable(emptyList()).roll(5).roll(4)
assertEquals(expected, g1.roll(4))
assertEquals(expected, g1.roll(4))
```

이 테스트는 g1.roll(4)를 몇 번 호출하든 항상 같은 결과를 얻을 것이라고 단언하고 있다. BowlingGameFP는 통과하지만, BowlingGameMutable에서는 실패할 것이다.

순수 함수와 불변 데이터를 사용하면 처음부터 코드를 디버깅하고 오류를 피하기가 더 쉬워진다. 함수형 코드를 볼 때 가능한 모든 상태를 염두에 두지 않아도 되기 때문이다.

데이터 구조의 몇 가지 필드만 변경된 새로운 인스턴스를 만드는 것은 매우 흔한 작업이어서, 데이터 클래스는 이런 경우 편리한 메서드인 copy를 제공한다. 우리는 roll 함수를 다음과 같이 리팩터링할 수 있다.

```kotlin
fun roll(pins: Int): BowlingGameFP = copy(rolls = rolls + pins)
```

데이터가 불변임을 어떻게 보장할 수 있을까? 불행히도 데이터가 불변인지 확인하는 쉬운 방법은 없다. 클래스가 불변이라 해도 각 필드가 불변 타입인지 확인해야 한다. val 대신 var를 사용하여 가변 필드가 있는 데이터 클래스를 선언할 수도 있지만, 가능한 한 데이터 클래스에서는 가변 필드 사용을 피해야 한다.

코틀린 디자이너들은 가변 임시 변수를 사용하는 것이 좋은 생각이 아니라고 보았다. 또한, 코드를 작성할 때 개발자들이 밑줄이 있는 원소를 보는 것을 매우 싫어한다는 것을 잘 알고 있기 때문에 IntelliJ는 모든 var 변수를 밑줄로 표시해서 개발자가 사용하지 못하도록 한다. 에디터 설정에서 비활성화할 수 있지만, 함수형 코드를 작성할 때 가변 변수를 사용하는 것은 거의 항상 디자인 결함의 신호다.

보너스로, 불변 데이터를 사용하면 동시에 실행되는 작업들 간에 데이터를 공유하는 것이 간단해진다. 데이터가 변경될 수 없기 때문에 메모리 잠금이나 CPU 캐시 무효화가 필요 없다.

마지막으로 고려할 점은 코틀린 컬렉션이 실제로 불변이 아니라 읽기 전용 인터페이스만 사용한다는 점이다[7]. 즉, (코틀린 표준 라이브러리의) '불변' 컬렉션을 가변 컬렉션으로 캐스팅해서 수정할 수 있다. 복사 작업을 더 효율적으로 만들 수 있는 진짜 불변인, 최적화된 코틀린 컬렉션을 만드는 프로젝트가 있다. 코틀린 불변 컬렉션 라이브러리는 깃허브에서 확인할 수 있다[8].

 조에게 묻는다 매번 새 인스턴스를 할당하는 것이 성능에 영향을 미칠까?

그렇다. 중요한 코드에서는 가변 데이터 구조가 더 빠를 수 있다. 그러나 일반적으로 JVM은 객체 할당 속도가 꽤 빠르며, 전체적인 영향은 종종 무시할 수 있다.

하지만 할당 시간만이 전부는 아니다. 불변 객체를 사용하면 JIT 컴파일러와 가비지 컬렉터의 작업이 단순해진다. 객체가 얼마나 오래 살아남고 얼마나 자주 변경되는지에 따라 불변성이 전체 성능을 향상시킬 수 있다.

가능한 입력을 모두 고려하라

함수를 안전하게 구성하려면 최종 조건인 **전체성**(totality)을 충족해야 한다. 전체성의 완전한 정의는 다음과 같다. 모든 입력에 대해 유한 시간 내에 결과를 반환하는 함수다.

모든 입력에 대해 결과를 반환하려면 두 가지 규칙을 따라야 한다. 첫 번째 규칙은 상당히 합리적이다. 전함수[9]는 무한 루프를 가질 수 없다. 두 번째 규칙은 좀 더 까다롭다. 전함수는 가능한 모든 입력을 처리해야(모든 입력에 대해 결괏값을 내놓음) 한다. 즉, 예외를 던질 수 없다.

함수가 잘못된 입력 파라미터를 거부하기 위해 예외를 사용하는 경우, 이를 부분 함수(또는 부분 정의 함수)라고 하며 가능한 입력 값의 일부에서만 작동한다는 것을 의미한다.

7　https://proandroiddev.com/the-mystery-of-mutable-kotlin-collections-e82cbf5d781

8　https://github.com/Kotlin/kotlinx.collections.immutable

9　[역주] 전체성이 있는 함수를 수학에서 전함수(total function)라고 부른다.

볼링 카타에 잘못된 입력을 거부하는 검사를 추가하려 한다고 가정해보자. 그 방법 중 하나는 예외를 던지는 것이다.

```
fun roll(pins: Int): BowlingGameFP =
    if (validPins(pins))
        copy(rolls = rolls + pins)
    else
        error("Invalid number of pins!")
```

예외를 피하는 아주 간단한 방법은 잘못된 입력을 무시하고 다음과 같이 현재 버전의 BowlingGameFP를 반환하는 것이다.

```
fun roll(pins: Int): BowlingGameFP =
    if (validPins(pins))
        copy(rolls = rolls + pins)
    else
        this // 입력을 무시함
```

소프트웨어에 따라 허용될 수도, 허용되지 않을 수도 있다. **7장의 오류를 더 잘 처리하기** 방안에서 더 정교한 해결책을 볼 수 있다. 그러나 프로그램 흐름을 처리하기 위한 예외를 사용하지 않는 것이 중요하다.

예외는 코드에서 예상치 못한 오류를 처리하는 데 아주 유용하지만, 정말로 예외적인 상황에서만 사용하는 것이 좋다. 예를 들어 메모리 부족 오류나 필수 서비스(**예** 데이터베이스)가 이용 불가능한 경우 등이 이에 해당한다. 이는 대부분 외부 시스템과 관련된 경우로 순수 함수와는 관련이 없을 것이다.

이제부터 이 책에서 함수를 언급할 때는 '불변 타입에서 동작하는 순수한 전체성 함수'를 의미한다. 그렇지 않은 함수는 계산이나 행동이라고 부를 것이다.

함수형 프로그래밍이란 무엇인가?

A.3 사상으로 생각하기

세 가지 함수형 원칙을 따르면 함수형 코드를 작성할 수 있다. 그러나 이는 우리가 피해야 할 코드를 알려줄 뿐, 애플리케이션을 어떻게 디자인해야 하는지에 대해서는 말해주지 않는다. 함수형 관점에서 생각하기 시작해야 하지만, 그 방법은 무엇일까?

함수형 디자인은 객체 지향 디자인과는 매우 다르다. 객체 지향이라는 용어를 만든 앨런 케이(Alan Kay)는 유명한 이메일[10]에서 자기 아이디어를 이렇게 설명했다.

> 나는 객체가 생물학적 세포나 네트워크상의 개별 컴퓨터와 같아서 오직 메시지로만 통신할 수 있다고 생각했다(그래서 처음부터 메시징으로 시작했고, 프로그래밍 언어에서 유용할 수 있게 메시징을 효율적으로 수행하는 방법을 찾는 데 시간이 걸렸다).

차이를 직관적으로 설명하면 순수 객체 지향 디자인에서는 모든 것이 내부 상태를 숨긴 객체 간의 메시지 교환에 기반한다. 이는 마치 살아 있는 유기체의 세포와 비슷하다.

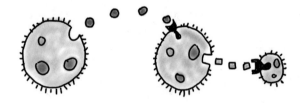

반면, 순수 함수형 디자인에서는 모든 것이 변환과 합성에 기반한다. 이는 수학적인 스타일에 더 가깝다.

---

10 http://userpage.fu-berlin.de/~ram/pub/pub_jf47ht81Ht/doc_kay_oop_en

이제 사상 친화적인 사고방식으로 소프트웨어를 효과적으로 디자인하는 데 도움이 될 중요한 경험 법칙 네 가지를 살펴보자.

1. 함수를 데이터로 취급하라.

2. 타입을 정확하게 정의하라.

3. 선언형 스타일을 선호하라.

4. 게으름을 피워라.

함수를 데이터로 취급하라

우리는 함수를 데이터와 구분되는 것으로 여겨 왔다. 즉, 함수는 데이터 타입을 입력과 결과로 사용하는 것이라고 생각해 왔다. 함수형 세계에서는 함수가 일급 시민(함수를 다른 일반적인 값처럼 취급할 수 있다는 말)이다. 따라서 함수를 입력 파라미터로 사용할 수 있고, 함수가 새로운 함수를 반환할 수 있다.

다른 함수를 데이터로 취급해 작업하는 함수를 **고차 함수**(Higher Order Function, HOF)라고 한다. 고차 함수는 함수형 프로그래머에게 가장 강력한 도구 중 하나로, 이 책에서도 고차 함수를 많이 사용한다.

처음에는 고차 함수를 사용하는 것이 어려울 수 있지만, 경험과 연습을 통해 더 잘 이해하고 자연스럽게 사용할 수 있을 것이다.

예를 들어 볼링 클래스에 점수를 계산하는 함수를 외부에서 의존관계로 주입할 수 있다.

```
data class BowlingGameFP(
    val rolls: List<Int>,
    private val scoreFn: (List<Int>) -> Int) {
    val score = scoreFn(rolls)
    fun roll(pins: Int): BowlingGameFP = // ...
        companion object {
        fun newBowlingGame() = BowlingGameFP(emptyList(), ::calcBowlingScore)
    }
}
fun calcBowlingScore(rolls: List<Int>): Int { // ...
```

코틀린에서는 독립적인 함수를 선언할 수 있다. 자바의 정적 함수(static 함수)와 비슷하지만 클래스가 없고, 입력과 출력의 조합으로 타입이 결정된다. 방금 본 클래스에서는 (List<Int>) -> Int가 함수의 타입이다.

여기서 장점은 점수 계산 로직을 쉽게 변경할 수 있다는 것이다. 예를 들어 5핀 볼링 게임의 점수를 계산해야 할 경우, 같은 클래스를 유지하고 다른 점수 계산 함수를 제공하기만 하면 된다.

```kotlin
fun new5PinBowlingGame() = BowlingGameFP(emptyList(), ::calc5PinBowlingScore)
```

또 다른 장점은 점수 계산 함수를 독립적으로 테스트하거나 다른 알고리즘의 결과와 비교할 수 있다는 것이다. 반면 코드를 사용하는 것이 약간 더 복잡해질 수 있으므로, 최종 결정은 항상 구체적인 상황에 따라 다르다. 중요한 것은 함수를 데이터로 취급할 수 있다는 원칙이다.

또한 함수 자체를 입력으로 받아서 새로운 함수를 반환하는 함수를 작성할 수도 있다. 예를 들어 두 가지 종류의 점수 계산 규칙을 고려해야 한다고 가정하자. 한 가지 방법은 새로운 Boolean 파라미터를 사용하는 점수 계산 함수를 만드는 것이다.

```kotlin
fun chooseAndScore(
    is5pinBowling: Boolean,
    rolls: List<Int>
): Int =
    if (is5pinBowling)
        calc5PinScore(rolls)
    else
        calc10PinScore(rolls)
```

다른 방법은 두 개의 다른 점수 계산 함수를 입력으로 받고, 또 다른 파라미터에 따라 그중 하나를 반환하는 것이다. 호출자는 이 점수 계산 함수를 직접 사용하거나 여러 번 사용하기 위해 저장할 수 있다.

```kotlin
fun chooseScoringFn(
    is5pinBowling: Boolean,
    fn10PinScore: (List<Int>) -> Int,
    fn5PinScore: (List<Int>) -> Int
): (List<Int>) -> Int =
    if (is5pinBowling)
        fn5PinScore
    else
        fn10PinScore
```

함수를 반환하는 것은 마치 질문에 새로운 질문으로 대답하는 것과 같다. 처음에는 이상해 보일 수 있지만, 이런 사고방식은 많은 문제를 우아하게 해결하는 데 도움이 되며, **3장의 고차 함수 사용하기**에서 설명한 것처럼 함수형 프로그래밍에서 아주 일반적으로 쓰인다.

마지막으로 함수에 대한 규칙을 고려해보자. chooseScoringFn 함수는 순수한가? 정의에 따르면 식 f(g)(여기서 g는 또 다른 함수)가 모든 참조 투명한 g에 대해 참조 투명하면, 고차 함수 f는 순수하다. 즉, chooseScoringFn을 순수하다고 간주하려면 다른 순수한 함수를 입력으로 사용해 확인하면 된다.

비슷하게 함수를 데이터로 취급한다면 불변 함수가 무엇인지 스스로에게 질문할 수 있다. 모든 실용적 측면에서 볼 때 불변 함수는 주어진 입력에 대해 동일한 출력을 반환하는 함수다. 따라서 모든 순수 함수는 또한 불변 함수다.

타입을 정확하게 정의하라

소프트웨어를 타입 간 변환의 체인으로 디자인하기 시작하면, 여러 가지를 매우 정확한 방식으로 다양한 타입으로 표현해야 한다.

정확한 타입을 정의하면 함수가 더 구체적이 되고 시그니처에서 찾기 쉬워진다. 실제로 함수형 방식으로 코드를 작성할 때 함수의 이름보다는 함수 시그니처에 훨씬 더 의존한다. 그러나 도메인에 대해 일반적인 타입을 사용하면 함수 이름만으로 이해해야 하며, 함수 이름의 길이에 한계가 있기 때문에 혼동의 여지가 생길 수 있다.

예를 들어 점수 계산 함수의 시그니처 (List⟨Int⟩) -> Int를 생각해보자. 이런 타입은 매우 일반적이다. List⟨Int⟩::sum과 List⟨Int⟩::size도 이에 해당하며, 실수로 잘못된 함수를 전달하기 쉽다.

대신 쓰러뜨린 핀에 대해 구체적 타입을 정의한다면(이런 타입을 Pins라고 부르자) 점수 계산 함수의 시그니처가 (List⟨Pins⟩) -> Int가 되기 때문에 더 구체적이고 의미 있는 정보를 제공할 수 있다.

String이나 Int와 같은 기본 타입 대신 도메인 클래스를 사용하는 방식은 함수형 프로그래밍에만 국한된 것이 아니다. 모든 내장 타입을 도메인에 따라 특화시킨 클래스로 감싸는 것을 타이니 타입(TinyType) 패턴이라고 부른다[11]. 같은 맥락에서, 기본 데이터 타입을 사용해 도메인 아이디어를 표현하는 것을 비판하는 '기본형 집착'이라는 안티패턴도 있다[12].

도메인에 대해 구체적 타입을 정의하는 방식의 또 다른 장점은 전체성을 달성하는 데 도움이 된다는 것이다. 예를 들어 Pins 타입은 0에서 10까지 핀을 쓰러뜨린 개수를 나타내는 11가지의 값만으로 이뤄진다. 정수를 감싸는 대신 enum을 사용할 수 있다.

```
enum class Pins(val number: Int) {
    zero(0),
    one(1),
    two(2),
    three(3),
    four(4),
    five(5),
    six(6),
    seven(7),
    eight(8),
    nine(9),
    ten(10)
}
```

이렇게 하면 오류가 발생할 가능성을 크게 줄이고 입력 유효성 검사를 제거할 수 있어 전체성을 강화하기가 더 쉬워진다. 이런 방식이 단순히 문제를 함수 내부에서 Pins 생성으로 옮기는 것처럼 보일 수 있다. 그러나 컴파일러 자체가 유효하지 않은 값을 사용하지 않도록 확인해준다는 장점이 있다.

선언형 스타일을 선호하라

다른 사람에게 작업을 지시하는 방법은 크게 두 가지다. 필요한 모든 단계를 정확히 지정하거나, 최종 목표가 무엇인지 설명하는 것이다.

---

[11] https://darrenhobbs.com/2007/04/11/tiny-types

[12] https://wiki.c2.com/?PrimitiveObsession

예를 들어 누군가에게 우유를 사다 달라고 지시하는 경우, "밖으로 나가서, 왼쪽으로 돌고, 50미터 직진한 후, 가게에 들어가서, 우유를 찾아서, 하나를 챙겨서, 계산대에 가서, 계산해라."라고 말할 수 있다.

또는 이렇게 말할 수도 있다. "여기 돈이 있으니, 우유 하나 사다 줘."

첫 번째 경우는 무엇이 잘못될 수 있는지 쉽게 상상할 수 있다. 지시 사항 중 필요한 단계를 하나라도 빼먹으면, 그 작업을 완료할 수 없을 것이다. 우유 가게가 조금 더 멀리 있다면 지시는 실패할 것이다. 두 번째 경우는 가게를 찾아서 문제없이 작업을 완료할 수 있다.

반면 두 번째 경우에도 항상 정보가 부족할 위험이 있다. 근처에 있는 가게를 모르고 다른 곳으로 가버려서 몇 시간을 기다려야 할 수도 있다.

프로그래밍에서는 자세한 단계를 지시하는 스타일을 명령형, 목표를 알려주는 스타일을 선언형이라고 한다.

명령형 스타일은 일련의 명령문으로 구성되어 있으며 읽기 상당히 어려울 수 있다. 예를 들어 볼링 애플리케이션의 점수를 계산하는 알고리즘을 살펴보자.

```kotlin
fun calcBowlingScore(rolls: List<Pins>): Int {

    fun getRoll(roll: Int): Int = rolls.getOrElse(roll){ Pins.zero }.number

    fun isStrike(frameIndex: Int): Boolean =
        getRoll(frameIndex) == 10
    fun sumOfBallsInFrame(frameIndex: Int): Int =
        getRoll(frameIndex) + getRoll(frameIndex + 1)
    fun spareBonus(frameIndex: Int): Int =
        getRoll(frameIndex + 2)
    fun strikeBonus(frameIndex: Int): Int =
        getRoll(frameIndex + 1) + getRoll(frameIndex + 2)
    fun isSpare(frameIndex: Int): Boolean =
        getRoll(frameIndex) + getRoll(frameIndex + 1) == 10

    var score = 0
    var frameIndex = 0
    for (frame in 0..9) {
        if (isStrike(frameIndex)) {
            score += 10 + strikeBonus(frameIndex)
            frameIndex++
        } else if (isSpare(frameIndex)) {
            score += 10 + spareBonus(frameIndex)
```

함수형 프로그래밍이란 무엇인가?

```
                frameIndex += 2
        } else {
                score += sumOfBallsInFrame(frameIndex)
                frameIndex += 2
        }
    }
    return score
}
```

메서드 이름은 매우 명확하고 규칙을 반영하고 있지만, frameIndex 변수는 이해하기 까다롭다. 때로는 프레임을 하나씩 진행하고, 때로는 두 프레임을 진행하기 때문이다. 또 for 루프에서 프레임 수가 하드코딩되어 있어서, 이것이 볼링공 투구(roll)와 어떻게 관련되는지 명확하지 않다.

그러나 이 코드의 주요 문제는 논리를 변경 가능한 상태와 묶어놓았다는 점이다. 따라서 코드를 수정할 때는 이런 모든 측면을 염두에 두어야 하며, 상당히 어려울 수 있다.

코드를 코틀린으로 다시 작성했다 하더라도 자신 있게 변경할 수 없을 것이다. 테스트가 있으면 안전하게 변경할 수 있지만, 예측하기 쉬운 코드와 함께 작업하는 것이 더 낫지 않겠는가?

이제 더 선언형 스타일로 다시 작성해보자. 볼링 규칙을 어떻게 표현할 수 있을까? 다음은 내 생각이다.

1. 프레임 1부터 시작한다.

2. 투구한 결과가 스트라이크(모든 핀을 쓰러뜨림)인 경우, 10점에 다음 두 번의 투구를 더한다.

3. 다음 두 번의 투구가 스페어(두 번 공을 투구해서 모든 핀을 쓰러뜨림)인 경우, 10점에 그 다음 투구의 점수를 더한다.

4. 그렇지 않으면(스트라이크나 스페어가 아니면), 다음 두 투구의 결과를 점수에 더한다.

5. 다음 프레임으로 이동한다. 남은 투구가 세 개 미만이거나 10번째 프레임인 경우, 마지막 투구 결과들을 더하기만 한다.

이 규칙들을 재귀 함수 코드로 번역할 수 있다. 각 규칙이 코드 한 줄로 대응되는 것을 볼 수 있다.

```
fun calcBowlingScoreRec(rolls: List<Pins>): Int {
    val lastFrame = 10
    val noOfPins = 10
    fun List<Int>.isStrike(): Boolean = first() == noOfPins
    fun List<Int>.isSpare(): Boolean = take(2).sum() == noOfPins
```

```
        fun calcFrameScore(frame: Int, rolls: List<Int>): Int =
            when {
                frame == lastFrame || rolls.size < 3 -> // 5
                    rolls.sum()
                rolls.isStrike() -> // 2
                    rolls.take(3).sum() + calcFrameScore(frame + 1, rolls.drop(1))
                rolls.isSpare() -> // 3
                    rolls.take(3).sum() + calcFrameScore(frame + 1, rolls.drop(2))
                else -> // 4
                    rolls.take(2).sum() + calcFrameScore(frame + 1, rolls.drop(2))
            }
        return calcFrameScore(1, rolls.map(Pins::number)) // 1
    }
```

여러분이 더 나은 해결책을 생각해낼 수도 있고, 그것이 반드시 재귀적일 필요도 없다. 하지만 변경 가능한 변수를 모두 제거하여 게임 규칙을 더 이해하기 쉽게 만들었다. 이것이 우리의 의도다.

함수형 프로그래밍이 선언형이고 객체 지향 프로그래밍이 명령형이라는 말을 들어 봤을 것이다. 이것은 엄밀히 말해 정확하지 않다. 선언형 객체 지향 코드를 작성할 수 있고(**CH** 도메인 특화 언어), 함수형 명령형 코드를 작성할 수도 있기 때문이다.

그러나 함수형 프로그래밍은 절차적 프로그래밍보다 선언형 스타일을 더 넓고 강력하게 사용할 수 있으므로, 가능한 한 명령형 스타일보다 선언형 스타일을 채택해야 한다. 궁극적으로 우리 프로그래머들의 목표는 토니 호어의 제안을 따르는 것이다.

> 소프트웨어를 디자인하는 방법은 두 가지다. 하나는 아주 단순하게 디자인해서 결함이 없게 만드는 방법이고, 다른 하나는 너무 복잡하게 디자인해서 뻔한 결함이 없도록[13] 만드는 방법이다. 첫 번째 방법이 훨씬 더 어렵다.
>
> – 토니 호어

게으름을 피워라

프로그래머는 게으르다는 말이 있는데, 적어도 나는 확실히 그렇다. 하지만 여기서 말하는 게으름은 다른 종류의 게으름, 즉 **지연 계산**(lazy evaluation)을 의미한다.

---

13 역주 아주 뻔하고 쉬운 결함은 없고 어려운 결함만 남는다는 뜻이 아니라, 프로그램이 너무 복잡해서 모든 결함이 존재하는지 알기 어려운 결함이 되어 버렸다는 뜻이다.

지연 계산의 아이디어는 어떤 식의 평가를 가능한 마지막 순간까지, 그 결과가 필요할 때까지 미루는 것이다. 결국 결과가 필요하지 않은 경우도 있으므로, 불필요한 계산과 외부 호출을 피할 수 있다. 이는 함수형 프로그래밍과 매우 잘 맞는데, 지연 계산은 보통 결과가 필요할 때 호출할 수 있는 함수 형태로 전달되기 때문이다.

예를 들어 볼링 게임에서 점수를 계산할 필요가 있을 때만 계산하고 그 값을 저장해 이후 호출에서는 다시 계산할 필요가 없도록 지연 계산을 사용할 수 있다. 코틀린에서 매우 쉽게 할 수 있다. 이에 대해서는 **부록 B의 위임 프로퍼티**에서 다룰 것이다.

```
data class BowlingGameFP(
    val rolls: List<Pins>,
    val scoreFn: (List<Pins>) -> Int) {
    val score by lazy{ scoreFn(rolls) } // lazy score
// 클래스의 나머지 부분
}
```

하지만 이것은 지연성이 제공할 수 있는 것의 일부에 불과하다. 지연성을 활용하는 흥미로운 예제가 **8장의 펑터에서 질의 실행하기**에 나와 있다.

한편 지연성이 코드 디버깅을 더 어렵게 만들 수도 있다. 함수(또는 지연 계산)에 대한 호출이 우리가 생성한 장소와 완전히 다른 곳에서 발생할 수 있기 때문이다. 프로그래밍의 다른 기술과 마찬가지로, 이를 사용하기 전에 항상 장단점을 잘 고려하는 것이 좋다.

FROM OBJECTS TO FUNCTIONS

A.4 요약

부록 A에서는 함수형 프로그래밍의 기원과 수학적 기초에 대해 살펴보았다. 그런 다음 코드에 함수형 프로그래밍을 도입하는 것의 이점에 대해 논의했다.

우리는 수학적 기초로부터 코드를 작성하기 위한 세 가지 함수형 원칙을 도출했다.

- **순수성**: 동일한 입력은 항상 동일한 결과를 만들어내야 한다.
- **불변성**: 모든 데이터 구조는 불변이어야 한다.

- **전체성**: 함수는 예외를 던지지 않고, 모든 입력에 대해 결과를 반환해야 한다.

또한 네 가지 경험적 규칙을 도출했다.

- **선언형 스타일을 선호하라.** 코드로 여러분이 원하는 것을 달성하는 방법을 기술하지 말고 무엇을 달성하고 싶은지 표현하라.
- **타입을 정확하게 정의하라.** 함수의 시그니처를 의미 있게 만들어라.
- **함수를 데이터로 취급하라.** 더 간단한 함수를 결합해 행동 방식을 정의하라.
- **게으름을 피워라(지연 계산을 시도하라).** 가능한 마지막 순간까지 계산을 미루어라.

규칙을 따르는 것만으로는 충분하지 않다. 함수형 프로그래밍이 애플리케이션을 디자인하는 방식에 가져오는 변화를 고려해야 한다. 사상의 관점으로 사고하고 참조 투명한 코드를 작성해야 한다.

이 연습 문제의 전체 코드를 살펴보면 무엇을 배울 수 있는가?

```kotlin
data class BowlingGameFP( val rolls: List<Pins>,
                          val scoreFn: (List<Pins>) -> Int) {

    val score by lazy{ scoreFn(rolls) }

    fun roll(pins: Pins): BowlingGameFP = copy(rolls = rolls + pins)

    companion object {
        fun newBowlingGame() = BowlingGameFP(emptyList(), ::calcBowlingScoreRec)

        fun calcBowlingScoreRec(rolls: List<Pins>): Int {
            val lastFrame = 10
            val noOfPins = 10

            fun List<Int>.isStrike(): Boolean = first() == noOfPins

            fun List<Int>.isSpare(): Boolean = take(2).sum() == noOfPins

            fun calcFrameScore(frame: Int, rolls: List<Int>): Int =
                when {
                    frame == lastFrame || rolls.size < 3 ->
                        rolls.sum()
                    rolls.isStrike() ->
                        rolls.take(3).sum() + calcFrameScore(frame + 1, rolls.drop(1))
                    rolls.isSpare() ->
                        rolls.take(3).sum() + calcFrameScore(frame + 1, rolls.drop(2))
```

함수형 프로그래밍이란 무엇인가?

471

```
                else ->
                    rolls.take(2).sum() + calcFrameScore(frame + 1, rolls.drop(2))
            }

        return calcFrameScore(1, rolls.map(Pins::number))
        }
    }
}
```

코드의 줄 수를 대략 절반으로 줄였고, 점수를 계산하는 규칙을 더 명확하게 만들었다. 그뿐 아니라 다른 규칙으로 게임 점수를 계산해야 할 경우 점수 알고리즘을 변경하는 것도 더 쉬워졌다.

가장 중요한 점은 새로운 코드가 테스트하고 유지보수하기 훨씬 쉬워졌다는 것이다. 내부에 가변 상태(이런 가변 상태는 개발자에게 자주 문제와 골칫거리를 일으키곤 한다)로 인한 복잡성이 없기 때문이다.

B

함수형 코틀린에 대하여

코틀린은 개발을 즐겁고 더 쉽게 만드는 것을 목표로 하는 현대적인 언어다[1]. 간결하고 안전하며, 자바와 상호 운용 가능하고 다양한 플랫폼을 대상으로 할 수 있다. 이 책은 주로 JVM상에서의 코틀린 구현에 초점을 맞추고 있지만, 네이티브 실행 파일로 컴파일하거나 브라우저에서 코틀린을 실행하기 위해 자바스크립트로 트랜스파일하는 컴파일러도 있다는 점을 염두에 두자.

나는 2013년 크레타 섬에서 열린 자바 컨퍼런스에서 코틀린 코드를 처음 보았다. 처음 든 생각은 믿기 힘들 만큼 너무 좋은 언어라는 것이었다. 그 시점에서는 스칼라, 실론(Ceylon), 그루비(Groovy) 등 다른 언어들이 자바의 현대 버전이 될 가능성이 더 높아 보였다. 그러나 나는 처음부터 코틀린의 실용적인 접근 방식이 정말 좋았다. 다른 언어에서 잘 작동하는 기능을 복사하고, 자바에 최대한 가깝게 유지하자는 접근 방식이 오늘날까지도 코틀린의 주요 강점이라고 생각한다.

이 부록의 목표는 코틀린의 관용적 구문와 대응하는 자바 코드를 제공해 (자바를 아는) 독자들이 코틀린에 빠르게 익숙해질 수 있도록 돕는 것이다. 우리는 함수형 프로그래밍 구성 원소에 집중할 것이며, 특히 이 책에서도 사용되면서 자바 프로그래머들을 놀라게 할 법한 원소를 다룰 것이다.

부록 B는 완전한 교육 과정이 아니지만, 여러분이 이미 자바를 알고 있다면 이 부록을 참고해 이 책에 나오는 코틀린 코드를 더 잘 이해할 수 있을 것이다.

B.1 코틀린 설정하기

코틀린을 처음 사용한다면 온라인 REPL 사이트[2]를 이용해볼 수 있다. 이 사이트에는 언어를 배우는 데 도움이 되는 많은 예제와 연습 문제가 포함되어 있다.

코틀린을 사용하는 가장 쉬운 방법은 IntelliJ IDE를 사용하는 것이다. 젯브레인즈 사이트에서 무료 커뮤니티 버전을 다운로드할 수 있다[3]. 코틀린 작업 환경을 설정하려면 Get Started 페이지의 안내를 따르면 된다[4]. 만약 이클립스(Eclipse)를 IDE로 선호한다면 코틀린용 플러그인이 있다[5]. 코

---

1 https://kotlinlang.org
2 https://play.kotlinlang.org
3 https://www.jetbrains.com/idea/download
4 https://kotlinlang.org/docs/getting-started.html
5 https://kotlinlang.org/docs/eclipse.html

틀린은 다른 자바 IDE나 에디터(이맥스(Emacs), 비주얼 스튜디오 코드(VS Code) 등)에서도 사용할 수 있으며 명령줄에서 컴파일할 수도 있지만, 이는 이 책의 범위를 벗어난다.

이 책의 원서는 2023년 2월의 코틀린 1.8.0을 사용했으며, 우리말 번역판은 2024년 11월 초 최신 버전인 코틀린 2.0.21을 기준으로 한다. 사실 이 책의 대부분의 코드는 1.8.0이나 2.0.21에서 아무 문제 없이 사용할 수 있지만, 일부 변경 사항은 다음과 같다. 코틀린 2.0.21에 맞춰 변경된 코드는 깃허브 저장소에서 볼 수 있다[6].

- 라이브러리 버전을 2024년 11월 초 기준 최신 버전으로 변경하고, JUnit 관련 각 라이브러리의 버전을 별도로 지정하지 않고 BOM을 사용하도록 변경했다.

```
- 프로젝트 루트 디렉터리의 gradle.properties의 버전 상수 정의 부분
# versions
http4kVersion=5.33.0.1
# JUnit에 대해 BOM 사용
junitBomVersion=5.11.3
jsoupVersion=1.18.1
pesticideVersion=1.6.6
kondorVersion=3.2.3
striktVersion=0.34.0
postgresqlVersion=42.7.4
exposedVersion=0.55.0
klaxonVersion=5.6
slf4jVersion=2.0.16
- 각 build.gradle에서 JUnit 테스트 관련 의존관계 설정 부분

testImplementation(platform("org.junit:junit-bom:${junitBomVersion}"))
testImplementation("org.junit.jupiter:junit-jupiter")
testRuntimeOnly("org.junit.platform:junit-platform-launcher")
```

- JVM 툴체인으로 21을 사용하도록 변경

```
- 각 프로젝트의 build.gradle에서 Kotlin 설정 부분
kotlin {
    jvmToolchain(21)
}
```

B

함수형 코틀린에 대하여

---

6 이 책의 활용법에서 '예제 파일 내려받기의 URL 소개' 참고

- Exposed의 select { } 형태로 된 구문을 selectAll().where{} 형태로 바꿈

```
- PgTableTest.kt의 예
val pgEvents = toDoListEventsTable.selectAll().where { toDoListEventsTable.
entity_id eq listId.raw }
    .map(toDoListEventsTable::rowToPgEvent)
-
```

- 질의 결과 집합에 대한 iterate 대신 asSequence 확장 함수를 사용

```
- PgTablesTest.kt의 queryBySql 함수의 경우
fun queryBySql(tx: Transaction, fields: List<Expression<*>>, sql: String):
List<ResultRow> =
    tx.exec(SqlQuery(sql))
        ?.asSequence { toResultRow(fields) }?.toList() ?: emptyList()
```

- Exposed에서 트랜잭션 실패 시 재시도 처리를 사용자의 책임으로 바꿈에 따라 재시도 횟수를 파라미터로 받던 함수 변경

```
- TransactionProvider.kt의 경우
data class TransactionProvider(
    private val dataSource: DataSource,
    val isolationLevel: TransactionIsolationLevel,
    val maxAttempts: Int = 10
) : ContextProvider<Transaction> {

    override fun <T> tryRun(reader: TxReader<T>): Outcome<ContextError, T> =
        inTopLevelTransaction(
            db = Database.connect(dataSource),
            transactionIsolation = isolationLevel.jdbcLevel,
            repetitionAttempts = maxAttempts
        ) {
```

그레이들

우리는 빌드 도구로 그레이들을 사용한다[7]. 그레이들은 사용하기 매우 쉽고 설정이 거의 필요 없다. 명령줄에서 그레이들을 사용할 수도 있고 IDE에서 직접 명령을 실행할 수도 있다.

이 책의 예제를 빌드하기 위해 아무것도 별도로 설치할 필요는 없다. 프로젝트 루트에서 gradlew build 명령어를 실행하면 프로젝트가 다운로드되고 빌드된다. 만약 전체 그레이들 배포판이 필요하다면, SDKMAN! 같은 관리 도구[8]를 사용하는 것을 권장한다.

그레이들을 사용하려면 자체 DSL로 빌드 파일을 작성해야 한다. 원래 DSL 언어는 그루비였지만, 이제 그레이들 스크립트 언어로 코틀린도 사용할 수 있다. 이 책의 그레이들 코드는 그루비 언어를 사용했다. 그레이들 DSL을 배우는 것은 이 책의 범위를 벗어나지만, 온라인에서 많은 튜토리얼을 찾을 수 있다[9]. (참고로 역서의 예제 코드 저장소는 그레이들이 지원하는 코틀린 DSL을 사용한다.)

Hello World

전통적인 Hello World 예제로 시작해보자. 이는 코틀린으로 만들 수 있는 가장 작은 프로그램 중에 하나이다.

```kotlin
fun main() {
    println("Hello Functional World!")
}
```

이 세 줄을 코틀린 파일에 입력할 수 있다. 이를 'Hello.kt'라고 부르자. IDE에서 아래 스크린샷의 3번째 줄에 표시된 것처럼, 왼쪽 거터(gutter) 구역에 있는 작은 초록색 화살표를 클릭하여 실행할 수 있다.

B

함수형 코틀린에 다하여

---

7 https://gradle.org/kotlin

8 https://sdkman.io

9 https://gradle.org/guides/#getting-started

코틀린 책에서 그레이들 파일에 그루비를 사용하는 것은 이상한 선택처럼 보일 수 있다.

그레이들 DSL이 처음에 그루비로 탄생했기 때문에 이를 그루비로 계속 정의하는 것이 더 자연스럽다고 생각했다. 게다가 정적 타입 언어가 빌드 스크립트를 작성하는 데 가장 좋은 선택인지는 확신하지 못했지만, 이는 향후 그레이들 버전에서 변경될 수 있다. 하지만 개인적인 경험으로는 빌드 파일에서 그루비를 사용하는 것이 더 생산적이었다. 여러분의 경험은 다를 수 있으니, 직접 실험해보길 바란다[10].

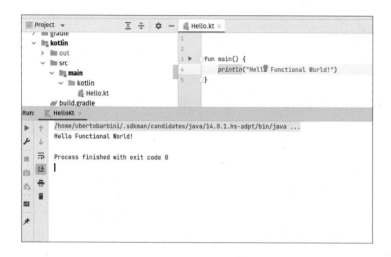

결과적으로 이 코드는 터미널 창에서 'Hello Functional World!'라는 문장을 표준 출력에 출력한다.

우리가 작성한 코틀린 코드는 다음의 자바 공개 메서드와 같다.

```
public static void main(String[] args) {
    System.out.println("Hello Functional World!");
}
```

하지만 코틀린에서는 정적 메서드를 프로젝트에 넣기 위해 클래스를 정의할 필요가 없다. 독립적인 함수(일반적인 프로시저나 메서드의 의미로)를 만들 수 있다.

---

10 역주 어차피 간단한 스크립트라면 정적 타입 언어든 동적 타입 언어든 큰 차이가 없고, 그레이들 빌드 스크립트의 경우 언어적 기능을 복잡하게 사용하는 스크립트를 작성하는 일은 대부분의 개발자에게 일어날 일이 거의 없기 때문에 사실 코틀린이든 그루비든 생산성의 차이는 별로 없어 보인다. 오히려 평범한 개발자 수준에서 문제가 되는 것은 다양한 문제가 발생했을 때 대응할 만한 참고 문서를 인터넷에서 찾아볼 수 있거나 다른 개발자들한테 도움을 받을 수 있느냐 여부인데, 코틀린의 경우 요즘은 빌드 스크립트 예제도 코틀린 DSL이 많이 나오고 젯브레인즈 개발자들이나 코틀린 커뮤니티의 도움도 더 잘 받을 수 있기 때문에 코틀린 DSL을 채택하는 편이 더 나아 보인다.

코틀린 JVM 컴파일러가 어떻게 작동하는지 보려면, javap 명령줄 도구[11]나 IntelliJ 메뉴 명령어인 Tools | Kotlin | Show Kotlin Bytecode를 사용하면 생성된 바이트코드를 확인하면 된다.

유용한 팁이 하나 있다. 바이트코드 창에서 버튼을 눌러 바이트코드를 자바로 디컴파일하는 것이다. 실제로 코틀린 코드와 같은 일을 하는 자바 코드를 볼 수 있다. 메인 함수를 사용해 디컴파일을 실행하면 다음과 같은 코드를 볼 수 있다(세부 사항은 다를 수 있다).

```java
public final class HelloKt {
    public static final void main() {
        String var0 = "Hello Functional World!";
        System.out.println(var0);
    }
    public static void main(String[] var0) {
        main();
    }
}
```

여기서 볼 수 있듯이, 코틀린은 우리가 보지 않는 곳에서 파일 이름에 해당하는 정적 클래스(HelloKt)를 생성한 후 함수를 정적 메서드로 제공한다.

자동 변환기

IntelliJ IDE의 또 다른 유용한 도구는 자바를 코틀린으로 변환해주는 자동 변환기다. 변환된 코틀린 코드가 항상 훌륭한 것은 아니지만, 코드 기반을 코틀린으로 변환하는 출발점으로 유용하다. 이 기능을 사용하려면 자바 파일을 선택한 다음에, 메뉴에서 Code 〉 Convert Java File to Kotlin File을 클릭하면 된다.

코틀린을 배울 때도 변환기 도구를 사용할 수 있다. 코틀린으로 어떻게 번역해야 할지 확신이 서지 않는 자바 코드를 클립보드에 복사한 다음, 코틀린 프로젝트에 붙여 넣으면 IntelliJ가 이를 변환할 것인지 묻는다.

---

11 [옮긴이] 당연하지만 JDK가 설치되어 있어야 javap를 쓸 수 있다. 직접 JDK를 설치하지 않았다고 해도 IntelliJ IDE를 사용하고 있다면 IDE 내부에서 JDK를 사용하고 있기 때문에 그 안에 포함된 javap를 사용할 수 있다. IntelliJ가 참조하는 JDK 경로는 File 〉 Project Structure 메뉴를 선택하면 나타나는 프로젝트 구조 대화창의 Project나 SDKs 탭에서 확인할 수 있다(화면 왼쪽 패널에서 Project나 SDKs를 선택하면 된다).

B.2 코틀린 개론

기본 구문 구조를 자바와 비교하면서 코틀린이 어떻게 생겼는지 살펴보자.

임시 변수

자바에서 임시 변수를 선언하려면 변수 이름 앞에 타입을 명시해야 한다. 자바 10부터는 var 키워드를 사용해 컴파일러가 정확한 타입을 추론하게 할 수도 있다. 예를 들면 다음과 같다.

```
int a = 4;
var b = 5;
b = a + b;
```

코틀린에서는 타입을 추론할 수 있는 경우, 타입을 항상 생략할 수 있으며, 변수 이름 뒤에 타입을 선언한다. 또 val과 var라는 두 가지 변수 키워드가 있다. val은 불변 변수(즉, 다시 대입할 수 없는 변수)를 위해 사용하고, var는 다시 대입할 수 있는 변수를 위해 사용한다. 예를 들면 다음과 같다[12].

```
val a: Int = 4
var b = 5
b = a + b
```

일반적으로 가능한 한 var 키워드 사용을 피하는 것이 좋다. 변수 재대입은 버그의 일반적인 원인이며, 함수형 프로그래밍 원칙에도 어긋나기 때문이다.

---

12 역주 코틀린에서는 문장 끝에 세미콜론을 붙이지 않는 것이 일반적이다. 붙여도 관계는 없고, 한 줄에 여러 문장을 쓸 때는 당연히 세미콜론으로 각 문장을 구분해줘야만 한다.

함수

코틀린에서는 함수를 클래스 안에 선언할 필요가 없다. 함수는 코틀린 언어의 진정한 일급 시민이다.

```
fun plusOne(a: Int): Int { return a + 1 }
```

함수 본문이 하나의 식으로만 이뤄진 경우, 선언 뒤에 등호를 넣은 간결한 구문을 사용할 수 있다.

```
fun plusOne(a: Int) = a + 1
```

::plusOne과 같이 함수 이름 앞에 콜론을 두 개 붙여서 함수를 직접 참조할 수 있다. 이렇게 하면 함수를 훨씬 간결하게 변수에 저장하거나 전달할 수 있다.

```
val intFun = ::plusOne
```

```
fun plusTwo(a: Int) = intFun(intFun(a))
```

자바에서 이와 (거의) 동등한 코드는 다음과 같다.

```
class Functions {
    static Integer plusOne(Integer a) {
        return a + 1;
    }
    static Function<Integer,Integer> intFun = Functions::plusOne;
    static Integer plusTwo(Integer a) {
        return (intFun.apply(intFun.apply(a)));
    }
}
```

함수 타입

앞의 예제에서 본 것처럼, 자바에서는 파라미터에 따라 함수의 타입을 나타내기 위해 제네릭 인터페이스를 사용할 수 있다. 예를 들어 String을 받아 Integer를 반환하는 함수의 타입은 다음과 같다.

```
Function<String,Integer> stringLen = ...
```

두 번째 파라미터를 추가하려면 다른 인터페이스를 사용해야 한다.

```
Function2<String, Integer, String> leftString = ...
```

이런 관계가 Function3, Function4처럼 제한 없이 계속된다.

코틀린에서는 화살표를 사용해 함수의 타입을 더 우아하게 선언할 수 있다. 예를 들면 다음과 같다.

```
val stringLen: (String) -> Int = ...
```

파라미터가 두 개인 경우는 다음과 같다.

```
val leftString = (String, Integer) -> Int
```

코틀린 컴파일러는 바이트코드를 생성할 때 이러한 타입을 적절한 JVM 타입으로 변환한다.

Unit

그렇다면 코틀린에서 다음과 같이 명시적 return 문장이 없는 함수의 반환 타입은 무엇일까?

```
fun hello(){ println("Hi!") }
```

위와 같은 경우를 위해 코틀린에는 특별한 싱글턴 타입이 정의되어 있으며, 이를 Unit이라고 한다. 반환 타입이 없는 문장을 Unit을 반환하는 식을 사용해 다시 작성할 수 있다.

```
fun hello(): Unit = println("Hi!")
```

코틀린 Unit 타입은 자바의 void 타입과 대체로 비슷하지만, void와는 다르게 Any를 상속하는 실제 타입이다. 예를 들어 자바에서 return Void나 return void를 사용할 수는 없지만, 코틀린에서는 Unit이 싱글턴 타입이기 때문에 값이 존재하므로 return Unit을 사용할 수 있다.

Nothing

Unit이 코틀린에서 문의 타입이라면, 반환을 하지 않는 함수의 타입은 무엇일까? 놀랍게도 정확히 이런 경우를 위한 타입이 있다. 바로 Nothing이다. 값의 부재를 나타내는 특별한 타입이다.

반대로 Unit은 프로그램이 정상적으로 돌면서 값은 만들어냈는데 그 값을 사용할 필요가 전혀 없는 경우에 대한 특별한 값이라 할 수 있다. 함수형 프로그래밍에서는 의미 없는 값을 만들어내는 함수를 사용하는 것을 싫어한다. 따라서 일반적으로 Unit을 반환 타입으로 지정하는 함수는 부수효과를 실행하는 함수라고 간주한다.

즉, Nothing은 함수가 모든 가능한 입력에 대해 예외를 던지거나 무한 루프를 가지기 때문에 값을 반환하지 않음을 나타낸다[13].

코틀린 라이브러리의 TODO() 함수의 반환 타입은 Nothing이다. TODO() 함수는 아직 구현되지 않은 코드를 표시하는 플레이스홀더 역할을 하거나 실행을 원하지 않는 코드를 임시로 비활성화하기 위해 쓰인다.

Nothing은 다른 모든 타입의 하위 타입이기 때문에, 다른 타입이 필요한 곳에 Nothing을 대신 사용할 수 있다. 이런 성질 덕분에 우리가 선언한 함수의 반환 타입에 상관없이 어디서나 TODO()를 사용할 수 있기 때문에 편리하다.

람다 변수

람다는 이름을 지정하지 않고 직접 코드에 넣을 수 있는 작은 함수다. 일반 함수를 작성하는 방식과 똑같은 방식으로 익명 함수를 정의하고, 이를 변수에 할당할 수 있다. 예를 들어 코틀린에서는 다음과 같이 쓸 수 있다.

```
val plusOneL = fun(x: Int): Int { return x + 1 }
```

이 경우 plusOneL은 변수 이름이지만, 함수 자체는 익명 함수이다.

---

13 추가로 함수 반환문의 타입도 반환값의 타입이 아니라 Nothing이다. 좀 의외라고 생각하는 독자도 있겠지만, 함수를 호출한 쪽에서 보면 정상 동작이지만, 함수 자신의 입장에서 보면 return은 함수 내부의 어느 지점으로 돌아오는 코드가 아니기 때문에 값이 만들어지지 못한다고 생각할 수도 있다. 예를 들어 val x = return 10 같은 문장은 x에 값을 대입하지 못한다. 한편 그럴 바엔 return을 식으로 취급하지 않으면 되지 않을까 생각하는 독자도 있겠지만, nullable?.member() ?: return 10 같은 문장을 쓸 수 없게 되어버려서 편의성이 떨어진다.

이 방식은 약간 장황하지만, 다행히도 더 간결한 람다 구문을 사용해 fun 키워드와 명시적 return 을 생략할 수 있다.

```
val plusOneL: (Int) -> Int = {x: Int -> x + 1}
```

(파라미터가 한 개만 있는 경우) 암시적 파라미터로 it을 사용하면 람다식을 더 간단하게 만들 수 있다.

```
val plusOneL: (Int) -> Int = {it + 1}
```

상황에 따라 it을 사용하는 것이 혼란스러울 수 있으므로 남용하지 않는 것이 좋다[14].

이 구문의 큰 장점은 람다를 다른 함수의 파라미터로 직접 전달할 수 있다는 것이다. 예를 들어 문자열 리스트에서 'A'로 시작하는 첫 번째 원소를 찾으려면 다음과 같이 할 수 있다.

```
val names = listOf("Bob", "Mary", "Ann", "Fred")
```

```
val aName = names.firstOrNull { it.startsWith("A") }
```

firstOrNull 메서드는 코틀린의 멋진 관습을 보여준다. 함수의 마지막 인자가 람다인 경우 이 람다를 함수 인자 목록을 표현하는 괄호 밖에 넣을 수 있다. 혹시 여러분이 잊어버려도 IntelliJ가 수정하라고 할 것이다.

람다는 자바 8 버전에 처음 도입됐다. 코틀린은 처음부터 람다를 제공했으며, 짐작할 수 있는 것처럼 언어의 나머지 부분과 더 잘 통합되어 있다.

자바에서는 마지막 예제가 다음과 같다.

```
String aName = names.stream()
    .filter(name -> name.startsWith("A"))
    .findAny()
    .orElse(null);
```

---

14 역주 둘 이상의 람다를 내포시켜 사용할 경우 가장 안쪽의 람다에서만 it을 사용하거나, 아예 it을 사용하지 않고 각 람다의 파라미터에 제대로 의미를 파악할 수 있는 이름을 붙여야 한다.

확장 함수

확장 함수는 코틀린을 사용하는 데 있어 매우 유용한 요소 중 하나다. 확장 함수는 단순히 첫 번째 파라미터를 수신 객체 위치에 두는 독립 함수를 뜻한다. 예를 들어 다음과 같이 작성하는 대신,

```
fun plusOne(a: Int) = a + 1

// ---

println( plusOne(5) ) // 6
```

다음과 같이 확장 함수로 작성할 수 있다.

```
fun Int.next() = this + 1

// ---

println( 5.next() ) // 6
```

반대하는 사람도 있겠지만 후자가 훨씬 더 읽기 쉽다! 또 수신 객체 인자를 참조하기 위해 this를 사용한다는 점에 주의하기 바란다.

전체적인 효과는 마치 기존 클래스에 메서드를 추가하는 것처럼 보이지만, 실제로는 클래스 자체를 수정하지 않는다. 따라서 final 클래스(**예** 예제에서 본 Int)에 대해서도 확장 함수를 만들 수 있다.

물론 단점도 있다. 확장 함수는 정적 메서드에 대한 문법 설탕(syntax sugar)일 뿐이므로, 수신 클래스의 비공개 필드나 메서드에 접근할 수는 없다.

확장 함수는 독립 함수와 똑같이 어떤 숨겨진 클래스의 자바 정적 메서드로 변환되지만, 수신 객체를 암시적인 첫 번째 파라미터로 받는 함수로 변환된다. 해당 클래스의 일반 메서드처럼 확장 함수도 Class::method로 참조할 수 있다[15].

---

15 **역주** 단, **최상위** 확장 함수의 경우에만 참조가 가능하다. 즉, fun Int.next()를 최상위에 정의한 경우에만 Int::next를 함수 참조로 사용할 수 있다. 반면 어떤 클래스 C 안에 fun Int.next()라는 확장 함수를 정의한 경우에는 C::next나 C::Int::next 등의 방법으로 참조할 수 없다. 즉, 멤버인 동시에 확장 함수인 함수를 함수 참조 문법을 써서 참조할 수는 없다.

확장 함수의 타입은 일반 함수와 다르게 표현된다. 인자가 수신 객체임을 나타내기 위해 괄호 밖에 위치시킨다. 예를 들면 다음과 같다.

```
val nextFn: Int.() -> Int = Int::next
```

확장 함수의 흥미로운 사용법은 다른 클래스나 인터페이스 내에서 메서드로 정의하는 것이다. 이렇게 하면 기존 타입에 메서드를 추가하지만, 오직 확장 함수를 정의한 **클래스 안**에서만 사용하게 된다.

이에 대해 더 알고 싶다면, 람다와 확장 함수의 고급 사용법에 대한 내 블로그 글을 읽어보라[16].

코틀린 1.7 버전에서는 수신 객체 위치에 파라미터를 두 개 이상 허용하는 더 강력한 구조인 **다중 수신 객체**(multiple receiver)를 도입했다. 코틀린 1.8에서는 아직 실험 단계에 있으므로 이 책에서는 사용하지 않겠지만, 향후에는 중요한 역할을 할 수 있다[17].

새로운 함수 반환하기

람다 리터럴의 또 다른 사용법은 함수의 결과로 새로운 함수를 반환하는 것이다. 예를 들어 임의의 숫자에 x를 더하는 함수를 만들기 위해 다음과 같이 작성할 수 있다.

```
fun plusX(x: Int): (Int) -> Int = { x + it }
```

또는 더 장황하게 다음과 같이 작성할 수도 있다.

```
fun plusX(x: Int): (Int) -> Int {
    return fun(y: Int): Int = x + y
}
```

plusX가 숫자를 반환하는 것이 아니라 새로운 함수를 반환한다는 점에 유의하자. 이 함수를 다음과 같이 사용할 수 있다.

```
val plus12 = plusX(12)
val answer = plus12(30) // 42
```

---

16 https://medium.com/@ramtop/kotlin-pearls-lambdas-with-a-context-58f26ab2eb1d

17 역주 2024년 7월 현재 아직도 실험 단계이긴 하다. 2024 코틀린 컨퍼런스에서 컨텍스트 파라미터에 대해 젯브레인즈의 아나스타샤 네크라소바(Anastasiia Nekrasova)가 발표한 https://www.youtube.com/watch?v=ZvnXLB4Gdig를 참조하라.

동등한 일을 하는 자바 코드를 작성하려면 Function이라는 함수형 인터페이스를 람다로 구현해야 한다.

```
Function<Integer, Integer> plusX(int x){
    return num -> num + x;
}
```

영역 함수

영역 함수(scope function)는 코틀린 표준 라이브러리에서 제공하는 네 가지 유용한 함수로, 함수와 람다를 유연하게 조합할 수 있게 해준다. 이 책에서도 영역 함수를 자주 사용하므로 기억해둘 만하다.

이 함수들은 모두 확장 함수이며, 람다 하나를 인자로 받는다. 그런 다음 람다의 결과를 어떻게 처리하는지에 따라 각각 구분된다.

- `let`, `run`: 람다를 호출하고 결과를 반환한다.
- `also`, `apply`: 람다를 호출하고 결과를 무시한다.

또 외부 객체를 람다 내부로 전달하는 방식에 따라 구분할 수 있다.

- `let`, `also`: 람다 내부에서 (외부에서 전달받은 객체를) 파라미터(it)로 사용한다.
- `run`, `apply`: 람다 내부에서 (외부에서 전달받은 객체를) 수신 객체(this)로 사용한다.

이를 사용하면 임시 변수를 자주 피할 수 있어 코드가 더 간결해진다. 예를 들어 사용자의 나이를 확인하려면 다음과 같이 할 수 있다.

```
fun checkMajority(userName: String): Boolean {
    val user = getUser(userName)
    val age = currentYear - user.dateOfBirth.year
    return age < 21
}
```

apply 영역 함수를 사용하면 반복을 일부 피할 수 있다.

```
fun checkMajority(userName: String): Boolean =
    getUser(userName).apply{
        currentYear - dateOfBirth.year < 21
    }
```

암시적 영역(apply와 run)을 도입하면 메서드가 호출되는 객체가 불분명해져 코드가 모호해질 수 있으므로, 간단한 경우에만 사용하는 편이 낫다. 영역 함수에 대해 더 많은 예제를 다룬 내 블로그 글도 참고하라[18].

클래스

코틀린에서 클래스를 선언하는 것은 자바와 매우 비슷하지만, 주 생성자(primary constructor)의 파라미터 목록을 클래스 이름 바로 뒤에 선언한다.

```
class User(val name: String,
           val surname: String) {
    fun initials() = "${name.first()}${surname.first()}"
}

val fred = User("Fred", "Flintstone")
println(fred.name)
println(fred.initials())
```

코틀린에서는 클래스, 메서드, 필드가 기본적으로 모두 final이다. 이를 변경하려면 open 키워드를 추가해야 한다.

```
open class User(
    open val name: String,
    open val surname: String) {
    open fun initials() = "${name.first()}${surname.first()}"
}

class JapaneseUser(
    override val name: String,
    override val surname: String): User(name, surname) {
    override fun initials() = "${surname.first()}${name.first()}"
}
```

일반적으로 상속을 사용하면 클래스 사이에 너무 강한 결합을 초래할 수 있다. 따라서 open 클래스를 피하고, 추상 클래스나 봉인된 클래스를 사용해 상속을 제한하는 것이 좋다.

---

18 https://medium.com/@ramtop/kotlin-scope-functions-c8c41f09615f

객체와 동반 객체

코틀린에는 static 키워드가 없으며, 객체에 static 메서드를 선언할 수 없다. 그렇다면 static 메서드를 어떻게 만들 수 있을까? 클래스 이름으로 호출되는 암시적 싱글턴인 동반 객체 (companion object) 안에 메서드를 넣을 수 있다.

```kotlin
class User(
    ...
    companion object {
        fun fromString(fullName: String) =
            fullName.split(" ")
                .let { User(it.get(0), it.get(1)) }
    }
}

val fred = User.fromString("Fred Flintstone")
```

어떤 클래스의 동반 객체가 아닌 객체를 만들 수도 있는데, 이 경우 그 자체가 싱글턴 인스턴스인 별도의 타입으로 동작한다.

데이터 클래스

코틀린 데이터 클래스는 자바의 레코드(자바 15에 도입)와 비슷하며, 일반적으로 값 객체(value object)를 표현할 때 유용하다. 데이터 클래스를 선언하기만 해도 코틀린은 비교와 동등성을 위한 세 가지 메서드(equals, toString, hashCode)를 생성한다.

데이터 클래스의 필드는 기본적으로 불변이지만, 자바의 레코드와는 달리 var 키워드를 사용해 가변으로 만들 수 있다. 하지만 여러분도 기억하겠지만, 함수형 프로그래밍에서는 데이터 클래스의 가변 필드는 그리 좋은 생각이 아니다.

```kotlin
data class User(
    val name: String,
    val surname: String
)
```

함수와 코틀린에 대하여

앞서 언급된 세 가지 메서드 외에, 데이터 클래스는 하나 이상의 필드만 수정한 인스턴스의 복사본을 만들 수 있는 또 다른 매우 유용한 메서드를 구현해준다.

```
val fred = User("Fred", "Flintstone")
val wilma = fred.copy(name = "Wilma")
```

이 예제처럼 필드가 두 개만 있는 데이터 클래스의 경우 차이가 별로 없지만, 더 복잡한 클래스에서는 copy 메서드가 아주 편리하다.

위임을 통한 구현

위임은 불필요한 코드를 작성하지 않도록 도와주는 코틀린의 또 다른 훌륭한 기능이다. 예를 들어 인터페이스와 이를 완전히 구현하는 클래스가 있다고 가정해보자.

```
interface UserStore {
    fun saveUser(user: User)
// 다른 메서드들...
}

class UserStoreDb(val conn: String): UserStore {
    override fun saveUser(user: User) {...}
// 다른 메서드들...
}
```

이제 UserStoreDb 클래스에 더 많은 동작을 추가하자. 이 클래스를 상속하는 대신(상속하려면 해당 클래스를 open으로 만들어야 한다) 위임을 사용해 UserStoreDb 인스턴스를 새 클래스에 전달하고 메서드를 위임할 것이다.

다른 언어(예 자바)에서 위임을 사용할 때는 메서드를 위임하기 위해 지루한 코드를 많이 작성해야 한다. 코틀린에서는 컴파일러가 이 작업을 대신 수행해준다.

by 키워드를 사용하여 UserStore를 상속하지 않고 로깅을 추가하는 방법은 다음과 같다.

```
class UserStoreLog(
    private val store: UserStore,
    private val logger: Logger
) : UserStore by store {
    override fun saveUser(user: User) {
```

```
            logger.info("saving $user")
            store.saveUser(user) // store의 메서드 호출
            logger.info("saved $user")
        }
    }

    val dbStore = UserStoreDb("mydb")
    val loggedStore = UserStoreLog(dbStore, mylogger)
```

변경하고 싶은 메서드만 오버라이드하면 되고, 나머지는 자동으로 위임된다.

이렇게 하면 여러 구현체가 있는 경우, 한 클래스로 모든 구현체에 로깅 기능을 추가할 수 있다.

위임 프로퍼티

코틀린에서는 객체 프로퍼티의 동작 일부를 위임해 코드 중복을 피할 수도 있다. 이는 매우 강력한 도구로, 예를 들어 리플렉션을 사용해 구성 파일이나 JSON에서 프로퍼티를 읽는 위임을 작성할 수 있다.

또 다른 유용한 위임으로 lazy가 있다. 이 위임을 사용하면 값이 필요할 때까지 일부 계산을 미룰 수 있다. 예를 들면 다음과 같다.

```
    val lazyAnswer: Int by lazy {
        superLongComputation()  // 시간이 아주 오래 걸리는 계산
        42
    }
```

lazyAnswer 필드는 누군가 그 값을 읽으려고 시도할 때만 초기화된다. 그 후에는 다른 호출에서도 재계산하지 않고 같은 값을 반환하지만, 아무도 이 프로퍼티를 읽지 않으면 불필요하게 초기화되지 않는다.

타입 별명

타입 별명은 타입의 별명일 뿐이다. 이를 통해 긴 타입 이름을 피하고 코드를 더 명확하고 간결하게 만들 수 있다. 예를 들면 다음과 같다.

```
typealias Bookings = Map<User, List<LocalDate>>
```

단지 별명일 뿐 다른 타입이 아님에 유의하자. 예를 들어 String의 별명을 선언하고 이를 파라미터의 타입으로 사용할 수 있다.

```
typealias UserId = String
fun findUser(id: UserId): User = ...
```

하지만 여전히 findUser를 호출할 때 String 타입의 변수나 String의 다른 별명 값을 전달할 수 있다. 반드시 UserId 타입일 필요는 없다.

자바에는 (현재까지) 타입 별명에 해당하는 것이 없으며, 타입 별명은 컴파일 시점에 원래의 타입과 완전히 같은 타입 선언으로 처리된다.

내부 가시성

코틀린의 함수, 프로퍼티, 클래스, 객체, 인터페이스는 자바처럼 다양한 가시성 수준을 가질 수 있다. private, public, protected 가시성 한정자는 자바처럼 작동하지만, package 가시성은 없다.

대신 internal 가시성이 있는데, 이는 동일한 모듈 안에서만 볼 수 있게 하는 새로운 유형의 가시성 한정자이다. 코틀린 모듈은 프로젝트나 IntelliJ 모듈, 그레이들 소스 집합처럼 함께 컴파일되는 파일들의 집합을 뜻한다.

내부적으로는 internal 원소들이 맹글링[19]된 이름으로 컴파일되므로, 다른 모듈에서는 상당한 꼼수 없이는 내부 가시성 이름에 접근할 수 없다.

가시성에 대해 염두에 두어야 할 점은, 코틀린 기본 가시성은 public이며 자바처럼 패키지가 아니라는 점이다.

when

코틀린에서 when은 자바 switch나 일련의 if문처럼 작동한다. when은 식으로 작동해 선택된 가지의 값을 반환한다.

---

19 [역주] 코틀린 컴파일러는 바이트코드에 넣을 때 함수 이름의 뒤에 어떤 해시코드를 추가하는 식으로 이름을 맹글링한다.

```kotlin
fun isTheAnswer(x: Int): String =
    when (x) {
        42 -> "the answer"
        else -> "not the answer"
    }
```

이와 동등한 자바 코드는 다음과 같다.

```java
String isTheAnswer(int x) {
    String res;
    switch(x) {
        case 42:
            res = "the answer";
            break;
        default:
            res = "not the answer";
    }
    return res;
}
```

자바 12에 break가 필요 없는 새로운 switch 구문이 도입됐지만, 여전히 코틀린과 비교하면 꽤 장황하다.

코틀린 when은 스마트 캐스팅, 구조 분해, 제한된 패턴 매칭 등도 지원한다. 이런 기능은 특히 봉인된 클래스와 함께 사용할 때 유용하다.

봉인된 클래스

봉인된 클래스의 개념은 같은 패키지와 같은 모듈 안에서만 상속이 가능한 클래스다. 즉, 모든 클래스 계층 구조가 동시에 컴파일된다.

봉인된 클래스 자체는 추상 클래스이며, 직접 인스턴스화할 수 없다. 싱글턴 객체나 클래스(open 클래스, final 클래스, 추상 클래스 모두)가 봉인된 클래스를 상속할 수 있으며, 봉인된 클래스로 봉인된 클래스를 상속할 수도 있다. (봉인된 클래스를 open 클래스나 추상 클래스로 상속한 경우 이들을 원래의 봉인된 클래스가 선언된 모듈 밖에서 상속하는 것은 자유지만, 봉인된 클래스를 모듈 밖에서 상속할 수 없다는 점이 중요하다.)

```kotlin
sealed class MyError()
class GenericError(val msg: String): MyError()
open class HttpError(val status: Int, val response: String): MyError()
object UnexpectedError : MyError()
```

모든 직접적인 자식 클래스[20]가 컴파일 시점에 알려져 있기 때문에, when을 사용해 모든 가능한 구현을 확인하고 스마트 캐스트를 사용하여 각각의 구현이 제공하는 프로퍼티에 접근할 수 있다.

```kotlin
fun checkError(e: MyError): String =
    when(e){
        is GenericError -> e.msg
        is HttpError -> "${e.status}"
        UnexpectedError -> "Unexpected Error!"
    }
```

봉인된 클래스는 자바 15에 추가됐지만, 코틀린에는 처음부터 있었다.

봉인된 인터페이스

봉인된 클래스 외에, 코틀린 1.5에서는 봉인된 인터페이스를 도입하면서 봉인된 클래스 계층 구조를 한 파일 안에 모두 포함해야 한다는 제한을 제거했다.

봉인된 인터페이스는 봉인된 모든 인스턴스가 공통 필드를 가질 때 특히 유용하다. 전형적인 경우는 다음 코드와 같이 모든 타입이 준수해야 하는 공통 계약을 가질 때다.

```kotlin
sealed interface MyErrorWithMsg {
    val msg: String
}

class GenericError(override val msg: String): MyErrorWithMsg

class HttpError(val status: Int, val resp: String): MyErrorWithMsg {
    override val msg = "$status - $resp"
}
```

---

20 [역주] 봉인된 클래스의 자식 중에 봉인된 클래스나 봉인된 인터페이스가 또 있으면 코틀린 컴파일러가 when 식에서 해당 경우까지 모두 처리하는지를 검사해준다.

```
object UnexpectedError : MyErrorWithMsg {
    override val msg = "Unexpected Error!"
}
```

이 방법으로 MyErrorWithMsg의 모든 구체적인 구현이 String 타입인 msg 필드를 제공하도록 강제할 수 있다.

봉인된 기반 클래스에서 추상 필드를 통해 같은 결과를 달성할 수도 있지만, 인터페이스를 사용하면 코드가 더 우아하고 읽기 쉽다.

tailrec 키워드

자바에서는 재귀 호출 횟수에 제한이 있다. 각 호출이 스택 항목을 사용하고 어느 시점(수천 번의 재귀 호출)이 되면 스택 공간이 소진되기 때문이다.

그러나 재귀 호출이 함수의 마지막에 있는 경우(꼬리 재귀)[21], 호출이 함수에서 실행해야 하는 마지막 문장이기 때문에 함수로 다시 돌아올 필요가 없으므로 현재 스택 프레임을 삭제하고 새로운 호출의 스택 프레임으로 교체할 수 있다.

B

함수와 코틀린에 대하여

어떻게 작동하는지 보기 위해 1부터 x까지 모든 숫자의 합계를 재귀적으로 계산하는 아주 간단한 함수를 시도해보자.

```
fun recursiveSum(acc: Long, x: Long): Long =
    if (x = 1) acc else recursiveSum(acc + x,x-1)
```

x에 충분히 큰 값(약 10000)을 사용해 표준 JVM 파라미터를 사용해 이 함수를 호출하면 java.lang.StackOverflowError가 발생할 것이다.

tailrec 변경자를 추가하면 자기 자신을 호출하기 전에 스택 프레임을 제거하므로, x의 값과 관계없이 이 함수를 사용할 수 있다.

```
tailrec fun recursiveSum(acc: Long, x: Long): Long =
    if (x = 1) acc else recursiveSum(acc + x,x-1)
```

---

21 [역주] 코드상에서 맨 끝 줄에 위치해야 한다는 뜻이 아니라, 함수를 실행할 때 재귀 호출에서 반환된 뒤에 해야 하는 일이 다시 함수를 반환하는 것밖에 없는 경우를 말한다.

코틀린 재귀에 대해 더 깊이 분석한 블로그 글도 작성했으니 참고하자[22].

코틀린 1.6에서는 꼬리 재귀가 아닌 깊은 재귀 함수를 허용하기 위해 힙을 사용해 자체 호출 스택을 유지하는 DeepRecursiveFunction이 추가됐다[23].

시퀀스

시퀀스는 코틀린에서 컬렉션처럼 작동하는 특수한 이터레이터(iterator)다. 이를 통해 무한 리스트를 만들고 필요한 원소만 사용할 수 있다.

```
val powersOfTwo = generateSequence(2) { it * 2 }
    powersOfTwo
        .take(10)
        .forEach(::println)
```

powersOfTwo 시퀀스가 무한하기 때문에 필요한 원소만 가져와야 한다. take(10) 줄이 없으면 이 프로그램은 끝나지 않는다.

시퀀스의 또 다른 특징은 map과 같은 고차 함수가 지연 방식으로 작동해서 중간에 컬렉션을 복사하지 않기 때문에 더 빠를 수 있다는 점이다. 이에 대한 설명은 블로그 글[24]을 참고하자.

FROM OBJECTS TO FUNCTIONS

B.3 코틀린 타입 시스템 탐구

나는 코틀린이 자바보다 더 나은 이유는 강력한 타입 시스템 때문이라고 생각한다. 여기에서 몇 가지 기능을 다루겠지만, 일반적인 개요는 냇 프라이스의 멋진 블로그 글[25]을 참고하자.

---

22 ttps://medium.com/@ramtop/kotlin-pearls-8-recursion-tailrecursion-and-ycombinator-in-kotlin-3ec6975e9b6

23 https://kotlinlang.org/api/latest/jvm/stdlib/kotlin/-deep-recursive-function

24 https://medium.com/androiddevelopers/collections-and-sequences-in-kotlin-55db18283aca

25 http://www.natpryce.com/articles/000818.html

널이 될 수 있는 타입

자바 프로그래머가 처음 코틀린 코드를 볼 때 가장 눈에 띄는 것은 코드에 여러 물음표가 섞여 있다는 것이다. 이는 어떤 대상이 널일 수 있음을 명시적으로 표시한다.

널이 될 수 있는 타입은 널이 될 수 없는 타입과 널의 결합으로 생성된 타입이다. 타입 이름 뒤에 물음표(?)를 추가해 널이 될 수 있음을 나타낸다.

```
val maybeAString: String? = null
val definitelyAString: String = null // 컴파일되지 않는다!
```

널이 될 수 있는 타입에는 두 가지 규칙이 있다.

1. 널이 될 수 없는 타입의 변수에 널을 대입할 수 없다.

2. 널이 될 수 있는 타입의 식에 대해 null 검사를 먼저 하지 않고는 메서드를 호출할 수 없다.

이 규칙을 따르면 코틀린에서 NullPointerExceptions를 완전히 제거할 수 있다.

점(.) 앞에 물음표를 두는 것은 널이 될 수 있는 객체에 대해 안전할 때만 메서드를 호출하는 지름길이다(안전한 호출 연산).

```
maybeAString.length // 컴파일되지 않는다.
```

```
maybeAString?.length // Int?를 돌려준다.
```

마지막으로 엘비스(Elvis)[26] 연산자를 소개하겠다. 엘비스 연산자는 물음표 뒤에 콜론이 따라오는 모양으로, 왼쪽 객체가 널인 경우 오른쪽 값을 반환한다.

```
maybeAString?.length ?: 0 // Int를 돌려줌
```

동등한 자바 코드는 다음과 같다.

```
if (maybeAString == null) {
    return 0;
} else {
    return maybeAString.length();
}
```

---

26 **역주** ?:의 모양이 엘비스의 머리 모양과 비슷하다고 해서 이렇게 부른다. ?의 동그란 부분이 엘비스의 머리이고 :가 눈이다.

중위 함수

코틀린의 또 다른 멋진 기능은 도메인 특화 언어(DSL)를 매우 간단하게 정의할 수 있다는 것이다. 예를 들어 앞에서 본 것처럼 함수의 마지막에 있는 람다 파라미터를 괄호 밖에 둘 수 있다. 중위 함수를 사용하면 같은 방향으로 더 나아갈 수 있다.

중위 함수란 무엇인가? 중위 함수는 두 피연산자 사이에 위치하는 함수로, 함수 이름이 두 파라미터의 왼쪽이 아닌 가운데 위치한다. 이를 정의하려면 파라미터가 하나만 있는 확장 함수의 왼쪽에 infix 키워드를 추가하면 된다[27].

예를 들어 DSL 스타일로 원하는 타입의 값을 만들기 위해 중위 함수를 사용할 수 있다. 피자 데이터 클래스에 필드가 두 개 있다고 가정해보자.

```
data class Pizza(val name: String, val price: Double)
```

이때 생성자를 호출하는 중위 함수를 만들 수 있다.

```
infix fun String.costs(price: Double): Pizza = Pizza(this, price)
```

이제 메뉴를 자연어에 더 가깝게 정의할 수 있다.

```
val menu = listOf(
    "Marinara" costs 5.8,
    "Margherita" costs 6.2,
    "Capricciosa" costs 8.5
)
```

연산자

C++와 스칼라 같은 몇몇 언어는 타입에 따라 연산자를 오버로드할 수 있지만, 자바처럼 그렇지 않은 언어도 있다. 연산자를 오버로드하는 것은 매우 강력한 기술이지만, 코드를 읽기 어렵게 만들 수 있다.

---

27 **역주** 확장 함수는 첫 번째 파라미터로 수신 객체를 암시적으로 받는다고 했다. 중위 함수가 되려면 피연산자가 두 개 필요한데, 확장 함수의 경우 수신객체가 이미 암시적 파라미터이므로 괄호 안에 들어가는 파라미터는 한 개만 있으면 된다. 일반 메서드도 마찬가지다. 한편, 독립 함수는 파라미터 개수와 관계없이 중위 함수로 선언할 수 없다.

코틀린은 중간 정도의 접근 방식을 취하며 미리 정의된 집합에 속하는 연산자들을 오버로드하도록 허용하지만, 새로운 연산자를 만들 수는 없다.

예를 들어 피자를 추적하기 위해 Order라는 데이터 클래스를 만들고 + 연산자를 오버로드해보자. 코틀린의 각 연산자에는 정해진 이름의 메서드가 연관되어 있으며, + 연산의 경우 plus 메서드가 연관되어 있다.

```
data class Order(val pizzas: List<Pizza> = emptyList()) {
    operator fun plus(pizza: Pizza): Order {
        return Order(pizzas + pizza)
    }
}
```

새로운 연산자를 사용해 몇 가지 피자를 추가하는 주문을 정의할 수 있다.

```
val mari = "Marinara" costs 5.8
val capri = "Capricciosa" costs 8.5
val order = emptyOrder + mari + capri
```

여기서는 코틀린의 DSL 가능성의 일부분만 다루었다. 이에 대해 더 알고 싶다면『Programming DSLs in Kotlin』[Sub21]을 추천한다.

B

함수와 코틀린에 대하여

C

약간의 이론

부록 C에서는 함수형 프로그래밍의 기초가 되는 수학적 원리를 살펴본다. 또 이전에 다뤘던 몇 가지 개념을 다시 검토하고 더 엄밀한 정의를 제공할 것이다.

이 부록의 역할은 주제에 대한 포괄적인 설명이 아니라, 수학 지식이 필요 없는 가벼운 입문서다. 입문 자료와 수준이 더 높은 자료 사이의 간극을 메우고 전통적인 교과서에서 카테고리 이론을 더 깊이 공부하기 위한 발판을 제공하는 것을 목표로 한다.

여기에서는 내가 처음 함수형 프로그래밍의 수학적 기초를 공부하기 시작했을 때 누군가가 말해 줬으면 했던 내용을 적어봤다.

C.1 카테고리 이론

카테고리 이론은 사물들이 어떻게 서로 관련되어 있는지를 연구하는 수학의 한 분야다. 근본적인 아이디어는 여러 점과 화살표를 사용해 시스템의 본질적인 특징을 포착할 수 있다는 것이다.

카테고리 이론의 요구 사항은 매우 최소한이며 추상적이기 때문에 생물학, 언어학, 철학, 경제학, 음악 등 겉으로 보기에 관련이 없어 보이는 많은 분야에 적용될 수 있다.

- **생물학**: 유전자 상호작용 네트워크나 단백질 접힘 경로와 같은 생물학적 시스템을 모델링할 때 사용했다.
- **언어학**: 단어와 문법 구조 사이의 관계를 연구하는 데 사용했다.
- **철학**: 인과 관계나 존재론 같은 개념을 연구하는 데 사용했다.
- **경제학**: 수요와 공급 관계나 게임 이론을 포함한 경제 시스템 연구에 사용했다.
- **음악**: 음악 작곡과 즉흥 연주의 구조를 연구하는 데 사용했다.

카테고리 이론의 힘은 주어진 시스템이나 프로세스의 구체적인 세부 사항을 추상화하고 대신 그 구성 원소들 간의 관계에 집중하는 능력에 있다. 이러한 관계를 포착하는 카테고리를 생성함으로써 카테고리 이론의 풍부한 도구를 사용하여 시스템 전체를 분석할 수 있다.

예를 들어 여러 유전자와 단백질이 복잡하게 상호작용하는 복잡한 생물학적 네트워크가 있다고 가정해보자. 이들 간의 상호작용을 포착하는 카테고리를 구성함으로써 카테고리 이론의 정리와 증명을 적용해 개별 유전자나 단백질의 세부 사항과 관계없이 네트워크 전체의 동작에 대한 통찰력을 얻을 수 있다.

마찬가지로 언어학에서는 단어와 문법 구조 사이의 관계를 카테고리를 사용하여 표현할 수 있으며, 이를 통해 언어의 구조와 의사소통에서 언어 사용을 분석할 수 있다.

이 부록에서는 함수형 프로그래밍에 카테고리 이론을 적용하는 데 중점을 두겠지만, 여기서 논의하는 모든 것이 더 많은 곳에 응용될 수 있음을 기억하자.

우리 분야에 대해 이야기하면, 함수형 프로그래밍을 이해하는 데 카테고리 이론이 반드시 필요하지는 않지만, 카테고리 이론에 익숙해지면 특정한 요소들이 왜 더 잘 작동하는지 이해하는 데 도움이 될 수 있다.

카테고리 이론을 공부하면서 얻은 것은 문제 해결에 대한 새로운 접근법이었다. 이 새로운 관점의 접근 방식이 비록 수학적으로 100% 정확하지는 않을지라도 일상 업무에서 매우 유용하다는 사실을 경험할 수 있었다.

카테고리 이론의 특정 개념을 이해하고 이를 즉시 코드에 적용했다는 의미가 아니다. 그보다는 카테고리 이론의 개념이 내가 코드 기반 내에서 패턴을 더 잘 인식하는 데 도움이 됐다는 의미다.

나는 함수형 프로그래밍을 채택할 때, 단순한 함수들을 추상화해 문제를 해결하는 것이 제2의 천성이 되어야만 진정한 큰 변화가 일어난다고 확신한다. 이런 방식은 일련의 명령어에 의존하는 방식보다 더 나은 방법이다.

이 점에서 카테고리 이론을 공부한 것은 특정 사례에 집중하기보다는 추상적 구조와 관계의 관점에서 생각하는 능력을 확실히 향상시켰다. 이를 통해 시간이 지나도 더 지속 가능하고 관리하기 쉬운 해법을 만드는 체계적인 접근 방식을 채택하게 됐다.

비교를 하자면 엔지니어는 수학에서 분명히 도움을 받지만, 파이 값을 정확하게 계산하지 못하는 것에 대해 걱정하지 않는다. 그들에게는 합리적인 근사치만으로 충분하다.

이 부록에서는 프로그래머에게 흥미로울 수 있는 카테고리 이론의 몇 가지 측면에 집중하고 몇몇 기술적인 사항은 생략할 것이다. 흥미가 생겨 더 많은 것을 배우고 싶어지기를 바란다. 추가로 유용하다고 생각되는 자료는 **부록 D 추가 자료**에 있다.

몇 가지 정의부터 시작해보자.

집합과 함수

먼저 수학에서 **집합**의 개념을 소개하겠다. 우리는 집합을 다루지 않기 때문에 형식적인 정의는 필요 없다. 엄밀히 말하면 카테고리는 집합에 기반을 두지 않는다. 그래도 집합을 자주 언급할 것이므로 먼저 몇 가지 개념을 다시 살펴보는 것이 좋겠다.

이 부록의 목적을 위해 집합을 고유한 원소들의 모음으로 간주한다. 여러분이 졸업한 해의 동창생들의 집합처럼 집합은 유한한 수의 원소를 포함할 수 있다. 또는 무한한 수의 원소를 포함할 수도 있다. 예를 들어 자연수의 집합은 1부터 시작하는 양의 정수들로 이뤄진다.

수학에서 함수는 두 집합 사이의 관계다. 가능한 모든 입력 값의 집합을 함수의 **정의역**(domain)이라고 하고, 가능한 모든 출력 값의 집합을 **공역**(codomain)이라고 한다. 한편 어떤 함수의 출력 값의 집합을 **치역**(range) 또는 **상**(image)이라고 한다.

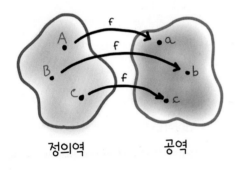

정의역   공역

예를 들어 자연수 집합의 맥락에서 제곱 함수와 제곱근 함수를 생각해보자. 제곱 함수는 자연수를 입력받아 그 제곱을 출력한다. 예를 들어 3을 입력하면 제곱 함수는 3의 제곱인 9를 출력한다.

제곱 함수의 정의역은 모든 자연수의 집합이다. 어떤 자연수를 함수에 입력해도 유효한 출력을 얻을 수 있기 때문이다. 하지만 제곱 함수의 치역은 완전 제곱수들로 이뤄진 집합이다. 제곱 함수의 공역은 자연수일 수도 있고, 완전 제곱수의 집합일 수도 있으며, 완전 제곱수의 집합을 포함하는 다른 집합일 수도 있다. 여기서 완전 제곱수는 다른 정수의 제곱으로 표현될 수 있는 수들이다. 예를 들어 1, 4, 9, 16, 25 등은 완전 제곱수다.

반면 제곱근 함수는 완전 제곱수를 입력으로 받고, 제곱이 입력과 같은 수를 출력으로 만든다. 예를 들어 25를 입력하면 제곱근 함수는 25의 제곱근인 5를 출력한다. 만약 정의역을 모든 자연수인 제곱수로 정의하면, 제곱근 함수의 치역은 모든 자연수가 된다. 하지만 정의역을 자연수로 정의하면 제곱근 함수의 결과가 (자연수 내에서) 정의되지 않는 경우가 생긴다.

프로그래밍 예제로 isTaller( )라는 함수를 정의할 수 있다. 이 함수는 친구가 나보다 키가 큰지 여부에 따라 true나 false를 반환한다. 이 함수는 모든 친구를 true와 false라는 두 원소로 구성된 불린 집합으로 매핑한다.

함수가 정의역의 모든 가능한 입력 값에 대해 정의되어 있고 '빈틈'이나 정의되지 않은 값이 없는 경우, 이런 함수를 **전함수**(total function[1])라고 부른다. 나중에 이것이 왜 중요한지 살펴보겠다.

카테고리란 무엇인가?

앞에서 카테고리를 점과 화살표의 묶음으로 정의했다(**7장 펑터와 카테고리 배우기** 참고). 그러나 이제는 조금 더 정확한 정의가 필요하다.

카테고리는 **대상**(object)이라고 불리는 몇 개의 점과 이를 연결하는 화살표인 **사상**(morphism, 모피즘)으로 구성된 수학적 구조. 이런 사상은 각 대상을 자기 자신으로 사상하는 **항등사상**(identity morphism)의 존재, 결합 법칙이 성립하면서 사상을 합성하는 능력 등의 속성을 만족해야 한다.

점과 화살표가 뭐가 그렇게 흥미로운지 궁금할 것이다. 사실 흥미로운 점이 많다. 대상과 사상을 사용하면 다양한 구조의 기본 형태를 재현할 수 있기 때문에 이들의 관계를 통일된 방식으로 연구할 수 있다.

> 카테고리 이론의 중심 주제는 구조와 구조를 보존하는 맵(map)을 연구하는 것이다. 맵 f:X -> Y은 X라는 대상을 다른 대상 Y와의 구체적 관계를 통해 보는 일종의 관찰이다.
>
> – 『응용 카테고리 이론에 대한 초대(An Invitation to Applied Category Theory)』

카테고리는 집합과 비슷하지만, 원소 자체보다는 원소들 간의 관계에 더 관심이 있다. 간단히 하기 위해, 두 대상 사이의 화살표 모음이 집합을 형성하는 카테고리인 **국소적으로 작은 카테고리**에 집중해보겠다.

카테고리에서 집합의 원소에 대응하는 요소는 카테고리의 대상들 즉, 우리 다이어그램의 점들이다. 대상은 화살표로 연결되며, 이 화살표가 사상이다.

함수와 비슷하게 A에서 B로의 사상에서 A를 정의역 대상(domain object)이라고 하고 B를 공역 대상(codomain object)이라고 한다. f의 공역이 g의 정의역과 같을 때에만 사상 f와 g를 합성할 수 있다.

---

1 **역주** 전함수와 전사 함수(surjection 또는 onto function)를 혼동하지 말라.

합성 연산자는 점(.)으로 표시하며, 오른쪽에서 왼쪽으로 읽는다. 즉, g . f는 g(f())와 같으며, 먼저 f를 적용한 다음, 결과에 g를 적용한다.

사상 합성은 결합 법칙을 만족해야 한다. 결합 법칙이 무엇인지 이해하려면 '할머니의 엄마는 엄마의 할머니다'라는 비유를 생각해보라. 즉, 다이어그램에서 화살표를 결합하는 순서는 중요하지 않다. 이를 h . (g . f) = (h . g) . f로 표현할 수 있다.

카테고리의 마지막 특징은 모든 대상이 항등 사상과 연관되어야만 한다는 것이다. 항등 사상은 대상을 자기 자신으로 매핑하는 특수한 유형의 사상이다. 항등 사상은 대상을 정의역과 공역으로 모두 가지며 id라는 기호로 나타낸다. 모든 대상 주위에 작은 원형 화살표를 그려서 이를 표현할 수 있지만, 대부분의 다이어그램에서는 명확성을 위해 항등 사상을 생략한다.

중요한 점은 대상이 자신으로 향하는 여러 사상을 가질 수 있다는 것이다. 이를 **자기사상**(endomorphism, 엔도모피즘)이라고 한다. 그러나 대상을 정확히 자기 자신으로 매핑하는 항등 사상은 하나뿐이다.

이제 몇 가지 예제를 통해 카테고리 개념에 익숙해져보자.

빈 카테고리

가장 단순한 카테고리는 비어 있는 카테고리다. 대상과 사상이 없는 카테고리이며, 빈 집합과 관련이 있다. 그 자체로는 특별히 흥미롭지 않지만, 유효한 카테고리이므로 더 복잡한 카테고리를 구성하는 출발점으로 사용할 수 있다.

모노이드

대상이 하나만 있는 카테고리에 대해서는 이미 배웠다(5장 **모노이드 알아보기** 참고). 이 카테고리에서는 대상이 하나밖에 없기 때문에 모든 사상은 결합될 수 있는 자기사상이다.

그러나 이러한 자기사상이 모두 항등사상은 아니라는 점에 유의하라. 이 카테고리에는 대상이 하나뿐이기 때문에 항등사상도 하나뿐이다.

모노이드의 예로 루빅스 큐브를 들 수 있다. 여기서 자기사상은 큐브에 적용할 수 있는 이동(움직임)을 나타낸다. 이 경우 항등사상은 '이동 없음' 동작이며, 다른 모든 이동은 큐브의 상태를 변경하는 자기사상이다.

Set 카테고리

모든 집합의 카테고리를 Set이라고 한다. 모든 가능한 집합이 Set의 대상이다. 혼란스러울 수 있지만, Set 카테고리의 각 대상은 집합이지 집합의 원소가 아니다.

모든 집합의 집합을 정의할 수는 없다. 잘 알려진 러셀의 역설을 초래하기 때문이다. 그러나 모든 집합으로 이뤄진 카테고리는 아무 문제없이 정의할 수 있다.

함수는 두 집합을 연결하거나, 자기 자신과 연결하므로 모든 전함수는 Set의 사상이다. 각 집합의 항등 함수는 그 집합의 항등 사상이다.

전체성은 필수 조건이다. 입력 집합의 모든 원소에 대해 정의되지 않은 함수는 유효한 출력 집합을 생성할 수 없기 때문이다. 따라서 부분 함수는 사상으로 간주될 수 없다. Set은 매우 중요한 카테고리이며, 다시 사용할 것이다.

컴퓨터 언어 카테고리

함수형 프로그래머에게 가장 흥미로운 카테고리는 컴퓨터 언어를 반영하는 카테고리다. 프로그래밍 언어의 모든 타입으로 카테고리를 만들 수 있다. 대상은 다양한 타입들이며, 사상은 두 타입 사이의 순수한 전함수이다. 한 타입은 입력, 다른 타입은 출력으로 사용된다.

예를 들어 Int, String, Boolean이라는 세 가지 타입만 있는 모의 프로그래밍 언어를 상상해보자. 이런 타입들이 카테고리에서 대상이 되고, 사상은 타입 중 하나를 입력으로 받아 다른 타입을 출력으로 만드는 함수다. 예를 들어 intToString: (Int) -> String, isOdd: (Int) -> Boolean, reverse: (String) -> String 등이 이런 사상에 속한다.

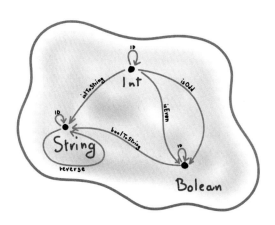

이 예제에서 reverse( )는 자기사상이지만, 항등사상은 아니다. 항등 함수는 항상 받은 인자를 그대로 반환한다.

코틀린과 관련해 대상이 모든 가능한 코틀린 불변 타입이고, 이를 연결하는 사상이 하나의 인자를 가지는 순수 전함수인 카테고리를 고려할 수 있다.

이를 위해서는 가변 객체, 전역 상태, 부수 효과, 예외가 없는 이상화된 버전의 코틀린을 고려해야 한다. 이 카테고리를 PK(순수 코틀린을 뜻하는 Pure Kotlin의 약자)라고 부를 수 있다. 비록 코틀린 언어의 능력 중 일부에 불과하지만, 이 책에서 살펴본 것처럼 이러한 제한을 지키면 카테고리 이론에서 얻은 직관을 성공적으로 적용할 수 있음을 알아두면 유용하다.

이렇게 해서 얻을 수 있는 이점은 무엇일까? 일반적으로 컴퓨터 언어를 자신의 타입을 가지는 카테고리에 매핑하면 카테고리 이론의 맥락에서 이를 연구할 수 있다. 그 구조와 타입과 함수 간의 관계를 더 잘 이해하는 데 유용하고, 타입과 함수를 결합하는 새로운 방법과 접근 방식을 파악(바로 이 책에서 다룬 내용들이다)하는 데 도움이 될 것이다.

> **조에게 묻는다** 클래스 메서드는 어떨까?
>
> 카테고리 이론의 맥락에서 우리가 신경 쓰는 것은 특정 프로그래밍 언어(예 코틀린)에서 사용되는 구체적인 구문보다는 사상의 속성이다. 우리의 목적에 있어 메서드는 추가적인 암시적 인자(즉 this로 참조하는 객체)와 함께 함수를 정의하는 편리한 수단일 뿐이다.
>
> (PK 카테고리에서) 메서드에 대한 유일한 제약 조건은 객체 자체를 수정하지 않고 출력 값을 반환해야 한다는 것이다.
>
> 마찬가지로 여러 파라미터와 수신 객체를 가진 함수의 경우, 인자와 수신 객체들이 형성하는 튜플을 함수의 유일한 입력 파라미터인 암시적 곱 타입이라고 간주할 수 있다.

부분 카테고리

일반적으로 부분 카테고리는 주 카테고리의 대상과 사상의 부분 집합을 포함하는 카테고리다. 그 자체로 잘 정의된 카테고리여야 하며, 결합 법칙과 항등원 규칙을 따라야 한다.

컴퓨터 언어와 관련해서, 우리는 특정 문제나 도메인에 집중하기 위해 몇몇 타입과 함수로부터 부분 카테고리를 생성할 수 있다. 예를 들어 우리가 이전에 언급한 미니 언어는 코틀린 부분 카테고리로 정의할 수 있다.

```kotlin
fun <T> identity(x: T): T = x
fun intToString(x: Int): String = x.toString()
fun boolToString(x: Boolean): String = x.toString()
fun isEven(x: Int): Boolean = x % 2 == 0
fun isOdd(x: Int): Boolean = !isEven(x)
fun reverse(s: String): String= s.reversed()
```

이로부터 결합 법칙을 확인할 수 있다.

```kotlin
fun `subcategory respects the associativity law`(){
    val f1 = (::isOdd andThen ::boolToString) andThen ::reverse
    val f2 = ::isOdd andThen (::boolToString andThen ::reverse)
    repeat(100) {
        val number = random.nextInt()
        expectThat(f1(number)).isEqualTo(f2(number))
    }
}
```

항등원 규칙도 확인할 수 있다.

```kotlin
fun `subcategory respects the identity law`(){
    val idOdd = ::isOdd andThen ::identity
    repeat(100) {
        val number = random.nextInt()
        expectThat(idOdd(number)).isEqualTo(isOdd(number))
    }
}
```

일반적으로 부분 카테고리는 더 큰 카테고리의 특정 측면이나 부분 집합을 연구할 때 유용하며, 컴퓨터 언어 내의 구조와 관계를 이해하고 분석하고 싶을 때 더 집중적이고 전문적인 접근을 제공한다.

이벤트를 논의하고 엔터티를 유한 상태 기계로 나타내는 동안, 흥미로운 부분 카테고리 예제를 발견했다. 각 이벤트가 엔터티의 두 상태 사이의 사상으로 작용하는 카테고리를 설정할 수 있다. 기억하겠지만, 각 이벤트는 엔터티의 상태 변화를 나타낸다. 이 부분 카테고리는 더 큰 카테고리 PK의 일부가 될 것이다.

다이어그램

이 책 전반에 걸쳐 화살표가 있는 많은 다이어그램을 보았다. 주어진 작업을 위해 함수를 결합하는 방법에 대한 직관적인 아이디어를 제공한다. 다이어그램은 카테고리 이론에서 사용하는 공식적인 다이어그램에서 영감을 얻었지만, 정확하게 정의된 것은 아니다.

반면, 카테고리 다이어그램은 카테고리적 구조의 속성을 증명하기 위해 사용하는 매우 정밀한 도구다.

카테고리 C 안의 다이어그램은 C에 존재하는 대상과 사상에 해당하는 꼭짓점과 화살표의 모음이다. 이러한 다이어그램은 카테고리의 전체를 나타내는 카테고리의 다이어그램과는 다르다. 즉, 일부 대상과 사상에만 초점을 맞춘다.

두 꼭짓점 쌍에 대해 한 점에서 다른 점으로 가는 모든 경로가 같으면 이를 다이어그램이 **교환된다** (commute)고 말한다.

예를 들어 다음 다이어그램이 교환된다는 것은 f . g' = g . f'라고 말하는 것과 같다. 즉, A에서 B로 가는 모든 경로가 같다는 뜻이다.

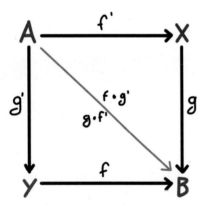

일반적으로 함수의 교환 법칙이 성립하지는 않는다는 점에 유의하라. 한 가지 예외는 더하기 연산이다. 따라서 5 + 6은 6 + 5와 같지만, reverse(intToStr(123))는 intToStr(reverse(123))와 같지 않다. 후자는 컴파일조차 되지 않는다! 이것이 다이어그램에서 f와 f'이 다르고 g와 g'이 다른 이유다. 오직 이들의 조합들만 서로 교환된다.

C.2 모든 것은 사상에 관한 것이다

> 카테고리 이론이 사상에 관한 것임을 아직 납득하지 못했다면, 내가 할 일을 제대로 하지 못한 것이다.
>
> – 바르토시 밀레프스키

카테고리를 이해하는 데 있어 결정적인 순간은 카테고리에서 중요한 것이 내부의 대상이나 타입이 아니라 이들을 연결하는 사상이나 함수라는 점을 깨달았을 때였다. 이 의미를 더 잘 이해하기 위해 몇 가지 다른 유형의 사상을 살펴보자.

동형사상

동등성은 매우 까다로운 개념이다. 두 대상이 동등한지 어떻게 결정할 수 있을까? 복잡한 타입의 경우 이를 증명하기 어렵다. 그러나 대부분의 경우 엄격한 동등성을 요구하지 않는다. 대신 두 대상을 서로 양방향으로 변환할 수 있다면 동등하다고 간주할 수 있다.

이것이 **동형사상**(isomorphism)의 개념이다. 동형사상은 대상의 구조와 속성을 보존하면서 두 대상 사이를 매핑하는 것이다. 이 용어는 '같은'을 의미하는 그리스어 'iso'에서 유래했다. 즉, 두 대상이 동형사상이라면 그들은 구조와 속성이 동일하며, 다른 면에서 동일하지 않더라도 언제나 하나에서 다른 하나로 갈 수 있다. 만약 f가 X에서 Y로의 사상이고, g가 Y에서 X로의 사상이라면 f . g == id는 f와 g가 동형사상을 형성한다는 뜻이다. 그러면 X와 Y가 동형(isomorphic, 합동)이라고 말할 수 있는데, 이는 이들이 거의 동등하다고 말하는 것과 같다.

다른 관점에서 보자면 대부분의 함수는 손실이 발생한다. 값을 다른 타입으로 변환할 때 정보를 잃는다. 예를 들어 isOdd는 숫자로부터 Boolean 값을 반환하지만, Boolean 값에서 원래 숫자를 얻을 수는 없다.

함수가 손실이 없다면, 다른 말로 변환 중에 정보를 잃지 않는다면, 출력에서 원래 입력을 반환하는 역함수가 있어야 한다. 함수와 그 역함수의 결합은 동형사상을 형성한다.

이를 코드로 표현하면 다음과 같다.

```
fun <T,U> isomorphism(f1: (T) -> U, f2: (U) -> T): (T) -> T = { f2( f1( it))}
```

1바이트와 8비트 ASCII 문자를 생각해보면, 완벽하게 일치한다. 동일하지 않지만(예를 들어 122는 z와 다르다) 이들은 동형사상이다. 몇 줄의 코드로 이를 확인할 수 있다.

```
fun `verify isomorphism`(){
    val iso: (Byte) -> Byte = isomorphism(Byte::toChar, Char::toByte)
    repeat(100){
        val x = Random().nextInt(256).toByte()
        expectThat(iso(x)).isEqualTo(x)
    }
}
```

또 두 함수의 순서를 변경하면 다른 타입(예제에서는 Char)에 대한 동형사상을 만들 수 있다.

```
val iso2: (Char) -> Char = isomorphism(Char::toByte, Byte::toChar)
```

카테고리를 공부할 때, 두 대상을 '동형성에 따라 동등하다'고 정의하는 것은 매우 일반적이고 흔하다. 이 표현은 두 대상이 동형사상을 통해 서로 변환될 수 있음을 나타낸다.

즉, 두 대상에 차이가 있을지라도, 구조적인 관점에서 본질적으로 동등하다고 간주될 수 있음을 의미한다. 다시 말해 대상들 간의 차이는 우리가 관심 있는 본질적인 속성에 영향을 미치지 않기 때문에 '무시'할 수 있다는 뜻이다.

이제 몇 가지 정의를 더 소개하면서 카테고리 탐구를 계속해보겠다.

시작 대상과 끝 대상

카테고리 C에서 시작 대상(initial object)은 C의 모든 대상에 대해 하나씩 사상을 가지는 대상이다. 여기서 초점은 사상의 유일성에 있으며, 유일하다는 것은 동형성에 의해 유일함을 의미한다.

프로그래밍 맥락에서 '대상'은 클래스나 객체의 인스턴스가 아니라 타입을 의미한다는 점에 유의하라. 또한 상속과 서브타이핑은 사상과 직접적으로 관련되지 않는다.

우리 작은 모의 언어와 코틀린 자체에는 시작 대상이 없다. Unit이 시작 대상인지 궁금할 수 있지만, Boolean 타입 등 구체적 예를 통해 확인해볼 수 있다.

```
fun initial(x: Unit): Boolean =...
```

이 함수는 (Unit) -> Boolean 타입인데 이 함수가 유일하고, 모든 타입에 대해 이와 비슷한(Unit 에서 다른 타입의 값을 만들 수 있는 유일한) 함수를 만들 수 있다면, Unit이 시작 대상임을 증명한 것이다.

그러나 initial() 함수는 True를 반환하는 구현과 False를 반환하는 구현, 두 가지 구현이 가능하다. 따라서 Unit은 시작 대상이 될 수 없다.

충분히 눈여겨보면, 우리는 PK에서 Nothing을 시작 대상으로 간주할 수 있다. 다음과 같이 initial을 작성할 수 있으며, 이는 유일하다.

```
fun <T> initial(x: Nothing): T = TODO("this will never be called")
```

하지만 내가 알기로, 이런 함수는 별로 유용하지 않다.

끝 대상(terminal object)은 그 반대다. 만약 C의 모든 원소가 대상 X로의 유일한 사상을 가진다면, X는 C의 끝 대상이다.

이전 예제를 살펴보고 타입을 반대로 하면, 이 함수는 동형성에 의해 유일하다.

```
fun terminal(x: Boolean): Unit = Unit
```

원한다면 다른 방식으로 구현할 수 있지만, 결과는 같다. 무엇을 입력으로 넣어도 Unit을 얻는다. 이는 Boolean에만 국한되지 않는다. 이를 제네릭 함수로 정의할 수 있다.

```
fun <T> terminal(x: T): Unit = Unit
```

이 경우, 인자 타입이 무엇이든 그 타입에 대해 Unit을 반환하는 유일한 함수가 존재한다. 따라서 Unit은 PK의 끝이다. Unit에만 국한된 것이 아니라, 코틀린의 모든 싱글턴 객체가 PK의 끝이다. 이는 단 하나의 인스턴스만을 가진 타입이라는 싱글턴의 정의에서 비롯된 것이다.

반대 카테고리

시작 대상과 끝의 다이어그램을 그리면, 화살표가 반대 방향일 뿐, 같은 것을 볼 수 있다.

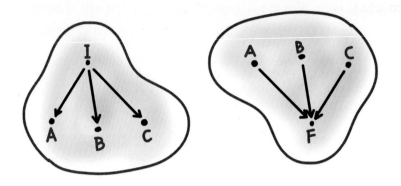

각각의 카테고리는 모든 화살표를 반대로 정의한 반대 카테고리를 가진다. 이는 원래 카테고리 C에서 두 대상 A와 B가 f: A -> B라는 사상으로 연결될 때, Cop라고 부르는 반대 카테고리에서는 fop: B -> A로 연결된다는 뜻이다.

카테고리와 그 반대 카테고리 간의 이런 대칭성을 **쌍대성**(duality)이라고 부른다. 이는 중요한데, 왜냐하면 카테고리 이론가들의 생산성을 두 배로 늘리기 때문이다. 각 정리나 구성에 대해, 반대 카테고리에서 자동으로 유도될 수 있는 상응하는 정리나 구성이 있다.

반대 구조에는 전통적으로 'co'라는 접두사를 붙인다. 따라서 곱(product)과 쌍대곱(coproduct), 모나드(monad)와 쌍대모나드(comonad), 극한(limit)과 쌍대극한(colimit) 등이 있다. 이 부록에서 이 중 일부를 다룰 것이다. 'co'로 시작하는 것이 있으면, 화살표가 반대인 다른 것에 해당한다고 기억하면 된다.

C.3 타입에 대한 타입

5장 유니언 타입에서 대수적 데이터 타입인 유니언 타입을 논의했다. 이제 이를 더 이론적인 맥락에서 다시 살펴보자.

곱 타입과 쌍대곱 타입

컴퓨터 언어에서 두 타입의 곱은 그 두 타입의 원소를 가지는 튜플로, 코틀린의 Pair와 같다. 데이터 클래스도 타입의 곱으로 간주될 수 있다. 예를 들어 문자열과 정수를 가진 데이터 클래스는 동형성으로 Pair<String, Int>와 같다는 것을 쉽게 알 수 있다.

```kotlin
data class User(val name: String, val id: Int){
    constructor(pair: Pair<String, Int>):
            this(pair.first, pair.second)

    fun toPair(): Pair<String, Int> = name to id
}

val userPairIso: (Pair<String, Int>) -> Pair<String, Int> =
    isomorphism(::User, User::toPair)
```

이런 관점은 곱을 구성하는 타입에 모든 주의를 기울이지만, 우리는 모든 것이 사상에 관한 것임을 알고 있다. 그렇다면 두 타입의 곱을 사상 측면에서 어떻게 정의할 수 있을까?

이 관점에서 볼 때, 두 타입 A와 B의 곱인 타입 C는 A를 반환하는 함수 하나와 B를 반환하는 함수 하나를 가지는 타입이다. 코틀린 데이터 클래스도 각 구성 원소를 반환하는 내장 함수를 가지고 있다.

예를 들어 Pair는 first()와 second() 함수를 포함하고, User는 name()과 id() 함수를 가지고 있다[2]. 이러한 함수들을 타입의 투영(projection)[3]이라고 한다.

하지만 동일한 대상으로의 사상을 가진 타입이 여러 개 있을 수 있다. 예제를 계속 진행하면, 여러 필드가 있는 클래스가 있는데 필드 중 하나는 문자열(String)이고 다른 하나는 정수(Int)일 수도 있다.

따라서 곱을 정의하기 위해서는 그것이 가장 기본적인 타입이며, 더 복잡한 타입에서 추출될 수 있는지 확인해야 한다. 이를 다이어그램으로 나타내보자.

---

2   **역주** 물론 코틀린에서 이들은 모두 프로퍼티로, 괄호 없이 사용해야 값을 얻을 수 있다. 하지만 게터 함수를 호출한다고 생각하면 이들이 모두 함수라는 점을 이해할 수 있다.

3   **역주** 대상의 일부분을 뽑아낸다는 점에서는 책 본문에서 사용한 투영과도 비슷한 점이 있다.

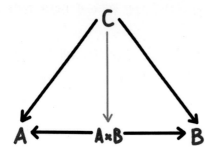

이 다이어그램을 해석하면, C에서 A와 B로 가는 두 개의 화살표 f와 g를 가진 대상 C에 대해, A x B로 가는 단 하나의 매개 화살표 h: C -> AxB가 있어서 다이어그램이 교환된다고 해석할 수 있다. 매개 화살표는 동형성에 의해 유일하다는 것은 말할 필요도 없다.

앞에서 쌍대성을 언급했는데, 이 다이어그램과 똑같고 화살표가 반대인 표현은 무엇일까? 정의에 따르면 이를 A와 B의 쌍대곱이라고 부를 수 있지만, 여기서 우리가 보고 있는 것은 A + B의 합 타입이다. 즉, 이는 A 또는 B 타입 중 하나의 값을 가질 수 있는 복합 타입으로, 코틀린의 봉인된 클래스에 해당한다.

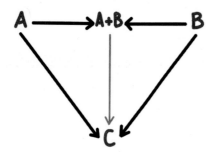

다이어그램을 충분히 오래 보면, 이것이 어떻게 기능하는지 알 수 있다. 즉, A와 B를 튜플 A x B에서 추출할 수 있다. 합 타입 A + B는 A나 B 중 하나에서 생성할 수 있다.

지수 타입

이제 질문을 하나 해보자. 만약 함수가 화살표이고 타입이 대상이라면, 카테고리에서 함수의 타입을 어떻게 표현할 수 있을까?

예를 들어 PK에서 함수 intToStr의 타입은 (Int) -> String이다. 그렇다면 이런 타입을 표현하는 PK 안의 대상이 있을까? 물론 있다!

하지만 먼저 다른 정의가 필요하다. 카테고리에서 두 대상 A와 B 사이의 모든 사상의 집합을 **사상 집합**(hom-set)이라고 하며, Hom(A,B)라고 쓴다. 따라서 사상 집합의 원소는 함수 타입의 원소다. 즉, A에서 B로 가는 모든 함수는 (A) -> B 타입을 가지며, (A) -> B 타입의 모든 원소는 A에서 B로 가는 함수다.

이전에 본 것처럼, 함수 타입은 지수라고 불리므로(**5장 복합 타입의 카디널리티 계산하기**), f: A -> B의 타입을 B^A로 쓸 수 있으며, 이를 'A이면 B(if A then B)'라고 읽을 수 있다. 지수 타입에는 B^A x A -> B과 같은 특별한 함수 eval이 있다. 이 함수는 함수로서의 지수 타입 정의에 의해 암시되어 있지만, 명확하지 않을 수 있다.

A x B라는 곱을 입력으로 받는 함수는 두 개의 인자 A와 B를 받는 함수와 동일하다는 것을 기억하자. eval을 코드로 변환하면, 함수 호출임을 알 수 있다.

```
fun <A,B> eval(fn: (A)->B, x: A): B = fn(x)
```

이제 흥미로운 부분이다. (A x B) -> C 타입의 함수 f가 있다고 가정해보자. 이는 A와 또 다른 파라미터 B를 받아 C를 반환하는 것을 의미한다. eval의 특성 중 하나는 어떤 f에 대해서도 항상 B에서 C^A로 가는 함수가 있다는 것이다. 이 함수는 앞서 논의한 커리 함수다(**4장 부분 적용**). f를 커링할 때 B를 A -> C 함수인 C^A로 대체하는 것을 다이어그램으로 시각화해보자.

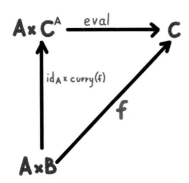

정말 멋지다! 커링이 지수 타입의 결과라는 사실을 방금 발견했다.

이를 코드로 번역하면 다음과 같다.

```
fun <A,B,C> f(a: A, b:B): C = // 순수 함수
fun <A,B> eval(a: A, f: (A) -> B): B = f(a)
fun <A,B,C> curryB(f: (A, B) -> C, b:B): (A) -> C = { a:A -> f(a,b) }
f(a,b) == eval(a, curryB(::f, b)) // 항상 참(true)
```

주의할 점은 모든 카테고리가 지수 연산을 허용하는 것은 아니라는 것이다. 끝 대상, 이항 곱, 지수 연산을 가지는 카테고리를 **데카르트적으로 닫힌 카테고리**(Cartesian Closed Category, CCC)라고 한다. 우리 PK는 CCC이고, 대부분의 정적 타입 컴퓨터 언어도 CCC를 형성한다.

마지막으로 곱 타입과 지수 타입 간, 또는 우리 PK 카테고리에서 Pair<Int, String>과 (Int) -> String 간에 관계가 있는지 궁금할 것이다. 실제로 관계가 있다! 이는 **딸림 펑터**(adjoint functor)라고 알려진 특수한 펑터 쌍과 관련이 있다. 하지만 먼저 펑터에 대해 이야기해보자.

C.4 / 펑터는 매퍼다

> 카테고리 이론에서 한 카테고리가 다른 카테고리와 '비슷하다'라고 말할 때, 보통 두 카테고리 사이에 매핑이 있다는 것을 의미한다. 이 매핑이 의미가 있으려면, 카테고리의 구조를 보존해야 한다. 이러한 매핑을 펑터라고 부른다.
>
> – 바르토시 밀레프스키

앞서 펑터가 함수와 비슷하지만, 집합의 원소를 다른 집합으로 매핑하는 대신 카테고리에서 작동한다고 말했다(**7장 코드에서 펑터 정의하기** 참고). 펑터는 출발하는 카테고리의 모든 대상뿐만 아니라 그 안에 존재하는 모든 사상도 매핑해야 한다. 실제로 중요한 것은 사상의 매핑이다. 대상의 매핑은 사상의 매핑으로부터 자연스러운 결과로 따라오기 때문이다.

형식적으로 정의하면, 펑터는 한 카테고리 C에서 다른 카테고리 D로의 매핑 F로, C의 각 대상 X에 대해 D의 대상 F(X)를 대응시키며 C의 각 사상 f: X -> Y에 대해 D의 사상 F(f): F(X) -> F(Y)를 대응시키되, 다음 조건을 만족해야 한다.

1. f가 C의 사상일 때 F(f)는 D의 사상이다.

2. C의 모든 대상 X에 대해 F(idX) = idF(X)이다. 여기서 idX는 X의 항등사상이고 idF(X)는 F(X)의 항등사상이다.

3. C에서 합성 가능한 모든 사상 쌍 f: X -> Y와 g: Y -> Z에 대해 F(g . f) = F(g) . F(f)이다.

시각화에 도움이 되도록, 펑터 f가 카테고리 C의 이미지를 다른 카테고리 D로 투영하는 이미지를 상상해보자. C를 f로 D에 매핑한 치역이 D 전체를 포함할 필요는 없다.

딸림 펑터

앞서 언급했으니, 딸림 펑터가 무엇인지 조금 알아보자.

펑터는 카테고리의 구조를 보존해야 하지만, 관심이 없는 정보를 잊어버릴 수 있다. 이런 경우를 **잊어버리는 펑터**(forgetful functor)라고 한다.

잊어버리는 펑터는 반대 방향의 **자유 펑터**(free functor)와 특별한 관계를 가지는 경우가 많다. 자유 펑터는 잊어버리는 펑터와 반대이며, '무료로' 정보를 생성한다.

따라서 C에서 D로 매핑하는 자유 펑터와 D에서 C로 돌아가는 잊어버리는 펑터가 있다면, 이 두 펑터는 **딸림**(adjunction)이라는 특별한 관계를 형성할 수 있다. 딸림 펑터는 한 카테고리에서 다른 카테고리로 개념을 '전이'할 수 있게 하여 그들의 기본 구조를 보존한다.

더 정확하게 말하면, 두 펑터 F: C -> D와 G: D -> C가 있을 때, C의 모든 대상 X와 D의 모든 대상 Y에 대해 사상 집합 C(X, G(Y))와 D(F(X), Y) 사이에 대응이 있을 때 F와 C를 딸림이라고 한다. 이때 펑터 F를 왼쪽 딸림이라고 하고, 펑터 G를 오른쪽 딸림이라고 한다.

곱 타입(**예** 튜플)과 지수 타입(**예** 함수) 간에 관계가 있다고 언급했다. 이 관계는 자유 펑터 역할을 하는 곱 펑터와 잊어버리는 펑터로 역할을 하는 지수 펑터 간의 딸림 관계에 의해 표현된다.

안타깝게도 이 부록에서 딸림 펑터를 충분히 다룰 공간이 없지만, 부록의 블로그와 비디오 목록에서 더 많은 정보를 찾을 수 있다.

엔도펑터

함수형 프로그래밍에서 펑터를 말할 때는 항상 엔도펑터(endofunctor), 즉 어떤 카테고리(**예** PK)에서 그와 동일한 카테고리로 가는 펑터를 의미한다.

그렇다면 궁금할 것이다. 굳이 왜? 같은 카테고리에 머물러야 한다면, 펑터를 아예 사용할 필요가 없지 않은가?

이 질문은 타당하므로 대답해보겠다. 정의에 따르면 함수형 프로그래밍을 할 때 언어의 CCC인 타입과 함수를 사용한다. 코틀린에서는 이를 PK라고 부른다. 우리가 엔도펑터에만 관심이 있는 이유는 PK 내부의 모든 것(대상과 사상, 즉 타입과 함수)에 작동할 수 있는 펑터가 필요하며, 그 결과 또한 PK 내부에 있어야 하기 때문이다. 그렇지 않으면 유효한 코틀린 코드를 생성하지 못할 것이다.

직관적으로 말해 엔도펑터는 PK를 PK 자신의 내부로 투영한다. 예를 들어 리스트가 펑터라는 것을 보았다(**7장 펑터로 리스트 살펴보기** 참고). 우리는 코틀린의 모든 타입에 대해 리스트를 만들 수 있으며, 여기에는 함수나 다른 리스트도 포함된다.

```
        Int ===엔도펑터===> List<Int>
     String ===엔도펑터===> List<String>
(Int) -> String ===엔도펑터===> List<(Int) -> String>
   List<String> ===엔도펑터===> List<List<String>>
```

다시 말해 전체 PK를 다양한 리스트를 포함하는 더 작은 부분 카테고리(이를 L이라고 부르자)로 매핑한다. L이 여전히 PK 내부에 있으므로, List는 엔도펑터라고 할 수 있다.

그렇다면 엔도펑터를 사용해 무엇을 얻을 수 있을까? 우리는 외부 카테고리를 매핑하지 않지만, 엔도펑터를 사용해 타입 시스템 내에서 함수형 효과를 허용할 수 있다. 다른 말로 함수 (A) -> B를 (엔도)펑터에 넣음으로써 (예를 들어) IO 작업을 명시적으로 처리하고 부수 효과를 피할 수 있다. 함수형 효과가 반드시 순수하지 않을 필요는 없다는 점에 유의하자. List 펑터의 효과는 순서가 정해진 컬렉션을 생성하는 것이다. 다른 효과는 동시성, 상태 처리 등과 관련될 수 있다. 보다 일반적으로 효과란 계산 환경 외부의 시스템 상태 변화를 의미한다.

자연 변환

펑터가 한 카테고리에서 다른 카테고리로 사상을 매핑하는 것이라면, 펑터 자체에 작용하는 사상도 있을 수 있을까? 물론 있다. 이를 **자연 변환**이라고 한다. 왜 이런 별로 멋지지 않은 이름을 붙였을까? 왜 'morphfunctor' 같은 이름을 붙이지 않았을까?

그 이유는 시기적으로 자연 변환이 펑터와 카테고리보다 먼저 등장했기 때문이다. 자연 변환에서 '자연스러운' 것으로 간주되는 것을 결정하기 위해 손더스 매클레인은 펑터와 카테고리의 개념을 도입했다. 다른 많은 근본적인 수학적 개념과 마찬가지로, 이러한 아이디어(펑터나 카테고리)가 그 자체로 유용하다는 것이 입증되었다.

자연 변환을 시각화하기 위해, F와 G가 카테고리 C에서 D로 가는 두 펑터이고, f가 A에서 B로 가는 C의 사상인 다이어그램을 그려보자. 이 다이어그램이 카테고리 C의 모든 대상과 사상에 대해 교환된다면, 변환 NT를 자연 변환이라고 한다.

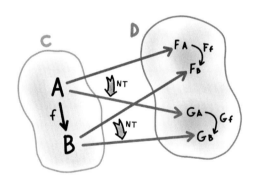

다시 말해, 펑터 F와 G를 각각 카테고리 D 안에서 C의 이미지로 투영하는 것으로 생각할 수 있다. F와 G의 이미지는 다르지만 어떤 식으로든 관련이 있다. NT는 한 이미지를 다른 이미지로 변환한다.

자연 변환을 컴퓨팅 관점에서 보면, 자연 변환은 펑터에 작용하는 다형적 함수(polymorphic function)다. 예를 들어 T와 관계없이 Bar⟨T⟩(펑터)를 받아서 다른 Foo⟨T⟩(펑터)를 반환하는 함수가 있다고 하자.

직관적으로 다음이 '자연스럽다'는 의미다. T에 대한 제약이 없으며, 어떤 타입도 상관없다. 예를 들어 리스트를 집합으로 변환하는 것은 자연 변환이다.

```kotlin
fun <T> toSet(l: List<T>): Set<T> = HashSet(l)
```

또 자연 변환이 같은 타입의 펑터를 반환할 수도 있으며, 이때 반환된 펑터는 어떤 방식으로든 원래 펑터를 변경한 것일 수 있다. 예를 들어 리스트의 원소 타입과 관계없이 리스트를 뒤집는 함수를 작성할 수 있다. 이런 함수 역시 자연 변환이다.

```kotlin
fun <T> reverseList(l: List<T>): List<T> = l.reversed()
```

C.5 신비한 모나드

모나드는 프로그래밍 관점에서 이해하기 어렵다는 평판이 있지만, 카테고리 이론 관점에서 보면 펑터의 자연스러운 확장이다.

기술적으로 모나드는 두 가지 자연 변환이 첨부된 엔도펑터 M이다.

1. unit은 대상 a를 받아서 그것의 모나드 M(a)를 반환한다.

2. join은 M(M(a))를 M(a)로 변환한다.

첫 번째 자연 변환이 unit은(코틀린 Unit과는 관련이 없다) 어떤 대상으로부터 모나드를 생성할 수 있게 해주며, 프로그래밍의 생성자와 비슷하다.

join을 더 잘 이해하기 위해, 엔도펑터에 대해 말한 내용을 생각해보자. 엔도펑터는 카테고리 C 안에서 C의 더 작은 이미지 M을 생성한다. 이제 이 M 안에는 M 자체의 이미지도 있어야 한다. 이를 M^2라고 부르자. 이것이 엔도펑터의 제곱이다. join을 적용하는 것은 M^2를 다시 M으로 투영하며, 일종의 복구를 의미한다.

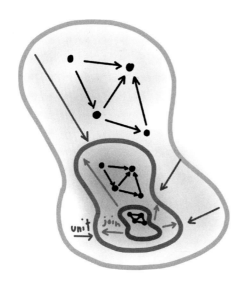

코드 관점에서 보면 unit은 모나드 타입 생성자이고, join은 각각의 모나드에 대해 정의했던 join() 함수와 같다. 예를 들어 Outcome 모나드에서는 다음과 같았다.

```
fun <T, E> Outcome<E, Outcome<E, T>>.join(): Outcome<E, T> =
    bind { it }
```

지금까지 모나드를 작성할 때 bind 함수의 다양한 사용에 초점을 맞췄고, join을 bind로 구현했다. 이렇게 하면 추가 메모리 할당을 피할 수 있기 때문에 합리적이다. 하지만 수학적 관점에서 보면, join이 bind보다 더 근본적이며, 카테고리 이론에서는 모나드를 bind보다는 join으로 정의하는 것이 더 일반적이다.

모나드를 보는 또 다른 방법은 정의에 의해, 모나드는 엔도펑터 카테고리의 대상이기도 하다는 것이다. 이 카테고리에서 모나드는 join이 결합 연산이고 unit이 항등원인 모노이드를 형성한다. 따라서 (필립 와들러가 말했다고 전해지는 것처럼) 모나드는 단지 엔도펑터의 카테고리 안에 있는 모노이드일 뿐이라고 말할 수 있다.

쌍대모나드(코모나드)

이름에서 알 수 있듯이, 쌍대모나드(comonad)는 모나드와 쌍대성인 존재다. 다시 말해 화살표가 반대 방향으로 가는 모나드다. 예를 들어 unit: Id -> M a 대신에 extract: W a -> Id라는 자연 변환이 있다. 그리고 join: M^2 -> M 대신에 duplicate: W -> W^2가 있다. 참고로 W가 뒤집힌 M 처럼 보이는 것을 눈치챘는가? 이것이 보통 쌍대모나드를 나타내는 방식이다.

모나드는 어떤 컨텍스트에서 일부 작업을 실행하는(하지만 값을 추출할 가능성을 제한함) 것과 관련이 있는 반면, 쌍대모나드는 언제든지 원할 때 값을 추출하고 컨텍스트를 추가하는 것과 관련이 있다.

쌍대모나드의 흥미로운 사용 예는 외부 컨텍스트에서 빌더를 생성하는 것이다. 예를 들어 설정 파일이 그런 예다. 하지만 부록이 이미 너무 길어졌기 때문에, 독자의 연습 문제로 남기겠다.

클라이슬리 카테고리

모나드가 모노이드처럼 합성할 수 있는 펑터라는 사실을 봤다. 생각해볼 흥미로운 아이디어가 있다. 모나드로만 구성된 카테고리를 만들면 어떻게 될까? 다시 말해 모나드가 대상이고 각 사상은 값을 받아 모나드적인 값을 반환하는 함수가 된다. 이 아이디어는 이미 생각한 사람이 있다. 그 사람의 이름을 따서 이런 카테고리를 **클라이슬리**(Kleisli) 카테고리라고 부른다.

값에서 모나드로의 이러한 사상을 클라이슬리 화살표라고 한다. 프로그래밍에서 모나드를 구성하기 위해 bind 대신 클라이슬리 화살표를 사용할 수 있다. 이렇게 하면 꽤 다른 스타일이 된다. 한번 시도해보자.

먼저 두 화살표를 합성하는 함수를 정의해야 한다, 하스켈에서는 이런 연산에 >=>라는 연산자를 사용하며, 물고기(fish)라고 불린다. 안타깝게도 코틀린에서는 기호 연산자를 정의해 사용할 수 없으므로 이를 kleisli라고 부르고, 중위 함수로 만들자.

```
typealias KArrow<A,B> = (A) -> ContextReader<SomeContext, B>
infix fun KArrow<A,B>.kleisli(other: KArrow<B,C>): KArrow<A,C> =
    {a -> this(a).bind {b ->other(b) } }
```

이제 bind 스타일을 사용해 ContextReader로 설정 파일에서 일부 정보를 추출하는 예제를 작성한다.

```
val myProperties = Properties().apply {
    setProperty("environment", "DEV")
    setProperty("DEV.url", "http://dev.example.com")
    setProperty("PROD.url", "http://example.com")
}

fun readProp(propName: String): ConfReader<String> =
    ContextReader { it[propName].toString() }

val envUrl = readProp("environment")
    .bind{ envName -> readProp("${envName}.url") }
    .runWith(myProperties) //http://dev.example.com
```

이제 마지막 식을 클라이슬리 방식으로 다시 작성한다.

```
val readUrlFrom = ::readProp kleisli ::readUrl
val envUrl = readUrlFrom("environment").runWith(myProperties)
```

두 스타일은 모두 유효하며, 필요에 더 적합한 스타일을 선택할 수 있다.

이제 모든 것을 종합해 카테고리 이론의 가장 놀라운 정리 중 하나를 살펴보겠다.

C.6 요네다로 모든 것 연결하기

> 요네다 보조정리는 수학에서 가장 어려운, 자명한 것이다.
>
> – 댄 피포니

일본 수학자 요네다 노부오(米田 信夫)가 파리를 방문했을 때, 파리 북역(Gare du Nord)에서 카테고리 이론의 아버지인 손더스 매클레인을 만났다는 이야기가 있다. 산책을 하면서 매클레인은 요네다의 놀라운 정리에 대해 알게 되었지만, 요네다 자신은 이를 기록하지 않았다.

이 정리에 대해 맛보기로 설명하면, 요네다 보조정리는 카테고리의 모든 대상이 그 대상을 가리키는 사상들, 즉 다른 대상들과의 관계에 의해 결정된다고 말한다. 이는 마치 트위터에서 당신이 누구를 팔로우하는지가 당신을 결정한다는 말과 같다. 그리고 이와 반대로 쌍대 요네다 보조정리는 당신을 팔로우하는 사람들이 당신을 결정한다고 말한다.

그러나 실제 정의를 살펴보기 전에, 두 가지 특별한 펑터를 고려해봐야 한다.

hom 펑터

우리는 사상 집합을 카테고리 내 두 대상 사이의 사상들의 집합으로 정의했다. 따라서 카테고리 C 안의 대상 X를 생각해보면, 이 대상은 카테고리 내 다른 대상들과의 사상으로 이뤄진 집합을 가지게 된다.

이 사상 집합 각각이 집합이기 때문에, 정의상 모든 집합의 카테고리인 Set에서 표현할 수 있어야 한다. 따라서 C의 대상을 고정하면, C의 모든 대상을 Set의 원소로 매핑할 수 있다. 이는 우리가 펑터를 생성했음을 의미한다. 이 펑터는 다소 평범하게 hom 펑터(hom-functor)라고 불리며, C(X, -)로 쓴다. 여기서 대시는 가능한 모든 대상을 의미한다. 프로그래머라면 아마 C(X, *)라고 썼을 텐데.

더 일반적으로 카테고리 C에서 Set으로 가는 임의의 펑터 F가 C의 한 원소의 hom 펑터와 동형성을 가지면 이를 **집합 값**(set-valued) **펑터**라고 한다. 다시 말해 F와 C(Y, -)가 서로 일대일 대응 관계를 가지는 C의 대상 Y가 존재한다면, F는 집합 값 펑터로 간주한다.

반공변 펑터

펑터의 파노라마를 마무리하기 위해 그 쌍대성을 살펴보자. 반대 방향으로 매핑하는 종류의 펑터가 있는데, 이를 반공변 펑터라고 한다(**12장 반공변 펑터** 참고).

C(X, -)가 X에서 Set으로의 모든 사상을 매핑하는 hom 펑터라면 C(-, Y)는 무엇일까? 이는 C의 임의의 대상을 Y로 매핑하는 모든 사상을 매핑하는 hom 펑터이며, 이런 펑터는 항상 Y 내에서 무언가를 변환하기 때문에(우리는 시작 대상만 변경할 수 있다) 반공변 펑터라는 사실이 타당해 보인다.

그러나 반대 카테고리 Cop를 생각하면 C(-, Y)는 어떻게 될까? Cop는 대상과 사상이 동일하지만 사상의 방향만 반대 방향이므로, C(-, Y)는 Cop(Y, -)와 같다. 더 일반적으로 C에서 D로의 모든

공변 펑터는 Cop에서 D로의 반공변 펑터와 같으며, 그 반대도 마찬가지다. 왜냐하면 Cop의 반대
카테고리는 바로 C이기 때문이다.

요네다 보조정리

이제 요네다 보조정리의 완전한 정의를 살펴볼 준비가 되었다. 카테고리 C가 주어졌을 때, C(X,
-)으로부터의 자연 변환과 펑터 F 사이에는 동형사상이 존재한다(F는 C에서 Set으로 가는 펑터).
게다가 이런 자연 변환은 F(X)로 결정되는 집합과 일대일 대응 관계다.

특히 이것이 모든 소규모 카테고리에 대해 유효하다는 점에서 놀라운 결과다. 이를 다이어그램으
로 시각화해보자.

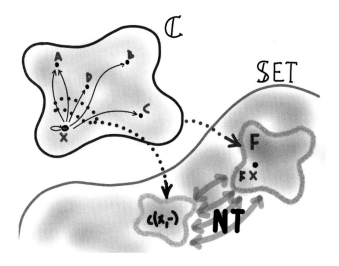

이 보조정리의 중요한 결과 중 하나는 F(X)에 대한 유효한 후보가 C(Y, X)라는 것이다. 잘 모르겠
다면 집합 값 펑터의 정의를 다시 살펴보라. hom 펑터를 임의의 집합 값 펑터로 변환할 수 있는
방법은 몇 가지인가? 알아내는 게 불가능하다고 말하고 싶겠지만, 요네다 보조정리에 따르면 이
는 Y(F가 기반하고 있는 원소)와 X 사이의 사상의 수와 정확히 같다.

또 다른 결과는 C의 두 대상 X와 Y가 동형사상일 경우, 펑터 C(X, -)와 C(Y, -)도 동형사상이라는
점이다.

여기서 전체 증명을 다룰 수는 없지만, 충분히 관심이 있다면 좋은 교재를 통해 이를 직접 탐구할
수 있을 것이다.

우리는 이미 Reader 펑터라는 가면 아래 hom 펑터를 만난 적이 있다. 요네다 보조정리는 Reader 펑터가 자연스럽게 다른 펑터로 매핑될 수 있음을 알려준다.

― 바르토시 밀레프스키

이것이 개발자에게 의미하는 바는 무엇일까? 우리가 데이터 타입을 '실제적인 것'으로 간주하고, 함수를 한 타입에서 다른 타입으로 가는 무언가라고 여기는 것에 익숙해져 있지만, 요네다는 타입이 그것을 반환하는 함수의 집합에 의해 식별된다고 말한다. 타입을 반환하는 함수는 궁극적으로는 생성자이며, 어떤 타입을 반환하는 함수는 결국에는 그 타입의 생성자 중 하나를 호출해야 하기 때문이다.

개인적으로, Reader 펑터(**9장 컨텍스트 리더** 참고)가 함수형 효과를 처리하는 데 가장 유용한 펑터라고 확신한다. 요네다에 따르자면 Reader는 자연스럽게 다른 펑터로 매핑될 수 있다.

이 생각을 끝으로 부록 C를 마친다. 그러나 함수형 프로그래밍과 관련된 흥미로운 개념들이 여전히 많이 남아 있다. 카테고리 이론을 공부하는 것은 어려울 수 있지만, 궁극적으로 함수형 프로그래밍 기술을 향상시키고 끝없는 즐거움을 제공할 것이다.

C.7 결론

이 책을 읽어낸 것을 축하한다! 이제 수학적 변환의 조합으로 코드를 조작할 수 있는 강력한 도구들을 갖추게 되었다. 물론 여정은 여기서 끝나지 않으며 항상 더 많은 것을 발견할 여지가 있다. 일본어를 빌리면, 간바레(힘내라)!

D

추가 자료

다음은 더 읽고 학습하기 위한 최고의 자료들이다.

D.1 / 프로그래밍

코틀린

- Venkat Subramaniam. Programming Kotlin. The Pragmatic Bookshelf, Raleigh, NC, 2019.

  (한국어판: 벤컷 수브라마니암 저, 우민식 역, 다재다능 코틀린 프로그래밍. 영진닷컴. 2021)

  코틀린 언어에 대한 읽기 쉬운 입문서다. 개념을 흥미롭고 유머러스한 방식으로 제시한다.

- Nat Pryce, Duncan McGregor. From Java To Kotlin: A Refactoring Guidebook. O'Reilly & Associates, Inc., Sebastopol, CA, 2021.

  (한국어판: 덩컨 맥그레거, 냇 프라이스 저. 오현석 역. 자바에서 코틀린으로: 코틀린으로 리팩터링하기. 한빛미디어. 2022)

  약간 오해를 불러일으키는 제목을 가진 훌륭한 책으로, 자바 코드를 코틀린으로 변환하는 것 이상의 내용을 제공한다. 이 책은 코드의 가독성과 유연성을 높이는 데 중점을 두며, 자바에서 코틀린으로 전환하는 것을 돕는 많은 함수형 개념과 리팩터링 기법을 소개한다. 코틀린을 배우기 위한 안내서는 아니지만, 관용적인 코틀린 코드를 작성하는 방법을 배우고 싶다면 훌륭한 자료다.

함수형 프로그래밍

- Eric Normand. Grokking Simplicity: Taming Complex Software with Functional Thinking. The Pragmatic Bookshelf, Raleigh, NC, 2019.

  (한국어판: 에릭 노먼드 저. 김은민 역. 쏙쏙 들어오는 함수형 코딩: 심플한 코드로 복잡한 소프트웨어 길들이기. 제이펍. 2022)

함수형 프로그래밍 개념에 익숙하지 않은 사람들이 처음 읽기에 훌륭한 책이다. 고급 주제는 다루지 않지만, 저자의 명확하고 이해하기 쉬운 글쓰기 스타일 덕분에 기본 개념을 쉽게 파악할 수 있다.

- Paul Chiusano, Rúnar Bjarnason. Functional Programming in Scala. Manning Publications Co., Greenwich, CT, 2014.

  (한국어판: 폴 키우사노, 루나르 비아르드나손 저. 류광 역. 스칼라로 배우는 함수형 프로그래밍. 제이펍, 2015)

  아마도 이 책이 나를 함수형 프로그래밍으로 전환하게 만든 가장 큰 요인일 것이다. 가벼운 읽을거리는 아니며, 개념을 완전히 이해하기 위해서는 세심한 연구와 실습이 필요하다.

- Rebecca Skinner. Effective Haskell. The Pragmatic Bookshelf, Raleigh, NC, 2023.

  가장 널리 사용되는 순수 함수형 언어인 하스켈을 배우기에 좋은 책이다. 특히 이 책은 단순히 언어를 배우는 것뿐만 아니라 하스켈로 전체 애플리케이션을 구축하는 방법에 대한 훌륭한 안내서다.

- Scott Wlaschin. Domain Modeling Made Functional. The Pragmatic Bookshelf, Raleigh, NC, 2018.

  도메인 주도 디자인의 핵심 개념을 더 잘 이해하고 이를 함수형 프로그래밍에 적용하는 방법을 배우기에 좋은 책이다. 예제는 F# 언어를 사용한다.

TDD

- Kent Beck. Test-Driven Development By Example. Addison-Wesley, Boston, MA, 2002.

  (한국어판: 켄트 벡 저. 김창준 역. 테스트 주도 개발. 인사이트, 2014)

  테스트 주도 개발에 관한 첫 번째이자 아마도 여전히 최고의 책 중 하나다.

D.2 카테고리 이론

다음은 카테고리 이론을 배우는 데 유용한 자료들이다.

책

- Eugenia Cheng. The Joy of Abstraction: An Exploration of Math, Category Theory, and Life. Cambridge University Press, Cambridge, UK, 2022.

  아마도 일반 대중을 위해 쓰인 유일한 카테고리 이론 책일 것이다. 저자는 기술적인 주제를 흥미롭고 이해하기 쉽게 만들어 자신의 뛰어난 능력을 증명했다. 강력히 추천한다.

- Benjamin C. Pierce. Basic Category Theory for Computer Scientists. The MIT Press, Cambridge, MA, 1991.

  매우 얇지만 개념을 명확히 하기 위한 다이어그램이 가득한 책이다. 수학에 대한 사전 지식이 필요 없지만, 개념에 익숙하지 않다면 일부 구절이 난해할 수 있다.

- Brendan Fong, David I. Spivak. An Invitation to Applied Category Theory: Seven Sketches in Compositionality. Cambridge University Press, Cambridge, UK, 2019.

  다소 고급 책으로 학부 수준의 수학에 익숙해야 한다. 그러나 지루하거나 딱딱하지 않다. 가장 흥미로운 부분은 카테고리 이론의 많은 응용 분야를 보여주는 예제들이다.

- Emily Riehl. Category Theory in Context. Dover Publications, Mineola, NY, 2016.

  수학 석사 수준의 지식을 가지고 있고 카테고리 이론이 대수학과 수론 문제를 어떻게 밝히는지 완전히 이해하고자 하는 사람들에게 매우 좋은 교과서다.

블로그

- https://bartoszmilewski.com

  바르토시 밀레프스키의 블로그와 무료 전자책은 함수형 프로그래밍과 카테고리 이론에 관한 최고의 자료다.

- https://boris-marinov.github.io/category-theory-illustrated

  기본 개념에서 고급 개념으로 진행되는 카테고리 이론에 대해 부드럽고 간단히 소개한다. 많은 다채로운 다이어그램으로 개념을 쉽게 파악할 수 있다.

- https://www.math3ma.com

  수학과 컴퓨터 과학에 관한 흥미로운 블로그다.

비디오

- https://www.youtube.com/@DrBartosz

  바르토시 밀레프스키의 프로그래머를 위한 카테고리 이론 전체 강좌다.

- https://www.youtube.com/user/thecatsters

  다양한 카테고리 이론 주제에 관한 비디오 강좌이며, 특별히 프로그래머를 대상으로 한 것은 아니다.

D
추가 자료

[DS09] Rachel Davies and Liz Sedley. Agile Coaching. The Pragmatic Bookshelf, Dallas, TX, 2009.

[Eva03] Eric Evans. Domain-Driven Design: Tackling Complexity in the Heart of Software. Addison-Wesley Longman, Boston, MA, 2003.

[FP09] Steve Freeman and Nat Pryce. Growing Object-Oriented Software, Guided by Tests. Addison-Wesley Longman, Boston, MA, 2009.

[GHJV95] Erich Gamma, Richard Helm, Ralph Johnson, and John Vlissides. Design Patterns: Elements of Reusable Object-Oriented Software. Addison-Wesley, Boston, MA, 1995.

[HF10] Jez Humble and David Farley. Continuous Delivery: Reliable Software Releases Through Build, Test, and Deployment Automation. Addison-Wesley, Boston, MA, 2010.

[Nyg07] Michael T. Nygard. Release It! (out of print). The Pragmatic Bookshelf, Dallas, TX, 2007.

[PP06] Mary Poppendieck and Tom Poppendieck. Implementing Lean Software Development: From Concept to Cash. Addison-Wesley, Boston, MA, 2006.

[Red18] Luc Perkins, Jim Wilson, Eric Redmond. Seven Databases in Seven Weeks, Second Edition. The Pragmatic Bookshelf, Dallas, TX, 2018.

[Sub21] Venkat Subramaniam. Programming DSLs in Kotlin. The Pragmatic Bookshelf, Dallas, TX, 2021.

B

BDD 111
behavior 37
Behavior Driven Design 111
beta reduction 453
bind 306
bind 중위 함수 134
BOM 475
Bootstrap 155
bounded context 434
by 490

C

cardinality 148
Cartesian Closed Category 518
catch 228, 229
category 232
category theory 186
CCC 518
checked exception 229
codomain 504
Collatz conjecture 188
collect 306
Command and Query Responsibility Segregation
     275
CommandHandler 327
commute 510
companion object 489
composition 71
constructor 149
ContextProvider 321
contravariant functor 420
coproduct type 184
copy 459, 490
covariant functor 420
CQRS 275
CRUD 132
curry 160
currying 138

D

data class 79, 113
DDD 200
DDT 108, 109, 155, 349, 445
DeepRecursiveFunction 496
disjoint union type 182
domain 504
Domain Driven Test 108
Domain Specific Language 73
drop 178, 270
DSL 73, 267, 498
duality 514
duck typing 208

E

Either 클래스 246
Elvis Operator 497
endofunctor 240, 306, 520
endomorphism 506
end-to-end test 108
enum 154
equals 489
error 229
eval 517
event driven 212
event projector 260
event sourcing 164, 170
EventStore 327
event storming 47
EventStreamer 322, 327
eventual consistency 322
exponential type 184
Exposed 287, 423, 476
expression 37

F

fan in 342
fan out 342
filter 178